ŒUVRES
DUNKERQUOISES

PUBLIÉES, RECUEILLIES ET MISES EN ORDRE

PAR

BENJAMIN KIEN

ANCIEN AVOCAT, ÉDITEUR DU JOURNAL L'AUTORITÉ DE
DUNKERQUE, MEMBRE CORRESPONDANT DE LA SOCIÉTÉ
CENTRALE DE DOUAI; AUTEUR DE LA TRADUCTION EN VERS
DES ŒUVRES D'HORACE, PHÈDRE ET TÉRENCE, ET DE
PLUSIEURS OUVRAGES DE LITTÉRATURE.

TOME QUATRIÈME

DUNKERQUE
BENJAMIN KIEN, IMPRIMEUR-ÉDITEUR, RUE NATIONALE, 22.
—
L'ouvrage se trouve chez les principaux libraires.
=
1859

ŒUVRES DUNKERQUOISES

ŒUVRES
DUNKERQUOISES

PUBLIÉES, RECUEILLIES ET MISES EN ORDRE

PAR

Benjamin KIEN

ANCIEN AVOCAT, ÉDITEUR DU JOURNAL L'AUTORITÉ DE DUNKERQUE, MEMBRE CORRESPONDANT DE LA SOCIÉTÉ CENTRALE DE DOUAI; AUTEUR DE LA TRADUCTION EN VERS DES ŒUVRES D'HORACE, PHÈDRE ET TÉRENCE, ET DE PLUSIEURS OUVRAGES DE LITTÉRATURE.

TOME QUATRIÈME

DUNKERQUE
BENJAMIN KIEN, IMPRIMEUR-ÉDITEUR, RUE NATIONALE, 22.

L'ouvrage se trouve chez les principaux libraires.

1859

ŒUVRES DUNKERQUOISES

LE PASTEUR DU VILLAGE.

POÉSIE INÉDITE.

1853

J'aime le bon pasteur de ce petit village,
Dont le front vénérable est couronné par l'âge
   Et par la charité :
C'est avec la douceur qu'il fonde son empire ;
Sous l'aile de Jésus il rayonne... il respire
   Sa douce majesté.

Sa présence bénie, ainsi que Dieu lui-même,
Ramène le sourire, adoucit l'anathème
   Des humaines douleurs ;
Son œil répand l'azur de la bonté divine ;
D'un habile regard, sa piété devine
   Le secret de nos pleurs...

Armé de l'Evangile, il triomphe sans cesse ;
A sa doctrine aimée, à la foi qu'il professe
   Quel homme n'est soumis ?...
Qui résiste aux accents de sa voie pénétrée ?
Tout le hameau l'adore... il a dans la contrée
   Les pauvres pour amis.

Il ravive la paix, où régnait la discorde ;
Et le pécheur, ému par la miséricorde,
   Embrasse ses genoux ;
Il assouplit l'orgueil de la jeunesse altière ;
Sa touchante parole, angélique prière,
   Réunit les époux !

Le voyez-vous, là-bas, franchir d'un pas modeste
Le petit sentier vert, et la colline agreste
   Qui borde le hameau ?
Il marche... il va porter un céleste message,
Et signaler encor son généreux passage
   Par un bienfait nouveau.

Alerte, et secouant le poids de ses années,
Il s'en va consoler de pauvres destinées,
   Jeune encor pour le bien ;
Il va chez l'orphelin qui n'a plus rien au monde...
Rien que l'espoir en Dieu !... la charité féconde...
   Et le pasteur chrétien.

Ou vers une chaumière il s'avance peut-être,
Pour donner aux mourants le sourire du prêtre
   Et l'adieu solennel ;

Le pauvre qui s'en va voit finir la souffrance :
C'est l'heure de la mort, sublime délivrance...
        C'est l'espoir éternel !

Voyez-vous le pasteur consoler l'agonie :
« Mon bon frère, dit-il, va ! l'épreuve est finie ;
        » Dépose un lourd fardeau ;
» Toi qui fus vertueux, tu verras le Dieu juste !
» Jusqu'au fond de l'abîme une lumière auguste
        » Eclaire le tombeau...

» Tu pleures à l'aspect d'une veuve éplorée,
» De tes petits enfants... la famille adorée
        » Désormais sans appui !...
» Mais le Dieu qui soutient la frêle créature,
» Le Seigneur, qui nourrit l'oiseau sous la verdure,
        » Veut qu'on espère en lui !

» Ministre de ce Dieu, je t'apporte la manne :
» Plus de pensée amère, ou de regret profane :
        » Sois heureux loin de nous !...
» J'adopte au nom du ciel les fils de ta misère :
» Je nourrirai ta veuve ; et servirai de père
        » Aux orphelins si doux. »

Et sa voix rafraîchit la fiévreuse demeure ;
C'est l'espoir qui sourit, la piété qui pleure ;
        La mort perd son effroi ;
Et, la main dans la main du prêtre qu'il honore,
L'homme expire avec calme, en murmurant encore
        Des paroles de foi.

D'autres jours, récréant sa longue rêverie,
Le bon curé s'en va de prairie en prairie,
   De chemins en chemins ;
Courbé sur le bâton qui soutient sa faiblesse,
Il promène au hasard sa rêveuse vieillesse,
   Un livre dans les mains.

Quelquefois il s'arrête et suspend sa lecture,
Pour lire le plus grand des livres... la Nature !
   Il voit Dieu dans les airs,
Dans les prés émaillés, dans les flots du feuillage,
Dans ce large horizon, couronne du village
   Et de tout l'univers !

Il s'arrête... et son œil qui plonge dans les nues,
Interroge l'espace aux routes inconnues,
   Aux glorieux séjours.
De cette vue immense il s'enivre, il s'enflamme,
Il entend ce seul mot que le monde proclame :
   Dieu partout ! Dieu toujours !

Cieux, espace infini ! Nature... large emblème !
Le chrétien vous admire, et le Seigneur qu'il aime
   En vous a palpité ;
Ailleurs... le grain de sable et les moindres atômes
Revèlent aux regards les éternels symptômes
   De la Divinité.

Plein du souffle embaumé qui colore la terre,
Le bon vieillard reprend sa marche solitaire
   Jusqu'au sentier riant,

Où s'élève la croix d'une obscure chapelle ;
Alors il s'agenouille ; et son âme fidèle
   Se repose en priant...

Pour finir ses vieux jours, il n'a pas, le digne homme,
Le somptueux logis qu'ont nos princes de Rome ;
   Il n'aime point l'éclat ;
Ce petit presbytère avec un seul étage,
Voilà tout le palais et le simple héritage
   Du rustique prélat.

Il aime la maison qui, depuis tant d'années,
Abrite mollement ses humbles destinées,
   Loin des hommes pervers ;
Elle est jolie aussi, la douce maisonnette !
Avec son toit qui brille, et sa mine coquette,
   Et ses ombrages verts.

Une vigne pourprée embellit la façade ;
Et le souple jasmin, roulant sa colonnade,
   Couvre les flancs entiers ;
Puis le vieillard chérit, par-dessus toutes choses,
Son carré de jardin, que dominent les roses
   Et les arbres fruitiers.

Aux heures du loisir, il soigne avec délice
Les œillets, la tulipe au bizarre calice :
   Horticulteur joyeux,
Il sème, et voit perler les marguerites blanches,
La verveine pudique, et les frêles pervenches,
   Gouttelettes des cieux !

On aime à voir rangés ces arbrisseaux gothiques
Qui courbent gravement leurs branchages rustiques
        Sous le poids des beaux fruits ;
Et ces légers massifs, aux diverses parures,
Dont l'œil voit s'allonger les riantes bordures
        Comme un serpent de buis.

C'est là que le vieillard aime à couler sa vie ;
Calme, ignorant le mal, sans haine et sans envie,
        Et sans désir nouveau,
Il puise dans la foi son bonheur indicible :
Comme le bon pasteur, il sommeille paisible
        Au milieu du troupeau.

Il a sa joie encor, son amour son idole :
C'est la petite église, à la svelte coupole,
        Au bourdonnant clocher ;
Temple cher aux chrétiens de tout le voisinage,
Et que le voyageur, dans son pèlerinage,
        Vient quelquefois chercher.

Il adore vraiment son église, il la choie,
Le brave homme ! il y met sa tendresse et sa joie
        Dans ses pieux desseins ;
C'est par lui que la nef de parure étincelle,
Et que l'autel se dore, et que l'argent ruisselle
        Sur les habits des saints...

Oh ! comme il est heureux, lorsque les jours de fête
La cloche palpitante a fait gronder le faîte
        Du monument sacré ;

Et, sitôt que l'airain fait rugir son haleine,
Comme il aime à revoir les enfants de la plaine
      Dans le temple adoré!

C'est le jour du Seigneur, le jour de la Madone,
C'est aujourd'hui qu'on chôme, et que l'on s'abandonne
      Au repos jusqu'au soir;
Les cierges ont rendu l'église éblouissante;
Et l'encens le plus frais, de sa vapeur naissante,
      Embaume l'encensoir.

Ce jour-là, le vieillard, qui revoit ses ouailles,
Sent l'amour paternel frémir dans ses entrailles;
      Alors la voix du Christ
Se mêle, par sa voix, aux bruits de la prière;
Il se recueille, il parle... et des flots de lumière
      Inondent son esprit!

Il peint le roi du Ciel, non pas ce roi terrible
Qui marche, environné par la vengeance horrible,
      L'éternel châtiment;
Mais il fait aimer Dieu couronné de clémence,
Trésor de charité, miséricorde immense,
      Le Dieu toujours aimant.

A la voix du pasteur, sublime et familière,
Plus d'une heureuse larme éclot sous la paupière,
      Sainte perle du cœur;
Et lorsqu'il a cessé... le calme et pur langage,
La chanson des enfants, angélique ramage,
      S'élève dans le chœur.

Culte d'un Dieu de paix ! noble cérémonie !
Le poète bénit les élans d'harmonie,
   Et tes concerts divins ;
Le flot des passions expire sur tes rives ;
Et déjà l'homme entend les harpes fugitives
   Des légers séraphins !

Je l'ai vu d'autres jours, le bon vieillard que j'aime,
Avoir pour la jeunesse une faveur extrême,
   Des regards indulgents.
Aux banquets je l'ai vu, sans allure sévère ;
Là, souriant convive, il vient choquer son verre
   A ceux des jeunes gens !

Le doux jus de la vigne anime leur visage ;
Et lui... n'enchaîne pas les plaisirs de leur âge
   Par de raides façons ;
Mais il a pour la foule une parole aimée ;
Et l'heure du festin par lui s'est animée
   De bruyantes chansons...

Voyez ! c'est leur ami ! leur compagnon, leur père !
Sa présence pour tous est un moment prospère,
   Un signal de bonheur ;
On est touché de voir, lorsqu'il vient à paraître,
Les fils de la charrue offrir à leur vieux prêtre
   Une place d'honneur !

Oui, mille fois heureux ce village qu'habite
Le bienfaisant pasteur, pur comme un cénobite,
   Franc comme un villageois ;

L'arbre de vérité par ses soins fructifie ;
La morale chrétienne et la philosophie
   L'éclairent à la fois.

Ce hameau ne voit point la discorde éternelle
Enlever les beaux jours d'une paix fraternelle
   En ses noirs tourbillons :
Et puis c'est là qu'on trouve, en ce lieu solitaire,
Les bras les plus actifs pour remuer la terre,
   Et dorer les sillons.

BENJ. KIEN.

LA MORT HÉROÏQUE DE JEAN JACOBSEN.

PIÈCE COURONNÉE PAR LA SOCIÉTÉ DUNKERQUOISE, A LA SÉANCE SOLENNELLE DU 25 JUIN.

1857.

Sur le vaste océan la nuit étend ses voiles ;
Le ciel est tour-à-tour sombre ou luisant d'étoiles ;
Des nuages, poussés au caprice des vents,
Tantôt amoncelés, tantôt rideaux mouvants,
Sur les vagues, roulant de l'océan aux rives,
Découpent en festons ses lueurs fugitives.
La lune, au-dessus d'eux dans l'espace nageant,
Cache les blanc reflets de son globe d'argent,
Ou, divisant soudain la nue étincelante,
Baigne les flots brillants sous sa clarté tremblante.

A la tour du beffroi va retentir minuit ;
Dans Ostende tout dort, rien ne marche ou ne luit ;
Mais dans son port vivant tout est plein de murmures ;
Le rayon des flambeaux court parmi les amures ;

De la chanson guerrière, hymne des vieux marins,
Soldats et matelots répètent les refrains.
Aux cris des commandants l'équipage s'empresse ;
Le câble se raidit, la voile se redresse,
Et sur le flanc des mâts par la vergue polis,
Glisse, s'enfle, ou s'affaise, et retombe à longs plis.
Comme l'oiseau qui vole aux bâtons de sa cage,
Le mousse va sautant de cordage en cordage ;
L'artilleur qui les aime et les sait par leurs noms,
Sur leurs affûts de fer assure ses canons,
Et, flattant de la main leur monstrueuse taille,
Les exhorte à bien faire au jour de la bataille.
Le vaisseau, palpitant à ces graves apprêts,
Agite sa voilure, ébranle ses agrès,
Et, tressaillant d'orgueil, dans sa large poitrine
Aspire les parfums de la brise marine.

Mais la vague frémit ; sur l'abîme dormant
Glisse, de ride en ride, un doux frissonnnement ;
Le flot qui se réveille après un long silence,
Caresse les contours des vaisseaux qu'il balance.
La brise, de la mer fraîchissant les sillons,
Fait au sommet des mâts trembler les pavillons.
Comme un coursier s'élance échappé dans l'arène,
Le convoi s'abandonne au souffle qui l'entraîne,
Et, souverain des mers, passant avec fierté,
S'empare de l'espace et de l'immensité !

Au milieu des sillons resplendissants d'écume,
Les voyez-vous, au loin, s'enfoncer dans la brume,
Côte-à-côte emportés, d'un vol rapide et sûr,
Ces trois vaisseaux, glissant entre le double azur

De ces deux océans sans borne, où se confondent
Le ciel qui se réflète et les eaux qui répondent?
Intrépides soldats, audacieux nochers,
Dieu garde votre esquif de la dent des rochers,
De ces écueils muets où la poupe se brise,
Du vent désordonné qui succède à la brise,
Des lames jaillissant sur vos sabords penchés,
Et des récifs menteurs au rivage cachés !

De pourpre et de safran l'orient se colore ;
La mer est belle ! allez ! voici déjà l'aurore !

Mais quel est ce point noir dont le vague contour
Mêle comme une tache aux yeux naissants du jour?
A l'horizon lointain tout-à-coup se dévoile
La flèche du grand mât, le sommet de la voile,
Les mousses dispersés à travers les haubans,
Les marins sur le pont, les soldats sur leurs bancs,
Les officiers au quart, le pilote à la proue,
Au souffle du zéphir un drapeau qui se joue,
Et les canons montrant, formidable appareil,
Leur gueule qui reluit aux rayons du soleil.
La Hollande est écrite au front de la bannière ;
Ce n'est plus un vaisseau; c'est une escadre entière,
Une flotte !... semblable à ces loups affamés,
Qui, réunis en troupe, et de rage animés,
Parmi les steps déserts, sur les sentiers de glace,
De la biche qui fuit interrogeant la trace,
Dans les taillis ouverts, dans ses réduits secrets,
L'attendant, confiante, au détour des forêts,
Jusqu'au moment terrible où, mourante, lassée,
Dans ce réseau fatal elle tombe enlacée,

Et qu'avec de longs cris partageant le butin,
La bande se repaisse à son sanglant festin.

Et voilà que l'escadre approche et se présente,
Remplissant l'horizon de sa masse imposante,
Et, du combat prochain arborant les signaux,
D'un cercle formidable élargit les anneaux.
Mais qu'importent la force et le nombre à l'audace ?
Soudain un cri d'honneur répond à la menace,
Noble accent du marin aux périls affermi :
« Aux pièces, canonniers ! Voilà notre ennemi ! »

Vous, dont la lyre, hélas ! de sang humain trempée,
Des âges glorieux racontez l'épopée,
Muse, qui transmettez aux respects à venir
Les hauts-faits revivant dans votre souvenir,
Au jour où sa patrie évoque sa mémoire,
Exhumez ce fleuron de sa vaillante histoire ;
Renouvelez ce nom dont les vieilles clartés
Se perdaient dans les noms par Dunkerque enfantés ;
Des pieux dévoûments interprète fidelle,
Inspirez le récit de sa lutte immortelle,
Lutte avec l'eau, le feu, le fer et les bourreaux !
Tout est grand et sacré dans la mort des héros !

Celui-là qui, partant pour un royal message,
D'Ostende hier encor saluait le rivage,
C'est Jean Jacobsen, cœur antique, âme de feu,
Qui sert son souverain ainsi qu'il sert son Dieu !
Intrépide marin, tout bronzé de courage,
Il brave la tourmente et joue avec l'orage ;
Semblable au voyageur qui, les rênes en main,
Guide son char volant dans le large chemin,

Sur la mer inconstante à sa poupe asservie,
Il passe, calme et fier, dédaigneux de la vie,
Comme si l'élément, esclave de ses lois,
Voyait en lui son maître et connaissait sa voix !

Ah ! c'est que l'océan, redoutable mystère,
Est fécond en trépas ignorés de la terre !
Comme un liége léger qu'il porte sans effort,
Que pèsent sur ses flots et le brave et le fort ?
Chez lui tout est péril ! C'est peu que la tourmente
Traîne la nef au gré de la houle écumante ;
Que la haine des vents, se heurtant dans les airs,
La jette sur le roc ou la plonge aux enfers ;
Ou qu'au fond de la cale en silence couvée
A travers les parois tout-à-coup soulevée,
La flamme qui s'anime et s'augmente en courant,
Sur le pont embrasé, dans la mâture errant,
N'offre au marin, jouet de fléaux indomptables,
Qu'un choix entre deux morts, deux morts inévitables ?
Que sera-ce, grand Dieu ! quand soudain à l'avant,
Toutes voiles dehors et les vergues au vent,
Au fracas du canon qui vomit la mitraille,
L'étendard étranger vient offrir la bataille ?
Quand il faut, l'arme au poing, parmi les feux, les cris,
Au vainqueur acharné disputer ses débris,
Et qu'aux chocs redoublés du fer qui le déchire,
Vous sentez sous vos pieds chanceler le navire !

Tel était Jacobsen ! Seul, de ces neuf vaisseaux
Il doit subir les feux et rompre les assauts !
Ce combat inégal, seul, il faut qu'il l'affronte !
Seul contre neuf vaisseaux, car, ô douleur ! ô honte !
Crime pour le marin qui, fidèle à son bord,

Doit dédaigner la fuite et mourir au sabord.
Garcia, La Plesa, fiers enfants de l'Espagne,
Amiral qui le guide, et brick qui l'accompagne,
Emportant leur drapeau souillé de trahison,
Avec le cap à l'est, fuyaient à l'horizon,
« Amis, dit Jacobsen, qu'importe à la bravoure
» Qu'un amiral poltron nous laisse ou nous secoure ?
» Faut-il les imiter, et fuir, cœurs généreux,
» A l'aspect des forbans parce qu'ils sont nombreux ?
» Non, non ! ils ont la force ? Eh bien ! au lieu d'attendre,
» Attaquons les premiers, c'est plus que nous défendre !
» Qu'entre la flotte et nous les rôles soient changés !
» Et si nous succombons, partons du moins vengés !
» Mais avant d'accomplir ce noble sacrifice,
» A la face du ciel qu'un serment nous unisse,
» Et jurons, réunis dans une même foi,
» De mourir tous pour Dieu, la patrie et le roi ! »

Il dit. Un même cri partout se fait entendre !
« Au combat et mourir plutôt que de nous rendre ! »
— Il suffit ! Et d'un geste il donne le signal.
Soudain, comme du fond du terrestre arsenal,
Le volcan déployant son dôme de fumée,
Verse au loin les éclats de sa lave allumée;
Le « Saint-Vincent » vomit de son cratère ardent
Un déluge de fer qui s'abat en grondant !
Sur le vaisseau prochain qui s'arrête et s'étonne,
A coups précipités, le canon frappe et tonne,
Crève ce large ventre et passant au travers,
Creuse une brèche immense à ces bords entr'ouverts.
Le navire, broyé, dans sa cale profonde
Reçoit à pleins torrents la vague qui l'inonde,
Et, parmi les débris sur l'océan semés,

S'enfonce et disparaît sous les flots refermés !
A ce sinistre aspect, de la flotte s'élance
Un accent de colère, un long cri de vengeance !
Huit vaisseaux contre un seul unissant leurs efforts,
De flammes et de feux couronnent leurs sabords ;
Ainsi qu'aux jours d'été, foulant leur tige frêle,
Fondent sur les épis les carreaux de la grêle,
Autour de Jacobsen, mille boulets sifflants
Pleuvent sur le navire en labourant ses flancs ;
Et brisent en éclats sous leurs lourdes morsures
La charpente qui cède et se fend aux blessures ;
A travers les agrès, les obus égarés
Dispersent chaque voile en lambeaux déchirés ;
Par l'ouragan de fer coupé dans sa racine,
Le mât courbe la tête et sur le pont s'incline,
Et mêle, en gémissant, ses débris foudroyés
Aux cadavres des morts qui tombent à ses piés !

L'attaque commençait lorsque parut l'aurore ;
Le soir est arrivé, Jacobsen lutte encore !
Tout un jour de combat, respectant sa vigueur,
N'a pas éteint son âme et fatigué son cœur ;
Au milieu du fracas, calme, forte et sereine,
Sa voix retentissante ordonne, exhorte, entraîne ;
Du haut de la dunette il plane et sur son bord
Commande la manœuvre et sourit à la mort.
Ainsi le fier lion, la narine fumante,
La dent ensanglanté et la lèvre écumante,
Aux flammes de ses yeux d'éclairs fauves brûlants,
Repousse les assauts des molosses hurlants ;
Au pied d'un chêne assis, au seuil de sa tanière,
Il hérisse les poils de sa vaste crinière,

Et la meute, à l'entour, suivant ses mouvements,
Frissonne de terreur à ses rugissements.

Mais, hélas ! sur l'avant qui fléchit et qui sombre,
De combattants à peine il reste un petit nombre !
Par le choc des boulets l'arrière mutilé
Ouvre un large passage au flot amoncelé,
Et déjà le vaisseau, chancelant sur sa base,
S'affaisse lentement sous le poids qui l'écrase.

Pour la première fois, Jacobsen a frémi :
Il sent qu'il va tomber aux mains de l'ennemi !
La mort n'est rien pour lui ; leur vengeance, qu'importe ?
Mais son drapeau ! l'honneur du pavillon qu'il porte !
« Aux poudres ! cria-t-il ; ni grâce ni merci !
» C'est triompher encor que succomber ainsi ! »
» — Amenez pavillon ! c'est assez vous défendre !
» On vous fera quartier! rendez-vous! — Moi! me rendre !
» Livrer aux Hollandais mon pavillon soumis !
» Survivre au « Saint-Vincent » à mon honneur remis !
» Mieux vaut couler vivant ! cette mort est plus belle
» Que le honteux pardon obtenu d'un rebelle !
» Mon drapeau devant eux ne doit pas se courber ;
» N'est-ce pas qu'il vaut mieux noblement succomber,
» Compagnons ! que rentrer au sein de la patrie
» Avec des noms souillés et sa gloire flétrie ?
» La mer pour le marin est un digne tombeau,
» Et, comme le soldat, il meurt dans son drapeau !
» Mais que vois-je ? à ce mot vous gardez le silence !
» Ah ! s'il en est un seul entre vous qui balance,
» Qui, traître à nos serments, et plein d'un lâche effroi,
» Aime mieux s'avilir que couler avec moi,
» Qu'il parle !... Regardez cette troupe expirante !

» Nous étions quatre-vingts ! il en reste quarante !
» Les autres sont tombés, et tombés sans pâlir !
» Quand leur exemple est là vous oseriez faiblir !
» Devant ces nobles morts préférez-vous la honte ?
» Vous voulez vivre ? eh bien ! venez, que je vous compte !
» Trente-deux ! Allez donc, puisqu'il vous ont promis,
» Mendier l'existence à ces vils ennemis !
» Mais quand votre bassesse ainsi se déshonore,
» Fidèles à l'honneur, il en est dix encore
» Avec moi, comme moi résolus à périr !
» C'est peu pour triompher, c'est assez pour mourir ! »

Qui nous rendra l'écho de cette heure suprême ?
Si grand dans le combat, plus grand dans la mort même ?
Avec ses dix marins serrés autour de lui,
Qui nous le montrera, quand tout le reste a fui,
Le sabre en main, terrible et semant le carnage
Parmi les Hollandais montant à l'abordage,
Entouré d'assaillants, par les vainqueurs pressé,
Brisé de lassitude et de douleur, blessé ;
Lorsqu'ayant la mort seule et le ciel pour refuge,
Adressant ses adieux à la troupe transfuge,
Il lui criait: « Pour prix de ce lâche abandon,
» Amis, si l'un de vous survit à leur pardon,
» Aussitôt qu'à Dunkerque il pourra reparaître
» Qu'il dise à mon pays, à Philippe, mon maître,
» Que tous les dix ici, martyrs de notre foi,
» Nous sommes morts pour Dieu, la patrie et le roi ! »

Muse, dont la vaillance inspire le génie,
A vous de retracer sa sublime agonie !
Voyez-le, faible, pâle, exténué, sanglant,
Près de la sainte-barbe avancer d'un pas lent,

D'une main ferme et sûre et d'orgueil animée,
Approcher de la poudre une mèche enflammée ;
Puis le vaisseau soudain luisant de mille éclairs
Eclater en grondant et voler dans les airs ;
Et de l'honneur naval volontaire victime,
Jacobsen triomphant descendre dans l'abîme !

Pour nous, qui n'avons rien que des chants et des pleurs,
Sur ce mort immortel versons nos humbles fleurs ;
Et que nos vers émus portent leurs voix plaintives
A son ombre, peut-être errante sur nos rives !
Hélas ! pourquoi l'airain n'offre-t-il pas aux yeux
Et son noble visage et son nom radieux ?
Du bronze courtisan la base adulatrice
Des idoles d'un jour consacre le caprice,
Monuments que l'orgueil plante sur son chemin,
Et qu'il dresse aujourd'hui pour les briser demain !
Si nos murs ne sont pas peuplés de son image,
Que son ombre du moins sourie à notre hommage ;
Culte de la famille à ce martyr pieux
Dont la main a touché la main de nos aïeux !
Enfants du même sol qui lui donna naissance,
Payons-lui l'arriéré de la reconnaissance,
Et que son souvenir, dans nos pages écrit,
Bien mieux que sur l'airain revive en notre esprit !
Seul tribut qu'au héros son pays puisse rendre.
Célébrer la grandeur, c'est savoir la comprendre !
Beaucoup peuvent un jour combattre et conquérir ;
Mais la palme est plus belle à qui sait bien mourir !
Source du dévoûment qu'envîrait la victoire,
L'honneur immortalise encor plus que la gloire !

J. LESGUILLON.

LE PAYS DE RUYSDAEL ET DE TENIERS.

1857.

Aux prés de Ruysdaël, viens, frayons notre route;
De Paul Potter encor mainte génisse y broutte ;
Le long des clairs ruisseaux hantés par les lézards,
Nous verrons serpenter les jaunes nénufars;
Dans l'herbe nous verrons les bœufs aux grandes cornes
Vers le soleil couchant tourner leurs regards mornes,
L'âne rétif et dur qui sait vivre de peu,
Les chevreaux bondissants et toujours prêts au jeu,
Et, symbole charmant des grâces éphémères,
Les folâtres poulains pendus aux flancs des mères.

Mais voici la barrière où finit le verger ;
Au talus du chemin grimpons d'un pied léger.
J'aperçois le canal, ligne droite que longent
Les peupliers tremblants dont les ombres s'y plongent.
Là, trotte la fermière allant vendre au marché
Son beurre en blanc baril sur la croupe attaché ;
Là, je vois ondoyer, vagues de plusieurs lieues,
Les blés aux tiges d'or, les lins aux crêtes bleues ;
Plus loin, c'est la chapelle entre quatre tilleuls,
Où, par l'ombre attirés et se sentant bien seuls,

Les voyageurs poudreux, face brune et maigrie,
Viennent se confier à la vierge Marie.
— Salut aux volets verts! Des femmes juste orgueil,
Etains, cuivres et grès reluisent sur le seuil,
Et la maison qu'on lave et pare jusqu'au faîte,
Semble annoncer gaîment que demain sera fête.
Vois déjà les fumeurs devant les cabarets,
Où deux noyers branchus font un ombrage frais,
Sous lequel bien souvent se glisse en un coin sombre
Ce *buveur* que Teniers laisse trop voir dans l'ombre.
A demain donc, au bruit des grêles carillons,
Tous ces jeux où l'on court quand chôment les sillons :
Les perches à l'oiseau, qui font, chaque dimanche,
S'assembler les archers sous une tente blanche ;
Les tirs où, de Saint-George et de Saint-Sébastien,
Parmi tous les Etats l'adresse s'entretient ;
De la flèche et du trait bruyantes confréries
Que l'on voit aux grands jours traverser les prairies,
Tambours et flûte en tête et rubans au chapeau,
Fières des prix d'argent pendus à leur drapeau.

Que dirai-je de plus ? Montrerai-je la bière
A flots bruns et mousseux crépitant dans le verre,
Le jambon rougissant dans les lourds plats d'étain,
Les gars se trémoussant du soir jusqu'au matin,
Bacchanale qu'à temps la nuit d'un voile couvre,
Et qui revit sans frein dans un Rubens du Louvre !

N. MARTIN.

A MADAME ***

LE SALUT.

1858

> Ne méprisez pas les prières que nous vous adressons.
> (ANTIENNE DU SALUT).

> ...... Les Orgues saintes
> Jetant leurs divins accents
> Qui ressemblent à des plaintes
> Et montent avec l'encens!
> (LES FILLES DE MARBRE).

J'aime l'hymne du soir que l'orgue chante et pleure,
Quand il brise aux piliers de la sainte demeure
  Ses flots harmonieux,
Quand le suave encens monte en légers nuages,
Quand la foule inclinée adresse ses hommages
  Et sa prière aux cieux !

Combien j'aime à songer sous l'abside sonore
Quand du soleil couchant un jet lumineux dore
  Les vieux murs dépouillés,
Lorsque l'astre de feu vient aux vitraux gothiques
Donner vie et pensée aux têtes extatiques
  Des saints agenouillés !

J'aime à voir resplendir la brillante auréole
Qui couronne le front de Celui qui console,
    Du Christ divin martyr,
Quand un rayon de flamme environne, illumine
La face du Sauveur qui tristement s'incline
    A son dernier soupir.

Puis lentement s'éteint dans les nefs de l'église
La clarté du jour pur; doucement l'ombre grise
    Etend son voile épais,
Le vaisseau s'obscurcit, les ogives se fondent,
La nuit vient écouter les échos qui répondent
    Aux plaintifs chants de paix.

Dans son élan vers Dieu l'âme s'élève et plane,
Tout est mystérieux, un doux parfum émane
    De l'ardent encensoir,
On entend sangloter la touchante harmonie
Berçant de ses accords le fidèle qui prie
    Tourné vers l'ostensoir.

Mais soudain, au signal de la cloche argentine,
Comme penchent les blés quand le vent déracine
    Les chênes orgueilleux,
On voit se prosterner les chrétiens, et le prêtre
Sur eux étend les mains, suppliant le grand Etre
    D'exaucer tous leurs vœux.

Entendras-tu sa voix, ô Dieu juste et sévère,
Fléchira-t-il l'arrêt qui, pesant sur la terre,
    Nous condamne aux douleurs!

Ah ! depuis six mille ans que l'humanité souffre,
N'est-il donc pas comblé, l'insatiable gouffre
    Où vont tomber ses pleurs ?

Divin crucifié, tu connus la souffrance,
Pourquoi, Christ, quand sonna l'heure de délivrance,
    Lorsque tu t'envolas,
N'as-tu pas obtenu du Créateur céleste
Qu'il adoucit les maux de notre sort funeste
    Et l'horreur du trépas ?

Et ma pensée alors s'égare sur les ailes
De la Mélancolie, aux ombres des chapelles
    Demandant le repos,
Je touche du genou les froids marbres funèbres,
Et je dis au Seigneur, dans les sombres ténèbres :
    Eclairez mon chaos !

Faites luire à mes yeux l'espoir et la sagesse,
Soutenez mon esprit, consolez ma tristesse,
    Car ma force s'enfuit ;
En vain dans ma détresse aux plaisirs de ce monde
J'ai demandé l'oubli... quelle main garde l'onde ?
    J'ai rencontré du bruit !

Que je te pleure, ô temps de limpide prière
Où des anges d'azur ruisselants de lumière
    Sur nous viennent flotter !
Où donc avez-vous fui, chastes, saintes paroles,
Que de beaux séraphins chassant des douleurs folles
    A Dieu vont répéter ?

Revenez! revenez! douce époque d'extase
Où tout paraît si pur, où l'âme s'extravase
    En songe ravissants,
Où le front radieux on entre dans la vie,
Où l'on est tout amour, où l'on rit de l'envie,
    O gracieux seize ans!

Car je me sens au cœur une immense amertume,
Et l'unique secours au mal qui me consume
    Vient du Ciel, je le voi;
Seigneur Dieu! rendez-moi les rêves de l'enfance,
Rendez-moi la ferveur, le calme et la croyance,
    O rendez-moi la foi!

                              ALP. CLAEYS.

JEAN BART.

COUPLETS CHANTÉS LE 8 SEPTEMBRE 1845, AU GRAND BANQUET DES
GARDES NATIONALES, DONNÉ AU PARC DE LA MARINE, LORS
DE L'INAUGURATION DE LA STATUE DE JEAN BART.

1845

Du grand marin qui sut de la victoire
A nos vaisseaux rattacher le laurier,
Venons placer au temple de mémoire
Le nom si beau de son éclat guerrier !
A vos enfants offrez ce beau modèle,
Apprenez-leur à le bien vénérer ;
 Oui, de Jean Bart la gloire est immortelle ;
Tâchons de l'imiter ! tâchons de l'imiter !....

Enfant du peuple, au sein de nos tempêtes,
Il sut puiser sa belliqueuse ardeur ;
A l'ennemi qui moissonnait nos têtes,
Il fit payer un tribut au vainqueur.
Modeste et sage, en sa sphère nouvelle,
De ses soldats il sut se faire aimer ;
 Oui, de Jean Bart la gloire est immortelle ;
Tâchons de l'imiter ! tâchons de l'imiter !...

Braves marins, vrais soutiens de la France,
De vos dangers vous recevrez le prix ;
Comme Jean Bart, prêtez votre assistance
Au sol en deuil qui vous jette ses cris.
Des étrangers si la horde cruelle
Osait encor venir nous provoquer,
Jean Bart est là ; sa gloire est immortelle ;
Tâchez de l'imiter ! tâchez de l'imiter !...

Reçois, Jean Bart, notre éclatant hommage !
Du haut des cieux accueille nos accents !
Autour du bronze où revit ton image,
Entends ces cris, vois brûler ces encens !
De ta statue, où la vie étincelle,
Avec respect nous devons t'approcher ;
Mais, ô Jean Bart ! ta gloire est immortelle !
Pourrons-nous t'imiter ? pourrons-nous t'imiter ?...

E. MAYER,
Capitaine des pompiers de Calais.

IMPROMPTU.

1857

On dit que l'esprit court les rues ;
J'en doute malgré le dicton,
Car si l'esprit tombait des nues,
Tant d'imbéciles verrait-on ?
L'esprit est si rare au contraire,
Et fait défaut à tant de gens,
Que s'il en pleuvait à torrents
Chacun serait sous sa gouttière !

Pierre Simon.

EXCURSION DANS LE VIEUX DUNKERQUE.

1858.

I.

Au moment où Dunkerque voit élever de tous côtés, dans ses murs, des monuments et des maisons aux splendides façades, nous sommes bien aise d'écrire les quelques observations curieuses que nous avons faites et de conserver les notes que nous avons prises dans nos pérégrinations à travers l'antique patrie de Jean Bart.

D'abord nous offrons, avec quelques mots d'explication, le dessin de deux vieilles maisons contiguës situées à l'est de la rue du Vieux Marché au Beurre, dans le « Quartier de Holland », comme on le disait au XVIe et au XVIIe siècle (1). Celle de droite a sa principale façade du côté du Marché au Poisson, où elle est classée sous le n° 36. La seconde n'a qu'une entrée ; elle est la propriété de M. Joseph Jacquot, rentier, auquel la Société Dunkerquoise a décerné, en 1856, une médaille, comme à l'un de ses principaux donateurs ; il a vendu l'autre immeuble en Septembre 1857.

L'ensemble de ces deux maisons nous reporte aux dernières années du XVIe siècle, sous le règne de Philippe II (1590 à 1598). Nous y retrouvons le style espagnol. Pignons terminant en pointe et cachant les toitures ; de petits jours pratiqués dans les murs donnant accès dans des privés, dans des corridors ou sur des escaliers ; des fenêtres à cintres

---

(1) P. 16 de la notice sur la topographie de Dunkerque, par M. Derode, insérée à la p. 147 du volume des Mémoires de la Société Dunkerquoise de 1855, imprimé en 1856.

maçonnés aujourd'hui ; des demi-portes d'entrée, dont l'une existe encore, une entrée de cave en saillie sur la rue, maintenant pratiquée à fleur du mur.

Ces maisons telles que nous les voyons avec leurs murailles noircies par le temps, les ancres extérieurs de soutènement, leur gouttière en bois maintenue par des crochets de fer, longeant la façade et déversant les eaux pluviales par une buse qui descend jusqu'au rez-de-chaussée, nous donnent une idée parfaite de ces sombres et incommodes demeures d'un âge reculé, où la lumière du ciel entrait si difficilement par de rares croisées à petits carreaux enchassés dans des lames de plomb, et dont les contrevents, — la moitié de ceux de notre époque, — ne garantissaient que la partie inférieure du châssis.

Pénétrons pour un instant dans l'intérieur de ces anciennes habitations plébéiennes, assez communes à Dunkerque, mais dont les façades ont généralement un cachet moderne. Qu'y voyons-nous? Des escaliers étroits et rapides, aux degrés usés et vermoulus; d'immenses âtres de cheminées par où le vent s'engouffre et hurle en hiver ; des chambres non plafonnées, laissant, par leurs planches disjointes, de fréquents passages à la poussière qui tombe de l'étage supérieur comme à travers un tamis; des murs et des poutres d'une solidité telle qu'ils semblent être ceux d'une citadelle ; des allées et des corridors si peu espacés, qu'une personne est obligée de s'effacer pour en laisser passer une autre ; des murailles non tapissées, des boiseries à peinture sombre; des pièces séparées les unes des autres par des cloisons en bois ou d'une demi-brique, qui permettent d'entendre librement les conversations de ses voisins; des fenêtres sans appui et à châssis en guillotine ; des portes très basses. A peine entré dans ces vieilles habitations où l'on ne reste tout juste que le temps nécessaire pour régler ses affaires, on est enchanté d'en sortir, heureux si, en descendant l'escalier, on n'abrége la route, faute de s'assurer de la corde dure et graisseuse que l'on trouve sous la main.

On doit en convenir: le peuple était jadis bien mal logé ; mais il ne connaissait pas mieux. Il n'en vivait pas moins assurément avec l'insouciance de la veille et du lendemain, comme le marin et l'ouvrier de nos jours, mieux abrités et plus commodément logés que dans les temps qui nous ont précédés.

Au XVIIe siècle, les maisons de Dunkerque portaient en grande partie un nom de saint ou autre. Ainsi, par exemple, la maison n° 14 du Vieux Marché au Beurre était vulgairement nommée Steen-hof (1), et la maison voisine n° 6, « Teste de Morien » (2). Celle de gauche de notre plan, qui porte aujourd'hui le n° 2, dépendait comme l'autre en 1673 « de la rue d'Hollande proche le Marché de Bûre » selon un titre de propriété que nous avons eu sous les yeux (3); laquelle rue nous trouvons signalée une fois sous le nom de « rue Seigneuriale » (4). Il n'y avait pas alors de maisons vis-à-vis, et bien au-delà on voyait le mur bâti sur l'alignement du couvent des Récollets que l'on a démoli définitivement en Septembre 1858, à côté de l'église de Saint-Jean-Baptiste qui était la leur, sous le vocable de Sainte-Marie-Egyptienne (5).

Le 14 Juin 1701, le nom de Hollande lui était encore conservé; mais à partir de 1703, où la constitution de la petite rue est probablement résolue, jusqu'en 1736, nous puisons dans des titres l'indication de « rue ou ruelette menante ou qui menne de l'ancien Marché au Beure, ou Boeure au Marché au Bois »; marché qui n'est autre que le Marché au poisson de nos jours, et qu'en 1751, nous trouvons nommé Marché au Blé dans un document authentique (6).

Postérieurement, les deux dénominations de rues sont maintenues. Cependant, dès avant 1767, toute la partie de la voie publique prise du Marché au Poisson à la rue des Pierres où commence la rue de Hollande actuelle, avait reçu officiellement le nom de Vieux Marché au Beurre, nom que l'on trouve irrévocablement inscrit dans tous les almanachs Lorenzo, de Dunkerque, à dater de 1767; première année où l'on y inséra les noms des rues de la ville. La Place ou

---

(1) Cahier de charges pour adjudication devant le magistrat, du 23 Avril 1749.

(2) Adhéritances devant le magistrat, de 1671 et de 1717.

(3) Adhéritance du 13 Mai 1673.

(4) Id. du 19 Avril 1673.

(5) Notice intitulée : Scel du gardien des Frères mineurs (Récollets de Dunkerque), par M. Carlier. Paris, 1855.

(6) Rapport d'experts joint à un contrat passé devant le notaire Jolly, le 4 Février 1751.

Marché au Blé ne perdit sa dénomination qu'à la fin de 1802 : on l'appela Marché au Poisson (1).

Le 10 Octobre 1727, le magistrat résolut, à cause du trop plein de la Place Royale, de rétablir « le débit et la vente du beurre, du lait, des œufs et du fromage, sur le Vieux Marché au Beurre proche la porte de la Citadelle, ainsi qu'il en avait été pratiqué du temps passé ». L'ordonnance en fut mise à exécution dans la huitaine (2).

Ce marché quitta cet emplacement longtemps après ; il fut transporté à la Place Dauphine, où se trouve aujourd'hui la salle de théâtre; mais il n'y resta guère.

Le 2 Mars 1763, le magistrat en fixa l'établissement sur la place du Vieux Marché au Beurre; mais quand les marchands y furent réunis, ils étaient tellement gênés, que l'autorité se vit obligée de rétablir le marché au beurre et aux œufs sur la place Royale (3), où il n'a cessé de se tenir, excepté à de rares Samedis, quand l'exécuteur des hautes-œuvres avait à y satisfaire la justice humaine sur quelques grands criminels.

Avec le temps les marchands de fromage s'installèrent sur le Marché au Poisson, et les laitiers portèrent leur marchandise à domicile.

Le Vieux Marché au Beurre nous rappelle encore un autre souvenir. C'est dans la maison dite Steen-hof appartenant à la ville que l'administration municipale plaçait les pompes à incendie au dernier siècle ; ce que nous apprend une ordonnance rendue par le magistrat le 24 Novembre 1741, « pour remédier aux incendies » (4).

En 1777, les choses étaient changées; les pompes, suivant une ordonnance datée du 20 Février (5), étaient déposées dans la cour de la Bourse, hors quelques-unes qui étaient réparties en ville, comme de nos jours.

L'année 1857 a été fatale aux vieilles constructions. Elle a vu disparaître presque toutes les maisons et la belle Porte-

---

(1) Voir l'almanach Lorenzo, de Dunkerque, années 1802 et 1803.
(2) Recueil des ordonnances de police de la ville et territoire de Dunkerque, in-4°, p. 203.
(3) Même recueil, p. 463.
(4) Même recueil, p. 16.
(5) Même recueil, p. 314.

à-Couronne, du côté occidental de la rue de Hollande et du Marché aux Volailles. Les autres ont été démolies en 1858, en vertu d'un jugement de notre tribunal civil du 11 Juin de la même année, qui en avait prononcé l'expropriation pour cause d'utilité publique, aux fins d'élargissement du Quai des Hollandais. Parmi elles on remarquait les propriétés de la veuve Maes, n°s 33 et 35, sur lesquelles se lisait le millésime de 1629 reproduit par quatre ancres de fer. On remarquait surtout un peu plus au sud, presqu'en face de la rue Faulconnier, la maison de M. Waeterloot-Delafonteyne, n° 25, qui avait conservé son cachet antique en offrant à la vue la date de 1650.

Dans le grand mouvement qui s'opère au milieu de nous, que deviendront les deux maisons de la rue du Vieux Marché au Beurre dont nous avons pris le soin de faire le dessin? Elles auront le sort commun !... Chaque jour quelque chose s'en va de ce monde et il est à présumer qu'avant vingt-cinq ans, Dunkerque n'aura presque plus rien à offrir d'antique dans ses rues, si ce n'est sa grande tour de la fin du XVe siècle, et le Leughenaer bâti au siècle suivant. Il faudra alors pénétrer probablement au fond de quelque cour pour voir les derniers vestiges d'architecture du XVIIe siècle.

Il y a bien peu de personnes à Dunkerque qui se souviennent qu'au mois de Mai 1851, il existait à l'orient de la rue de Hollande, sous le n° 40, une (1) vieille et noire maisonnette dont l'étage, surplombant de 50 centimètres (18 pouces) au-dessus de la rue, menaçait sans cesse la vie des passants. Sa vue nous effrayait déjà en 1815, quand nous étions enfant, et nous ne passions jamais devant elle sans précipiter le pas et sans longer le côté opposé de la rue. Elle portait le numéro 10. En 1851, cette maisonnette était l'une des plus anciennes masures de la ville. Sa construction remontait au vieux Dunkerque, au Dunkerque du XVIe siècle, avec son cachet espagnol du temps de Charles-Quint. Un maître cordonnier, le sieur Philippe Clémence, l'ayant acquise le 26 Avril de cette année 1851 (2), la fit abattre, et, dans le cou-

---

(1) L'Histoire de Dunkerque, publiée en 1852, contient, page 55, l'erreur qu'il en existait deux de ce genre en 1851. Dès avant la révolution de 1789, il n'y en avait pas d'autres.

(2) Contrat passé devant Me Emile Caboche, notaire.

rant de l'été, on vit s'élever une maison régulièrement construite à la moderne.

A l'ouverture de l'année 1761, il existait au sud et sur la même ligne de la rue, une autre petite maison « vieille et caducque » à un étage, faisant pareillement saillie sur la voie publique. Comme celle dont nous venons de parler, elle était attenante au couvent des « Pénitentes Récollectines », dont les vieux bâtiments existent encore en majeure partie. Elle appartenait à dame « Pétronille Declerc, veuve de Charles Dewilde, bourgeoise boutiquière », qui, voulant la « faire reconstruire à neuf » présenta requête « à messieurs les bourgmaître et échevins de la ville et territoire de Dunkerque », afin qu'il lui plût d'en approuver les plans qui y étaient annexés.

Depuis longtemps ce genre de constructions était en défaveur, et le magistrat tenait sévèrement la main à ce qu'elles ne se renouvelassent plus, comme en voici la preuve par l'ordonnance des échevins et du conseiller pensionnaire, commissaires aux ouvrages de la ville et du territoire de Dunkerque, arrêtée à l'assemblée du 11 Mars 1761, et conçue en ces termes: « Nous ordonnons que pour la décoration de la rue, la maison (1) dont s'agist sera reconstruite et battie à deux étages et rez-de-chaussée conformément au plan paraphé par lesdits commissaires, et que la hauteur de la façade sera pareille à la maison d'Ambroise Chevalier, qui fait le coin du Vieux Marché au Beurre, avec défence de faire sortir en saillie le dessus du rez-de-chaussée ».

En face de cette maison existait naguère la portelette ou impasse Vanalsen (2) qui était commune aux maisons n° 1er contre la porte du port au bout de la rue des Pierres; — n° 3 au coin, démoli en 1856; — n°s 5 et 7 dans la cour; — n°s 9 et 11, aboutissant à la rue, expropriées comme les autres en 1858.

Vers le milieu du XVIIIe siècle vivait à Dunkerque un homme assez riche du nom de Pierre Vanalsen. Il possédait deux maisons de la portelette dont nous venons de parler, et, depuis quelques années déjà, les habitants de ce quartier avaient attribué son nom à la portelette. Quelques années

---

(1) Le n° 4 actuel au côté oriental de la rue de Hollande.
(2) Et non Vanwalsen, nom mal écrit p. 56 de l'histoire de Dunkerque, citée.

après sa mort, les deux maisons sus-indiquées et d'autres biens échurent en partage le 12 Septembre 1704 (1) à dame Anne-Thérèse Vanalsen, sa fille, épouse de Louis-Anselme-Gérard Leclerc, marchand et fabricant de tabac en cette ville. Le 23 Décembre 1773 (2), M. Daniel Denys, ingénieur constructeur de la marine à Dunkerque, acquit les deux maisons de madame Leclerc; (3) et, malgré cette mutation et toutes celles qui se sont opérées à l'égard même des quatre autres maisons, la dénomination de Vanalsen attachée primitivement à l'impasse, ne s'est jamais perdue.

En face de la maison du sieur Clémence, on voyait encore il y a quelques années, avant la reconstruction des numéros 15 et 17, une autre portelette ou courgain qu'habitait une misérable populace. On l'appelait Poirier Spoortje (4), du nom du père ou de l'aïeul de l'avocat Poirier, de Dunkerque, auquel ce courgain appartenait.

———

Conformément au vœu qu'on m'en a exprimé, j'ai levé le plan de la maison n° 25 de la rue de Hollande, en face de la rue Faulconnier. Depuis lors, j'ai pensé qu'un plan, quel qu'il fût, n'offrait de l'intérêt que s'il était accompagné de quelques mots d'explications.

Cette maison se distinguait par sa façade à pignon terminant en pointe, et prenant la forme d'un escalier à partir de la naissance du toit caché à la vue jusqu'à l'héberge saillante du mur. Rien n'était régulier dans son architecture. Il y avait même absence de goût et de la moindre idée de construction de la part de l'ouvrier. Les deux croisées au sud de la porte d'entrée étaient plus basses que celle que l'on voyait au nord. Les trois croisées du premier étage n'étaient pas placées entre elles à égale distance; les deux seules fenêtres du second étage n'étaient même pas alignées avec celles de dessous. La maison avait subi bien des modifica-

---

(1) Acte devant le notaire Delahaye, de Dunkerque.
(2) Contrat devant M⁰ Six, notaire à Dunkerque.
(3) Voir ces deux derniers actes dans les titres, notamment ceux d'une maison située en cette ville, rue des Vieux Quartiers, 17.
(4) Et non Pourier Spoortje, nom mal orthographié page 56 de l'Histoire de Dunkerque citée.

tions depuis 1650, date qui y était figurée par des ancres de fer extérieures. Les deux larges entrées de caves en saillie sur le trottoir en avaient disparu. Les contrevents au midi, la porte de la rue, la dimension des carreaux de vitres, les formes des fenêtres, avaient été modifiés.

Vers le milieu du dix-septième siècle, on ne connaissait pas les contrevents de toute la longueur des croisées, les portes d'une seule pièce, des fenêtres non cintrées par le haut, les vitres non assujéties par des lames de plomb et des barres de fer, si ce n'est quelquefois pour des monuments. La maison que nous venons de décrire s'appelait la Croix rouge, et, selon les titres, elle était contiguë de « bise » ou nord à la maison de l'Empereur, et de l'occident, par derrière, aux remparts du « Cay », quai, port, hâvre, comme on le disait indifféremment.

La date de 1650 n'était pas celle de la construction ; mais la date d'une reconstruction, car avant cette époque nous recueillons dans les titres deux lettres de rentes perpétuelles hypothéquées sur l'immeuble, dont l'une du 6 Juillet 1620, et l'autre du 11 Décembre 1638 ; celle-ci au profit des religieuses Pénitentes du couvent dit de Saint-Julien. En 1682 cette dernière rente était toujours due aux religieuses avec un grand nombre d'années d'arrérages ; elles en poursuivaient le paiement en vertu d'un décret du magistrat en même temps que la vente de la maison. Faute d'amateurs la propriété leur fut adjugée ; et, chose étrange, après l'avoir revendue, elles devinrent plus tard encore propriétaires, mais jusqu'à concurrence d'un tiers seulement comme étant aux droits de Marie Rowis, professe du monastère, qui l'y avait apportée en dot à son entrée en religion. Le 27 Juillet 1720 (1), « sieur et maistre Nicolas de Meullebecque, conseiller du roi, bourguemaistre de la ville de Dunkerque, se rendit adjudicataire de « la Croix rouge ».

Le couvent avait alors pour abbesse la très digne sœur Marie-Jeanne Odiette, et pour mère vicaire Marie-Geneviève Durel. L'abbesse était celle dont le nom figure dans la nomenclature donnée par Faulconnier (2) des « personnes de Dunkerque qui, par leurs belles qualités, leur savoir et leurs

(1) Jugement d'adjudication devant le magistrat.
(2) Description historique de Dunkerque, Bruges, 1730, tome II, page 198.

vertus, se trouvèrent, en 1715, élevées à des places distinguées dans l'église ».

Le couvent des Pénitentes possédait également, en ce temps, rue de Hollande, la maison sise au nord que l'on appelait d'ancienne date du nom de l'Empereur. Elle servait d'hôpital dit de Saint-Julien : c'était une des différentes maisons qui étaient affectées aux malades et aux infirmes avant l'organisation définitive, au XVIIIe siècle, de l'hôpital général de la rue des Vieux-Quartiers. Cette maison et la Croix rouge contiguë avaient plusieurs communications entre elles ainsi qu'on a pu le voir longtemps par la disposition des voûtes de caves, après la démolition de la maison de l'Empereur.

Jusqu'en 1760, toutes les maisons du côté occidental de la rue de Hollande avaient assez peu de profondeur. Entre elles et le mur du port, il existait des terrains qui servaient de chemins de ronde, et comme avec le temps ces chemins étaient devenus inutiles au service militaire, Antoine-Louis-François Le Fevre de Caumartin, intendant de Flandre et d'Artois, rendit, sur le vœu des habitants, une ordonnance, en date de Lille du 12 Novembre 1758, portant concession en faveur des particuliers dont les maisons aboutissaient au mur d'enceinte. M. Philippe-Jacques Lieven, avocat et échevin, possédait et habitait les deux maisons.

Au sud de la maison dont nous venons de parler, se trouvait la maison nº 23, reconstruite au dix-huitième siècle. Modifiée il y a une trentaine d'années, elle avait néanmoins conservé ses pilastres et son entrée de cave en saillie, jusqu'au jour de sa démolition, ainsi qu'on le voit par le dessin que j'en ai donné.

A cette époque, il y avait encore à Dunkerque dix-huit entrées de caves béantes sur la voie publique comme autant d'abîmes : c'étaient celles du côté méridional de la rue de Hollande et du Marché aux Volailles. Elles n'avaient pas subi le sort commun de toutes les autres de la ville, en considération du projet d'abattre de ce côté les maisons longeant le port.

Le temps qui ne respecte rien, ronge et ruine tout ici-bas. A son tour, le marteau démolisseur détruit incessamment l'œuvre de nos pères, pour ne laisser sur sa route que des souvenirs confus.

Dans notre course, arrêtons-nous un instant en face du côté méridional de la rue Saint-Jean, et disons que là existait naguère, sous le numéro 12, une vénérable construction qui accusait, par ses ancres de façade, l'année 1630. Au mois de Juillet 1858, nous l'avons vu disparaître avec la douleur de l'antiquaire dépossédé fortuitement d'un objet qui fait son admiration. Toutefois nous ne formulons aucune plainte contre l'acquéreur, M. Deman-Lebaron, qui, en voulant se loger agréablement et dans les goûts de notre temps, a fait élever un bâtiment aussi commode que coquet; mais nous blâmons les anciens propriétaires d'avoir laissé dépérir volontairement leur bien : il est de notoriété qu'ils avaient négligé toute espèce de travail de consolidation. L'un d'eux avait même fait couvrir d'une épaisse maçonnerie le plus bel ornement de la maison : une magnifique cheminée en marbre, à colonnes et à incrustations figurant des oiseaux, des fleurs, des têtes humaines, etc. Notre regret a eu sa compensation : l'intention du nouveau propriétaire de faire don au musée communal de cette œuvre d'art, nous a réjoui et nous a consolé.

Il est à craindre qu'avant peu d'années les maisons de Dunkerque qui portent dans leurs ancres de façade le chiffre du XVIIe siècle, ne subissent une complète transformation. Il n'est donc pas sans intérêt de les signaler ici :

Le n° 41, maison au coin de la rue Neuve, dont la façade, rue de la Marine, offre le millésime de 1692 ;

Le n° 7, qui est l'ancienne église du couvent des Conceptionistes, au côté septentrional de la rue des Sœurs-Blanches, conservant sur son antique façade religieuse cette inscription: An. 10.73. no. (1); chiffre qui est la date d'une reconstruction ;

Le n° 18, au côté méridional de la rue St-Jean, au millésime de 1661 ;

Le n° 15, au nord de la rue Saint-Gilles, de 1641;

Le n° 17, à l'ouest de la rue de Bourgogne, datée de 1636;

Le n° 4, au sud de la place du Minck, offrant au regard le chiffre de 1635 et la statuette de Saint Joseph dans une niche (2);

---

(1) Faulconnier, Description historique citée, a fait erreur, p. 86, en indiquant la date de 1603 sur le dessin du couvent.

(2) Cette statuette si curieuse et celle de la Sainte Vierge placée

Le n° 30, au nord de la rue des Pierres, de 1633;
Le n° 34, au même côté de la rue, de 1630;
Le n° 34, au midi de la rue du Collége, de 1618;
Le n° 5, à l'occident de la rue du Quai, aussi de 1618.

A peu de chose près, toutes ces constructions ont extérieurement le cachet de leur époque respective.

Il est d'autres propriétés que l'on a entièrement restaurées depuis peu d'années, mais qui conservent néanmoins les dates de leurs constructions primitives. En voici la nomenclature :

Le n° 25, au côté méridional de la rue de Hollande, daté de 1699;
Le n° 14, au nord de la rue de Bergues, de 1697;
Le n° 71, au côté septentrional de la rue du Collége, de 1696;
Le n° 19, au côté oriental de la rue Saint-Sébastien, de 1695;
Le n° 15, au nord de la rue des Arbres, de 1694;
Le n° 2 de la rue du Quai, offrant la même date de 1694 à sa façade de la rue du Collége;
Le n° 50, au côté oriental de la rue des Vieux-Remparts, de 1686, dont les têtes des 6 ont été brisées;
Le n° 22, au midi de la rue Emmery, de 1684;
Le n° 4, au côté oriental de la rue des Vieux-Remparts, de 1683;
Le n° 4, au sud de la rue de Nieuport, de la même année 1683;
Le n° 3, à l'ouest de la rue de l'Eglise, de 1682;
Le n° 16, au côté septentrional de la rue Maurienne, de 1643;
Les n°s 18 et 16, ancienne rue Neuve sur le port, de 1637, dont le 6 a fait place à un 1 dans la reconstruction;
Le n° 11, au midi de la rue de Bergues, de 1636;
Le n° 40, à l'est de la rue de l'Eglise, de 1634, dont les deux premiers chiffres ont disparu;
Le n° 28, au sud du marché au Poisson, de 1632, dont les mêmes chiffres n'existent plus;

dans une niche en façade de la maison n° 13 située au côté méridional de la rue de la Vierge, ont échappé à nos investigations lorsque nous avons écrit « les Dévotions populaires dans l'arrondissement de Dunkerque », imprimées en 1854.

Le n° 7, au nord de la rue des Chaudronniers, de 1626, dont le 1 a été enlevé à la reconstruction ;

Le n° 18, au coin nord-ouest du Marché aux Volailles, de 1616.

Parmi les dates du XVII° siècle que nous avons citées, il y en a dont les chiffres sont admirablement ouvragés. Ce sont de véritables chefs-d'œuvre. Au XVIII° siècle, l'ouvrier n'y mettait plus le même soin et le même temps. On s'aperçoit que le goût et l'amour de l'art en sont passés. Au XIX° siècle, l'usage s'en perd de jour en jour. Il n'y a plus que très peu de maisons qui portent une date en façade ; cela est aujourd'hui une simple fantaisie de propriétaire. Autrefois, c'était une affaire d'amour-propre de forgeron, qui tenait à honneur de produire publiquement ses preuves de savoir-faire.

———

Tous les jours on voit disparaître d'antiques façades. Au mois d'Avril 1858 on a démoli la petite maison Perre, n° 13, située au côté occidental de la rue du Quai, que remplace aujourd'hui une magnifique maison à deux étages. Rien n'était curieux comme le tambour de la boutique, qui semblait fléchir en avançant sur le trottoir, et le toit fait comme ceux de nos jours, qui, du faîte à la gouttière, avait autant d'étendue que la hauteur de la façade. Le sol de la maison était au-dessous du niveau de la rue, que l'on avait exhaussé dans nos temps modernes ; ce qui ne se voyait pour aucune maison de Dunkerque, si ce n'est pour la majeure partie de celles du côté occidental de la rue de Hollande. Cependant nous constatons ici, en passant, que, dans la Basse-Ville, il existe une immense quantité de maisons dont les jardins et les cours sont à plusieurs centimètres et même à plusieurs mètres au-dessous du niveau des rues. Cela provient de ce que presque toutes ces rues ont été formées de terres et de gravois rapportés.

On ignorait la date de la construction de la maison Perre. Seulement, les archéologues se rappellent très bien que déjà, il y a cinquante ans, quand on lui adapta le tambour qu'elle n'avait jamais eu, elle menaçait ruine. Semblable à ces vieillards robustes qui fléchissent mais qui ne tombent pas, elle se maintint toujours dans sa caducité extrême, grâce à la solidité de ses murs, sans réparations extérieures depuis longues années. On présume néanmoins que sa construction datait du XVIe siècle (1595 à 1600). La maison portait avec elle un projet d'alignement de la rue, malheureusement abandonné au XIXe siècle, qui se croit si progressif et si infaillible. La façade du côté septentrional faisait saillie de 35 centimètres d'épaisseur du mur sur celle du coin, reconstruite il y a peu d'années, et rentrait d'une même épaisseur de mur au midi. Au moyen de cette disposition et en poursuivant la ligne droite vers l'intérieur de la ville, on serait arrivé à peu près à l'alignement du côté occidental de la rue de l'Eglise ; la maison située à l'angle de la place d'Armes et de la rue du Quai aurait dû perdre nécessairement de quatre à cinq mètres de sa façade méridionale. En 1618 l'administration échevinale conservait encore son projet d'alignement, lors de la reconstruction de la maison n° 5, au même côté de rue. Actuellement elle est la seule qui doive avancer. Si l'ancien projet eût été exécuté, on eût embrassé un point de vue magnifique, le port, en quittant la rue Maurienne, et l'on eût obtenu un alignement régulier et direct que l'on recherche tant de nos jours !

Dans notre promenade archéologique, nous ne devons pas négliger d'enregistrer un souvenir qui allait peut-être se perdre : C'est que, — postérieurement aux XVIe et XVIIe siècles, — en 1750 encore, on donnait aux maisons des noms de saints ou autres. Nous n'en rapporterons qu'un exemple. Le 2 Avril de cette année, la ville de Dunkerque vend à MM. Joseph Thiery et Louis-Maurice Arnaud-Jeanty, tous deux entrepreneurs des travaux du roi, un terrain contigu au mur d'enclos du jardin des R. P. Capucins, sur toute la longueur de la rue du Sud à partir du Quai au Bois (maintenant Place Napoléon), à condition qu'ils y feraient construire douze maisons. Le 29 Mai, les acquéreurs procèdent par moitié au partage.

Sur la partie occidentale, M. Arnaud-Jeanty fait bâtir six maisons. Le n° 1 actuel est nommé Saint-Louis ; le n° 3 Saint-Jean ; le n° 5 Saint-Honoré ; le n° 7 Saint-Maurice ; l'habitation suivante Sainte-Anne (qui a disparu en partie lorsque l'on a percé la rue David, d'Angers, à travers le jardin des Capucins) ; et le n° 9 Sainte-Thérèse.

Sur la partie orientale, M. Thiery fait bâtir également six

maisons. Le n° 11 est nommé Saint-Robert; le n° 13 Saint-Charles; le n° 15 Sainte-Catherine ; le n° 17 Saint-Adrien ; le n° 19 Sainte-Marie-Magdeleine; enfin le n° 21 Saint-Joseph, aboutissant à la rue Nationale, alors la rue du Bogaert.

En cette année 1750, la dénomination des rues n'était pas encore indiquée au regard des passants. Ce ne fut que l'année suivante que l'on attacha aux angles des rues des planchettes indicatives des noms. Puis, bien des années s'écoulèrent avant qu'on ne réalisât un autre projet : celui de numéroter les maisons de la ville. Cette mesure n'eut lieu qu'en 1765 (1). Le croirait-on? Il ne fallut pas moins que 20 à 25 ans aux notaires du pays pour les déterminer à consigner quelquefois dans leurs actes les numéros des propriétés urbaines. Encore, en 1800, tous ne le faisaient pas ; et la mesure ne devint obligatoire ou ne fut comprise et adoptée qu'un an ou deux après.

Nous avions l'intention de donner quelques détails sur la maison de la Place du Minck, n° 4, portant le millésime de 1635, ainsi que l'indiquent les ancres de sa façade à l'espagnole, et dont le plan est joint à notre notice ; mais comme les anciens titres de cet immeuble ne sont pas entre les mains du capitaine Vanwaelfleghem, qui en est le propriétaire, il ne nous a pas été possible d'en retracer le moindre souvenir historique. Nous croyons toutefois qu'une observation devient indispensable. A notre avis, la date qui y figure est assurément celle d'une reconstruction et non celle d'une construction primitive, car Dunkerque de ce côté est très ancien.

Deux mots d'éclaircissements. Le vieux Dunkerque était borné du côté de la mer par la rue du Nord, à l'est par la rue des Vieux-Remparts, au midi par la rue des Vieux-Quartiers, et à l'ouest par le port. Tout ce qui existe maintenant de rues et de places vers le sud a été créé successivement depuis 1670. On l'a dit ailleurs, mais il fait bon de le répéter.

L'une des premières maisons que l'on y éleva fut celle qui fait le coin de la rue Neuve, où elle porte le n° 41, et de la rue de la Marine, où se voit la date de sa construction, 1692. La façade de ce côté porte le cachet de son époque ;

_____
(1) Histoire de Dunkerque citée, p. 315.

le dessin mérite d'en être conservé ; aussi le joignîmes-nous à notre publication. Cette façade est faite à fronton, non de forme conique, mais contractant celle d'une ellipse dont le sommet dépasse l'extrémité de la toiture qu'elle cache. Elle a, en outre, deux points remarquables dans sa partie supérieure: ce sont ses pilastres à surface rectiligne faisant corps avec le mur, et ses trois fenêtres en œil de bœuf dont une seule conserve un faible jour ; les deux autres sont entièrement murées. La partie inférieure du bâtiment a été retouchée plusieurs fois.

Il n'existe plus à Dunkerque que peu de maisons de ce genre mi-espagnol, mi-français; ce qui nous donne la pensée de les énumérer. On trouve:

Au nord de la rue des Vieux-Quartiers, le n° 35, qui fait l'angle de cette rue sur la ligne de l'hôpital civil ;

Vis-à-vis de l'hôpital militaire, le n° 20, faisant le coin nord-ouest de la rue Jean-Bart et de celle du Château ;

A l'ouest de la rue du Gouvernement, à l'ancienne Citadelle, les deux ailes de l'Entrepôt des douanes.

Nous aurions dû citer en première ligne la maison n° 20, au nord du Marché au Poisson, qui fait suite à la rue Mauricienne, où est établie la pharmacie de M. Thibaut. Cette façade à fronton, que les propriétaires ont, de temps immémorial, fait entretenir et peindre, est le plus beau type du genre que nous ayons vu. C'est un vrai modèle d'architecture, exécuté, assure-t-on, pour maîtrise. L'intérieur est moderne. Elle ne porte plus la date que l'on y voyait il y a peu d'années.

Quand je m'informai près de M. François Thibaut, très aimable vieillard habitant la maison que je viens de signaler et où il vint au monde, il me répondit: « Au mois d'Avril 1859 j'aurai seize ans moins qu'un siècle, et la maison avait cent ans de construction quand ma mère, qui y naquit quarante-trois ans avant moi, m'y donna le jour vingt-cinq ans avant sa mort, survenue dans la même maison ».

La solution du problème me donna : 1675 pour la construction de la maison ; 1732 pour la naissance de la mère ; 1800 pour la mort de cette dame, et 1775 pour la naissance de son fils, M. François Thibaut, qui, en 1859, complètera sa quatre-vingt-quatrième année.

Un seul édifice public à fronton elliptique et à pilastres,

nous reste de tous ceux que nous avions autrefois: c'est l'église paroissiale de Saint-Jean-Baptiste construite de 1772 à 1778. Quoique plus grande, sa façade nous rappelle en tous points celle de l'église du couvent des Pères Minimes (1), démolie en majeure partie de 1808 à 1810, au nord de la rue Saint-Jean, là où sont construites aujourd'hui la maison n° 41, et une faible fraction de la maison n° 43. La façade de l'église des Jésuites (2), que l'on abattit en 1826 (3) et qui était située sur l'emplacement du collége communal, avait beaucoup de rapport avec celle des deux autres monuments religieux.

II.

Le 11 Août 1695, tout Dunkerque était en alarme.

A sept heures du matin, une flottille anglo-hollandaise, forte de 60 voiles, commandée par l'amiral lord Barkley, était venue s'embosser en vue du port; 52 autres navires, formant la réserve, étaient à l'ancre dans la fosse de Mardick.

Depuis huit heures une grêle de bombes, de boulets et de mitraille tombaient sur les forts, les jetées et dans le port.

On s'attendait à un débarquement.

L'amiral anglais n'avait la pensée, cependant, que de ruiner les forts, les châteaux et les jetées.

A neuf heures le canon de l'ennemi gronda avec une recrudescence terrible et soutint son feu pendant plusieurs heures avec une persistance sans égale.

L'entrée du port était défendue à gauche et à droite par le fort de Revers, le Risban, le château de Bonne-Espérance, le château Gaillard et le château Vert (4). A l'extrémité des jetées, un ponton armé de canons, barrait le passage et 22 chaloupes canonnières gardaient la côte.

(1) Figurée dans Faulconnier. Description hist. citée, t. II, p. 41.
(2)   Id.   Id.   Id.   t. I, p. 120.
(3) Et non à la fin du XVIII° siècle, comme un historien l'a dit en 1857.
(4) Une vue de Dunkerque du côté de la mer, dessinée par Royer, d'après celui du cabinet de M. Taverno de Renescure, et se vendant « à Paris, chez Claude Duflos, graveur, Place Dauphine », représente parfaitement le port à cette époque, avec ses forts et ses châteaux.

Si le feu de l'ennemi était foudroyant, celui des batteries françaises ne l'était pas moins.

Le célèbre Jean Bart, et M. de Saint-Clair, capitaine de vaisseau, commandaient le château de Bonne-Espérance et le château Vert. M. de la Ferrière donnait ses ordres à bord du ponton.

A trois heures, le feu de l'ennemi se ralentit un peu. Alors on lança quatre brûlots sur les forts et les châteaux. A l'instant, les chaloupes françaises, commandées par M. de Relingue, chef d'escadre, le chevalier Margon, M. de Saint-Pol, le chevalier de Luynes, le marquis de Chateaurenaut, M. de la Bruyère, et d'autres intrépides officiers, levèrent l'ancre, s'avancèrent vers les brûlots, et parvinrent à les détourner de leur route et à s'en emparer. L'ardeur des Français était admirable et elle imposa aux Anglais et aux Hollandais.

Vers six heures et demie, le combat était fini ; la flotte avait lancé plus de 1200 bombes, indépendamment des carcasses et des boulets ; puis elle s'était retirée presque tout entière au large, abandonnant une partie dont lord Barkley comptait si orgueilleusement sortir vainqueur.

Le lendemain matin il n'y avait plus à proximité du port que quelques chaloupes et quatre frégates, dont l'une de 28 canons, qui, après avoir talonné plusieurs fois sur le Brackbanc, y était restée échouée. On s'en aperçut au point du jour. M. de Relingue donna ses ordres, et toutes les canonnières prirent la direction de la frégate ; elles l'abordèrent résolument malgré son feu et celui des trois autres grands navires et des petites embarcations ennemies. Les équipages français sautèrent successivement sur la frégate, et se rendirent maîtres, après une courte résistance, des soixante hommes qui y étaient restés ; exemple de plus que, dans les combats à l'arme blanche, les Français ont toujours eu l'avantage sur les Anglais.

L'entreprise des Anglo-Hollandais, et la victoire restée aux Français eurent un si prodigieux retentissement, que le gouvernement fit frapper une médaille dont l'historien Faulconnier a reproduit le dessin dans son livre (1).

Plusieurs Dunkerquois voulurent conserver le souvenir de ce mémorable évènement, et parmi eux, on peut citer

---

(1) Description historique de Dunkerque, tome II, page 103.

M. Charles Balthazar, marchand brasseur, et la damoiselle Marie-Catherine de la Brière, sa femme, qui habitaient rue Notre-Dame (1), leur maison-brasserie connue sous 'e nom de Jeu de Paume. A cet effet, ces notables personnes firent fabriquer des carreaux de faïence bleue dont l'ensemble devait représenter le dernier bombardement de Dunkerque, et bientôt l'ouvrier vint en couvrir le mur occidental d'une cuisine au rez-de-chaussée d'une maisonnette de derrière.

Quelques années après, M. et Madame Balthazar-de la Brière moururent. Longtemps leurs enfants conservèrent la maison-brasserie en laissant subsister dans la cuisine le magnifique carrelage mural de faïence. Puis un jour vint que, devant sortir d'indivision, ils vendirent leur maison à un tiers. Le nouveau propriétaire, changeant la destination des lieux, convertit en une chambre d'habitation l'ancienne cuisine et fit couvrir d'une tapisserie de papier le fameux bombardement du 11 Août 1695 ! La maison passa en plusieurs mains ; enfin, M. Alexis Bellais, armateur, l'ayant acquise, y fit effectuer d'importants changements. On reconstruisit le quartier de devant, mais l'on conserva la maisonnette de derrière dont on se contenta d'arracher la vieille tapisserie. Quelle ne fut pas la surprise du propriétaire d'y trouver dans l'un des panneaux un carrelage de faïence représentant la ville de Dunkerque, son port et une flotte sur la rade. J'allai voir (2) cette précieuse découverte quand on m'en informa, et j'expliquai le fameux fait d'armes de 1695.

Le carrelage est dans un parfait état de conservation. Il contient 18 carreaux de hauteur et 30 de largeur, en tout 540 carreaux, y compris ceux qui font bordure. Il mesure 3 mètres 88 centimètres en hauteur et 2 mètres 34 centimètres de largeur.

Faulconnier a pris le soin de joindre au texte de son histoire le plan du bombardement (3). Plus tard, un plan plus grand fut gravé par J.-P. Oger : il retrace le même souvenir. Contrairement à ces deux documents, le dessin du carrelage représente la ville de Dunkerque vue de la mer.

L'ancienne brasserie de M. Balthazar-de la Brière est

(1) Actuellement rue de la Vierge.
(2) Le 8 Novembre 1857.
3) Tome II, page 106.

actuellement la belle maison de commerce portant le n° 17 au côté méridional de la rue de la Vierge, appartenant à madame veuve et aux enfants Bellais.

Le glorieux fait d'armes de 1695 est raconté dans les moindres détails par le marquis de Quincy, dans son histoire militaire du règne de Louis-le-Grand (1) ; par Faulconnier, dans sa Description historique de Dunkerque (2), et par M. Vandercst, dans son Histoire de Jean Bart (3). M. Derode en a fait mention dans son Histoire de Dunkerque (4), et moi-même j'en ai écrit quelques lignes dans mon Histoire de Mardick (5).

***

Anciennement les sujets historiques sur carreaux de faïence étaient fort à la mode à Dunkerque. Nos investigations nous ont aussi fait découvrir dans la maison rue du Collége, 39, appartenant aux enfants Pauwels, une œuvre de cette nature représentant le combat naval que, le 29 Juin 1694, livra Jean Bart à huit vaisseaux hollandais qui s'étaient emparés du convoi de blé destiné pour la France où régnait la famine. Comme on le sait, le héros dunkerquois, bien inférieur en forces à ses ennemis commandés par un contre-amiral, sortit vainqueur de ce hardi coup de main et ramena le convoi qui devait faire renaître dans sa patrie la joie et l'abondance.

Ce sujet n'a pas les proportions de celui que nous avons traité plus haut. Il fait partie du manteau de la cheminée d'une cuisine. Son ensemble a 8 carreaux en hauteur ou 1 mètre 2 centimètres, et 12 carreaux en largeur ou 1 mètre 66, sans la bordure. Comme dessin, nous donnons la préférence à ce dernier sujet sur celui de la maison Bellais.

***

Après avoir retracé quelques souvenirs historiques, il est permis, pensons-nous, de parler d'objets d'art dont nos pères faisaient usage ou ornaient leurs habitations. Nous signalons d'abord la maison rue du Collége, n° 34, portant en façade le millésime de 1618. Cette maison, caduque en apparence, est charmante à l'intérieur. La cuisine seule n'a pas subi de modifications ; elle existe encore dans son état

(1) 1726. — (2) 1730, page 106, tome II. — (3) 1841, p. 177. — (4) 1852, page 275. — (5) 1852, page 287.

du XVIIe siècle, avec ses murs littéralement couverts de carreaux de faïence qui ont conservé la fraîcheur de la nouveauté. A droite et à gauche se trouvent quatre sujets qui font tableaux : ils représentent la chasse au lion, à l'ours, à l'autruche et au cerf. Ces tableaux, de couleur bleue, n'ont rien de saillant comme peinture ; mais ce qui a réellement une certaine valeur, c'est celui en faïence bistre qui est encastré dans le manteau de la cheminée. Ce tableau qui a une hauteur de 1 mètre 82 centimètres et une largeur de 1 mètre 03, sans la bordure, est vraiment remarquable. Toutes les figures sont admirablement exécutées, les poses, naturelles, les gens d'armes, dans le costume de l'époque. Il représente l'intérieur d'un corps-de-garde souterrain. Les mousquets et les hallebardes sont au râtelier ; les soldats et leurs officiers, en deux groupes, jouent aux cartes, les uns sur un tambour, les autres sur un tonneau ; les armures et les drapeaux sont déposés à terre. Des hommes montent les degrés ; un autre veille à la porte en jetant les regards vers ses camarades, dont il semble envier la liberté et la joie.

Madame Vᵉ Boys-Pieters, propriétaire de la maison, fait le plus grand cas des carrelages de sa cuisine que tout le monde se plaît à admirer.

Les modes, les usages se perdent insensiblement. Rien souvent ne rappelle le passé quand quelques générations se sont éteintes! Ainsi, par exemple, qui sait à Dunkerque qu'au XVIIe et au XVIIIe siècle, on représentait Saint Joseph portant l'enfant Jésus sur le bras droit, tandis qu'aujourd'hui les images ne nous le montrent que seul ou tenant le divin enfant à la main ? De là vient que l'on prend généralement la statuette de ce Saint portant son fils à bras, exposée à la façade de l'antique maison de la Place du Minck, n° 4, pour celle de la Sainte Vierge, et cependant c'est bien la statuette du père nourricier de Jésus que l'on a devant les yeux.

La découverte que nous avons faite de l'un des deux tableaux en carreaux de faïence blancs et violets placés dans une arrière-cuisine de la maison de M. Gabriel Beck, négociant, rue du Collége, n° 11, nous a parfaitement éclairé et convaincu à ce sujet. Il représente Saint Joseph couronné, tenant sur le bras droit l'enfant Jésus dont la tête est ceinte d'une auréole; et pour mieux nous en persuader, le fabricant a pris le soin d'inscrire au bas les mots: Saint Joseph.

Voilà donc une question hagiographique résolue d'une manière aussi satisfaisante qu'inattendue, grâce à nos modestes promenades archéologiques dans la cité.

L'autre tableau offre l'image de Sainte Marguerite; ce que nous apprend l'inscription, mise au bas, de Sancta Margarita.

Encastrés dans d'autres carreaux qui couvrent les murs de toute la pièce, ces tableaux ont 6 carreaux ou 80 centimètres de hauteur, et 5 carreaux ou 62 centimètres de largeur. M. Gabriel Beck les a fait détacher avec précaution lors de la démolition de sa maison en 1858, et replacer dans la cuisine de la belle habitation qu'il vient de faire construire.

Excepté les sujets dont nous venons de parler et quelques autres moins importants qu'il serait trop long de signaler, les Dunkerquois des deux siècles qui viennent de s'écouler, aimaient à avoir dans quelque endroit de leurs habitations, un ou deux carrelages de petite dimension. En général ils choisissaient des sujets qui ne pouvaient inspirer que la gaieté : preuve de plus que le caractère de nos ancêtres les Flamands était gai et disposé au plaisir.

Que l'on nous permette un dernier mot. Comme les grands carrelages à figures que l'on ne voyait pas chez les ouvriers, les tapisseries des Gobelins ne se plaçaient jamais que dans les propriétés des gens riches. Cet ornement luxueux, tout-à-fait passé de mode, se voit encore dans quatre salons de notre ville. L'un existe chez M. Louis-Philippe-Henri Beck, rentier, rue Faulconnier, 9; le second, dans la propriété de M. Gustave Chamonin, qu'occupe momentanément M. Charles De Laeter, doyen de Saint-Eloi, rue Jean-Bart, 24; le troisième au café du Parc, rue de la Marine, 21; et le dernier, qui est incontestablement le mieux conservé, dans le salon de M. Narcisse Richard, même rue, 16.

RAYMOND DE BERTRAND.

ODE.

SOUVENIR DE LA DISTRIBUTION DES MÉDAILLES DE SAINTE-HÉLÈNE A DUNKERQUE.

A MON PÈRE.

1858

Salut, honneur à vous, vieux soldats de l'Empire
Qui fûtes la terreur des peuples et des rois;
La France vous chérit, le monde vous admire,
      Gloire à jamais à vos exploits!

Oui, Napoléon trois eut bien noble pensée
Lorsque sur votre sein, par un signe d'honneur,
Il voulut rappeler votre gloire passée,
      Vos combats et votre Empereur.

La croix de Sainte-Hélène est pour votre vieillesse
L'auréole d'honneur d'un passé glorieux;
Elle est pour vos enfants un titre de noblesse,
      Qui vaut bien ceux de nos aïeux.

Portez-la fièrement, cette noble médaille,
Précieux souvenir du captif d'Albion ;
Preuve de vos exploits sur les champs de bataille,
  De l'amour de Napoléon.

L'Empereur vous disait : soldats, la renommée
Vous attend ; pleins d'orgueil, vous direz à vos fils :
Enfants ! je fus aussi de cette grande armée,
  Je fus un héros d'Austerlitz.

Ta parole, Empereur, fut vraiment prophétique !
Le Français dont la gloire a conquis le repos,
Salue avec respect, sur la place publique,
  Les cheveux blancs de tes héros.

Illustres vétérans, sur le champ de bataille,
Avec le même cœur vous servîtes l'Etat ;
Ah ! qu'il est beau de voir briller même médaille
  Au cœur du chef et du soldat !

Ah ! vous n'êtes donc plus ces brigands de la Loire,
Ainsi que le disait la Restauration ;
Pour tous les nobles cœurs, vous êtes de la gloire
  La plus pure incarnation.

Mais qu'entends-je ! et quel bruit vient frapper mon oreille ?
La fanfare résonne et le canon mugit ;
Où donc portent leurs pas tous ces vieux de la vieille
  Dont le visage resplendit ?

Ces braves vétérans, l'honneur de notre histoire,
De leurs nobles travaux vont recevoir le prix.

Allez ! vaillants soldats, au temple de la gloire
      Vos noms pour toujours sont inscrits.

J'aperçois les débris de notre grande armée
Comme aux jours de combats marchant tambour battant ;
Traversant fièrement la foule bien aimée,
      Heureux et le cœur palpitant.

Soudain, au lieu fixé pour la cérémonie,
Les soldats de l'Empire arrivent glorieux ;
Une acclamation d'allégresse infinie
      Accueille ces guerriers fameux.

Puis succède à ces cris un solennel silence.
L'un de nos magistrats, au nom de l'Empereur,
Par un noble discours ouvre alors la séance ;
      O spectacle plein de grandeur !!

Du colonel Léon la parole énergique
Electrise les cœurs de nos vieux combattants ;
Puis de Napoléon le nom puissant, magique,
      Est acclamé des assistants.

Sur l'estrade, tout fier, chaque brave s'avance
Et reçoit la médaille à l'appel de son nom,
S'écriant, dans l'élan de sa reconnaissance :
      Vive à jamais Napoléon !

Toi, des cités du Nord, ô Dunkerque ! la reine,
Contemple avec orgueil trois cents de tes enfants,
Vieux guerriers, recevant la croix de Sainte-Hélène,
      Ivres de joie et triomphants.

Je ne me trompe pas.... cet homme vénérable....
Il monte sur l'estrade.... et les larmes aux yeux
Il reçoit la médaille.... O bonheur ineffable !
   C'est mon vieux père, ô jour heureux !...

Ah ! mon père ! pour toi, pour nous, quelle allégresse !
Combien cette médaille a de prix pour ton cœur !
Précieux souvenir des jours de ta jeunesse,
   De ton immortel Empereur.

Oui, déjà je te vois, nous faisant de plus belle
Le récit des combats auxquels tu concourus ;
Nous parlant de l'Empire et sa gloire immortelle,
   Ou des héros qui ne sont plus.

Tes yeux lancent l'éclair, ta parole est de flamme,
Quand les noms d'Iéna, d'Austerlitz et d'Eylau
Par toi sont prononcés ; conserve en ta belle âme
   Le culte de ton vieux drapeau !

Du Rhin à la Vistule, avec la grande armée,
Tout couvert de lauriers, tu franchis le pays ;
La victoire à vous suivre était accoutumée :
   Vous étiez ses enfants chéris.

Tu n'oublias jamais, pour les droits de la guerre,
Les droits non moins sacrés d'un ennemi vaincu ;
Par le bien que tu fis sur la terre étrangère,
   Ton nom au temps a survécu.

Après avoir poussé ta marche triomphale
Jusques à Varsovie, enfin tu pus revoir

Ma mère qui t'aimait, et ta ville natale,
        Heureux, le cœur rempli d'espoir.

Pour vous, braves soldats, que tout un peuple acclame,
La médaille est un titre à l'admiration ;
Vous êtes des héros, oui, là haut le proclame
        L'ombre du grand Napoléon.

Et vous, jeunes soldats, suivez le noble exemple
Des héros d'Austerlitz et de la Moscowa:
La France avec orgueil sur vos drapeaux contemple
        Ces noms: Sébastopol... Alma!...

                        HIPPOLYTE LEDUC.

AMOUR ET PATRIE,

OU LES DUNKERQUOIS EN 1558.

1845.

I.

L'ASSEMBLÉE DES BOURGEOIS.

Dunkerque ne fut pas, à toutes les époques, ce qu'il est de nos jours... une ville FRANÇAISE de pays et de cœur... Il existe encore aujourd'hui, dans quelques-unes de ses rues, des maisons étroites, basses, avec de sombres murs et de petites croisées; et le toit dentelé et pointu de ces vieilles demeures dénote l'architecture espagnole. On peut lire l'histoire sur ces murailles noircies par le temps, mieux encore que dans les livres des historiens et des chroniqueurs. Il y a quelques siècles, en effet, Dunkerque était cité d'Espagne. Dunkerque a eu successivement pour seigneurs Charles-Quint, puis Philippe II, qui, parmi leurs titres d'empereur et de roi, portaient aussi le nom de comtes de Flandre.... Oh! c'est une intéressante et mélancolique histoire que celle de ma terre natale, de cette chère cité que des souverains, rivaux d'alors, se vendaient l'un à l'autre, puis se reprenaient les armes à la main. Et c'étaient là *jeux de prince* qui avaient pour résultat de ruiner la ville, de faire fumer ses débris embrâsés et de mêler des flots de sang aux flots de la mer! Toujours fermes et courageux, les Dunkerquois voyaient souvent leur vaillance et leur fidélité trahies; lorsqu'ils étaient Français, les garnisons françaises pillaient Dunkerque au dedans, et les Espagnols l'assiégeaient au dehors ; si les Dunkerquois redevenaient Espagnols, c'étaient alors les garnisons espagnoles qui les maltraitaient, sous prétexte de les défendre contre les invasions des Français !

En l'an 1558, Dunkerque appartenait à Philippe II, roi d'Espagne, par suite de la cession de tous ses Etats que Charles-Quint lui avait faite ; et ce jour-là, le 20 du mois de Juin, les habitants de la ville étaient en grande inquiétude et rumeur. Ils venaient d'apprendre que les troupes françaises avaient pris Calais et ne songeaient pas à s'arrêter dans leur marche envahissante. Et ce qui jetait le plus d'alarme parmi les Dunkerquois, c'est qu'ils savaient que les vainqueurs de Calais ne s'étaient point montrés cléments, car la cité voisine avait subi les horreurs du pillage et le joug d'un esclavage dur et honteux. Aussi le tocsin sonnait à la tour de l'église paroissiale, et le glas de la cloche plaintive semblait annoncer de prochaines agonies.... Les gens du peuple, exténués déjà par un travail insuffisant à leur existence, erraient dans les rues comme des insensés ; ils poussaient des gémissements qui se mêlaient dans l'air aux grondements du tocsin d'alarme, et formaient une harmonie lamentable ; les pêcheurs, toujours pieux dans leur effroi, s'agenouillaient aux pieds de la Madone et lui promettaient des pèlerinages et de gros cierges de la plus belle cire ; mais l'idée d'un siége leur causait tant d'épouvante qu'ils n'avaient plus, en priant, la confiance habituelle qui les rendait heureux ! Enfin, les femmes et les enfants se trouvaient plus rassurés en se renfermant dans leurs maisons, où ils cherchaient des endroits favorables pour se cacher, comme si la flamme et le fer du vainqueur ne font pas tomber les portes après avoir renversé les murs ! Donc, partout alors c'était la terreur, partout le deuil....

Cependant les bourgeois de Dunkerque, cette forte sève de la cité, ne perdaient point le temps en lamentations stériles ; ils avaient pris les armes, et leur cœur généreux battait d'une ardeur guerrière.... De toutes parts ils accoururent pour former la milice, et tandis que leurs rangs se déployaient sur la Grand'Place, les plus notables se rendirent à la maison du gouverneur pour former un conseil. L'assemblée se trouva réunie ainsi chez le sire de Stapele, en ce moment gouverneur de la ville ; elle était présidée par ce seigneur et par le magistrat de la cité.

C'était dans une salle basse, — salle vaste et obscure, — que l'imposante réunion avait lieu. Le magistrat et le gouverneur étaient assis, au fond, sur des siéges un peu élevés; une longue file de bourgeois se déroulait à droite et à gauche. On remarquait encore, parmi les assistants, quelques officiers espagnols qui s'étaient rendus dans la ville pour prêter leur concours aux assiégés. On lisait sur tous les visages la résignation et la bravoure, ce courage muet de ceux qui savent fièrement mourir! — Au milieu de la foule, chacun distinguait le vieux bourgeois François Werleet, qui portait une longue barbe blanche, et qui montrait sur sa figure caractéristique le signe de la vaillance et du patriotisme. Quoiqu'il fût né sous le climat du nord, quoiqu'il se trouvât déjà bien refroidi par les années, nul pourtant, même parmi les Espagnols, n'avait un cœur plus ardent, plus enthousiaste que le sien. Ce fier vieillard donnait toutes ses sympathies à l'armée espagnole, et détestait de toute son âme les Français, dont les manières élégantes et chevaleresques lui semblaient de l'hypocrisie.... Auprès de François Werleet était debout son compagnon d'armes, Louis Ellewinn, le plus fidèle de tous ses amis. Jamais on ne les voyait l'un sans l'autre dans les combats, dans les conseils ou dans les fêtes.... Ils étaient inséparables... Et cependant quelle différence entre l'âge et le caractère de ces deux hommes! Werleet avait plus de soixante ans; il avait, comme nous l'avons dit, une âme bouillante, un cœur indomptable. Rien n'avait jamais su l'attendrir pendant sa longue carrière.... rien! pas même l'amour... Ellewinn, au contraire, comptait vingt-cinq ans à peine; il était plein de courage, mais son courage était calme, réfléchi; sa sensibilité se trouvait facilement émue; il ignorait les sentiments amers de la vengeance et de la haine.... Quelle était donc cette sympathie profonde qui unissait Louis Ellewinn à François Werleet; qui faisait du jeune homme aux douces pensées l'ami du vieillard à l'âme d'airain? — C'est que tous deux étaient de vrais Dunkerquois, tous deux aimaient leur ville, leur patrie commune, comme un doux berceau; ils étaient frères en patriotisme! Et c'est pour cela, — depuis qu'ils s'étaient fait ce serment de fraternité, — que ces deux hommes ne se quittaient plus.

Revenons à la réunion de la bourgeoisie dans la maison du gouverneur. Le conseil s'ouvre; l'on se dispose à écouter les avis des assistants. C'est François Werleet qui, le plus ancien des notables, prend la parole le premier; depuis longtemps il bouillait d'impatience, et faisait de violents efforts pour enchaîner l'élan de sa parole.

— Gouverneur, magistrat, et vous mes camarades, s'écria-t-il, pourquoi donc fait-on résonner en notre ville le tocsin d'alarme? Pourquoi voit-on errer, par les rues, des misérables en haillons qui pleurent et gémissent comme au jour d'une calamité publique? Quoi! l'on tremble ici parce que va sonner l'heure des combats... Que craignons-nous?... Depuis quand donc n'y a-t-il plus dans notre cité dunkerquoise que des femmes et des lâches? Par saint Eloi! notre patron, qu'est-il besoin de recueillir ici les avis? Mon avis, à moi, est de nous rassembler en armes avec les soldats de la garnison et de courir au-devant des troupes françaises qui semblent nous menacer, et nous ferons connaître à ce peuple efféminé le poids de nos épées!

Ainsi parla le fougueux vieillard, qui, soudain, tira son large glaive et le brandit au-dessus de sa tête avec un air menaçant. Son ardeur passait déjà dans tous les esprits; le gouverneur et le magistrat eux-mêmes, qui auraient dû prendre plutôt conseil de leur expérience et de leur sagesse, paraissaient aussi partager ce belliqueux enthousiasme. Et Werleet triomphant, l'œil en feu, l'épée à la main, Werleet semblait le vieux génie de Dunkerque venu dans ses murs pour sauver la ville.... Mais les émotions d'une assemblée sont aussi changeantes que celles d'un peuple. — Une voix s'éleva parmi tous ces bourgeois pour essayer de changer leur détermination rapide.... Cette voix timide, mais insinuante, était celle de Louis Ellewinn; et ce ne fut pas sans étonnement qu'on entendit le jeune homme combattre l'avis de son redouté compagnon:

— Amis, fit Ellewinn, quand le premier tumulte se fut apaisé, vous connaissez la respectueuse amitié que je porte à François Werleet. Nul plus que moi n'honore son courage, nul ne l'aime comme je l'aime.... Pourtant, il faut le dire, je ne puis, cette fois, partager son opinion; il veut que nous fassions une sortie, que nous allions en armes à la rencontre des troupes françaises! Nous ne pouvons en agir ainsi sans être des imprudents..... Ce serait mourir inutilement, et laisser Dunkerque sans défense aux coups de l'ennemi...

La parole du jeune bourgeois avait quelque chose de pénétrant et de véridique, de telle sorte que le conseil se prit à l'écouter avec attention. Werleet s'aperçut que l'ardeur passagère des assistants commençait à s'éteindre.... Il frémit de rage, surtout en se voyant combattu par son jeune compagnon d'armes ; et le vieux Dunkerquois lança sur Ellewinn des regards de fureur et de défiance.

— Ecoutez-moi donc avec calme, continua l'orateur, je ne m'armerai que d'une seule chose : de la vérité. Faire une sortie, y pensez-vous ? Mais nous n'avons que cent lances pour toute garnison..... Si nous quittons la place, nous autres bourgeois, nous livrons Dunkerque ; car nous ne pouvons espérer une victoire en bataille rangée. Les Français nous écraseront sous le nombre, et nos femmes, nos enfants, deviendront la proie des vainqueurs... Voici donc quel est mon avis : fortifions-nous au-dedans, redoublons de vigilance, préparons-nous à soutenir le siége ; puis envoyons des messagers dans les villes de Gand et de Bruges, afin de demander quelques secours à nos bons amis les Flamands.

Ellewinn se tut, puis baissa la tête, attendant en silence le résultat de la délibération ; Werleet prit de nouveau la parole, et soutint son premier avis avec beaucoup de chaleur ; la discussion fut longue et vive.... Enfin le conseil du jeune bourgeois prévalut. La majorité de l'assemblée décida que l'on ne ferait point de sortie, que l'on irait demander des secours à Gand et à Bruges, et qu'enfin l'on se tiendrait le plus longtemps possible sur la défensive.

Le fougueux François Werleet, vaincu, mit lentement son glaive dans le fourreau, puis il interrogea de nouveau son camarade Ellewinn par un regard perçant.

Et l'assemblée se sépara.

Ellewinn et Werleet sortirent ensemble de la maison du gouverneur, et cheminèrent côte à côte pour retourner chacun dans leur demeure. Les deux amis ne causaient pas, comme ils le faisaient habituellement, avec l'abandon de leur cœur ; mais tous deux gardaient le silence, et le plus âgé paraissait surtout en proie à de sombres pensées. Le voile du soir commençait à s'étendre sur le ciel et descendait sur les toits de la ville.... Ellewinn qui voyait avancer l'heure, semblait désirer presser le pas..... Et comme l'on approchait de la maison du jeune bourgeois, Werleet, qui ne voulait pas quitter son ami sans une explication, prit brusquement la parole :

— Vous êtes bien pressé de rentrer ce soir, maître Louis, dit-il avec amertume à son compagnon.

L'autre reprit avec impatience :

— En vérité, maître François, vous allez me faire repentir de la confiance que j'ai eue en vous.... Parce que je ne vous cache aucun des secrets de ma vie, vous abusez de mon amitié, de mon abandon.

— Silence ! Ellewinn, interrompit Werleet avec colère ; ne m'accuse pas d'indiscrétion, mais admire, au contraire, la constance avec laquelle je me suis tu tout-à-l'heure. Quand je t'ai vu, dans l'assemblée, combattre mes desseins et mon patriotisme, j'ai frémi de fureur. Car je sais ce qui te rendait traître à la patrie, traître à l'amitié. Si je n'avais pour toi l'attachement d'un père, j'aurais dévoilé ta honte ! Je me serais écrié, parmi tous nos bourgeois : Défiez-vous d'Ellewinn, car c'est un traître.... Il cache dans sa maison une femme... une française ! qu'il aime d'amour !!

— Parle plus bas, fit le jeune homme en bondissant ; cette femme... qui te dit que je l'aime ?... Après tout, le conseil que j'ai donné fut dicté par ma conscience.... Je n'ai contrarié les belliqueux desseins que dans l'intérêt de notre chère ville....

— C'est l'amour qui fait parler ta conscience ainsi, reprit Werleet ; lorsqu'on aime une femme, une ennemie, vois-tu, l'on ne sait plus aimer sa patrie !

Cette fois, Ellewinn ne répondit pas et dévora l'outrage. Peut-être ce reproche avait-il un écho dans son âme..... Était-ce par un sentiment de patriotisme que le jeune bourgeois avait émis dans l'assemblée un avis si pacifique ? ou plutôt n'était-ce pas une cause mystérieuse qui influait vivement sur sa manière d'agir ?... Maintenant, Werleet seul connaît le secret d'Ellewinn, car les deux amis jusqu'alors ne s'étaient rien caché l'un à l'autre, et l'on voit que déjà leur amitié si étroite se couvre d'un nuage. Ellewinn se repent d'avoir confié son secret à Werleet... et Werleet soupçonne presque son compagnon de trahison et de félonie. Aussi le vieillard maudissait en lui-même cette vulgaire faiblesse que l'on appelle amour, car il soupçonnait son ami d'en être profondément atteint. A ses yeux l'amour ne servait qu'à détruire les nobles instincts de l'homme. Pour ce patriote sincère, il ne fallait aimer que sa ville et son compagnon d'armes..... C'était aussi pour Dunkerque que Werleet était jaloux de l'amour d'Ellewinn.

Après quelques minutes de marche, nos personnages se trouvèrent devant la porte du jeune bourgeois. Celui-ci se disposa à rentrer dans sa maison, et ne dit à son ami qu'un seul mot bien sec :

— Au revoir !

Mais Werleet espérait encore en l'amitié d'Ellewinn ; il ne voulait point le quitter ainsi ; il le retint donc par le bras et lui dit d'une voix émue :

— Mon Ellewinn ! mon fils.... tu vas rentrer, et tu ne songes pas que cette nuit tous les yeux dunkerquois doivent rester ouverts. Je ne rentrerai pas ce soir dans mes foyers, moi !... Je vais veiller aux fortifications.... je vais voir si les gardes sont à leur poste... Ne m'accompagneras-tu pas comme toujours, ami ?...

— Je ne puis te suivre ce soir.... fit l'autre, tu le sais bien. Adieu.

Puis il se dégagea brusquement de l'étreinte du vieillard, et rentra dans sa demeure.

Werleet, resté seul sur le seuil de la maison d'ami qu'on lui fermait, Werleet, outragé dans ses sentiments les plus chers, frissonna d'une rage concentrée... Il demeura quelque temps sombre et silencieux, plongé dans un abîme de réflexions amères... L'ombre devint plus épaisse ; la cloche du couvre-feu sonna ; ce tintement si connu tira le vieux Dunkerquois de sa rêverie, et le fit songer à sa ville, à sa bonne cité qu'il chérissait comme sa mère !...

Alors il releva la tête et se dirigea du côté des remparts, mais seul, cette fois ; seul, sans son Ellewinn. Que dira-t-on de le voir sans lui ? L'ingrat ! il a osé briser une amitié pareille, et cela pour être lâche tout à son aise. O Ellewinn ! Ellewinn !

En s'éloignant de la maison de son camarade, le vieux bourgeois jeta sur cette demeure un dernier regard, et s'écria, la main sur la poignée de son épée :

— Ah ! prends garde, Louis, si tu n'es qu'un traître !

II

BERTHE, LA FRANÇAISE.

Cependant alors, retiré dans l'intérieur du logis, Ellewinn était seul auprès d'une jeune femme qu'il appelait sa Berthe adorée.

Elle avait une de ces figures mélancoliques, — pâle, avec de grands yeux noirs, — son sourire plissait à peine sa lèvre, l'expression de ses traits était fine et réfléchie, et des cheveux noirs encadraient cette belle figure que l'on eût prise pour l'image de la Madone. Ce n'était pas un visage de flamande, une de ces beautés pourprées que l'on admire comme une rose épanouie ; mais on reconnaissait de suite que cette femme, — dont le type gracieux n'était ni flamand ni espagnol, — était une beauté française.

Cette femme se cachait à tous les yeux dans la maison d'Ellewinn ; aucun Dunkerquois ne connaissait sa présence dans la ville ; Werleet seul en avait reçu la confidence de la bouche de son jeune ami ; — alors ils étaient encore bien unis, les deux bourgeois de Dunkerque !

Maintenant voici l'histoire de Berthe ; voici comment la jeune Française se trouve dans cette demeure étrangère :

Il y a vingt jours à peu près, Louis Ellewinn chevauchait dans la campagne du côté de la châtellenie de Bergues ; le mélancolique jeune homme laissait errer sa rêverie au hasard ; il avait de ces pensées enivrantes qui transportent l'homme au ciel et lui font entrevoir la vie charmante et rieuse. — Ellewinn admirait cette belle nature que la saison couronnait de verdure et de fleurs ; son cœur palpitait, son cœur tendre et sensible qui aimait tant la blonde poésie du nord !.... Mais Ellewinn sentait aussi qu'il y avait en lui quelque vide ; il sentait dans son âme une corde muette, un mystère qu'il ne s'expliquait pas. Ce n'était donc pas assez d'admirer sa terre natale, de l'aimer et d'y vivre ; ce n'était pas assez, pour être complètement heureux, d'avoir des compagnons, des amis, des frères.... il faut quelque chose de plus pour le bonheur... une femme ! un amour !... Or, le Dunkerquois s'était dit cela depuis quelque temps ; il frémissait au frôlement d'une robe de gaze ; il pâlissait lorsqu'un regard se croisait avec le sien. Mais il n'avait pas encore rencontré la femme qu'il devait aimer.... Les beautés venues d'Espagne lui paraissaient trop ardentes pour sa douce tendresse; les beautés flamandes, trop folâtres, n'écoutaient pas un langage d'amant..... Ainsi rêvait Ellewinn, qui se formait l'image d'une beauté chimérique; il eût voulu que Dieu lui envoyât une compagne qui sût comprendre l'amour sans s'y livrer avec délire; une femme belle comme une Espagnole avec l'enjouement d'une Flamande... Et combien, en lui-même, il adorait cette chimère!... Avec quelles délices il songeait au bonheur d'aimer et d'être aimé!

Déjà le cavalier se trouvait à plusieurs lieues de Dunkerque; il se disposait à retourner du côté de la ville, de peur d'errer trop loin à l'aventure, lorsque ses yeux se portèrent dans la prairie et découvrirent une forme de femme blanche et voilée. Comme c'était alors la première heure du soir, Ellewinn pensa d'abord que cette forme immobile et confuse était une ombre gracieuse et perfide, un de ces esprits des nuits qui errent, dit-on, dans la campagne; et, se signant en bon chrétien, le jeune homme allait presser l'allure de son cheval. Cependant, après un moment de réflexion, il rejeta ces idées d'esprits et de magie que les savants du siècle commençaient à combattre; il songea que cette forme solitaire, qui avait l'air d'un fantôme, n'était autre chose sans doute qu'une personne abandonnée, et qu'elle avait besoin de secours. Il n'est pas bien, se dit-il, de rejeter les malheureux que Dieu nous envoie sur notre route... Et puis, il y avait dans cette rencontre un mystère qui faisait palpiter le cœur d'Ellewinn, un doux mystère de femme qui venait bien après ses rêveries d'amour.

Le jeune bourgeois mit donc pied à terre, attacha son coursier à un arbre, et s'avança vers l'inconnue. Au bruit qu'il fit, la jeune femme leva la tête avec un grand mouvement de frayeur.... En voyant un cavalier près d'elle, elle rassembla toutes ses forces pour fuir. Mais elle ne sut pas même faire un pas; elle retomba sur l'humide gazon, palpitante et brisée.

— Pitié! murmura-t-elle... Laissez-moi l'honneur! laissez-moi mourir!

Ému de ces paroles qui trahissaient une émotion profonde, Ellewinn se hâta de la rassurer par sa voix la plus douce. L'inconnue comprit alors qu'elle n'avait pas affaire à un ennemi ; son espérance se ranima, ses yeux se levèrent au ciel pour remercier la Providence ; alors, par hasard, elle leva son voile, et le jeune bourgeois put admirer ses traits, car le crépuscule n'était que naissant. L'aspect de tant de charmes fit sur l'âme d'Ellewinn une impression rapide... Elle était bien belle, surtout dans cette position humble encore, avec ce mélange d'effroi, de tristesse et d'espoir ! Elle était plus belle qu'une Espagnole, plus belle qu'une Flamande !... La malheureuse enfant ! comme son regard est enchanteur, avec cette larme qui brille ainsi que la rosée du matin ; comme elle paraît contempler son sauveur avec naïveté, reconnaissance ! L'heureux Ellewinn ! il lui vint la pensée que Dieu mettait sur ses pas la réalité de cette tendre chimère qu'il avait rêvée depuis si longtemps.

— Non, vous ne mourrez pas, mon enfant, dit-il, vous avez trop de longs et beaux jours à vivre encore ! Ne vous croyez plus abandonnée ; dès ce moment vous avez un homme qui vous protégerait même au prix de son sang.

— Oh ! vous êtes généreux comme un chevalier, répondit-elle ; si vous saviez tout ce que j'ai souffert... seule, errante ainsi dans la plaine, et ne sachant où trouver un asile !

— Suivez-moi donc, reprit le jeune bourgeois, venez à Dunkerque où mon hospitalité vous abritera fidèlement.

— Vous suivre, messire ! s'écria l'inconnue avec un sentiment de pudeur effarouchée ; vous suivre à Dunkerque ! dans votre maison !... Oh ! non, jamais.

— Vous ne connaissez donc pas Louis Ellewinn ? vous ne savez pas que dans sa maison vous serez tout aussi en sûreté que dans celle de votre mère ?... Qui ? moi ! lâche au point de souiller l'hospitalité que j'offre au malheur ? Plutôt mourir comme un hérétique ! Et si c'est le monde que vous craignez, oh ! soyez sûre que mon toit est un inviolable asile, et qu'aucun œil profane ne viendra souiller votre retraite. Venez, venez. L'ombre s'épaissit. Il est temps...

La parole du jeune Dunkerquois avait tant de noblesse et de dignité, que la jeune fille tendit la main à son défenseur et lui dit :

— Je vous suis donc ; vous serez mon frère.

— Merci, ma sœur, reprit Ellewinn ; d'ailleurs, ma pauvre enfant, où voudriez-vous aller? Je vois bien que vous êtes Française et que vous êtes égarée par ici. Comment rejoindre les vôtres? Ils ne sont pas de ce côté. Si vous m'abandonnez, vous serez perdue. Venez... Comme vous êtes abattue et fatiguée! Qu'il me tarde d'arriver en ville!.... Montez sur mon cheval, je marcherai près de vous pour le guider et ralentir son allure.

La jeune fille obéit, en admirant ces soins et cette bonté de la part d'un Dunkerquois, d'un ennemi des Français; elle monta sur le coursier d'Ellewinn, et celui-ci marcha près d'elle sur la grand'route, en ayant soin que son cheval allât doucement pour ménager la belle fatiguée.

— Vous me direz bien votre nom, n'est-ce pas? fit timidement Ellewinn tout en cheminant.

Elle répondit avec abandon:

— Je vous dirai mon nom.... et même mon histoire: je ne veux rien vous cacher, car vous êtes un bon et généreux ami. Je m'appelle Berthe, je suis Française. J'ai deux frères officiers dans l'armée du maréchal de Thermes.... Quelle chose horrible que la guerre! Combien l'on doit détester les excès qu'elle amène, et cette ivresse sanglante qui rend l'homme féroce au point qu'il ne respecte rien!.... Hier encore, j'étais paisible dans l'asile du Seigneur, où je me croyais en sûreté. Hélas! qui pouvait supposer que des soldats furieux iraient même s'attaquer à un cloître de pauvres femmes!...

— Un cloître! interrompit Ellewinn en frémissant malgré lui d'une contrariété secrète.... Vous, dans un cloître!...

En même temps il réfléchit que Berthe portait les vêtements de nonne, ce dont il n'avait pas encore fait la remarque.

— Oui, reprit la jeune Française, j'étais au couvent depuis six mois, comme novice, et je n'avais pas encore prononcé mes vœux.

Ellewinn, à ces derniers mots, eut un mouvement de joie.

Berthe continua:

— J'étais au couvent, heureuse et tranquille, priant pour l'âme de ma mère qui n'est plus de ce monde... Mon Dieu! quel mal faisions-nous dans cette retraite humble et pieuse? Nous nous pensions toutes à l'abri des fureurs de la guerre, là sous l'égide divine, et l'écho de ce monde n'arrivait pas même jusqu'à nous. Mais écoutez : la nuit passée, un effroyable tumulte trouble notre repos, les portes du couvent tombent sous d'affreux coups de hache. Des soldats ivres et sanglants se précipitent dans l'enceinte du cloître, foulent aux pieds les images du Christ, enlèvent et massacrent mes pauvres compagnes, et se rassasient de sang et d'horreurs.

A ce récit, qui réveillait ses souvenirs, Berthe tressaillit encore. Ellewinn la rassure par quelques paroles attendries.

— Je ne sais par quel miracle, reprit-elle, je me suis trouvée tout-à-coup loin de ce lieu de sacrilége et de scandale. Je me souviens seulement qu'à la vue des soldats, une épouvante fébrile s'est emparée de moi, et, trouvant la porte ouverte, je me suis mise à fuir sans qu'ils m'aient aperçue. Mais la fuite n'était pas encore la vie sauve. Personne ne voulait me recueillir! Et depuis vingt-quatre heures j'erre ainsi, mendiant un peu de nourriture, mais sans autre asile que la terre et la voûte du ciel. Car, dans ce pays espagnol, personne ne veut abriter une Française, comme si tous les malheureux ne sont pas de la même nation! Oh! qu'ils sont lâches!

— Ce sont donc des soldats espagnols qui ont brûlé votre asile, mon enfant? dit Ellewinn... Quelle infâmie!

— Oui, ce sont des Espagnols. Notre couvent est situé sur la limite du terrain français... Or, quand Dieu vous a conduit sur mes pas, messire, j'étais si lasse, si froissée, si découragée, que je restais immobile dans cette campagne, priant le Seigneur pour que la mort vînt bientôt... Mais la souffrance est bien longue avant le trépas!

Ils parlèrent ainsi pendant toute la route, et se consolaient mutuellement des terrestres misères. Ils arrivèrent enfin sous les murs de Dunkerque, et quand le bourgeois Ellewinn se fut nommé, les portes s'ouvrirent, sans que les gardes songeassent à demander quelle était cette femme inconnue. Berthe se déroba à tous les yeux dans l'asile qu'Ellewinn lui donnait; elle reçut du sensible Dunkerquois les soins empressés et touchants que l'on doit au malheur. Ce fut à Werlcet seul, comme nous l'avons dit, que l'on confia le mystère.

Pendant les deux premiers jours, le jeune bourgeois fut pour Berthe un frère respectueux; mais il souffrait de cette contrainte que lui imposait l'honneur. L'amour se glissait dans son âme, il trouvait enfin la beauté tant rêvée. Oh! lorsqu'il pensait que cette adorable femme se trouvait dans sa maison, souriante pour lui seul, pour lui seul heureuse et belle, il sentait l'amour s'accroître encore par l'espérance. Et puis, la jeune Française n'avait pas encore prononcé ses vœux au couvent dont elle était sortie. Elle appartenait encore à ce monde ; elle pouvait encore rejeter le voile du cloître, ce suaire que l'on avait jeté sur sa jeunesse. Elle pouvait aimer, sans être profane et sacrilége, l'époux que choisirait son cœur et que Dieu bénirait !

Ellewinn, moins timide, fit entrevoir à Berthe ce doux avenir : il reposa sur la tête adorée de la jeune fille toutes les chimères longtemps amassées par la rêverie. Il l'aima comme son idole... et bientôt Berthe fut pour lui plus que sa ville et son vieil ami. La jeune fille ne s'indigna point de cet amour respectueux et sincère. Elle qui, depuis son enfance, n'avait entendu que le murmure de la prière, elle goûtait avec ivresse le miel de l'amour. Elle n'avait pas osé dire au bourgeois Ellewinn qu'il était aimé ; cependant il l'avait bien compris par les larmes de bonheur, par les soupirs de délicieuse mélancolie que la jeune femme ne savait cacher. Mais le noble amant respectait toujours l'hospitalité de la vierge. Il attendait la bénédiction nuptiale pour prendre même un baiser à celle qu'il appelait sa fiancée.

Cependant, tous les soirs, ils s'entretenaient longtemps ensemble, et de jour en jour l'amour augmentait. Il restait pourtant un peu de scrupule qui troublait la félicité de Berthe : une idée fixe, un pressentiment sinistre tourmentait l'ancienne novice ; elle se disait parfois que c'est un sacrilége de quitter le cloître pour retourner à la vie terrestre, même lorsqu'on n'a pas prononcé de vœux encore.— J'étais la promise du Seigneur, disait-elle à son amant ; mon amour pour vous peut-être est sacrilége !...— Mais cette tristesse se dissipait promptement lorsque Ellewinn était là. Le jeune bourgeois concentra bientôt en son amie toutes ses affections ; il négligeait son fidèle camarade Werleet dont il redoutait les gronderies. — Werleet, le patriote ardent, le plus terrible ennemi des femmes ! Et c'est qu'en effet François Werleet avait raison, cet amour était un amour dangereux pour le patriotisme ; car depuis qu'Ellewinn connaissait Berthe, et qu'il s'était épris d'elle, Ellewinn aimait secrètement les Français. La jeune fille lui parlait souvent de ses compatriotes, dont elle vantait les habitudes poétiques et courtoises. Tout ce que disait Berthe, Ellewinn l'adorait... A tel point qu'Ellewinn avait dernièrement juré, pour sa belle amie, qu'il ne combattrait jamais contre les troupes françaises, contre les frères de Berthe ! Oh ! si Werlect avait connu ce serment, c'est pour le coup qu'il aurait appelé son compagnon Louis traître à Dunkerque, traître à la patrie !

Ellewinn désirait donc secrètement que les Français occupassent Dunkerque. — Que m'importe, se disait-il, si je suis Français, Espagnol ou Flamand, pourvu que je reste dunkerquois, pourvu que Dunkerque reste toujours ma belle cité marine, la déesse de la mer !

C'est ainsi que le jeune Ellewinn apaisait sa conscience, c'est ainsi qu'il croyait pouvoir aimer les Français sans être infidèle à Dunkerque, et c'est pour cela qu'il donnait de si calmes avis dans l'assemblée des bourgeois.

Et puis Berthe lui avait promis de consacrer leur hyménée lorsqu'ils seraient ensemble parmi les Français, avec ses frères. — Si Ellewinn n'était pas traître à Dunkerque, il l'était du moins à l'amitié de Werlect, ainsi qu'à l'armée espagnole.

III.

ENTRE DEUX AMOURS !

Or, il y avait vingt jours que la jeune Française se trouvait de la sorte dans la maison d'Ellewinn.

Maintenant que nous connaissons Berthe, nous pouvons reprendre le cours de notre récit. — Il fait soir ; Werlect et son compagnon viennent de se quitter après le conseil tenu chez le gouverneur. L'un vole à la défense de Dunkerque, l'autre retourne auprès de sa bien-aimée. Ellewinn et Berthe devisent doucement à deux dans l'intérieur du logis, et l'amoureux Dunkerquois ne songe pas que sa cité chérie est menacée d'un siége.

— Dans quelques jours sans doute, disait Ellewinn, tu seras à moi, tu seras ma femme, ô Berthe ! car les troupes françaises ne peuvent manquer d'occuper la ville. Dunkerque est si mal défendu par le côté de Calais !

— J'aime à vous voir ainsi, mon Ellewinn, répondit Berthe, vous qui secouez les préjugés dont on vous a nourri contre les beaux guerriers de France! Oui, dès qu'ils seront à Dunkerque, je deviendrai votre épouse. Mes deux frères ne peuvent manquer d'y consentir, lorsque je vous nommerai mon sauveur. Et je ne quitterai plus cette gracieuse cité que vous aimez tant! Il faut que j'aie bien de la tendresse pour arrêter cette vocation que le ciel m'avait tracée, pour devenir l'épouse d'un homme après avoir été la fiancée du Christ. N'est-ce donc pas un sacrilége?

— Oh! non, Berthe; l'on peut aimer son époux sur la terre et son époux dans le ciel, sans qu'il y ait dans ces deux amours une rivalité profane. Pourquoi Dieu vous aurait-il faite charmante? N'est-ce pas pour aimer, pour être aimée? Oui, vous avez une longue et belle route à parcourir en ce monde, avant d'arriver à la vie des cieux.

Il y eut un moment de silence dans la causerie des amants. La jeune fille cherchait à se débattre contre un sentiment funeste. Les souvenirs du couvent laissaient en elle une trace profonde. Car le serment d'être à Dieu, que sa bouche n'avait point fait encore, Berthe l'avait fait dans son cœur. Et c'est là ce qui terrifiait l'ancienne novice; c'était là ce qui enchaînait l'essor de sa félicité.

Ellowinn partagea cette mélancolie et continua : — Moi-même, Berthe, j'ai quelques nuages dans l'âme, quand je songe que j'ai foulé aux pieds l'amitié de mon fidèle Werleet, que j'ai contrarié l'élan généreux de son courage... J'ai du remords aussi. Car maintenant mon devoir serait d'être sur les remparts de la ville pour veiller si l'ombre des nuits ne recèle pas le fer et la flamme des assiégeants. J'ai beau chercher à fuir ces pensées importunes, le nom de traître me poursuit partout. Je te le dis.... j'ai du remords! du remords pour toi, mon Dunkerque, que j'abandonne!

— Que dis-tu, mon Ellowinn? fit Berthe de sa voix la plus caressante. Tu crois abandonner Dunkerque parce que tu ne vas pas combattre les Français?... Les Français! mais sais-tu qu'ils vont devenir les protecteurs de la ville? Ils vont embellir Dunkerque lorsqu'ils en seront les maîtres! Ils y feront fleurir les arts... Et les troubadours iront chanter le soir avec l'onde somnolente de la mer. Oh! que ce sera une belle et délicieuse cité quand elle sera France! Puis alors, tu sais, nous serons heureux, nous serons époux!...

Et tu pourras aimer ensemble, sans scrupule et sans remords, ta femme et ta patrie !...

Le bourgeois Ellewinn, à ces tendres paroles, eut un sourire de bonheur, et sa tristesse s'envola. Berthe et lui ne songèrent plus au scrupule qu'ils appelaient du remords; ils ne pensèrent plus qu'à s'aimer. Leurs regards se mêlaient, leurs paroles se confondaient doucement, et l'ivresse de l'amour leur versait l'oubli le plus délicieux.

Tout-à-coup Louis Ellewinn se redressa, prêtant l'oreille avec anxiété. Les traits du jeune Dunkerquois s'animèrent, ses yeux lancèrent des flammes... Il s'élança sur son épée suspendue à la muraille....

C'est qu'il venait d'entendre gronder le canon sur les remparts ! Ce bruit belliqueux annonçait que Dunkerque était assiégé ; — alors Ellewinn se trouvait réveillé de son amoureux sommeil ; — la cloche funèbre se mit à résonner aussi dans les airs, et de loin on entendait le murmure des soldats qui couraient par les rues. Le frémissement des armes, les cris de détresse, tous ces longs échos du siège arrivaient jusqu'aux deux amants, qui frissonnaient d'émotions diverses. Ellewinn ne pouvait entendre tous ses compagnons voler au combat sans éprouver de nouveau les reproches de sa conscience. L'on assiégeait Dunkerque !... et lui, l'ami de Werleet, il restait enfermé dans sa demeure avec une femme ; il avait désiré le triomphe des ennemis de Dunkerque !! Berthe, à son tour, tremblait de voir s'éveiller cette jeune ardeur; elle voulait qu'Ellewinn restât près d'elle, elle avait saisi sa main et le suppliait de toute la force de son âme....

Et le canon grondait toujours dans la nuit ; et les tintements de la cloche d'agonie vibraient comme les gémissements d'une mourante.

— Non, je ne puis rester ici, s'écria soudainement Ellewinn. Berthe, laisse-moi ! N'entends-tu pas au loin que le canon gronde? Tous mes amis meurent comme des héros... Moi, je suis un lâche !... Mon épée ! mon épée !

— Ellewinn ! s'écria la jeune fille, oh ! ne me quitte pas ! Je te dis de ne rien craindre pour ta ville. Ce sont les Français qui viennent, mes compatriotes, les frères de ta femme. Vois-tu, mon Ellewinn, demain peut-être nous serons mariés ; je vais revoir mes frères; Dunkerque sera une ville française. Ellewinn, je meurs si tu me quittes. Quoi ! tu irais te faire massacrer quand je t'aime !... Tiens, je te le dis, je t'aime ! Ce serait une lâcheté aussi que de m'abandonner maintenant.

Le jeune bourgeois aimait trop cette femme pour briser sa chaîne. Il retomba sur un siège avec l'immobilité d'un lion qui se voit dompté.

— Je reste, fit-il, puisque demain tu dois être ma femme. Et puis je t'ai juré de ne pas combattre la France. Il faut que je t'aime bien, Berthe, pour demeurer ainsi !

Les fiancés restèrent silencieux. A chaque coup de canon, Ellewinn serrait les poings avec rage, et bondissait comme si le coup lui portait dans le cœur.

Ce lugubre silence et cette angoisse muette durèrent plusieurs heures. La nuit était déjà très-avancée, quand la porte de la chambre d'Ellewinn s'ouvrit violemment. Un homme parut en face du jeune bourgeois et de l'ancienne novice du cloître, un homme aux traits égarés, aux vêtements en désordre.

C'était François Werleet.

Il promena sur son compagnon stupéfait des regards amers et prit la parole avec une sinistre ironie :

— Te voilà donc, Louis ! s'écria-t-il. Voilà comme tu défends la patrie, la mère que l'on déchire. Ah ! tu restes ici dans les bras d'une Française, d'une misérable ! Je ne m'étais point trompé !

— Werleet ! dit Ellewinn en se redressant avec colère, respect à cette femme, ou bien je ne te connais plus...

— Respect à cette femme.... oui, respect ! fit le vieux Dunkerquois ; soit donc. Mais écoute-moi, mon Ellewinn, est-ce qu'aucun bruit n'est venu te troubler dans tes causeries d'amant ? N'as-tu pas entendu le canon français qui renversait nos murailles ?

— Ah !

— Tu l'as entendu, lâche ! et tu n'es pas venu, lâche et traître ! Dunkerque n'est donc plus rien pour toi ?.... Mais sais-tu, toi qui restes là si tranquille, que les Français ont franchi la brèche et que nous sommes vaincus ? J'ai vu tomber tous nos amis ; tous expiraient en criant : Vive Dunkerque!.... Et toi... toi... Ah! tu vas me demander peut-être pourquoi je ne suis pas mort? C'est qu'avant de tomber sous la ruine de nos murs, j'ai voulu te jeter ma dernière malédiction, entends-tu?... Traître Ellewinn! reçois la malédiction de François Werleet!!

Cependant Berthe se rapprocha de son amant, et mit sa main dans la sienne en lui disant tout bas: — Les Français sont maîtres de la ville; ami, je suis à toi.

L'heureux fiancé, ivre de cette promesse de sa bien-aimée, oublia toute sa colère, et tendant à Werleet une main fraternelle.

— Pourquoi tous ces reproches? dit il; pourquoi m'accables-tu d'indignes injures? Je ne suis pas un traître, François! car souvent je te l'ai dit: moi, je ne suis pas un Espagnol, ni un Français, ni un Flamand; je suis Dunkerquois! Pourvu que l'on respecte Dunkerque, peu m'importe que cette ville s'appelle Espagne ou France. Or, j'ai pu rester ici sans combattre et sans trahir ma patrie; car cette lutte à laquelle tu viens de prendre part, Werleet, c'est la lutte des deux souverains; Dunkerque n'est que le théâtre de la bataille. Je ne suis donc pas un traître, et je puis réunir dans mon cœur ces deux amours sacrés: l'amour de Berthe et l'amour filial que je dois à notre berceau.

Le vieux Dunkerquois, en écoutant ces paroles, restait immobile; son visage reflétait toujours une expression ironique et douloureuse. Il ne répondait pas à son Ellewinn qui lui tendait la main.

— Werleet! continua le jeune homme avec douceur, rends-moi ton amitié; cela me fait trop de mal de penser que tu me méprises et que tu me détestes, toi, mon vieux compagnon, mon père! Rends-moi ton amitié: rien ne manquera plus à mon bonheur. Vois: cette gentille femme va devenir la mienne; ses deux frères qui sont dans l'armée française vont bénir notre union. Elle m'aime! elle me l'a dit. O Werleet! pourquoi détesterais-tu les Français? Berthe m'assure qu'ils sont tous gracieux et courtois, et qu'ils feront de Dunkerque un foyer d'art et de poésie. Dépose donc un ressentiment inutile, et viens partager nos joies.

François Werleet saisit alors la main d'Ellewinn; mais ce n'était pas une pression d'ami: c'était l'étreinte de la fièvre. Ellewinn fut effrayé du regard fixe de son compagnon; il chercha même à s'éloigner de lui, car il pensait que cet homme était devenu fou, tellement ses traits se contractaient nerveusement.

— Insensé! cria Werlect en rompant ce long silence; tu n'as pas trahi Dunkerque? Viens donc voir!

En parlant ainsi, il entraîna Ellewinn dans la chambre voisine, qui formait le devant de la maison. Berthe les suivit avec une terreur instinctive qui la faisait frissonner jusqu'à l'âme.

Werlect conduisit son ami vers la fenêtre, et l'ouvrant tout-à-coup :

— Regarde! cria-t-il à Ellewinn stupéfait... regarde!

Alors un spectacle horrible frappa les regards des deux Dunkerquois et de la jeune Française. Quoique ce fût encore la nuit, il n'y avait plus de ténèbres ; mais une lueur vaste, éblouissante, se déroulait au loin, puis se perdait dans l'ombre et dans les torrents de fumée...... C'était L'INCENDIE!! Les assiégeants vainqueurs étaient entrés par la brèche, puis ils avaient mis le feu à la ville! Ellewinn entendit le mugissement des flammes, le craquement des maisons, les cris de détresse, le bruit des armes. Il voyait son cher Dunkerque envahi par des bandes de soldats farouches qui s'en allaient par les rues la mèche à la main ; il voyait son Dunkerque presque dévoré par un géant de feu.

Adieu donc sa ville natale, sa ville coquette, adorée, qu'il contemplait naguère avec tant d'orgueil et d'amour. Adieu l'aspect de ces toits, de ces clochers si connus; adieu la maison paternelle! Adieu la vie, l'espoir, la joie, la patrie! Quand naîtra l'aurore, Ellewinn ne verra plus tout cela ; il ne verra plus surgir la tour ni les toits de l'église; la tour si haute, si svelte, si fière, qui bourdonnait et carillonnait les jours de fête, et qui perdait dans les nuages sa flèche surmontée d'un coq d'or. Mais c'est lui enlever sa mère, c'est le faire assister à l'agonie de sa mère ! O rage ! ô vengeance !

A cet aspect, à ces pensées, le jeune bourgeois s'éveille de son amoureux sommeil, et repousse Berthe éperdue. Il se jette sur ses armes, et s'écrie en saisissant la main de Werlect :

— Oui, mon vieil ami, tu avais raison ; je suis un lâche, un traître. Tu as raison de me maudire. On ne doit pas aimer les femmes, elles vous perdent. Voilà pourtant comme tes frères ont traité Dunkerque ; Berthe ! ce sont tes frères !

L'infortunée ne répondit rien.

—Vengeance ! Werleet, hurla le jeune Dunkerquois. Viens, viens, il est temps encore de tirer l'épée. Tu vois là-bas autour de l'église, près de la tour, un bataillon des nôtres qui se défendent... Les assiégeants les serrent de près ; ils ont des torches ; ils veulent mettre le feu à l'église paroissiale... Viens, ami, courons sauver le cœur de notre ville.

En effet, les assiégeants n'avaient pas encore pu s'approcher de l'église. On voyait les Dunkerquois qui survivaient encore, animés d'un patriotisme héroïque, se former en bataillons et disputer aux vainqueurs chaque rue, chaque maison, chaque pierre. Ils avaient été refoulés jusqu'à l'église paroissiale, et c'était là que le principal combat s'engageait ; c'était jusque-là que les assaillants étaient arrivés par la flamme et par le fer.

Tandis que s'engageait cette lutte désespérée, Ellewinn et Werleet quittèrent le logis et coururent se joindre à leurs compagnons. Les deux amis s'étaient réconciliés à cette heure suprême. Et puis Ellewinn ne pouvait plus aimer la pauvre Berthe ! Il n'écoutait pas cette femme qui le suivait péniblement, avec des supplications déchirantes, à travers les rues embrasées.

Ellewinn avait à cœur de réparer son passé ; puis le sentiment de la vengeance bouillonnait en lui. — Mon Dunkerque ! s'écria-t-il, je veux mourir avec toi, mais non sans y mêler le sang de nos bourreaux !

Et de son glaive et de sa hache il faisait mordre la poussière à plus d'un ennemi. Mais le courage des Dunkerquois, la fougue d'Ellewinn, la force herculéenne de Werleet.... tout fut bientôt inutile. Le bataillon, écrasé par le nombre, succomba. Presque tous moururent ; les autres s'enfuirent. Les deux amis seulement combattaient encore.

Les Français se ruèrent alors sur l'église paroissiale, et leurs flambeaux sacrilèges allumèrent l'incendie au temple du Seigneur !... — La flamme qui dévorait la ville n'allait pas assez vite à leur gré ! — Quand l'édifice eut pris feu, les incendiaires se reculèrent à quelque distance pour jouir en sécurité du spectacle de leur furie. Mais Ellewinn et Werleet ne s'éloignèrent pas de la tour que gagnait la flamme...

Cependant Berthe, haletante et désolée, avait bientôt perdu la trace de son amant; elle pleurait la perte de sa tendresse; elle déplorait l'injustice d'un homme qu'aveuglaient la colère et la douleur. Pourtant elle lui aurait encore pardonné, la douce femme! Elle tremblait plutôt pour les jours d'Ellewinn que pour les siens. O jouet de la destinée! pauvre enfant que le sort déchire de ses serres cruelles! La flamme de la guerre la poursuit partout: elle l'arrache au cloître; elle veut l'atteindre encore dans son nouvel asile. La pauvre femme! est-ce donc que ses pressentiments ne l'ont point trompée? Dieu peut-être ne veut pas couronner un amour qui l'offense; Dieu ne maudit-il pas toujours celles qui laissent le voile du couvent pour prendre la robe de l'hymen et les parures du monde?....

Berthe arrive enfin jusqu'au lieu du combat; elle s'approche des Français, elle cherche ses frères. Au sein du tumulte, son cœur frémit d'épouvante; mais son amour lui donne du courage... Elle pense encore à sauver Ellewinn. Tout-à-coup Berthe reconnaît deux officiers.... Ce sont ses frères! elle se jette à leur cou, les embrasse; elle leur parle avec précipitation. — Sans doute c'est son histoire qu'elle raconte. — Et d'un geste de détresse elle leur désigne Ellewinn qui reste debout, les armes à la main, au pied de l'église paroissiale que déjà l'incendie dévore.

Alors les deux officiers de France vont s'élancer pour sauver le jeune bourgeois de Dunkerque; mais il est trop tard: l'édifice s'écroule, et l'amant de Berthe meurt enseveli sous ses débris fumants. Il périt avec Werlect de cette mort glorieuse.... Les héros préférèrent mourir avec leur cité que survivre à ses ruines....

Pauvre Berthe!

Elle se résigna comme une chrétienne, comme une martyre; et ses frères, d'après sa demande, la reconduisirent dans le couvent, où elle prononça des vœux éternels. Là, dans sa pieuse et calme douleur, la jeune fille ne crut pas offenser le ciel en songeant parfois à son bien-aimé, qu'elle devait revoir sans doute au séjour des élus.

Benj. Kien.

UNE NUIT EN MER A DUNKERQUE.

1846

Enfin le soir arrive
Et l'ombre fugitive
    Succède au jour;
C'est l'heure du mystère
Où l'âme solitaire
    Rêve d'amour.

La lune au loin rayonne,
Auréole et couronne
    Le front des cieux,
Et sa blanche lumière
S'argentant sur la terre,
    Charme les yeux.

Pour dissiper la brume
Qui pèse sur l'écume
    Des flots mouvants,
Sur le port qu'il domine,
Le phare s'illumine
    De feux ardents.

Une brise volage
S'élève du rivage ;
   Et dans les airs,
Délicieuse lyre,
Elle exhale et soupire
   De frais concerts.

Sur la plage amoureuse,
La vague insoucieuse
   S'en vient frémir,
Mollement balancée,
Joyeusement bercée
   Par le zéphir.

O ma belle Emilie,
Doux trésor de ma vie,
   Sois sans effroi ;
Profitons du silence,
Sur cette mer immense,
   Ange, suis-moi.

Courage, ô ma nacelle,
L'onde nous est fidèle,
   Prends ton essor ;
Ne crains rien... sois rapide,
Une étoile nous guide,
   Aux reflets d'or.

Lance-toi, ma gondole,
Avance, glisse et vole
   Comme un oiseau ;
Plus vite que Pégase,

En sifflant, brise et rase
Le bord de l'eau.

Qu'aux efforts de ma rame
Obéisse la lame,
Et que pour nous
Les vents n'aient point d'haleine,
Que l'Océan enchaîne
Son fier courroux.

Oh! que la nuit est belle !
Partout elle étincelle
De mille feux ;
De l'un à l'autre pôle,
Quelle vaste auréole
Dore les cieux !

Dans l'immense étendue,
Tout enchante la vue,
Tout nous sourit ;
O ma noble maîtresse,
C'est que Dieu nous caresse
Et nous bénit.

Ici, — loin de la terre
Où tout âme s'altère
Et se ternit, —
Plus près de la nature
Ici, l'esprit s'épure
Et rajeunit.

O ma charmante amie,

Que cette nuit ravie
    Verse en ton cœur
Des parfums d'espérance
Et la suave essence
    D'un vrai bonheur.

Jusqu'à ce qu'il s'achève
Berçons-nous dans le rêve
    De nos amours ;
Imitons la nature,
Sans trêve, sans mesure,
    Aimons toujours.

Mais comme une ombre folle
Déjà l'heure s'envole,
    Et de la nuit
La douteuse lumière
Devant l'aube première
    S'évanouit.

Des gerbes de l'aurore
L'Orient se colore,
    Et sous ses feux
Les étoiles pâlissent
Et lentement blanchissent
    Leurs nimbes bleus.

Mais je hais la lumière
Qui dès l'aube première,
    Reine du jour,
En éclairant la grève,
Vient dissiper le rêve
    De mon amour.

J'aime mieux les étoiles
Qui, sous de légers voiles,
 Tremblent au ciel ;
Et dont la douce flamme
Distille sur notre âme
 Un peu de miel.

J'aime mieux voir la lune
Folâtrant dans la dune,
 Tout près du flot,
Lorsque sa robe blanche
Languissante se penche
 Sur mon canot.

Enfin de sa lumière,
Déjà l'orbe solaire
 Nous éblouit;
La nature s'éveille
Radieuse, vermeille...
 Il n'est plus nuit !...

Ennemi du silence,
Le monde recommence
 Son vain fracas,
Et sur le quai la foule
En mugissant déroule
 Ses mille bras.

Hâtons-nous, — vers la berge
Où chaque flot converge
 Docile et doux,

Vite, ma douce amie,
Ma gondole chérie,
 Ramène-nous.

Courage, ô ma nacelle,
Sur le flot qui ruisselle
 Virons de bord,
Et regagnons la rive
Qu'étreint l'onde captive...
 Rentrons au port.

H. MAILLARD.

ÉPITRE
AU PETIT JARDIN D'UNE MAISON DES CHAMPS,

PIÈCE HONORÉE D'UNE MÉDAILLE D'ARGENT A LA SÉANCE SOLENNELLE
DE LA SOCIÉTÉ DUNKERQUOISE DU 28 JUIN.

1858.

> O rus, quando te aspiciam !
> (Horace).

Petit jardin, dont chaque jour
Je vais, au lever de l'aurore,
Alors que le soleil te dore
Et que l'oiseau chante l'amour,
Admirer la simple parure :
Toi qui souvent, dans ta culture,
Produis et des fruits et des fleurs,
Dont les parfums et les couleurs
Dans mes sens portent l'allégresse ;
Toi, qui souris à ma vieillesse
Bien plus que ce jardin brillant,
Où le riche va rassemblant,
Avec les plantes d'Amérique
Les marbres de la Grèce antique,

Salut!.... Ton aspect verdoyant,
Tes gazons couverts de rosée
M'offrent un champêtre élysée,
Fait pour le poète et l'amant!....

Ah! que de fois mon cœur oublie,
Me reposant dans ton berceau,
Ces déceptions de la vie,
En lisant Montaigne et Rousseau!....
Auteurs divins, votre langage,
Qui semble descendre du ciel,
Me console du verbiage,
Du talent superficiel
De ces écrivains de Bohême
Qui, dans plus d'un roman vanté,
Suivant cet odieux système
Distillent l'immoralité;
Qui, sapant sans délicatesse
Du devoir les suprêmes lois,
Vrais corrupteurs de la jeunesse,
Prêchent la révolte des droits!....

Que j'aime à rêver en silence
Sous ce pin vainqueur de l'hiver,
Dont le feuillage toujours vert
Est l'emblème de la constance!...
J'éloigne de moi les tourments
D'un monde où règne l'imposture;
Ah! se souvient-on des méchants
En présence de la nature,
De ce saule aux rameaux couchants,
Et que baigne une onde si pure!...

Vous, qu'un désir ambitieux
Poursuit le jour, la nuit encore,
Que la soif du pouvoir dévore,
Venez respirer en ces lieux ;
Venez, vous dis-je !... et si votre âme
Garde un rayon de cette flamme
Qu'on nomme sensibilité,
Bientôt vous connaîtrez les charmes
Du repos, et de douces larmes,
Qui ne sont pas sans volupté,
S'échapperont de vos paupières ;
Désabusés de vos chimères,
Rendus à la paix, au bonheur,
Vous direz : « Oui, c'est dans le cœur
» Qu'il vous faut chercher sur la terre
» L'unique source du plaisir !...
» La voix du monde est mensongère,
» Et pour goûter un vrai loisir
» Il faut aux champs passer la vie
» Avec peu d'amis, une amie ».

Ainsi, mon cher petit jardin,
Aux hommes tu serais utile ;
Instruits par toi, quittant la ville,
Ils embelliraient leur destin.
Du temps de Saturne et de Rhée,
Qu'avec Ovide nous chantons,
Qu'au rang des fables nous mettons,
Renaîtrait la trame dorée.
Rêve divin !... Mais quels accents
Retentissent sous le feuillage ?....
Doux rossignol, par ton ramage,

Célèbres-tu tes feux naissants?....
Hélas! ta voix est gémissante....
Te plains-tu, malheureuse amante,
De l'abandon de ton amant?
Ou bien un oiseleur méchant,
Dans ton nid, d'une main cruelle,
A-t-il ravi de ton amour
Ces fruits à peine éclos au jour?....
Ah! calme ma crainte mortelle!...
Mais tu reprends tes sons brillants,
De nouveau la gaîté t'entraîne :
O toi, du chant la souveraine,
Qui dois à Dieu seul tes talents,
Crois que pour moi la mélodie
De tes enivrantes chansons
Vaut mieux que le bruit, le génie
De nos modernes amphions !!...

Jardin chéri, simple retraite,
Demain je reviendrai te voir ;
Jusque là voilà mon espoir,
Il me suit dans ma maisonnette.
Adieu !.... que les vents furieux
Epargnent ton joli parterre ;
Vous, arbres au tronc séculaire,
Gardez, pour celle qui m'est chère,
Votre ombrage délicieux!....
Et si parfois, en mon absence,
Vous receviez un voyageur,
Que sous votre abri protecteur
Il trouve fraîcheur et silence!....

P. HÉDOUIN.

A M. DE LAMARTINE (*).

AUX FEMMES — AU PEUPLE.

1858

Jadis, en Béthanie, on vit une humble femme
Répandre des parfums sur les pieds du Sauveur ;
Sur les tiens aujourd'hui je viens avec mon âme
    Répandre ma douleur.

A tes destins jamais je ne fus étrangère :
Dans les échos, dans l'air, je recueillais ta voix ;
Je te suivais de loin... J'ai gravi ton calvaire,
    J'ai pleuré sur ta croix.

Eh ! n'es-tu pas celui dont la lyre divine
A ma raison naissante a révélé les cieux ?...
Dans ta couronne alors il n'était point d'épine
    Sur ton front radieux !

(*) Ces vers ont été inspirés par la souscription nationale ouverte dans toute la France au profit de l'illustre poête.
                  (*Note de l'éditeur*).

Tu chantais l'amour pur... Rappelez-vous, ô Femmes !
Le saint enthousiasme et les jeunes ferveurs.
Nos cheveux ont blanchi... N'avons-nous plus nos âmes ?
   N'avons-nous plus nos cœurs ?

Et ne viendrons-nous pas acquitter à l'automne
La dette du printemps ? Au pieux rendez-vous
N'apporterons-nous pas cette sublime aumône
   Qu'il faut faire à genoux ?

Ah ! laissons les partis contester son salaire,
Chacun suivant son culte et suivant son dessein.
Nous, sachons seulement qu'au glaive populaire
   Il dévoua son sein.

Femmes, entendez-moi ; la France vous contemple !
Venez, et sur vos pas les cœurs aimants viendront.
D'un sympathique élan léguez l'heureux exemple
   Aux âges qui suivront.

Toi, Peuple qu'il servit, qu'il aimait et qu'il aime,
Tu n'outrageras pas sa gloire et sa vertu ;
Tu ne lui diras pas, en invoquant Barême :
   « Que ne calculais-tu ? »

Il n'aurait pas versé ces torrents d'harmonie,
Tant de vie et d'amour, s'il avait mieux compté.
Se prodiguer sans fin n'est-ce pas du génie
   La noble infirmité ?

Vous tous qu'il secourut, qu'il accueillit en frère,

Vous, qui savez si bien où tomba son trésor,
De ses *profusions* dévoilez le mystère ;
   Qu'a-t-il fait de son or ?

Répondez ! hâtez-vous... Témoigne pour toi-même,
Foule reconnaissante, en témoignant pour Lui.
N'attends pas que, brisé dans un effort suprême,
   Son dernier jour ait lui !

      Mme CAROLINE ANGEBERT.

AUX MARINS DE LA FLOTTE DE PÊCHE.

LE CHANT DE TRAVAIL DES PÊCHEURS DUNKERQUOIS EN ISLANDE.

CHŒUR.

Musique de A. PIETERS.

1857

> Chantons, chantons dans chaque métier !
> Le chant ranime un bon ouvrier,
> Le chant nous délasse,
> Pour que le temps passe
> Chantons, chantons dans chaque métier !
> P. De Kock.

REFRAIN.

Hoïho ! pêcheurs de morues,
Quand nos tonneaux seront emplis,
En chantant nous suivrons ces nues
Qui volent vers notre pays !

I.

Dunkerque la cité flamande,
Quand renaît le soleil d'Avril,
Nous envoie aux côtes d'Islande,
Affronter le froid, le péril ;
Pas d'été pour nous, pas de joie,
Pas de ciel bleu ni d'arbres verts,
Mais la brume où l'Hécla flamboie,
Des glaçons, d'éternels hivers !

Refrain.

Hoïho ! pêcheurs de morues,
Quand nos tonneaux seront emplis,
En chantant nous suivrons ces nues
Qui volent vers notre pays !

II.

Si Dieu, dans ses bontés insignes,
Nous protège, pauvres marins,
Le poisson qu'enlèvent nos lignes
Partout nourrira les humains ;
Nous abriterons nos familles
De la misère et de ses maux,
Courage ! nos femmes, nos filles
Espèrent en nos durs travaux !

Refrain.

Hoïho ! pêcheurs de morues,
Quand nos tonneaux seront emplis,
En chantant nous suivrons ces nues
Qui volent vers notre pays !

III.

Pendant bien des siècles cette île
De nos pères vit le labeur,
Nous avons enrichi la ville
Où Jean Bart enfant fut pêcheur;
Pourtant nos fils, suivant nos traces,
Braveront comme leurs aïeux
Ces flots, ces montagnes de glaces;
Marins, le repos n'est qu'aux cieux !

Refrain.

Hoïho! pêcheurs de morues,
Quand nos tonneaux seront emplis,
En chantant nous suivrons ces nues
Qui volent vers notre pays !

Alp. Claeys.

LE TABAC.

—

1856.

—

Il nous est tombé sous la main une *boutade contre le tabac*, écrite, à ce qu'il paraît, par quelque membre d'une Société de Rhétorique de la Flandre, à une époque que nous ne saurions préciser, mais qui n'est pas antérieure au XVIe siècle.

Cette pièce nous a paru mériter d'être transcrite et nous l'offrons au lecteur. — Nous devons assumer sur nous toutes les observations concernant la forme ; quant au fonds, nous ferons remarquer, pour excuser l'auteur, qu'il ne pouvait supposer que sa diatribe pût, un jour, s'appliquer à la fleur de la société française.

Au surplus, voici cette pièce née en Flandre et traduite du flamand :

« Maudit soit le tabac !

» On offre de parier cent philippus d'or que cette plante
» malfaisante, lorsqu'elle a paru, pour la première fois, avait
» été récoltée à l'orifice de quelque soupirail de l'enfer !

» Herbe empoisonnée, tu fus certainement réservée par
» Satan pour les incantations des sorcières. Je ne te per-
» mettrai jamais de franchir le seuil de notre maison !

» Je comprends pourquoi on répand, sur nos champs sa-
» blonneux, un fumier quelquefois infect... Je me demande
» pour quel motif on introduit dans les narines de l'être
» humain cette poudrette noire et nauséabonde !... Est-
» ce afin de pervertir l'odorat et de nous empêcher de sa-

» vourer le parfum des fleurs du bon Dieu? Est-ce pour
» obtenir la distillation de ces perles rutilantes (*Kekelen*)
» que l'on se hâte de déposer dans les langes (*Doeckrken*)
» empestés et fangeux que l'on cache ensuite si soigneuse-
» ment dans la poche?

» Maudit soit le tabac! dont la fumée stupéfiante semble
» si propre aux opérations du Sabbat!

» La pipe doit être un fragment de la cassolette du diable!
» De la lucarne qu'il a pratiquée à la voûte crystalline, As-
» modée aspire, sans doute, la fumée tabagique qui s'élève
» de la Flandre; il la savoure avec délices, car il y trouve
» agréablement mêlés le fumet de l'orgie et les exhalaisons
» de la débauche!...

» Je vous vois sourire! Ce sont là, dites-vous, de ces
» exagérations familières aux compagnons de la Réthori-
» que!... Allons, allons, je veux parler comme vous!

» Le fumeur est un héros! la *fumerie* un noble délasse-
» ment!

» En doutez-vous?... Mais pour s'imprégner impuné-
» ment de ces vapeurs acres et empestées, n'a-t-il pas fallu
» surmonter les salutaires et violentes répugnances de
» l'instinct? C'est en vain que se tordant sous l'influence de
» ce narcotique, l'estomac s'est révolté dans des spasmes
» éloquents et désespérés. La volonté de l'homme a dompté
» la nature! Cette nature mijaurée a frémi, mais enfin elle
» s'est tue. Elle a adopté une loi nouvelle; aujourd'hui elle
» réclame elle-même à grands cris ce qui, naguères, lui faisait
» horreur! Un besoin factice mais impérieux et insurmon-
» table s'est joint à tant de besoins qui assiégent l'humanité.
» Sans le besoin la jouissance n'existerait pas. Donc, gloire
» au fumeur!!

» Gloire au fumeur! Quelle douce et enivrante volupté le
» subjugue lorsqu'ayant aspiré cette fumée brûlante, il la
» laisse peu à peu s'exhaler avec le souffle de sa propre poi-
» trine! Dans un vague délicieux il regarde les bleuâtres et
» mobiles spirales s'élever vers le ciel où elles vont se con-
» fondre dans l'éther!... Son imagination leur donne toutes
» les formes qu'il lui plaît; les anges de la terre et du ciel
» se jouent dans ces légers tourbillons, ils s'y roulent, s'y
» tordent, montent, retombent, disparaissent sans que ja-
» mais la diversité de ce spectacle soit épuisée. Ainsi absorbé,

7

» il reste sans inquiétude, sans pensée même, et laisse
» s'écouler, sans les sentir, les heures qui s'échappent si
» rapidement du sablier de l'existence. Gloire au fumeur!

» Adversaire du tabac! Je lis sur ta figure la cause de
» ton dédain! Parce que tu uses la pointe de ton esprit à
» forger des vers, tu dis: la clef qu'on laisse sans usage se
» rouille bientôt! Un esprit habituellement inoccupé s'obli-
» tère! Les nuages condensés de cette fumée sans cesse re-
» naissante, finiront par former un brouillard où l'œil de
» ton intelligence s'émoussera, où tu marcheras sans but,
» ou tu gaspilleras le temps, cette précieuse étoffe de la vie.

» Mais, mon pauvre docteur, pour un homme qui fume
» consciencieusement, qu'est-ce que le temps?... Qu'est-ce
» que l'intelligence? De la fumée comme celle de son tabac!
» La gloire, et le talent qui la procure?... De la fumée!...
» de la fumée!... La vertu, le bonheur qu'elle donne?...
» De la fumée?... Chacun choisit la fumée qui lui plaît!

» Que veut dire encore cette expression de dégoût? Tu
» regardes le parquet constellé de liquides comètes? (*Sterre
» met steert*). Tu dis: cette haleine empestée tuerait au pas-
» sage les mouches qui s'y aventureraient.... Tu ajoutes:
» cette bouche est vraiment comme l'ouverture d'une sen-
» tine! Ces dents semblent des fragments du hareng saur
» enfumé dans la cheminée du pêcheur.... ou de ces clous
» odorants que les Hollandais rapportent des contrées loin-
» taines....

» C'est ainsi qu'à son gré l'on défigure tout!

» Est-ce bien?...

» Ah! vraiment, je me suis trop long-temps prêté à cette
» fade ironie, j'aime mieux laisser déborder ma colère!...
» Ecoute-moi, j'aurai promptement dit.

» Le fumeur cherche le fumeur; il le trouve à la taverne;
» il quittera sa Childe et se dirigera souvent vers la taver-
» ne.... Tu le cherches?.... Vas au *Stedehof* (1), tu l'y
» trouveras.

(1) Nom d'une taverne qui, au XVIe siècle, était située sur le Marché au Beurre, sur l'emplacement de la maison de M. Lefebvre.

» A lui donc un jour les accointances de la taverne ! à
» lui les habitudes de la taverne, le langage de la taverne !

» A lui les brocs du *hoppebier* (1) ! à lui les liqueurs brû-
» lantes, les seules que demande ou tolère son gosier désor-
» donné ! ! A lui l'ivresse et tout ce qui l'accompagne et la
» suit !

» A la taverne, pas de décorum ; on y méconnaît, on y
» oublie les délicatesses de la bienséance... Semblable à une
» tache d'huile, ce laisser-aller ne s'arrête jamais ; il absor-
» be, il éteint tout ce qu'il peut parvenir à atteindre ! Si
» tu ne l'as pas encore dit, un jour viendra où tu diras :
» Arrière les cercles où figurent les honnêtes femmes ! Foin
» de la réserve que leur présence impose ! Et si parfois tu
» es forcé de la subir, tu voudras, au sortir de là, te dédom-
» mager de la contrainte soufferte....

» Alors les groupes que la nature a formés se décompo-
» seront. Ici les mâles fumant, crachant (*speeck selende*),
» puant, buvant, jurant, tenant de lestes propos....

» Là, les mères, les enfants, les jeunes hommes qui ont
» encore quelques jours d'innocence à passer... Là les fem-
» mes... elles sont si frivoles, les femmes !

» Ne désespérons de rien, cependant, la force de l'exemple
» finira par les atteindre ! Un jour viendra où elles fumeront
» comme vous, plus que vous peut-être ! !

» Allons, braves fumeurs, à l'œuvre ! ! Le temps, précieux
» tissu de la vie ! l'intelligence, noble clarté de l'âme ; les
» femmes, fleurs de l'existence... n'épargnez rien. Fauchez,
» fanez, souillez tout cela ! ! et dormez sur votre triomphe.

» Quand la sociabilité humaine aurait à en souffrir, quand
» votre dignité, votre santé, votre bourse s'en trouveraient
» compromises, qu'est-ce que cela fait ? — Vous avez pour
» compensation le salut du marchand de tabac ! »

V. DÉRODE.

(1) Nom d'une bière qui, à cette époque, se fabriquait à Dunkerque.

LE MOIS DE MARIE,

OU SOUVENIR A TROIS JEUNES TOMBES,

PIÈCE HONORÉE D'UNE MÉDAILLE D'ARGENT A LA SÉANCE SOLENNELLE
DE LA SOCIÉTÉ DUNKERQUOISE DU 28 JUIN.

1858

> C'est le mois de Marie,
> C'est le réveil des fleurs !
> La naissante prairie
> A ses belles couleurs....
> Et la Vierge chérie
> Ecoute nos douleurs.

Jeunes filles, chantez !.... Et moi, je pleure encore ;
Je pleure quand du jour l'éclat s'évanouit ;
Et quand brille aux regards une nouvelle aurore,
Je pleure, en m'éveillant, des songes de la nuit.
Ils m'ont laissé tous trois, les doux enfants que j'aime,
Mes anges, mes trésors et mon bonheur suprême ;
Et pour moi, que vieillit le souffle des revers,
Les printemps sont plus froids que les pâles hivers !

C'est bien vite mourir, — a dit le grand poëte (1),
Pleurant sa Julia, sa fille à seize ans....—
Ceux que loin de ma couche enleva la tempête,
Avaient bien moins encor dans leurs âges naissants.
A peine ils s'éveillaient à la vie embaumée....
Dès l'aube, je le vois, leur paupière est fermée :
Dans le repos livide ils sommeillent là-bas ;
Leurs pieds ne sont gravés qu'aux chemins du trépas.

— Que la nature est belle, et que les fleurs sont vives !
Salut, jeune feuillage et tapis de gazon :
Le foyer du soleil, qui colore ces rives,
Emplit d'azur et d'or la nouvelle saison.
Venez sous le ciel bleu, ma petite famille....
La rose ou le lilas dans ces bosquets fourmille ;
Allez ravir ces dons que la main du Printemps
Effeuille sous nos pas en joyaux éclatants....

Venez, mes trois amours ! venez, l'écho fidèle
Redira de vos jeux le murmure enfantin ;
Puis... au bout du sentier, près de l'humble chapelle,
Mêlez une prière à l'encens du matin !
— Mais que dis-je ?... et pourquoi rêver l'ivresse pure
De mes anges plus beaux que la belle nature ?
Loin des bruits de la foule, en des lieux plus discrets,
Mon chant n'est que le deuil, mes fleurs... sont des cyprès !

  C'est le mois de Marie,
  C'est le réveil des fleurs !
  La naissante prairie

(1) Lamartine.

A ses belles couleurs....
Et la Vierge chérie
Ecoute nos douleurs.

Ils m'ont laissé tous trois ! — Parlons de leur tendresse :
Ma joue est chaude encor de leurs baisers brûlants.
Trop vite j'épuisai le miel de leur caresse ;
O radieux ébats ! songes étincelants !
Des beaux jours écoulés fugitive mémoire !
On avait le bonheur qui vaut mieux que la gloire ;
L'avenir souriait plein d'un heureux émoi ;
Ils vivaient de ma vie, ils étaient près de moi....

Mais un jour, — par trois fois, — l'ardente maladie
D'un souffle impétueux courba les fronts charmants ;
L'aquilon vint briser leur enfance engourdie :
Le ciel fut ébranlé par mes gémissements....
Oh ! quand je vis fermer leur mourante paupière,
La rage se mêlait aux vœux de la prière !
Et, pour les racheter, dans mon fougueux transport,
Ivre de volupté, j'eusse embrassé la Mort !

Rien ne sut conjurer le désolant martyre :
Comme l'Automne impur, fauchant les arbrisseaux,
La Mort, lente, et riant de son dernier sourire,
Avec ses bras hideux enleva mes berceaux.
Dans ces flots d'amertume et de peine infinie,
Le doute vient gémir aux pieds de l'agonie ;
Même au divin espoir l'âme veut se fermer :
— Pardonne, ô Dieu vengeur ! j'étais fait pour aimer.

Qui me dira le mot de l'énigme éternelle,

Et pourquoi la douleur nous énerve toujours ?
Pourquoi l'on doit frémir au toucher de son aile,
Dans la pâleur des nuits ou la splendeur des jours ?
Dieu !... si l'humanité par ses vices t'agite,
Que ne fais-tu périr cette engeance maudite ?...
Cesse de la livrer en pâture au malheur,
Et sous ton pied royal écrase-la, Seigneur !

Enfants, mes chers amours ! mon sang et mes entrailles !
J'ai bu tout le calice, en vous voyant mourir....
Lorsqu'on psalmodiait vos triples funérailles,
J'ai mesuré l'abime où l'homme doit souffrir.
Mon Dieu ! je suis broyé par tes arrêts sévères :
Tu n'as qu'un Golgotha.... Seigneur, j'eus trois Calvaires !
Sous le poids de la Croix je fléchis les genoux :
Dieu de Miséricorde, ayez pitié de nous !

   C'est le mois de Marie,
   C'est le réveil des fleurs !
   La naissante prairie
   A ses belles couleurs....
   Et la Vierge chérie
   Ecoute nos douleurs.

Comme ils animaient bien mon foyer solitaire,
Où s'épanouissait leur frétillant babil !
L'enfant, venu du ciel pour consoler la terre,
Eclaire mollement nos rivages d'exil....
Et plus rien aujourd'hui ! La maison déparée
Couvre, dans le silence, une mère éplorée
Qui, voyant l'abandon affliger son réveil,
Appelle en vain l'oubli de l'éternel sommeil !

Comme ils mêleraient bien leur folle cantilène
Aux bruits d'une eau limpide, à la chanson des bois,
Au long gazouillement qui frémit dans la plaine,
Au nouveau rossignol dont j'admire la voix.
Je les verrais, suivant le papillon volage,
Nonchalamment courir sur les fleurs du bel âge,
Et, déployant le vol de leurs jeux innocents,
Revenir jusqu'à moi, de plaisirs frémissants....

Comme ils nous ont ravi de fraîches espérances,
En s'en allant si vite.... et fuyant, les ingrats!
En échange nos cœurs sont gonflés de souffrances :
Tant d'espoir avec eux s'agitait dans nos bras....
Que sera l'avenir? Que sera la vieillesse,
Large désert, peuplé de vide et de faiblesse?
Mes jours seront fanés au milieu des chemins,
Sans la main d'un enfant pour échauffer mes mains!

   C'est le mois de Marie,
   C'est le réveil des fleurs !
   La naissante prairie
   A ses belles couleurs....
   Et la Vierge chérie
   Ecoute nos douleurs.

Que la Religion d'un beau zèle m'enflamme;
Seule, elle nous anime et ravive l'espoir.
A ce mois virginal je veux livrer mon âme,
Bercé par le zéphir et les échos du soir.
Non, non, tout n'est pas dit lorsqu'on ferme une tombe ;
Dieu veut que l'homme souffre, et non pas qu'il succombe;

Jeunes filles ! pitié pour nos jours douloureux :
Chantez pour la Madone et pour les malheureux.

C'est le mois de Marie et le beau mois des anges :
La prière en ces lieux murmure avec bonheur ;
Je vois paraître au ciel, dans les jeunes phalanges,
Mes bien-aimés chantant l'Hosanna du Seigneur.
Quand s'épuise loin d'eux mon existence amère,
O Vierge ! en as-tu soin comme faisait leur mère ?
La couche de Jésus, les bleus reflets du ciel,
Hélas ! sont-ils plus doux qu'un baiser maternel ?

Jeunes filles, mes sœurs, élevez à Marie
La rustique chapelle au millier de flambeaux ;
Et quand vous dépouillez la campagne fleurie,
Laissez quelques bluets à l'ami des tombeaux.
Rien ne trouble l'azur de la joie éthérée :
C'est l'allégresse vive et la fête adorée ;
La Madone sur vous épanche ses bontés :
— Je viens prier aussi. — Jeunes filles.... chantez !....

Chantez ! La douce Vierge, au milieu des nuages,
Me dit, faisant briller son auréole d'or :
« Sur la terre il n'est pas d'inflexibles orages ;
» Dieu n'est plus irrité ; mon fils, espère encor.... »
— Espoir ! mot parfumé d'ivresse et de délire,
D'un souffle harmonieux tu fais vibrer ma lyre !
Une étoile nouvelle a coloré la mer ;
Et je redis enfin, d'un accent moins amer :

   C'est le mois de Marie,

C'est le réveil des fleurs !
La naissante prairie
A ses belles couleurs....
Et la Vierge chérie
Ecoute nos douleurs.

Benj. Kien.

CONTRE UN ANCIEN VIVEUR.

ÉPIGRAMME.

1858.

Connaissez-vous mons Haridelle ?
Après avoir vécu comme un joyeux luron,
Il suit mainte procession....
— Ne soyez point surpris de cette ardeur nouvelle :
Il est droit.... comme une chandelle :
Et quand le diable est vieux, il fait conversion.

Benj. Kien.

LA VIEILLE ALINE.

1835.

Quand je promène au soir ma douce rêverie,
Le hasard seul me guide, et mon pas incertain
Se traîne lentement dans la verte prairie,
    Ou franchit le rocher voisin.
Souvent j'aime à gravir cette aride colline
Qui s'étend devant moi, me cache l'horizon,
Et d'où je vois au loin cette voile latine
Qui passe comme au ciel une étoile sans nom.

Oh! qu'il est beau de voir, à cette heure superbe,
Le disque étincelant se plonger dans les flots!
Et quand l'œil compte encor les troupeaux paissant l'herbe,
    D'ouïr les chants des matelots!
Qu'il est beau de s'asseoir entre la mer immense
Et les fertiles champs couverts de moissonneurs;
Et, quand vient jusqu'à nous le refrain de la danse,
De prêter une oreille aux adieux des pêcheurs!

Alors l'âme sourit à de douces pensées,
L'espoir nous vient, le mal s'enfuit de notre cœur;

Les traces de nos pleurs sont si vite effacées
   Au moindre rayon de bonheur !
Qu'il est doux de penser à l'heureuse famille
Que le marin qui part va bientôt enrichir !
Qu'il est doux de penser, en voyant la faucille,
Au colon qui déjà se berce d'avenir !

Alors que j'entendais, vers sa pauvre chaumière,
Le laboureur chantant retourner plein d'espoir,
Où venaient jusqu'à moi les derniers mots de Pierre ;
   Ainsi je rêvais l'autre soir.
Pierre était le seul fils du doyen du village ;
Au hameau des pêcheurs Pierre courait toujours :
Enfin, pour soulager son père et son vieil âge,
Pierre quitta son chaume et Rose ses amours.

Et je le vis partir : il embrassait sa mère,
Sa vieille mère Aline, en lui disant : adieux !
Il lui parlait d'espoir ; mais au baiser du père
   Je vis des pleurs mouiller ses yeux.
Puis gaîment il courut regagner son navire.
Son vieux père souvent détournait ses regards,
Et, secouant sa tête, on l'entendait redire :
Mieux valent mes sillons que de si grands hasards.

   Le vaisseau fuyait de la plage,
   Emportant des rêves trompeurs ;
   Et le vieillard regagnait le village,
   Essuyant de stériles pleurs.
   Pierre abandonnait sa prairie,
   Sa chaumière et ses vieux parents,

Sa bien-aimée, et sa patrie
Qui fut chère à ses jeunes ans ;
La compagne de son enfance,
Sa sœur au riant souvenir,
Tout un passé pour l'espérance !
Tout un présent pour l'avenir !

En vain de l'avenir le voile se soulève,
En vain viennent au cœur de doux rêves d'espoir ;
Sous des rayons d'azur le beau jour qui se lève
    N'est plus qu'un ouragan au soir.

    Ainsi notre frêle existence,
    Faible jouet de l'espérance,
    Sourit aux rêves du bonheur ;
    Mais bientôt l'horizon menace,
    Un nuage survient et passe,
    Et la vie est une douleur.

    Mais déjà l'on comptait six lunes
    Depuis le départ du vaisseau ;
    Déjà notre gai matelot,
    Plein d'espoir s'élançait aux hunes.
    Terre !.... s'écria-t-on à bord ;
    Terre là-bas ! notre terre chérie,
    Notre hameau, notre bon port !
    Salut ! notre belle patrie !!....
    Et le bruit courait au hameau
    Qu'on apercevait du rivage
    Les couleurs du lointain vaisseau....
    Et tous accouraient vers la plage.
    Mais déjà s'en allait le flot,

Et, malgré l'espoir le plus tendre,
Jusqu'à demain il faut attendre
Le retour du gai matelot.

Mais, hélas! brûlant météore,
Le soleil couchant se colore
De pourpre annonçant l'ouragan :
Malheur à la barque rapide
Qui sur la mer au flot avide
Prêterait une voile au vent.

Carguant la voile en voyant la tempête,
Le brick s'éloigne en inclinant la tête ;
Et, battu par les flots, attend le lendemain,
Si près du port, et pourtant si lointain !

Au lendemain, on vit, le front blanchi par l'âge,
Un vieillard à genoux, au milieu d'un naufrage,
Dont un bras étreignait un corps défiguré,
Elevant vers les cieux un regard assuré !

Sur le versant de la colline,
Au pied de deux chétives croix,
Aujourd'hui le passant peut entendre une voix
Demander un denier !.... C'est notre vieille Aline !!!

Baron Coppens.

MARC LE PÊCHEUR.

1836

> Vierge qu'ici ma voix réclame,
> Marie, espoir des matelots,
> Ne permets pas, ô Notre-Dame,
> Que je périsse dans ces flots !
> Je veux, à ton saint nom fidèle,
> Sauvé des périls que je cours,
> Dévôtement, pendant neuf jours,
> Aller prier dans ta chapelle.
> Oh ! qui viendra me secourir !
> Si jeune encor, faut-il mourir ?
>
> DELCROIX.

Sur l'horizon au loin l'orage gronde,
Le vent mugit sur les flots en courroux ;
Un frêle esquif vogue incertain sur l'onde ;
Marc le pêcheur tremble et prie à genoux :
 Prenez pitié de ma souffrance,
 De ce danger sauvez mes jours ;
 Accordez-moi votre assistance,
 Notre-Dame de Bon-Secours !

Ah ! laissez-moi revoir ma vieille mère,
Seul ici-bas je lui donne du pain ;
Sans son enfant, bientôt sur cette terre
Elle mourrait de douleur et de faim.

Rendez à Marc sa gentille Marie,
Il doit bientôt devenir son époux.
De l'ouragan apaisez la furie,
O ma patronne ! ici protégez-nous !

Mon humble toit isolé sur la plage,
Mon lit de mousse et l'âtre plein de feu ;
A tous ces lieux témoins de mon jeune âge,
Faut-il donc dire un éternel adieu ?

De ces écueils sortez-moi, sainte Vierge !
Si jeune, hélas ! on ne doit pas mourir !
Je vous promets pour tous les ans un cierge,
Qu'à votre autel j'irai pieds nus offrir.

Mais sur les flots un nuage étincelle,
L'éclair s'y montre en longs sillages d'or ;
La foudre éclate et brise la nacelle....
Marc le pêcheur y répétait encor :
    Prenez pitié de ma souffrance ;
    De ce danger sauvez mes jours,
    Accordez-moi votre assistance,
    Notre-Dame de Bon-Secours !

E. WOESTYN.

SŒUR LOUISE.

1858

I.

Pendant un séjour à Paris, en 1820, je tombai gravement malade, seule dans un hôtel de la rue Jacob, tenu par Mme G.... L'excellente femme s'émut de ma situation et s'empressa d'organiser les soins qu'elle réclamait. Elle fut surtout bien inspirée en appelant à mon chevet une sœur religieuse du couvent de Notre-Dame-de-Bon-Secours.

Cette disposition ayant été prise pendant que j'étais totalement privée de connaissance, il arriva qu'une nuit, en la recouvrant, sans rien me rappeler d'abord, je distinguai dans la pénombre une jeune religieuse en prières.

Ce fut vraiment pour moi comme une apparition. Son attitude était d'une sainte ; sa figure, d'un type virginal, se détachait sur un rideau dont l'ouverture laissait flotter autour de son front pâle les rayons d'une lune argentée. Le large pan de ciel qui formait le fond du tableau réveilla dans mon cœur le sentiment de l'infini, tandis que les bruits montant de la rue me rapportaient les souvenirs de la vie terrestre.

Mon réveil eut d'abord le vague enchanté d'un songe. Peu à peu, ma mémoire revint, puis se précisa : je me rappelai mon voyage, les premières atteintes de la maladie ; je reconnus la chambre où je me trouvais, et je compris tout.

Une joie instinctive de renaître envahit mon âme. Mes sens avaient acquis, au sortir de leur léthargie, une délicatesse toute nouvelle; il semblait que la vie, en me revenant, m'apportait la fleur de toute chose. Une légère odeur de violette, s'échappant d'une tasse d'infusion placée près de moi, me fit un plaisir ineffable; la lumière tremblante du foyer, dessinant sur les murs et sur le tapis des ombres fantastiques, tout m'émerveillait. Curieuse, j'essayai de me soulever et de m'accouder pour mieux voir. Une telle entreprise excédait mes forces; je sentis une sueur froide couvrir mon visage. Alors je vis une ombre accourir vers moi.... je ne vis plus rien : j'étais évanouie.

Quelques instants après, je me retrouvai dans les bras de la sainte amie que le ciel m'avait envoyée. Sur son sein, dont la pure haleine et la douce chaleur m'insufflaient la vie, je me sentais renaître au feu de la charité.

— Ma sœur, vous êtes mieux? dit-elle d'une voix tendre.

— Oui, fis-je en répandant des larmes à cette voix, à ce doux nom de sœur.

Elle fit un mouvement pour replacer ma tête sur les oreillers.

— Oh! de grâce, restez, soupirai-je, je me sens si bien, appuyée sur vous.

Elle répondit à cette prière par une douce pression, puis elle reprit :

— Ma sœur, remercions Dieu ensemble, il vous rend la vie. Depuis huit jours, hier encore, elle semblait prête à vous quitter; mais vous voilà sauvée, j'en ai l'assurance.

— Moi aussi, ma sœur, puisque j'ai les soins et les vœux d'un ange.

Depuis cette heure, nous nous aimâmes comme deux pauvres âmes isolées avant leur rencontre, et qu'unit soudain le rapport de leurs destinées : sœur Louise venait de perdre une tante, en religion comme elle, sa plus chère attache ici-bas; par suite de morts imprévues, récentes, je restais, de toute ma famille, à peu près seule au monde.

Pendant les jours mélancoliques de ma convalescence, prolongée, je crois, entre nous, d'un tacite accord, nous épanchâmes notre tristesse dans le cœur l'une de l'autre. Dans ce mutuel échange, j'eus tout à gagner. Plus avancée que moi sur la route du ciel, Sœur Louise m'apportait un trésor de consolations et d'enseignements. Ses pensées, comme des lueurs soudaines, éclairaient ma vie. Elle avait la grâce vivifiante; un charme mystique était répandu sur toute sa personne.

Pourtant elle n'était pas ignorante du monde. Elevée pour y vivre, elle y avait vécu, un peu à l'écart, il est vrai, à Paris d'abord, chez sa mère, ensuite chez une tante à Toulon. Je crus entrevoir que de là datait une blessure cachée qui avait pu dicter son choix d'une existence austère.

Il en coûte à l'âme la plus pure de se dévoiler entièrement. Sœur Louise paraissait tour à tour désirer et craindre de me montrer le nœud intime de sa destinée. Un soir que la lampe était recouverte de son chapiteau et que nous cotoyions dans notre entretien les mystères du cœur, je ne sais comment tout-à-coup notre mutuelle réserve échoua, et je demandai à ma sainte amie si c'était une pure vocation ou quelque évènement humain qui l'avait séparée du monde.

— Je suis persuadée, dit-elle, que je n'étais pas faite pour lui ; je l'avais toujours redouté d'instinct, et, dans ma courte épreuve, son contact m'a été si rude, que j'ai fui dès le premier choc.

Après un instant de silence, sœur Louise ajouta :

— Je me suis sauvée au couvent pour fuir un mariage.

— Que l'on voulait vous imposer ?

— Non, pas précisément ; un mariage auquel j'avais consenti et que ma raison approuvait, mais qu'une circonstance déplorable est venue me rendre impossible.

— Aimiez-vous ailleurs ?

— J'ai toujours voulu l'ignorer moi-même... Non, l'humanité seule, une compassion mêlée de reconnaissance, m'ont inspiré ce que j'ai fait. Mais jugez-en ; je vais vous confier ma vie :

« Je perdis de bonne heure mon père, ancien magistrat, et ma mère, femme d'un vrai mérite, demeura presque sans fortune. Aussi m'éleva-t-elle dans des goûts de simplicité, mais néanmoins de distinction. Ecartant les plaisirs frivoles, les idées de luxe et de vanité, elle voulait satisfaire une ambition plus haute, donner tout leur développement à mes facultés par une éducation d'élite. Elle fut secondée avec zèle dans cette entreprise par quelques amis lettrés et artistes, qui, en lui prêtant leur concours, lui épargnèrent des sacrifices trop onéreux pour ses ressources. Il n'a pas tenu à elle et à eux que je ne devinsse accomplie. De tant d'efforts unis, au moins m'est-il resté le sentiment du beau comme l'amour du bien. Parmi les talents d'agrément, le portrait-miniature, sur ivoire ou à l'aquarelle, fut celui dans lequel je réussis le mieux. Si j'en fais mention, c'est qu'il donna lieu aux scènes décisives du triste drame de ma jeunesse.

Mon père n'ayant laissé que des parents très-éloignés, toute notre famille consistait en deux sœurs de ma mère; l'une mariée à Toulon à un commissaire de marine; l'autre, la plus jeune, religieuse au couvent nouvellement fondé de Notre-Dame-de-Bon-Secours.

D'une faible santé, ma digne mère s'inquiétait souvent de mon avenir si je la perdais. Elle me conseillait, dans ce cas, d'aller à Toulon, chez sa sœur aînée, qui m'aimait beaucoup, me rendrait heureuse et s'occuperait d'assurer mon sort. Mais je lui répondais que, privée d'elle, j'aimerais mieux renoncer au monde et m'y dérober sous le voile, près de ma jeune tante, sœur Agnès. Mais, dans ses illusions d'amour maternel, ma mère ne pouvait consentir à cet ensevelissement de tous les avantages qu'elle croyait voir briller en moi.

De tels entretiens attristaient mon cœur sans pouvoir me persuader du malheur qui me menaçait. J'étais à cette heure de la vie où le moindre rayon dissipe les nuages; un léger sourire de ma mère, un reflet moins pâle sur sa joue, me rendait vite l'espoir de la conserver.

Mais ses prévisions étaient trop fondées; j'avais dix-huit ans quand je la perdis.

Mes deux tantes me tendirent leurs bras. L'aînée, madame Alban, accourue de Toulon vers moi, me pressait de la suivre avec la douce autorité d'un chef de famille tutélaire. Ma tante Agnès disait : La volonté de Dieu soit faite. Et elle priait Dieu que sa volonté m'inclinât vers elle.

Sa prière était exaucée d'avance dans mon cœur. Tout me retenait à Paris : les cendres chéries de ma mère, les amitiés, les habitudes, et cet asile pieux qui, s'ouvrant à moi contre l'inconnu dont j'avais terreur, me faisait entrevoir le ciel au terme d'une route douce et sûre.

Pourtant ce fut dans l'autre route que je m'engageai Mentors, mes amies me dirent que c'était sagesse d'éprouver le monde avant de le fuir, que c'était devoir d'obéir au vœu de ma mère. Cette raison surtout prévalut en moi.

— Ma chère Nathalie, tu me reviendras si les sentiers du monde te paraissent trop rudes ou trop dangereux.

Ainsi parlait ma tante Agnès en se séparant de moi.

Je fus d'abord aussi heureuse à Toulon que je pouvais l'être en pleurant ma mère. Ma digne tante s'efforçait de la remplacer, et son mari, homme excellent, entrait dans son vœu de faire mon bonheur.

Ils n'avaient d'autre enfant qu'un fils plus âgé que moi de quelques années. Déjà très-avancé dans l'administration, à cause de ses talents précoces, Rodolphe avait la perspective d'une brillante carrière. Remarqué aussi dans le monde par une tenue irréprochable, une distinction parfaite, il faisait l'orgueil de ses bons parents, bien plus que leur joie. Ses rares qualités dans la vie privée n'avaient rien d'aimable; sa jeunesse austère, qui portait les fruits de l'automne, n'avait en revanche ni fleurs ni parfum; tout en lui brillait, mais rien ne charmait; son regard hautain, sa voix métallique me glaçaient le cœur. Officiel, élégant dans la société, froid et taciturne dans sa famille, il commandait impérieusement à ses inférieurs, frappait sans pitié son chien, son cheval. Aussi, comme vous le pouvez croire, malgré son mérite et nos rapports d'âge, Rodolphe était, de la maison, celui qui m'inspirait le moins de sympathie.

Dans le commencement, nous nous voyions peu. Occupé le jour d'affaires de service, le soir, mon cousin allait dans le monde, où ma tante et moi n'allions pas, notre deuil commun nous en éloignant. Bien loin que l'absence de Rodolphe me causât un vide, j'éprouvais tous les soirs, en le voyant partir, un sentiment de délivrance.

Mon oncle, lui, M. Alban, hors les heures de bureau, restait sous son toit et presque toujours dans son cabinet, absorbé qu'il était par un grand travail : l'*Histoire de la Marine Française*.

Éprouvant le besoin, pour cette entreprise, d'un secrétaire intelligent et assidu, il l'avait trouvé dans un jeune forçat qu'à cet effet Rodolphe avait détaché du bagne qu'il administrait. Cet arrangement paraît vous surprendre comme il me surprit, mais il n'était pas rare alors de voir des forçats affectés à quelque service dans l'intérieur des chefs de l'administration.

Quoi qu'il en fût, c'était pour moi une étrangeté qui m'impressionna comme si j'eusse appris que, dans la maison, respirât un tigre non enchaîné. Mon repos en était troublé : je n'osais le soir aller seule dans les corridors ; j'évitais surtout de passer devant la petite pièce où travaillait *le criminel*, comme je l'appelais, près du cabinet de M. Alban.

Mon oncle et ma tante raillaient ma frayeur en la combattant. L'infortuné jeune homme avait leur confiance, et le vif intérêt qu'ils ressentaient pour lui allait tout près de l'affection.

— Condamné pour faux, me dirent-ils, Louis D. n'avait eu d'apparence coupable que par dévouement pour un indigne père dont il voulut sauver l'honneur aux dépens du sien. Enlevé, dès son arrivée, à l'action délétère du bagne, il n'avait qu'un instant coudoyé le crime.

Cette apologie n'ayant pas d'emblée vaincu ma terreur, mon oncle, qui en éprouvait un peu d'impatience, m'attira un jour par surprise dans son cabinet, lorsque s'y trouvait l'étrange secrétaire.

J'éprouvai, en l'apercevant, une vive émotion : mon sang reflua vers mon cœur, mes pieds semblaient cloués à terre. Je ne vis d'abord que comme dans un nuage une stature moyenne, l'infâme casaque rouge. Je n'osais regarder les traits du visage, de peur d'y lire le sceau du mal.

Pourtant je rassemblai un peu mes esprits ; j'osai lever les yeux sur l'homme. Son regard, d'une triste et profonde douceur, attaché sur moi, semblait fasciné. Malgré l'abattement de son attitude, il me retraça tellement l'image de lord Biron, si répandue alors, que ma pensée les réunit comme sous un même nimbe de poésie et de fatalité.

Mon oncle me fit remarquer, suspendu au mur, un charmant tableau qui représentait une vue de la mer peinte par le pauvre condamné. J'y retrouvai les teintes, le genre qui m'étaient familiers.

— Ah ! vous avez eu, m'écriai-je, des leçons de G...!

Il fit un signe affirmatif. Alors je me souvins d'une douloureuse histoire racontée un jour par mon maître : un élève distingué, chéri, entraîné dans l'abîme d'un père...

— M. G..., repris-je tout émue, M. G... vous aimait beaucoup. Il fondait de grandes espérances sur votre talent; et, plus tard, un jour, je l'ai vu pleurer...

Je n'achevai pas.

Louis pressait ses mains sur son cœur comme pour le contenir. Sa tête s'inclina, et je vis des larmes tomber à terre...

M. Alban, pour rompre cette situation, me pria d'aller prendre une toile sur laquelle, moi aussi, j'avais commencé une petite marine. Il demanda pour moi des conseils à son protégé, dont le talent était supérieur au mien.

Je continuai, depuis ce jour, à lui soumettre mes peintures, mais le plus rarement possible. Bien que désormais je fusse convaincue de son innocence, et qu'à mes folles terreurs eût succédé de l'intérêt, je continuai à redouter, à fuir sa présence. Elle me causait un trouble indéfinissable. Je craignais de lui laisser voir ou trop ou trop peu de pitié, d'irriter d'un mot, d'un regard cette plaie cruelle de l'homme flétri parmi ses semblables.

A cette époque se nouèrent les évènements qui bientôt devaient décider de ma destinée.

Il y avait six mois que j'étais chez mes bons parents, comblée des bienfaits de leur amitié, lorsqu'un jour mon oncle et ma tante m'annoncèrent que j'avais touché le cœur de Rodolphe, et que leur vœu, conforme au sien, serait de me voir consentir à une union qui, me rendant tout-à-fait leur fille, pourrait me fixer pour la vie près d'eux.

Je reçus, à cette ouverture, deux impressions bien opposées.

Devenir la fille de ces bons parents, consacrer ma vie à leur rendre amour pour amour, était l'unique sort que j'aurais choisi. Le refuser, ce sort qui m'était offert si généreusement, n'était-ce pas d'une ingratitude absurde, impossible? Que ne devais-je pas à mon cousin même pour son choix désintéressé?

Mais, d'un autre côté, ma répulsion pour lui, née du premier instant où je l'avais vu, subsistait toujours et changeait en anxiété la joie que j'aurais ressentie d'un mariage où tout me charmait... excepté l'époux.

J'avouai à mon oncle, à ma tante que j'eusse été mille

fois heureuse de leur rendre un peu du bonheur que je leur devais, mais que cet échange me semblait moins facile avec mon cousin, si froid, si sévère. Ils me dirent mille choses pour me rassurer. Je les embrassai en pleurant, en leur demandant un délai : le temps de m'habituer à l'idée d'épouser leur fils.

Soit que Rodolphe commandât à son caractère, soit qu'aimer le rendît meilleur, sa physionomie, pendant quelque temps, devint moins rigide et exprima même le désir de plaire. En remarquant ce changement, on me disait : C'est votre ouvrage ! et mon cœur en était touché. Mais ce qui enleva surtout mon consentement, ce fut un incident arrivé sur ces entrefaites.

Nous étions allés avec des amis visiter une fabrique nouvelle. Ma robe effleura la roue d'une machine et s'y trouva prise. Un éclair de temps, j'étais entraînée, je périssais d'une mort affreuse, si la main aussi ferme que prompte de mon cousin ne m'eût délivrée. Toute autre main d'homme à la même portée l'eût pu faire sans doute ; mais ce qui prouva bien l'attachement vrai de Rodolphe, ce fut l'émotion qu'il ressentit. Cet être, en apparence si invulnérable à l'endroit du cœur, s'évanouit presque au danger que j'avais couru. Dans la reconnaissance que j'en éprouvai, je pris soudain l'engagement qu'il sollicitait ; et ce jour là je crus l'aimer.

Mais, hélas ! bientôt reparurent les antipathies naturelles qui nous séparaient ; j'eus beau chercher à les vaincre, lorsque sur le front de Rodolphe je voyais poindre le nuage, elles renaissaient chaque fois plus vives. Sa manière d'apprécier les hommes et les choses, sa parole sceptique et tranchante heurtaient mes plus chères convictions. Venait-il à le remarquer, il protestait alors, comme par représailles, contre mes idées et mes sentiments, que j'osasse penser autrement que lui. Dans son amour apparaissait je ne sais quel mélange de haine.

Néanmoins, je persistais dans ma résolution de tenir ma parole donnée, de surmonter ma répugnance par dévouement pour ma famille. Des personnes graves ne disent elles pas que, dans le mariage, les convenances, l'estime sont seules nécessaires, et que la vertu donne aux femmes le reste par surcroît ? J'avais l'amour de la vertu ; je m'étudiai sincèrement à aimer Rodolphe comme mon devoir.

Mon hymen allait se conclure, lorsqu'un malheureux évènement vint le différer. M. Alban nous fut subitement enlevé. La douleur de ma tante et celle de mon cousin, que je partageai, sembla encore une fois resserrer nos liens.

Madame Alban, d'un caractère doux et généreux, laissa facilement son fils s'emparer de l'autorité d'un chef de maison. Naturellement chargé des affaires, il commença par les trancher en prenant des dispositions qui froissèrent ma tante, parce qu'elles contrariaient celles du cher défunt.

Le despotisme de Rodolphe grandit à vue d'œil; il s'étendit bientôt à tous les détails de notre intérieur. Moi, que par avance il comptait pour sienne, je me sentais enveloppée dans le réseau de son pouvoir. Les vieux serviteurs quittaient la maison; Louis, le pauvre forçat, demeuré pour finir l'œuvre de mon oncle, n'était plus l'objet de ces procédés qui relèvent un cœur abattu.

Ma tante souffrait beaucoup de la dureté de son fils. Malgré tous ses efforts pour dissimuler cette souffrance, elle ne put toujours me la dérober. Un jour, dans une vive émotion, elle laissa échapper ces mots: « Nathalie! sans toi!.... » Je l'entourai de mes deux bras, en lui promettant de passer ma vie auprès d'elle.

L'année de son veuvage venait d'expirer: c'était l'époque fixée pour mon mariage avec Rodolphe. Nous étions arrivés au jour du contrat, qui devait se passer le soir; une nombreuse réunion était convoquée pour la signature.

Mais, pour ce qui va suivre, il faut que vous sachiez qu'à l'aide de mes souvenirs et d'anciennes esquisses, j'étais parvenue à faire un portrait de M. Alban, qui le représentait, d'une manière frappante, tel que nous l'avions vu la veille de sa mort. Comme je me proposais d'offrir à Rodolphe ce médaillon pour présent de noce, et que je voulais le surprendre, je profitais de son absence pour y travailler, et quelquefois j'avais recours aux conseils de Louis.

Je lui en demandais pour les dernières touches, le matin du jour du contrat. Tout-à-coup, entendant les pas de Rodolphe, je glissai l'ivoire dans un des cahiers épars sur la table.

Rodolphe, déjà sur le seuil, saisit ce mouvement, et, d'un air effaré, demande quel est l'objet qu'il ne doit pas voir.

Je réponds que c'est *un secret* qu'il connaîtra un peu plus tard. Et son cœur ne l'avertit pas ! Il suppose que c'est quelque écrit, un recours en grâce comme déjà j'en avais tenté pour Louis ; il me fait observer qu'aux termes où nous en sommes, il n'est pas convenable que j'aie des secrets pour lui, ni que j'agisse en rien sans son assentiment.

Je cherche à détourner l'orage ; je revendique en plaisantant mes derniers jours de liberté ; mais je ne parviens pas à éclaircir ce front chargé de nuages.

— Veuillez me donner le cahier, dit par trois fois Rodolphe, d'un ton qui, s'élevant à chaque sommation, finit par exprimer un ordre absolu.

Vivement blessée dans la dignité de mes sentiments, je n'obéis pas ; et, tenant toujours le cahier, j'annonce que je vais le remettre à Madame Alban, qui lèvera le sceau quand les temps seront accomplis.

L'égide sous laquelle je me retranchais aurait dû suffire à Rodolphe ; mais, outré de ma résistance, il m'intercepte le passage et m'arrache le cahier des mains ; la secousse me fait chanceler, et ma tête va frapper le mur....

Alors, en une seconde, se passe une scène muette, indescriptible. L'indignation éclate sur les traits de Louis ; le forçat disparaît, l'homme de cœur se lève comme pour me venger. Rodolphe voit ce mouvement, un sinistre éclair passe dans son regard. Mais sa confusion, devant le portrait que je lui présente en lui disant : — Voilà mon crime, — sa confusion distrait, suspend sa colère, tandis que celle de Louis est refoulée par la conscience de sa dégradation. Son front pâle, couvert d'une sueur froide, ses yeux attachés sur l'anneau qui ceignait sa jambe, peignaient son supplice intérieur.

— Je vous dois des excuses, me dit mon cousin : venez les recevoir auprès de ma mère ; nous sommes mal ici.

Éperdue, je me laisse emmener. Nous arrivons près de ma tante dans un état inexprimable ; je veux parler, je m'évanouis.

Quand je revins à moi, Rodolphe, à mes genoux, implorait son pardon en m'enlaçant de ses deux bras. Me dérobant à son contact, je me réfugiai toute en pleurs sur le sein de Madame Alban. Lorsque je recouvrai la voix, j'annonçai ma résolution de rompre un engagement qui ferait le malheur des deux engagés. Mais c'était pour ma tante un coup trop cruel. Elle me conjura, me représentant le scandale d'une pareille rupture le jour même où la ville, le corps de la marine, dans leurs premiers représentants, s'apprêtaient à venir sceller une union approuvée de tous. Après le déchirement de ses affections, ma tante comptait aussi l'opinion du monde; l'échec que recevrait sa considération, celle surtout de son fils jusqu'alors si belle. Payer d'un tel retour la tendresse et les mille bienfaits reçus sous leur toit me semble en effet odieux, impossible. Les idées de devoir et de dévouement reprennent leur empire. Je cède avec la conviction que je vais, le soir, signer mon malheur.

Dans cette pensée, je m'associais intérieurement aux êtres disgraciés du sort; je songeais à ce pauvre Louis, je me retraçais son élan, où j'avais vu qu'il eût donné tout son sang pour moi. Sa disgrâce auprès de Rodolphe me semblait certaine.... Et je ne pouvais, sans paraître la justifier, lui donner un signe d'intérêt! Mais mon cœur le vengeait tout bas.

— Infortuné, pensais-je, va, moi aussi j'aurai mon bagne!

Cette triste journée s'acheva dans les préparatifs de la réunion qui devait avoir lieu le soir, et dont ma tante et moi nous étions forcées de nous occuper.

La nuit venue, la maison prit, en s'illuminant, un aspect de fête. Je revêtis une toilette blanche, embellie d'une parure de perles, présent de Rodolphe; puis au salon, ma tante et moi, nous attendîmes les invités, nous exhortant l'une l'autre à paraître heureuses.

Nous nous trouvâmes bientôt entourées d'un cercle brillant et de mille félicitations. Je vis ma bonne tante se reprendre au bonheur qu'elle avait rêvé. Les plis de son front s'effaçaient; elle me regardait en souriant d'un air qui voulait dire : Confiance! Mais, hélas! j'avais beau m'exhorter moi-même, mon cœur avait gardé le poids qui l'oppressait, comme mes yeux la trace des larmes du matin.

Rodolphe, au contraire, satisfait dans son amour-propre de l'empressement qu'on nous témoignait et de la pompe qui entourait son prochain mariage, déploya toute sa science du monde. Il représentait, comme on dit, d'une manière parfaite. Je compris, le voyant ainsi, la considération qu'il s'était acquise, celle dont il allait m'entourer; mais cette perspective ne pouvait suffire à me rendre heureuse.

Quelqu'un remarquant ma tristesse, Rodolphe, en diplomate habile, raconta la scène du matin convenablement arrangée. Il se dépeignit non moins pénétré de mon attention pieuse et délicate que désolé de sa gaucherie, qui avait transformé en peine une si pure jouissance. Il vanta beaucoup mon travail, chef-d'œuvre, selon lui, de talent et de ressemblance.

Une personne qui avait beaucoup aimé M. Alban, et qui partait le lendemain pour un long voyage, demanda en grâce à voir ce portrait. Rodolphe se tourna vers moi comme pour demander mon assentiment....

— Eh bien! veuillez le prendre, mon cousin, lui dis-je; il est resté dans le bureau.

— Mais, fit-il avec embarras, je ne saurais trop où le retrouver....

Ma tante et moi nous crûmes comprendre que Rodolphe éprouvait de la répugnance à revoir Louis qui, passant une partie des nuits au travail, était sans doute à la même place où s'était passée la scène du matin. Sur un signe de ma tante qui répondait à ma pensée, je sortis pour prendre le médaillon.

Je voulais le faire demander à Louis par un domestique, mais je ne pus en trouver un de ce côté de la maison, tous étant occupés ailleurs pour le service de la soirée qui se terminait. Plusieurs des invités n'attendaient pour partir que ma rentrée dans le salon; il y fallait retourner vite.... J'ouvris le cabinet fatal....

Louis, en effet, s'y trouvait encore, assis devant sa table, la tête appuyée sur une main, les yeux fixés sur un livre prêté par moi. Sa pâleur, ses traits altérés accusaient une douleur nouvelle ajoutée à sa peine constante.

Touchée de compassion, je m'arrêtai au seuil.

Tout-à-coup il m'aperçut là. Une inexprimable émotion sembla faire déborder son âme.... Je me sentis enveloppée dans une atmosphère pleine de trouble..... J'avais peine à me rappeler pourquoi j'étais venue....

En ce moment, quelques personnes défilant dans le corridor s'entretenaient gaiement du prochain mariage. Louis, d'une voix sourde et brisée, laissa échapper cette exclamation:

— Est-ce possible, mon Dieu ?.... Ce matin n'avoir pas rompu !

— Ce matin, lui dis-je, il était trop tard. L'honneur de la famille....

Il mit le doigt sur un passage du volume ouvert devant lui, m'invitant du regard à lire. J'approchai et lus ces paroles que le pauvre paria, dans la Chaumière Indienne, adresse à la brahmine : « Je suis lié des liens de l'infamie, mais tu l'es de ceux de la gloire ». Comme j'étais penchée, mon bouquet tomba sur la page et reçut une larme de Louis, tombée en même temps.

— Gardez-le, lui dis-je.

— Mes pleurs l'ont profané, vous ne pourriez pas le reprendre.

— Le malheur vous rend bien injuste.

— C'est vraiment une scène admirable ! fit derrière moi une voix stridente.

Rodolphe était là, debout, indigné. Bien que je n'eusse voulu commettre envers lui aucune trahison, je me sentis d'instinct coupable à ses yeux. Il me saisit le bras, qu'il pressa jusqu'à la douleur, et m'entraîna d'un pas rapide. Arrivée auprès du salon, à demi-mourante, je restai inerte, et lui dis respirant à peine :

— Je ne puis entrer.

— C'est juste, fit-il ; vous vous trouvez mal ; je me charge de vos excuses.

Il me poussa plutôt qu'il ne me conduisit au seuil de ma chambre et rentra au bal qui allait finir.

Vous pouvez juger du chagrin de Madame Alban au récit de cette nouvelle scène. Elle, qui jusqu'alors m'avait défendue comme une arche sainte, put un instant douter de moi. Le don de mon bouquet lui parut chose grave, tandis que moi j'en ignorais la signification. Ayant vécu jusqu'à vingt ans sous l'aile de ma mère et sous celle de ma tante, à côté plutôt qu'au milieu du monde, je ne savais pas que le don d'une fleur fût considéré comme un gage d'amour. Ma pensée n'avait pas été aussi loin que mon cœur.

En découvrant mon ignorance, ma tante, délivrée d'un poids douloureux, ne vit plus dans cet accident qu'un dernier nuage qui pouvait s'effacer encore. Elle fit passer sa certitude de mon innocence d'intention dans l'âme de Rodolphe, qui ne put s'empêcher de croire à la vérité, ni d'être heureux d'y croire, parce qu'il m'aimait. Sa fierté plia de nouveau pour fléchir la mienne. Il parvint à me faire comprendre qu'il était excusable de m'avoir jugée d'après l'apparence, les idées reçues. J'en convins, mais toutefois en lui déclarant que la vie du monde me semblait trop difficile pour moi, impossible même avec lui, et je le suppliai, ainsi que ma tante, de me délier de ma promesse et de me laisser chercher un refuge au couvent de ma tante Agnès.

Ils me conjurèrent de suspendre ma décision pendant vingt-quatre heures.

Ce temps fut employé par eux à la combattre. Ils firent intervenir le directeur de ma conscience, un ou deux amis entrés dans nos peines. J'écoutais sans presque comprendre les exhortations que l'on m'adressait : ébranlée à une profondeur inconnue d'elle-même, mon âme, incertaine de son but et de son devoir entre un mariage antipathique et une rupture difficile, reculait devant chaque issue. N'osant choisir, je me remis en aveugle aux mains de mes guides, priant Dieu de les rendre interprètes de sa volonté.

Ils décidèrent que cette union devait s'accomplir le plus tôt possible pour fermer nos plaies.

Cependant, dès le lendemain de la fatale soirée, Rodolphe avait fait disparaître Louis de notre demeure. L'avait-il sans pitié refoulé au bagne, ou lui avait-il ménagé une position exceptionnelle qui pût adoucir sa disgrâce ? Telle est la question que je me faisais avec anxiété, mais que je n'adressais ni à mon cousin, ni même à sa mère ; il y avait un nom qui ne devait pas être prononcé entre nous.

Après tant de jours orageux, le jour solennel avait lui, qui devait, disait-on, ramener le calme avec le bonheur.

Il était dix heures du matin. La cérémonie devant avoir lieu à midi précis, j'étais déjà parée de la couronne nuptiale lorsqu'on nous apporta les lettres de Paris. Il y en avait une pour moi du ministre de la marine, qu'à titre d'ancien ami de mon père j'avais intéressé à *mon protégé*, comme il appelait Louis. Il m'annonçait enfin sa grâce, qui devait parvenir par le même courrier à l'autorité de Toulon. Il se félicitait d'autant plus, disait-il, d'avoir provoqué, suivant mon désir, cet acte de clémence, qu'il le considérait comme une véritable réparation.

Vivement émue, je passai la lettre à ma tante. L'excellente femme versa des larmes de joie.

— Ma fille, dit-elle en m'embrassant, le doigt de Dieu se montre ici. Vois-tu, il efface toute trace de nos peines. Allons, Nathalie, sois vaillante, viens annoncer toi-même cette bonne nouvelle à *ton mari* : elle mettra le sceau au pardon commun, elle rendra la joie sans mélange.

Nous cherchâmes Rodolphe. Il était dans ce même bureau, témoin déjà de tant de crises, et où devaient se jouer toutes les scènes fatales de ma vie. Arrivées dans la pièce qui le précédait, nous entendîmes la voix du préfet maritime qui parlait d'un ton animé.

— Oui, disait-il, cette grâce, par un coup dérisoire du sort, arrive le jour même où cet homme expire. Ce malheureux rapprochement va accroître l'indignation qui s'est élevée hier contre vous, et que je n'ai pu, je vous l'avouerai, m'empêcher d'éprouver moi même. Le port et toute la ville s'intéressaient à ce jeune homme ; on sait que votre père l'aimait, et.... ce traitement....

— Il avait ravi un bouquet, vous savez à qui... Pouvais-je souffrir qu'il le gardât ? Je l'ai sommé de me le rendre ; il a résisté avec arrogance. C'est alors que, poussé à bout, j'ai ordonné la bastonnade.

— Et que vous importaient quelques brins d'herbe sèche ? Sommes-nous des Céladons, mon cher ? Pour un pareil larcin, tuer un homme de douleur et d'ignominie ! Un homme que vos parents, que le sentiment général réhabilitaient ! Tenez, Rodolphe, croyez-moi : vous vous mariez aujourd'hui, emmenez votre femme sous le prétexte de lui faire faire un petit voyage d'Italie ; pendant ce temps j'arrangerai avec le ministre votre changement de résidence.

— Pardon, amiral, objectait Rodolphe, mais je suis d'un avis contraire. Mon mariage va faire diversion à l'attention publique, et la joie de sa liberté consolera cet homme.

— Je vous dis que cet homme se meurt, qu'il ne verra pas le coucher du soleil !

Ma tante et moi nous nous serrions convulsivement les mains. Mais, tout-à-coup, je fus remplie d'une invincible volonté. J'entraîne Madame Alban jusque dans ma chambre; j'arrache de mon front la guirlande; je mets à la hâte un châle, un chapeau.

— O ma fille! ma fille, que fais-tu? Mais c'est impossible! nous ne pouvons pas *y aller.*

— J'irai seule, ma tante.

— Nathalie! songe donc....

— Ah! je songe que M. Alban, votre digne mari, n'eût pas laissé mourir cet infortuné sans consolation.

— Tu dis vrai : il l'eût consolé, ou plutôt il l'eût préservé, ce malheureux Louis! O mon Dieu! que faire?

Moi je n'hésite pas, je m'élance, je suis dans la rue. Ma pauvre tante me suit en vain, essayant de me retenir; je ne l'entends plus ; j'ai des ailes.

Tout-à-coup cependant elle me saisit le bras, m'arrête un instant:

— Nathalie, je ne puis te suivre; Rodolphe ne me le pardonnerait jamais.

— Oui, vous avez raison ; rentrez, rentrez, ma tante.

Et je poursuivis ma course désespérée.

A la porte de l'arsenal, qui renferme l'hospice du bagne, je la retrouve à mon côté comme l'ange tutélaire :

— Malheureuse enfant, me dit-elle, tu ne peux entrer là sans moi!

L'admirable femme se dévoue.

Les barrières s'abaissent devant elle ; on nous conduit près de celui pour qui nous venons.

Comment vous peindre, mon amie, la sublime et déchirante joie qui brilla sur ce front mourant? Non, les paroles me manquent pour vous dire l'émotion qui débordait de nos trois âmes....

— Vous souffrez beaucoup, mon cher Louis, dit Madame Alban!

La sœur qui l'assistait nous fit voir son dos lacéré; et lui, d'un regard défaillant, avec un sourire — quel sourire ! — mon bouquet caché dans son sein.

Son souffle et sa voix s'éteignaient ; ses yeux, toujours

tournés vers moi, devenaient troubles, vacillants ; l'âme, pourtant, s'y lisait encore. Une dernière pensée, une crainte se fit jour.

— Madame, me dit-il d'une voix expirante, on va vous punir de votre pitié.

— Oh! non, Louis, je ne crains personne, je ne relève plus que de Dieu ; nos chaînes sont tombées en même temps. Vous m'appelez à tort madame, je ne le serai point : je serai Sœur Louise, religieuse.

Il m'entendit ; mais son regard, son dernier regard me répondit seul. Un instant après sa figure changea, devint immobile. Un mouvement se fit autour de son lit....

— C'est fini, dit la sœur ; voulez-vous lui fermer les yeux ?

Je les lui fermai ».

Après ces derniers mots, qui résumaient le drame d'un si triste amour, la voix de sœur Louise fit silence, ses traits continrent leur expression, ses yeux restèrent baissés pour ne pas rencontrer les miens. Déchirée aux ronces du passé dans la course rétrograde qu'elle venait de faire, son âme se refusait pourtant une sympathie trop tendre qui eût constaté la blessure qu'elle n'osait s'avouer. Suprême immolation d'un cœur tout à Dieu ! Je respectai sa sainte réserve, mais dans le silence nos âmes s'entendirent..... M'étant baissée pour ranimer le foyer éteint, je me trouvai ainsi agenouillée près d'elle. Dans cette attitude, je lui pris la main, que je pressai contre mes lèvres. Une larme glissa sur sa joue.

— Prions, me dit-elle.

Ce soir là nous ne dîmes plus rien.

Quelques jours après, comme à la même heure et à la même place nous étions toutes deux assises, sœur Louise me parlant des nombreux malades qu'elle avait soignés, me dit : « J'en ai bien vu mourir ! » Puis, tristement, elle ajouta : « Le pauvre Louis fut le premier ».

Moi, désirant renouer le fil de sa touchante histoire, depuis le dernier soupir du forçat jusqu'au voile de la religieuse, je lui demandai :

— Dans quel état vous mit ce cruel spectacle, et comment votre tante vous ramena-t-elle ?

— Ce fut plutôt moi qui la ramenai. J'étais devenue forte comme par miracle. C'est que je venais d'affranchir mon âme, de fixer librement mon sort, d'agir enfin selon mon cœur.

— Rodolphe s'était sans doute aperçu de votre disparition ?

— Oui, et il comprit bien où nous étions allées. A la sortie de l'arsenal, nous trouvâmes le préfet qui cherchait nos traces. Mon calme apparent parut le surprendre et le rassurer sur les suites de notre démarche.

— Tout cela est grave et fâcheux, nous dit-il, Mesdames. Aujourd'hui ! et dans cet instant ! car midi approche. Mais veuillez avoir du courage, vous pourrez encore être prêtes. Acceptez mon bras et permettez-moi de vous reconduire.

Ce n'était pas le lieu de déclarer mes intentions; nous étions d'ailleurs trop navrées pour pouvoir parler. Ma tante proféra ces seuls mots :

— Le pauvre Louis vient d'expirer !

Nous gagnâmes la maison silencieusement. Arrivés au seuil, le préfet me dit :

— Soyez généreuse pour Rodolphe. C'est par excès d'amour qu'il s'est rendu coupable; il est en proie à mille angoisses.

Je ne répondis point.

Rodolphe, cependant, s'avança au-devant de nous, pâle, tremblant de colère et de confusion.

— Ma mère, vous venez de commettre une faute irréparable, de compromettre votre nièce, de jeter publiquement du blâme sur la conduite de votre fils ; et pour qui ? pour un misérable !

Alors, sortant de mon silence :

— Ce misérable, mon cousin, votre père l'aimait, et votre mère le pleure.

— Et vous ?.... fit-il d'un ton d'ironie cruelle.

— Et moi, je vous fuis pour jamais ! m'écriai-je avec énergie ; je pars aujourd'hui même.

— Oui, Rodolphe, ajouta ma tante, je la reconduis à Paris, car j'approuve sa résolution. Elle n'eût pas été heureuse avec toi, mon fils : tu es trop dur.

— Oh! madame, madame! s'écria le préfet, considérez donc....

— Tout est considéré, monsieur l'amiral. Je n'ignore pas le bruit d'un pareil éclat. Ecoutez! reprit-elle avec solennité, vous êtes notre ami? vous avez foi dans mes paroles? Eh bien! je remets notre honneur sous votre sauvegarde. Ne souffrez jamais qu'en votre présence quelqu'un ose dire, ose insinuer que Nathalie, ma nièce, est moins pure que les anges.

Il posa la main sur son cœur.

Rodolphe, anéanti, s'éloigna de la chambre où nous nous trouvions.

Le préfet se chargea de contremander la cérémonie et les invités.

Ma tante et moi nous fîmes nos préparatifs pour la diligence de quatre heures.

— Vous partîtes sans revoir Rodolphe?

— Non, je le revis. Ce fut moi qui l'allai chercher. Au moment de quitter ce toit protecteur, si chéri, si heureux naguère, maintenant si plein de tristesses amassées par moi, j'éprouvai un déchirement semblable au remords, un besoin immense de pardon mutuel, comme celui qu'éprouvent les mourants. Et ne mourais-je pas en effet? N'allais-je pas m'ensevelir moi-même dans mon vœu? Il ne fallait pas emporter ni laisser de malédictions.

Afin d'éviter ma rencontre, Rodolphe s'était retiré dans la pièce la plus reculée de l'appartement. Cette pièce, comme par fatalité, c'était encore l'ancien cabinet de Louis. Eplorée, j'y entrai pour la dernière fois.

— Je viens vous dire adieu, Rodolphe, et vous demander pardon d'avoir troublé votre repos. Ah! plaignez-moi aussi, ne me maudissez pas. Je vais chaque jour prier le ciel de vous rendre tout le bonheur que je n'ai pas pu vous donner.

— Soyez bénie pour ces paroles, dit-il en s'élançant vers moi. J'aurais été trop malheureux avec votre haine, car je vous aimais, Nathalie, oui, je vous aimais! Que ce souvenir vous rende moins odieux celui de mes torts....

— Il est l'heure de partir, dit sa mère qui fondait en larmes.

— Est-ce donc irrévocable? s'écria-t-il.

J'inclinai la tête et baissai mon voile.

Il fit un geste en signe de résignation.

Alors triomphèrent dans son âme les nobles sentiments qui, sous sa dure écorce, en faisaient le fond. Il voulut sortir avec nous et m'accompagner jusqu'à la voiture; il fit vœu de donner aux pauvres la valeur des présents que j'abandonnais. Plus tard, il constitua ma dot de religieuse.

Ma bonne tante Alban me remit aux mains de ma tante Agnès, cette tante qui m'avait dit:

— Ma chère fille, tu me reviendras si les sentiers du monde te paraissent trop rudes.

Deux ans après je pris le voile. Rodolphe avait trouvé dès lors, dans un plus heureux choix, l'ample dédommagement des peines que je lui causai. Cette épreuve avait fait fléchir son orgueil, disposé son cœur à plus d'indulgence. J'en fus informée par ma tante, qui vécut assez pour jouir des douceurs de ce changement.

Mme Caroline Angebert.

LE BRACELET DE CORAIL.

A MADEMOISELLE HÉLÈNE LEROY, DE CALAIS.

1857

« Ail est un singulier dont le pluriel est *aux*. »
Vous vouliez du corail, et voilà des coraux.
Aujourd'hui l'occident à l'orient s'allie ;
L'orientale en porte afin d'être jolie !
Cette fleur de la mer convient à sa beauté,
Et sa parure ajoute encore à sa fierté.
Vous n'avez pas besoin de cet auxiliaire
Pour charmer nos regards, Hélène, et pour nous plaire.
La blancheur de vos dents ferait honte à l'émail,
Et vos lèvres pourraient éclipser le corail !

P. Dumas.

LES DINERS.

SATYRE.

1846

Boileau disait jadis : « De Paris jusqu'à Rome,
Le plus sot animal, à mon avis, c'est l'homme ».
Boileau, de son vivant, certes n'avait pas tort ;
Et rien ne me paraît changé depuis sa mort.
Ainsi donc on peut dire, avec pleine assurance,
Que notre race humaine est une triste engeance ;
Egoïste, fantasque et jalouse à l'excès,
Le mal, à lui tout seul, pour elle a des attraits.
Quelques exceptions, j'en conviendrai sans peine,
Se font voir quelquefois, mais non pas par douzaine.
L'homme tout-à-fait bon ne fut jamais commun ;
Et quand, par aventure, on peut en trouver un,
Pour la rareté même on doit s'en faire gloire
Et de ce fait heureux bien garder la mémoire.

L'homme moins que jamais estime la vertu :
Avant tout il voudrait mettre écu sur écu.
Avec de la richesse on fait si belles choses !

Le riche en son chemin ne trouve que des roses.
Pour lui l'amour jamais ne montre de rigueurs :
Il reçoit, chaque jour, de nouvelles faveurs.
S'il est gourmand, il peut du grand art culinaire
Epuiser aisément le puissant savoir-faire ;
Ivrogne, il ne boira que des vins généreux,
D'un bouquet délicat, d'un goût bien savoureux ;
Et s'il donne à dîner à bonne compagnie,
Sa réputation se trouvant agrandie,
Il marchera l'égal des plus puissants seigneurs,
Et pourra, s'il le veut, aspirer aux honneurs :
Des grands et bons dîners le pouvoir est immense :
La cuisine est l'appui de la haute finance.

Eh bien ! tous ces dîners de luxe et d'apparat,
Qui sur l'amphitrion jette un si vif éclat,
Me paraissent vraiment chose bien ridicule,
Et l'on peut s'en moquer, je crois, sans nul scrupule.
Chez les grands et tous ceux qui veulent les singer
Il faut avoir bien soin de ne pas trop manger :
Un solide appétit, de mise en un village,
A la ville ne vient qu'avec désavantage.
Dans les riches hôtels vous voyez les dînés
En cinq quarts d'heure, au plus, tout-à-fait terminés.
Là, mangez au galop ; il faut que votre bouche
Absorbe promptement les morceaux qu'elle touche,
Ou bien vous sortirez de table avec la faim,
Hargneux comme un roquet et léger comme un daim.
Ce mal là n'est pas grand, car un estomac vide
Vaut mieux qu'un estomac trop rempli de liquide
Et de mets épicés qui, lourds comme du plomb,
Vous font perdre bientôt l'équilibre et l'aplomb.

Donc, par ces grands dîners, de très-courte durée,
La santé ne peut pas se trouver altérée ;
Ces dîners d'étiquette, à l'ennui consacrés,
Où tous les assistants sont d'orgueil rembourrés ;
Qui me semblent à moi si bêtes, si stupides,
Ces dîners, après tout, ne sont pas homicides.
Mais en est-il ainsi de ces repas d'amis
Où tous les calembourgs, les gros mots sont admis ?
Là, vous devez manger tant qu'il reste sur table
Quelque ragoût qui soit, à peu près, présentable ;
Vous buvez, coup sur coup, et du rouge et du blanc ;
Bientôt vous voyez trouble, et votre bras tremblant
A peine à supporter le poids de votre verre.
Peut-être vous irez jusqu'à rouler à terre ;
Mais, baste, se griser est quelquefois si doux !
L'homme ivre peut du sort affronter le courroux ;
Il ne redoute rien, et, durant son ivresse,
L'espérance toujours doucement le caresse.
Le réveil est affreux ; eh ! qu'importe ! le vin,
De nouveau, vient combattre et noyer le chagrin.
Bientôt vous devenez un ivrogne intraitable,
Ahuri, toujours sale, et pour tout incapable.
Vous tombez bien plus bas alors que l'animal
Qui sent, par pur instinct, que trop manger fait mal.

Ainsi l'homme est souvent au-dessous de la brute ;
Et les hommes entre eux presque toujours en lutte,
Prennent à se blesser un odieux plaisir,
Comme s'ils n'avaient pas bien assez à souffrir.

Hélas ! pauvres mortels qui cherchez tant à faire,

Vous ne ferez jamais rien de bien sur la terre.
De sottise en sottise avançant chaque jour,
Aujourd'hui plaidant contre et demain plaidant pour ;
Prodigues un instant et puis ensuite avares,
Si vous n'êtes méchants, vous êtes bien bizarres.

Dussé-je être tout seul de mon opinion,
Je dis, voulant poser une conclusion,
Que l'homme ne vaut pas nombre de quadrupèdes,
Et qu'il ne vaut pas mieux que les autres bipèdes.

Félix Boullenot.

A MADEMOISELLE JULIAN,

PRIMA DONA DU THÉATRE DE LILLE.

1849.

Quand sur le soleil qui se voile
Passent des nuages ombreux,
Quand la capricieuse étoile
A déserté le front des cieux ;

Qu'ayant perdu sa souveraine,
Le peuple parfumé des fleurs
En vain interroge la plaine,
Gazon embaumé de ses pleurs ;

Que la rose ouvrant ses pétales,
Les referme de désespoir,
Voyant au sein de ses rivales
Son Elfe voler chaque soir.

Lorsque le flot quitte la plage,
Lorsque l'oiseau quitte le bois
Qui pleure en vain, sous son feuillage,
L'hôte harmonieux d'autrefois.

. . . .

Le ciel gris, cette nuit si sombre,
La plage, le bois, cette fleur,
Sont moins tristes, au sein de l'ombre,
O Julian ! que notre cœur....

Lorsque muette, sous votre aile,
Cygne endormi, vous vous bercez,
Ou lorsqu'aussi, belle infidèle,
Pour d'autres vous nous délaissez.

Restez, car sans vous notre scène
N'est plus qu'une source sans eau,
Un parterre sans fleurs, un chêne
Privé de son plus vert rameau.

Restez, car vous avez encore
Bien des lauriers à recueillir ;
Bien des roses que chaque aurore
Pour vos bouquets fera fleurir.

E. Saint-Amour.

L'ATTENTE DU GONDOLIER.

1854

« J'écoute le zéphyre et la vague qui pleure;
Tu ne viens pas encore... Eléna, je t'attends:
Les clochers de Saint-Marc ont fait bourdonner l'heure,
   Hélas!... depuis longtemps!

» Oui, l'heure, qu'annonçait ton fidèle message,
A murmuré dans l'air comme un long souvenir;
Et l'amant qui frissonne, épiant ton passage,
   Ne te voit pas venir.

» Tu devais précéder l'aurore aux vives flammes:
— A l'aube, disais-tu, je serai près de toi;
Et sur le lac chéri nous irons, jeunes âmes,
   Gazouiller sans effroi....

— « Promesse de bonheur! angélique pensée,
Gage heureux qu'en fuyant son amour me donna,
Fleur qui toute la nuit sur mon cœur fut bercée,
   Parlez-moi d'Eléna!

» Ma gondole, enchaînée à ces rives humides,
Frémit d'impatience... et j'implore toujours

La reine de ces bords, l'orgueil de nos Armides,
　　　　Eléna, mes amours.

» N'entends-je point frémir les pas de mon amie
Sur le sable léger, que sa marche aplanit ?...
Oh ! non, non ; c'est l'oiseau qui, d'une aile endormie,
　　　　Vient de quitter son nid....

» Parlez-moi, d'Eléna, langage de la brise,
Dites qu'elle est cruelle avec ce long retard ;
Pour moi le firmament qui couronne Venise
　　　　Ne vaut pas son regard.

» Et même dans le ciel, exempt de nos souillures,
Il n'est rien qui sans elle éveillerait mes vœux ;
Les séraphins n'ont pas de molles chevelures
　　　　Qui vaillent ses cheveux.

» Moi !.... moi, le gondolier, l'enfant de ces lagunes,
Qui n'avais pour trésors que mes jeunes chansons,
Je puis braver l'éclat des plus larges fortunes
　　　　Et des meilleurs blasons !

» J'ai l'amour d'Eléna, la duchesse élégante,
Qui pour l'humble Carlo fuit le duc, son époux ;
Et bien loin des seigneurs, multitude arrogante,
　　　　Me donne un rendez-vous...

» Comme je suis heureux, lorsque sur le rivage
Je la vois chaque jour passer auprès de moi ;
Je frémis... la pâleur inonde mon visage
　　　　D'un invincible émoi....

» Lorsqu'elle m'apparaît... je sens l'âme ravie ;
Je quitte les chansons, les jeux des gondoliers ;
Et je surpasse même en orgueilleuse envie
    L'orgueil des chevaliers !

» A moi ! dis-je tout bas ; à moi... la noble dame
Dont le souffle brûlant m'enivre et me rend fou :
Ciel ! que n'ai-je une épée, au lieu de cette rame,
    Un collier d'or au cou....

» J'irais !... j'irais alors, en champion fidèle,
Dire à ces fiers seigneurs, au milieu des tournois :
J'aime votre duchesse !... et je suis aimé d'elle !
    Venez, princes et rois....

» En lice ! armez-vous tous du glaive et de la lance,
Et luttons en champ clos sans merci, ni secours,
Puisque avec Eléna vous mettez en balance
    Les reines de vos cours.

» Malheur au chevalier qu'une beauté rivale
S'en irait follement poser sur mon chemin ;
Oh ! je le foulerais aux pieds de ma cavale ;
    Il mourrait de ma main !

» Ne vois-je pas, là-bas, luire un jet de lumière ?
N'est-ce pas un éclair de ta divinité ?
Ma belle, réponds-moi !... Non ; c'est l'aube première
    Epanchant sa clarté.

» Le lac, aux couleurs d'or, et frissonne, et s'éveille ;
Il a noué déjà mille replis charmants ;

Et son premier soupir murmure à mon oreille
L'écho de tes serments !

» Tout parle d'allégresse et de volupté douce :
L'aurore pailletée, et le zéphir si pur,
Et Venise engourdie, et l'onde qui repousse
Ma barque aux flancs d'azur.

» Viens ! tout paraît sourire au ciel et sur la terre :
Les fleurs ont les baisers des sylphes et du jour ;
L'aurore a ses parfums ; la femme a le mystère ;
Et nous avons l'amour.

» Il fait beau de courir sur ma gondole agile,
Au milieu de ce lac, ou sur des flots amis ;
Ta promesse n'est pas une chaîne fragile :
Viens ! tu me l'as promis !

» Sur la ville et les monts quel beau jour vient d'éclore :
Le dôme des palais semble coupé dans l'or ;
La lumière foisonne, et l'amant qui t'implore
Ne t'a pas vue encor.

» Mais que vois-je, là-bas.... ô céleste madone !
Un esquif, pavoisé de galantes couleurs...
Peut-être Dieu m'exauce... et sa bonté pardonne
Au cri de mes douleurs ?...

» Une femme... ô fureur ! ce n'est pas ma coquette,
C'est Nina, pauvre fille aux candides atours ;
Elle va réjouir, de son chant de fauvette,
Les riants alentours.

» Je préférais la nuit, de rêves parsemée,
Et l'ombre, où doucement j'étais enseveli,
A ce jour fastueux.... lorsque ma bien-aimée
  Ne l'a pas embelli !

» O fureur ! voici l'aube ; et je soupire encore ;
Insensé, je l'attends, ici, depuis le soir ;
Et la grande lueur, ce foyer de l'aurore,
  Est la nuit de l'espoir !

» Je l'attends ! je l'attends.... Hélas ! chaque seconde
Arrache à ma pensée un rêve des plus beaux ;
Ainsi, dès que l'orage est venu troubler l'onde,
  Le ciel perd ses flambeaux.

» Dieu ! ne plus la revoir.... ma suave maîtresse ;
Ne plus respirer l'air de celle que j'aimais ;
Trésors de volupté, longs baisers.... folle ivresse,
  Vous fuyez à jamais !

» Images du bonheur ! vous n'êtes rien sans elle,
Mer, tu n'as plus d'azur ; cieux, vous avez pâli ;
Soleil, prés et vallons ; chaud printemps qui ruisselle ;
  Lac au miroir poli....

» Adieu ! — Vous n'allez plus jouir de ma torture ;
Et toi, qui redisais mes chants de volupté,
Je te fuis, ô Venise !... ô superbe nature,
  Palais désenchanté...

» Honte à ces gondoliers qui rêvent les duchesses,
Fous qui de l'opulence ont couvé les appas ;
Nina, la gondolière, a bien moins de richesses....
  Elle ne trahit pas ! »

— Ainsi chante Carlo, debout sur sa gondole ;
Et la fièvre implacable a dévoré son cœur ;
Il appelle Eléna.... mais à sa barcarolle
          Répond le flot moqueur.

Il veut fuir ; il maudit ce perfide rivage ;
A la duchesse altière il promet son courroux ;
Il va briser enfin le joug d'un esclavage
          Qu'il appelait si doux.

Oh ! s'il revoit jamais la coquette oublieuse,
Il jure par son Dieu, par la terre et les mers,
De venger en mépris cette flamme odieuse
          Et ces tourments amers.

Soudain, l'eau que blanchit une rapide écume
Porte sur un esquif Eléna jusqu'à lui,
Et le calme succède aux vents de l'amertume,
          Et la douleur a fui.

C'est bien elle ! il s'élance auprès de la cruelle ;
Mais il s'indigne encore, il voudrait fièrement
Dire quel mal l'oppresse, et tout ce que loin d'elle
          On souffre de tourment.

De ses plus doux regards Eléna le devine ;
Sa voix harmonieuse a su le désarmer ;
Il la trouve cent fois plus belle et plus divine !
          Il ne sait que l'aimer !

                              Benj. Kien.

A MON AMI C. CHAMPEAUX.

SOUVENIRS DU BONHEUR PERDU.

ROMANCE.

Musique de A. PIETERS.

1858.

> Et rose, elle a vécu ce que vivent les roses,
> L'espace d'un matin !
> MALHERBE.

RÉCITATIF.

Oh ! que ma vie était belle
Et mes songes ravissants,
Lorsque je rêvais près d'Elle,
Pauvre enfant morte à seize ans !

I.

Vierge blonde au teint d'albâtre,
Lors, son doux regard d'azur
Dans mon cœur qui l'idolâtre
Epanchait un amour pur.
Elle a fermé sa paupière,
L'ange a regagné les cieux,

Et son nom sur une pierre
Seul parle d'Elle à mes yeux !

Fleur que la mort a cueillie,
Quand ton parfum m'enivrait,
Ah ! que ma lèvre pâlie
Avec bonheur t'effleurait !

II.

Il me semble voir encore,
Grâcieux et caressant,
Sur son beau visage éclore
Son sourire languissant.
Hélas ! sa bouche s'est close,
Immobile est son corail
Qui s'entr'ouvrait frais et rose,
De ses dents montrant l'émail ;

Car te voyant endormie,
L'ange Azraël (*) vint poser,
Sur ta lèvre, ô mon amie !
Un froid et mortel baiser.

III.

Mon oreille croit entendre
Souvent en la sombre nuit,
Le son de sa voix si tendre
Dont le dernier souffle a dit :
« Quand j'aurai quitté ce monde
» Pour le séjour éternel,

(*) Azraël, l'ange de la mort.

» Vous que la douleur inonde,
» Ami, regardez le ciel ! »

Toi ! que le trépas me voile,
D'où vois-tu mon désespoir ?
Es-tu quelque pâle étoile
Qui scintille dans le soir ?

IV.

Puis sa main, fluette et blanche,
Dans l'adieu pressa ma main ;
Las ! comme un lis qui se penche,
Son corps s'affaissa soudain !
Ici-bas maintenant j'erre,
Sans but, la tristesse au cœur,
Jusqu'au jour où dans la terre
Je rejoindrai mon bonheur.

Alors nos âmes unies
Dans le céleste milieu,
Des délices infinies
Goûteront au sein de Dieu !

ENVOI.

Cher ami, cette humble romance
Aurait pour père un homme heureux,
Si votre bonne souvenance,
Immuable malgré l'absence,
Ferme en tous temps, forte en tous lieux,
Pour narguer l'humaine inconstance,
Durait vivace.... un siècle ou deux.

ALP. CLAEYS.

LE PLAIN-CHANT ET LA MUSIQUE.

POÈME SATYRIQUE.

1857.

CHANT PREMIER.

En un néfaste jour, la Discorde et l'Envie,
Jalouses de l'amour qu'inspirait l'Harmonie
Aux humains enchantés par ses divins accords,
Convinrent toutes deux de joindre leurs efforts
Pour détrôner enfin l'adversaire cruelle
Qui défiait les coups de leur haine immortelle.
On discuta d'abord sur le choix des moyens :
Semer le désaccord chez les musiciens;
Eux-mêmes s'en chargeant, c'était peine inutile.
— Non, non, dit la Discorde, en expédients fertile,
Il faut viser plus haut : il faut atteindre l'art.
Je crois me rappeler qu'on a dit quelque part
Que Musique et Plain-Chant ne font pas bon ménage.
Excitons leur courroux, brouillons-les davantage;
Que le frère et la sœur, désormais désunis,
Jusqu'à la fin des temps vivent en ennemis.
— Le plan est bien conçu, dit la hideuse Envie;
A l'œuvre donc! — Soudain, les fils de l'Harmonie,

De délire frappés, s'abreuvent à longs traits
Du poison que l'Envie a rendu plein d'attraits.
Le Plain-Chant, possédé d'une ardeur fanatique,
Veut du temple exiler la mondaine Musique.
La Musique à son tour attaque le Plain-Chant ;
Le trouve ridicule, ennuyeux et sans chant.
Et puis ce fut le tour des savants, des artistes ;
Le flot montant toujours, on vit les journalistes,
Amis de la Discorde, en tous lieux propageant
La dispute et la haine en un style outrageant ;
Jusqu'au sein du clergé la Discorde pénètre ;
Au chant grégorien on prétend tout soumettre.
Le chant parisien doit être enfin détruit ;
Sur le mode romain on discute à grand bruit ;
Cent lithurgiques chants disent de Saint-Grégoire
Descendre en droite ligne, et, s'il faut les en croire,
Tous possèdent des droits à la prétention
D'être seuls possesseurs de la tradition.
La Discorde bientôt atteignit la musique ;
Alors on disputa sur la musique antique
Et celle de nos jours. Les partisans fougueux
De ces genres divers s'injuriaient entr'eux.
Ivres d'un fol orgueil, la Discorde et l'Envie,
Triomphantes enfin de la douce Harmonie,
Célébraient leur victoire en poussant d'affreux cris.
Le Destin les entend du haut du Paradis :

— Qui trouble mon repos ? dit-il d'un ton sévère ;
D'où viennent ces clameurs, ces accents de colère ?
Il est temps d'en finir, et je veux, dès ce jour,
Rétablir enfin l'ordre au céleste séjour.
A ces mots le Destin appelle la Concorde :
— Descends chez les humains, trop souvent en discorde,

Lui dit-il, leurs débats m'irritent à la fin ;
Qu'ils vivent en amis, c'est l'arrêt du Destin.
La Concorde à ces mots s'élance sur la terre.
A ce terrible aspect, la Discorde, la Guerre,
L'Envie, aux noirs enfers précipitent leurs pas.
— Les douceurs de la paix n'ont-elles plus d'appas?
Dit la douce Concorde aux fils de l'Harmonie :
Le Destin veut qu'enfin on se réconcilie.
Pourquoi donc vous haïr?... Par l'amour des beaux-arts
Ecoutez-moi.... — Non, non, dit-on de toutes parts.
Pour rendre à la raison cette foule en délire,
Des meilleurs arguments la Concorde s'inspire.
— Ah ! c'en est trop, dit-elle à ce groupe infernal ;
Eh ! bien, tous je vous cite à ce grand tribunal
Que l'on nomme ici-bas l'opinion publique ;
Vous courberez vos fronts sous le joug tyrannique
De ce juge puissant, dont le nom redouté
Rassure la vertu, confond l'iniquité.
Son arrêt, sans appel, que nul ne peut enfreindre,
A vous mettre d'accord saura bien vous contraindre.

L'auguste tribunal à l'instant s'assembla ;
Le Bon-Sens, par hasard, présida ce jour-là.
Tout en blâmant bien haut ce procès trop frivole,
Au Plain-Chant, par rang d'âge, il donna la parole.
Celui-ci de courage et de force s'arma,
Et devant l'auditoire en ces mots s'exprima :

CHANT DEUXIÈME.

« C'est au nom du bon sens, au nom de la justice,
Qu'à votre tribunal, au bon droit si propice,
Je demande en ce jour qu'un chant anti-chrétien
Désormais fasse place au chant grégorien.

Bannissez du saint lieu la mondaine musique;
Cet art voluptueux n'a rien de catholique.
Ce que le plain-chant fut, il le sera demain :
La musique d'hier n'a pas de lendemain;
Esclave de la mode, et changeante comme elle,
Selon le goût du jour elle est plus ou moins belle.
La source du plain-chant est dans la nuit des temps;
Aux plus illustres saints, aux saints les plus savants,
Je dois mon chant pieux, majestueux, sévère.
Oui, des premiers chrétiens je fus l'organe austère :
J'excitai leurs transports par de mâles accents;
Leurs voix, vers l'Eternel, montaient comme l'encens;
Il fallait les entendre, en quelque basilique,
Célébrer le Seigneur par le chant lithurgique;
Le grand Saint-Augustin, aux vagues de la mer
En comparait l'effet. Oh! souvenir amer!
Tu remplis mon esprit de regrets, de tristesse;
Chrétiens dégénérés, quelle est votre mollesse?
Quoi! pour vous attirer dans la maison de Dieu,
De la Religion faut-il se faire un jeu !
Déshonorant du Christ le divin tabernacle,
On annonce une messe ainsi que le spectacle.
Les vils profanateurs du temple de leur Dieu,
En salle de concerts transforment le saint lieu.
Doutez-vous de l'abus? Faut-il que je le prouve?
Je prends donc mon journal.... Aux annonces je trouve
Ces mots, que je transcris sans y rien retrancher;
Il faut être sans foi pour ne s'en point fâcher :

« Pour les amis des arts, excellente nouvelle:
» On annonce d'Adam une messe fort belle,
» Et, dimanche prochain, Paris applaudira
» La messe qu'à Saint-Roch on exécutera.

» Obin, Marié, Boulo, de l'Opéra-Comique,
» Roger de l'Opéra ; du théâtre lyrique
» Tous les premiers sujets prêteront le concours,
» Du talent que chez eux on admire toujours. »
Il ne manque vraiment, au divin sacrifice,
Que le corps de ballet pour danser à l'office.
Mais je n'ai pas fini, dans le même journal,
Je tourne le feuillet et vois un autre mal :
« Fête au Pré Catelan, concert, marionnettes,
» Spectacle, jeux divers, danse au son des musettes,
» Polkas et Mazurkas d'Adrien Taloni,
» Et.... le Stabat Mater de maître Rossini. »
Quoi ! c'est le chant plaintif de la vierge Marie,
Qu'à de viles polkas en ces lieux on marie !
Peut on pousser plus loin le mépris de la foi !!!
Mais tous ces mécréants n'ont donc ni foi ni loi,
Pour charger l'opéra de messes, de cantiques,
Et chanter le Stabat dans les fêtes publiques ?...
Bannissez au plus tôt des chants si scandaleux ;
Revenez au Plain-Chant, cela vaudra bien mieux.
Si la seule prière au temple vous attire,
Un chant simple et sans art au chrétien doit suffire ;
Et quand il se présente en la maison de Dieu,
Ce n'est pas un concert qu'il recherche au saint lieu,
Ni la voix d'un ténor, au chant plein de jactance,
Roucoulant un motet tout comme une romance ;

....Le choix de la musique est digne du chanteur :
De ce *génitori* l'air mondain et valseur
Rappelle à l'amateur le *Barbier de Séville;*
Puis, pour couronner l'œuvre, on entend un quadrille
Sur l'orgue exécuté.... L'orgue ! ô dérision !
Ce roi des instruments, que par le violon,

Le cornet à pistons à l'église on remplace !
Que c'est édifiant ! Mais c'est par trop d'audace ;
Le scandale est au comble et les temps sont venus
De chasser du saint lieu tous ces chants saugrenus,
Tout ce sot attirail de flûte, de trompette,
Ces cornets à pistons qui vous fendent la tête ;
Offrir au Créateur de semblables accens,
C'est plus que maladroit, c'est manquer de bon sens.

. . . .

Maintenant, je le sais, on adopte l'usage
De vanter en tous lieux le chant du moyen-âge ;
On annonce à grand bruit, dans quelque grand journal,
Qu'on vient de découvrir un antique choral ;
Un choral bien souvent composé de la veille
Par quelque malheureux que le besoin conseille.
C'est du treizième siècle, or ce doit être beau !
Raison que l'éditeur donne à quelque badaud.

. . . .

Ne me parlez donc pas de la musique antique,
Que des ânes savants la ridicule clique
Prétend nous imposer. Stradella, Martini,
N'ont pas plus de valeur qu'Adam ou Rossini ;
De ces motets anciens, qu'à grands cris l'on vous cite,
Le talent des chanteurs fait souvent le mérite.
Enfin, pour terminer, j'émets ici le vœu
Que l'on jette au plus tôt ces musiques au feu ;
Qu'un vaste autodafé pour jamais nous délivre
Des musiques d'église. A l'œuvre qu'on se livre.
Qu'il surgisse partout des apôtres nouveaux,
Et que villes et bourgs, villages et hameaux,
Par leurs voix entraînés, sur les places publiques,
En des bûchers ardents déposent leurs musiques.

Du courage, chrétiens, c'est un acte de foi,
La musique au bûcher ! au gibet, hors la loi !
Revenons au Plain-Chant, il est, quoi qu'on en dise,
Le chant vraiment chrétien ; c'est le chant de l'église.
Par ces mots je termine, et crois sans contredit,
En faveur de ma cause, avoir enfin tout dit. »

CHANT TROISIÈME.

Selon ses passions on jugea ce discours ;
C'est ainsi qu'ici-bas l'homme juge toujours.
La Musique à son tour prit enfin la parole :
« Du Plain-Chant, c'est certain, le sens commun s'envole ;
J'étais loin de m'attendre à la péroraison
De son fougueux discours ; a-t-il bien sa raison ?
On ne lui dira pas qu'il y va de main-morte ;
Pourquoi donc en ce jour me traiter de la sorte ?
Qu'il me dise quel crime on peut me reprocher,
Pour appeler sur moi les flammes du bûcher.
Bénissez la musique et sa douce influence,
Mais ne l'accusez pas. Par sa divine essence,
Cet art mystérieux remonte à l'Eternel.
Il révèle aux humains un destin immortel ;
Cet art surnaturel, sans dessin, sans parole,
Emeut l'homme sensé, touche l'homme frivole ;
C'est la langue qu'aux cieux parlent les purs esprits.
Citadins, villageois, ignorants, érudits,
Subissent les effets de la douce musique ;
Son plus bel attribut qu'en ce procès inique
On lui veut enlever, c'est d'offrir au saint lieu
Ses accents les plus doux au culte du vrai Dieu.
Du Plain-Chant, trop jaloux, je crains peu la démence,
Tout ce qui porte au cœur prend ici ma défense.

Dites-moi de quel droit, ce Plain-Chant orgueilleux,
Prétend-il se parer du titre si pompeux
De chant universel de l'Eglise elle-même?
Aurait-on résolu l'insoluble problème
De l'authenticité du chant grégorien?
Et le Parisien, l'Ambroisien, pour rien
Faut-il donc les compter? Universel!... à d'autres!
Mettez-vous tout d'abord d'accord, vous et les vôtres.
Peu m'importe après tout que cent Plain-Chants divers
Se disputent l'honneur d'ennuyer l'univers;
Qu'à leur audition à l'aise un sot se pâme;
Quant à moi, je le dis, il me font rendre l'âme.
Si je veux sommeiller et n'y puis parvenir,
Un morceau de plain-chant suffit pour m'endormir,
Dans le mode romain, parfois, je le confesse,
On trouve une bonne hymne, une passable messe;
Mais tous vos introït, proses et graduels,
Ne me font éprouver que des ennuis mortels.
On ferait peu de cas de votre liturgie,
Sans les accords divins de la douce harmonie,
Dont vous êtes heureux d'accepter le concours
Tout en déchirant l'art qui vous prête secours.
Je sais que le Plain-Chant à mes dépens s'amuse,
Qu'il méprise mon art, que souvent il m'accuse
De montrer en mes chants trop de légèreté;
Parfois il blâme aussi ma sèche gravité.
Je flétris, comme vous, ces écrivains frivoles
Dont le chant sautillant hurle avec les paroles.
Banni soit à jamais votre chant impudent
De la maison de Dieu.... Mabille vous attend.

. . . .

Je n'admets pas non plus, comme religieuse,

La musique sans chant, sans goût, fastidieuse,
Qu'en vain certains savants veulent nous imposer.
C'est pitié de les voir au pavois se poser,
Repoussés du théâtre, ils veulent qu'à l'église
Leur musique sans art, seule, puisse être admise.
Pâles imitateurs de Bethoven, Mozart,
Ils ajustent des sons croyant faire de l'art ;
Pleins de l'esprit d'autrui, s'accordent du génie
Parce que, par hasard, un traité d'harmonie,
Lu sans être compris, leur tomba sous la main.
Que ces petits savants m'inspirent de dédain!
Vantant à tout propos le contre-point, la fugue,
Le genre lourd et froid les ravit, les subjugue.
Tristes musiciens, sans esprit et sans cœur,
Leurs compositions sont pleines de fadeur.
Ils nomment leurs fatras musique sérieuse,
Parce qu'apparemment on la trouve ennuyeuse.
Tout bardés de science et pleins de vanité,
Ils se jugent taillés pour la postérité.
Le voulez-vous ou non, de quarte ou de septième,
De fugue ou contre-point, ils vous parlent quand même ;
Le vulgaire les prend pour de grands érudits.
Que sont-ils, après tout? De bien pauvres esprits.
N'augurez pas de là que je hais la science :
Sans elle il n'est point d'art. Non, c'est à la jactance
Des soi-disants savants, dont l'esprit rétréci
Met tout à leur niveau, que je m'adresse ainsi.
Le proverbe a raison, et d'eux l'on peut bien dire :
Ce qu'il ne comprend pas, souvent un sot l'admire.
Toute chose en ce monde a son abus en soi ;
Tâchons de distinguer l'abus du bon emploi.
Que par un heureux choix la musique épurée,
Soit digne enfin du nom de musique sacrée ;

Rejetons sans pitié ces absurdes motets
Qui des hommes de goût méritent les sifflets.
Le religieux genre en bons auteurs fertile,
Offre aux compositeurs des modèles de style.
Dans les siècles passés la musique donna
Les chants des Pergolèse et des Palestina ;
Ces illustres auteurs dont le profond génie
Sut toujours allier science et mélodie.
Puis, dans les temps présents, Mozart, Chérubini,
Niedermeyer, Choron, célèbrent l'infini
Par de sublimes chants où génie et science,
Talent, esprit et cœur se prêtent assistance
Pour louer les bienfaits de la divinité.
. . . .

Le Plain-Chant, je le veux, a son utilité:
A merveille il convient au Chartreux, au Trappiste,
Ou bien au pénitent que le remords attriste.
Qu'il demande à grands cris au plus tôt mon trépas ;
Je hais le fanatisme et ne l'imite pas.
Le ciel, qui m'envoya la douceur pour couronne,
Veut qu'à mes ennemis de bon cœur je pardonne.
Je montre donc l'exemple au Plain-Chant si dévôt,
Et s'il veut partager, chacun aura son lot :
Je chanterai de Dieu la bonté, la puissance,
Et le Plain-Chant aura les chants de pénitence.
Qu'il nous transporte au ciel par des cendres, des pleurs,
Je vous y conduirai par des chants et des fleurs.

CHANT QUATRIÈME.

Après l'audition de ces débats fameux,
Et Musique et Plain-Chant se mesuraient des yeux.
Déjà les curieux, craignant qu'on ne ferraille,

Se hâtaient de quitter un vrai champ de bataille.
Injures, quolibets, pleuvaient de toutes parts :
— Amateurs de Plain-Chant, vous êtes des cafards !
— Non, c'est vous, histrions ! et vos sottes musiques...
Enfin l'on se traitait d'apostats, d'hérétiques ;
On parlait de bûcher. Lorsque le tribunal
Put faire enfin cesser ce tapage infernal,
Le Bon-Sens, président, prit alors la parole :
« En vérité, dit-il, ce débat me désole ;
De la discussion bannir la charité,
C'est offenser de Dieu la divine bonté ;
Pour le glorifier faut-il qu'on se déchire,
Et qu'à propos de chants l'homme soit en délire ?
Tous les deux vous manquez de modération ;
Tous deux vous avez tort et vous avez raison.
Voici donc mon arrêt, il est irrévocable ;
Puisse mon jugement vous paraître équitable :

« Il est bon de placer chaque chose en son lieu ;
Oui, j'aime le Plain-Chant dans la maison de Dieu ;
Il est noble, il est grand, sa majesté sévère
Est bien digne du Dieu que le chrétien révère ;
Oui, ses mâles accents vous inspirent la foi,
Vous pénètrent le cœur et d'amour et d'effroi.
C'est le chant des martyrs, le chant que l'église aime,
Composé par des saints, inspiré par Dieu même.
A ce titre, à l'église, il a la primauté.
Mais la musique aussi possède sa beauté :
Des tendres sentiments elle est le doux organe ;
Cet art délicieux du Créateur émane.
Elle aussi ramena plus d'un pauvre pécheur,
A l'église attiré par son charme vainqueur.

La Musique, à ce titre, a sa place à l'église.
Pour être impartial, il faut que je le dise,
La bannir du saint lieu c'est injuste et cruel;
Quoi ! les arts à l'envi célèbrent l'Eternel,
Et la Religion produit des Michel-Ange,
Des Bossuet, des Titien, l'innombrable phalange
Des hommes de génie inspirés par la foi;
Et la musique enfin se verrait hors la loi?
C'est une absurdité ! Proscrire la musique,
C'est braver sans raison l'opinion publique.
Fous qui le désirez, ah! prenez garde à vous !
Car des Palestrina, les ombres en courroux,
Sortiraient du tombeau pour demander justice.
Mais grâce à Dieu, l'Eglise, à tous les arts propice,
N'en décourage aucun, en tous temps accueillit
Les chefs-d'œuvre de l'art, et s'en enorgueillit.
Le Bon-Sens, président, veut donc que l'harmonie
Rapproche tous les cœurs, qu'on se réconcilie;
Qu'au saint lieu le Plain-Chant ait la place d'honneur,
Tout en y maintenant la Musique, sa sœur.

. . . .

Unissez donc vos voix aux doux concerts des anges;
Chantez de l'Eternel les pieuses louanges.
Soit Musique ou Plain-Chant, toujours le Créateur
Entend avec bonté le chant qui vient du cœur.

HIPPOLYTE LEDUC.

A MON AMI A. M.

LES LARMES DU CHRIST.

1858

Je rêvais, sous ses sombres voiles
La terre était comme un cercueil ;
Le ciel, où mouraient les étoiles,
Menait comme un immense deuil.

Tout à coup sur la face humaine
Un sinistre éclair ayant lui,
Je ne vis qu'orgueil et que haine :
L'espoir et l'amour avaient fui.

Et je vis, dans le ciel plus sombre
Qu'un plus fauve éclair déchirait
De larmes d'or sillonnant l'ombre,
Sur sa croix, Jésus qui pleurait.

N. MARTIN.

M. DEWULF

ET LA RUE DES VIEUX QUARTIERS.

1857

I.

En nous livrant à des recherches historiques sur la rue des Vieux Quartiers, dite du Loup ou Dewulf-stracte, que nous habitons, nous nous sommes posé ces questions :

Quel est le Dewulf qui a laissé son nom à la rue ?

Pourquoi la nomme-t-on aussi rue du Loup ?

Par quelle raison l'appelle-t-on plus souvent rue du Loup ou Dewulf-stracte, que de son nom officiel des Vieux Quartiers, inscrit aux angles de la rue ?

Voyons d'abord ce qu'un historien contemporain en a dit :

« Dewulf était un nom d'homme ; on l'a traduit en français pour en faire du loup » (1).

Cette allégation nous souriait assez ; il s'agissait seulement de connaître celui des Dewulf qui avait donné le nom. Plus tard, le même auteur s'exprime plus explicitement. Après avoir cité la rue Dewulf ou la rue des Vieux Quartiers, il ajoute :

« Antoine Dewulf, brasseur, avait là son usine et ses ma-

---

(1) M. Victor Derode, Histoire de Dunkerque, 1852, page 58.

gasins. De là le nom de rue Dewulf que l'on a fort improprement traduit par rue du Loup » (1).

Nous admettons le premier point comme un fait vrai; mais nous contestons que ce soit Antoine Dewulf qui ait laissé son nom à la rue. Nous soutenons même que la qualification de rue du Loup ne lui est pas impropre. On sait qu'il n'y a pas d'effet sans cause. Or, le nom de Loup a sa raison d'être. Généralement le peuple ne se trompe pas dans ses traditions. Chez lui le souvenir en est seulement plus ou moins affaibli, et il vient un jour où, par habitude, il répète, sans savoir pourquoi, ce qu'il a entendu dire par ses pères.

Tout ceci a fait l'objet d'une étude sérieuse de notre part; et, à force de patience, nous avons trouvé un autre individu, le véritable Dewulf, qui a laissé un double nom à la rue, outre l'appellation officielle.

Puis nous avons recherché quels faits ont accomplis, quels rôles ont joués, quelles charges ont remplies les Dewulf à Dunkerque pour y laisser leur nom en mémoire.

Enfin nous avons écrit avec impartialité les notes biographiques suivantes sur les deux personnages que nous mettons en cause.

II

Racontons en premier lieu ce que nous savons de M. Dewulf, le brasseur.

Son père portait comme lui le seul prénom d'Antoine, et sa mère s'appelait Devein.

Il n'était pas natif de Dunkerque (2); mais il y vint demeurer assez jeune.

Il se maria quatre fois. Sa troisième femme, veuve d'un M. Jean Souffelle, se nommait Françoise Bart. Elle était née à Dunkerque le 10 Septembre 1631, de l'union de Jean Bart et de Jeanne Kerlinghes, mariés le 20 Novembre 1615; elle

---

(1) M. Victor Derode, Notice sur la Topographie de Dunkerque, 1856, page 6.

(2) Nous n'avons pas trouvé son acte de baptême au registre de l'état civil.

était la cousine au cinquième degré, ou la tante à la mode de Bretagne, du célèbre Jean Bart, que Dunkerque avait vu naître le 21 Octobre 1650.

Au commencement de 1690 promesse avait été faite à M. Dewulf, par l'échevinage, de lui céder un terrain de 156 toises carrées (1), au nord de la rue des Vieux Quartiers, entre deux vieilles « caszarnes », terrain que le roi Louis XIV avait donné avec d'autres à la ville par lettres-patentes, datées de Versailles du 28 Février 1686, « afin qu'elle ait, y est-il dit, le moyen de subvenir aux frais et à la despence des logemens (2) que les bailly, bourgmaistre et eschevins font construire pour les troupes qui composent ou composeront ciaprès la garnison dudit Dunkerque ».

Le 19 Mai 1690, l'hydrographe du roi, Pierre Baert, procède au toisé du terrain concédé à M. Dewulf, en présence de Pierre Faulconnier, grand bailli, et de François Joires, bourgmaître; puis, quelques jours après, le magistrat passe contrat en faveur de l'acquéreur.

Déjà alors l'honorable propriétaire fait bâtir une maison à deux demeures (3), au côté septentrional de la rue des Vieux Quartiers. L'autre côté existait en majeure partie depuis longtemps.

Deux ans après, quand les travaux tirent à leur fin, il présente au magistrat une requête dans laquelle il déclare qu'il a fait son acquisition « dans le dessein d'y ériger et establir une brasserie, a quel effect il a fait faire une assez belle maison servant d'ornement à la ville et plusieurs caves et un magazin, n'y manquant plus que les chaudières auxquelles il fait actuellement travailler ». Puis il conclut à ce que « le magistrat lui accorde la permission d'establir ladite brasserie, qui ne peut estre qu'utile et agréable au public veu l'aggrandissement de la ville et l'augmentation du nombre de ses habitants ».

Le magistrat, favorable au pétitionnaire, rend le 24 Juillet

---

(1) 68 mètres 76 décimètres 72 centimètres carrés.
(2) Ces logements sont les casernes de Sainte-Barbe, derrière l'abreuvoir, dont le nom est resté à la rue attenante. Voir Faulconnier, tome II, page 103.
(3) Elles portent maintenant les numéros 21 et 19. Le n° 19 appartient à M. Charles Wellebrouck, cabaretier, et le n° 21 est la propriété de Madame veuve et des enfants Vanrycke, plombiers.

1692 une ordonnance qui satisfait à sa demande, et l'usine ne tarde pas à être mise en activité.

Dans le même temps, le respectable échevin donne son nom de baptême à la brasserie, que l'on ne désigne plus, dès lors, que du nom de Saint Antoine de Padoue.

M. Dewulf, à qui la fortune sourit, cherche à s'agrandir. A l'ouest de chez lui se trouvent encore un terrain de 62 toises carrées et les matériaux de deux vieilles casernes ; il les acquiert du magistrat le 4 Juin 1693 ; et, dans la même année, il y fait construire une jolie maison d'habitation (1) qui vient augmenter, comme il l'avait exprimé, l'ornement de la ville. D'un autre côté, peu favorisé du sort, M. Dewulf perd sa femme, Françoise Bart, le 16 Juin 1695. Ses funérailles ont lieu le 18 au son de la grosse cloche. Jean Bart, le héros dunkerquois, le capitaine Mathieu Dewulf et toutes les notabilités de la ville assistent au service funèbre.

Se trouvant à la tête d'une maison où ses soins seuls ne suffisent pas, M. Dewulf épouse en quatrièmes noces, le 18 Septembre de la même année, une demoiselle Barbe Van-Spelberghe, de Dunkerque. C'était un homme pieux et rangé, aimant sa maison, sa profession et les habitudes patriarchales. Sous le rapport des femmes, il eut du malheur. Les deux premières meurent jeunes ; une seule le rend père ; la troisième ne survit que peu d'années à son mariage ! enfin il en vient à sa quatrième ; et certes s'il n'avait pas été suffisamment connu et apprécié du public, s'il n'avait pas été l'exemple des maris, on l'aurait pris pour le seigneur à la barbe bleue ressuscité du moyen-âge.

Il était alors avec les héritiers de sa troisième femme, en plein règlement d'affaires, que vint terminer heureusement un partage du 9 Décembre 1695.

Pendant quelques années le bonheur semble lui sourire. A la fin de 1698, on l'engage à se mettre sur les rangs pour la charge d'échevin, et le 13 Octobre il est assez heureux d'être élu au renouvellement du magistrat par M. Demadrys, conseiller du roi. Il reste en place jusqu'au 7 Juillet 1700 ;

---

(1) C'est le n° 17, qui appartient à M. André Vincent, marchand de meubles.

puis le 22 Juillet 1705, il se présente de nouveau à la candidature, et il a encore la satisfaction d'être réélu (1).

Mais bientôt la fatalité se réveille, et à peine a-t-il acquis (2 Décembre 1707) les parts indivises des héritiers collatéraux de Françoise Bart, que la mort lui ravit sa quatrième épouse.

Lassé des affaires et des choses de ce monde, M. Dewulf se démet de ses fonctions d'échevin le 7 Novembre 1709 (2), loue son établissement et se retire dans sa maison voisine.

Là il passe quelques années que viennent troubler parfois des désagréments suscités par le locataire de la brasserie. Finalement, la situation financière de celui-ci devient inquiétante, et le malheureux industriel est expulsé de l'usine, qui reste ensuite vacante pendant plusieurs années.

Dans ces entrefaites, M. Dewulf n'avait pas à se louer des procédés de sa fille Pétronille, veuve de M. Pierre Penetreau ; c'était pour lui un grave sujet d'affliction qu'il ne méritait pas.

La vie n'est qu'une alternative de peines et de soucis. L'homme ne s'en aperçoit que trop tôt lorsque les plus belles années de l'âge mûr se sont évanouies. Alors, s'il ne veut succomber dans la lutte où il est engagé, il doit se raidir contre l'adversité, s'armer de courage et de philosophie.

M. Dewulf en était arrivé à cette époque de la vie où il y a peu de compensation aux déceptions dont nous sommes assaillis chaque jour. D'un coup-d'œil il embrasse le passé et l'avenir de son existence ; et, se soumettant à la volonté de Dieu, il supporte avec une admirable résignation les hommes et les choses qui l'entourent, grâce à l'ange que la Providence a placé près de lui, sa petite-fille chérie, Mademoiselle Pétronille Penetreau, qui le comble de soins charmants et de respectueuses prévenances. Pénétré de reconnaissance, il lui fait une donation, 9 Mars 1720, « pour la bonne amitié et la singulière affection qu'il lui porte ». Il en était temps : le 30 Mars, M. Antoine Dewulf s'éteignait paisiblement.

Les funérailles eurent lieu avec grande pompe au son de

---

(1) Archives de la mairie de Dunkerque, registre 35, n° 1, renouvellement du magistrat, 1426 à 1780, folio 316, au folio 520.

(2) Même registre cité, du folio 330 au folio 356.

la grosse cloche, le 1er Avril, dans l'église Saint-Eloi; et lorsque le corps fut descendu en terre à côté de sa troisième femme, Françoise Bart, devant la chapelle de Saint Barthelemy, le vicaire P. Declercq inscrivit au registre l'acte mortuaire suivant:

« Le memme jour (1er Avril 1720), je soussigné aij enterré dans cette eglise avec le service de Jesu dans la chapelle de St Bertolomy le corps de sieur Antoine Wulf (1) veuf encien eschevin de cette ville mort en son domicile rue de Vieux Quartiers administré des Sacramens ordinaires âgé de soixeante huit ans ont esté tesmoins le Sr Alexandre Vic et Jean Godtschalck ».

Nous avons raconté brièvement la vie d'Antoine Dewulf, le brasseur, telle que nous l'avons recueillie dans des documents de famille encore existant (2) et dans les registres de l'état civil et de la mairie. Nous n'y avons rien vu qui pût motiver l'attribution de son nom à la rue des Vieux Quartiers. Antoine Dewulf était tout simplement un brave et digne homme qui savait se faire aimer et estimer sans bruit et sans éclat.

Lorsque nous nous occupions d'assembler des notes pour tracer la biographie du brasseur Dewulf, nous ne nous expliquions pas comment les Français avaient pu donner à sa rue le nom Du Loup, alors qu'un nom patronymique n'est pas traduisible, en principe. Selon nous, on n'aurait dû l'appeler que rue Dewulf, comme l'on dit la rue Guilleminot, la rue Dupouy, la rue Jean Bart, la rue Royer, etc., tous noms de nos concitoyens auxquels la cité a voulu donner un témoignage public d'estime et de gratitude.

Maintenant, mieux instruit, nous tâcherons d'expliquer plus loin cette dénomination de rue du Loup. Toutefois,

---

(1) On doit remarquer que le nom du brasseur est écrit ici sans la particule de. Il en est encore ainsi dans l'acte mortuaire de sa femme née Bart; mais le nom est transcrit tout au long dans l'acte de célébration de ses quatrièmes noces et dans tous les actes notariés que nous avons eus en mains, conformément à sa signature, qui fut constamment celle-ci : Antholne Dewulf.

(2) Ils sont en la possession des propriétaires des maisons numéros 17, 19 et 21. Nous les avons tous eus en communication.

nous pouvons certifier dès ce moment qu'à la fin du dix-septième siècle la rue n'avait pas d'autre nom que celui de rue des Vieux Quartiers, ou de Oude Cortier straete, selon l'expression des Flamands, si ce n'est le nom de rue de la Citerne dont nous aurons l'occasion de parler.

Réflexion faite sur tout ce que nous venons de dire, est-il bien vrai que le peuple dunkerquois ait donné ce nom de Dewulf à une rue sur la seule vue d'une maison et la mémoire de simples faits d'un homme ordinaire ? Cela n'est pas raisonnablement admissible.

Pour acquérir des droits à la reconnaissance publique, il ne suffit pas de faire élever une belle et grande usine avec un magasin et des logements d'habitation, d'employer plusieurs ouvriers, de se rendre populaire et abordable à tout le monde ; il ne suffit pas d'être bon mari et bon père ; il faut plus. Comment donc expliquer ce nom Dewulf ou du Loup donné spontanément par toute une population à une rue ? Je ne crois pas cependant que le secret en soit enfoui dans la tombe avec l'honorable défunt. Jetons nos regards ailleurs.

III.

En parlant de plusieurs officiers de marine dont la France et Dunkerque en particulier pouvaient s'honorer au commencement du dix-huitième siècle, M. Derode cite (1) le nom de Dewulf après celui du chevalier Forbin, et il ajoute que les dignes émules de celui que pleurait la France jetèrent sur la marine française un éclat qui ne s'éteindra jamais.

Il était question dans ce passage de Mathieu Dewulf et de Jean Bart mort le 27 Avril 1702.

Le capitaine Dewulf avait acquis une certaine célébrité ; il marchait noblement sur les pas de Jean Bart, son compatriote, et déjà sa ville natale pouvait s'en glorifier.

Mathieu Dewulf était la terreur des ennemis. Jamais il ne rentrait à Dunkerque qu'après de glorieux exploits, amenant fréquemment au port de riches prises enlevées aux Anglais ou aux Hollandais. En cent occasions il avait donné des

1) Histoire de Dunkerque cité, page 242.

marques éclatantes de sa valeur. Le danger lui était inconnu. Il attaquait les ennemis sans s'occuper des forces supérieures qu'il avait devant lui ; et, par un rare bonheur, il sortait toujours vainqueur des combats. Enfin son heureuse étoile lui réservait encore l'honneur de se signaler par la victoire dans un éclatant fait d'armes plus glorieux que tous ceux qu'il avait accomplis.

C'était le 20 Octobre 1707; Mathieu Dewulf commande le corsaire le Barentin, de 26 à 28 canons et de 170 hommes d'équipage. Il aperçoit pendant la nuit une frégate ; il la chasse et l'atteint. Il s'en approche même assez pour demander le nom du vaisseau. Le capitaine zélandais, — car il avait à faire à un navire de Flessingue, — lui dit d'un ton ferme : « Et vous, d'où venez-vous ? » Dewulf répond : « de Dunkerque ». Au jour il l'aborde et la lutte s'engage. Les deux équipages s'attaquent et se défendent avec une égale ardeur; ils s'entregorgent pendant deux heures. Enfin les braves Dunkerquois font un dernier et sublime effort, et la victoire leur reste. Dewulf conduit la frégate à Dunkerque.

La ville fut aussitôt pleine de ce grand évènement, et chacun vint féliciter le héros de cette mémorable journée. Assurément la rue des Vieux Quartiers était bien bruyante au moment où la foule joyeuse accourait pour recevoir l'intrépide marin, qui y habitait, au côté méridional, la petite maison dont il avait fait l'achat du sieur Pierre Olive, maistre charpentier et entrepreneur des ouvrages de la ville.

Cette action parut si belle que l'on en fit un rapport à Louis XIV, et que le grand roi envoya au capitaine Mathieu Dewulf une riche épée comme témoignage de sa haute satisfaction (1).

Dès ce jour, le nom du vaillant capitaine devint plus populaire que jamais. Les Flamands n'appelèrent que Dewulfstraete la rue qu'il habitait. Les Français la nommèrent rue du Loup, et cela n'était pas sans raison : « On surnommait, dit l'avocat Poirier, dans son Éloge historique de Jean Bart, on surnommait le brave capitaine Dewulf le loup de la mer,

---

(1) Faulconnier. Description historique de Dunkerque, Bruges, 1730, tome II, page 144. — Poirier. Éloge historique de Jean Bart, Paris, 1807, page 94. — Biographie Dunkerquoise, 1827, page 41. — Une Année à Dunkerque, par L.-Victor Letellier, 1850, page 101. Celui-ci fait erreur en nommant Dewulf du prénom de Mathias.

parce que Wulf en flamand veut dire loup » (1). L'historien aurait dû ajouter que, par ce surnom, les Dunkerquois peignaient fidèlement sa constante intrépidité, sa froide et énergique résolution dans l'attaque, son acharnement dans le combat.

L'avocat Poirier, comme l'on sait, était un admirateur de Jean Bart; mais des réputations moins grandes ne passaient pas inaperçues pour lui. Il a dit aussi que l'histoire de cette ville citait encore d'autres grands hommes dignes de servir de modèles. Il les nommait, et, parmi ces noms immortels, il rappelait ceux de Jean Jacobsen et de Mathieu Dewulf (2). Cet aveu de l'historien, qui avait, au reste, particulièrement connu la famille, est bien significatif. Il fait honneur à celui qui en était l'objet et doit le rehausser encore dans l'opinion publique.

Mathieu Dewulf ne s'arrêta pas au fait d'armes de 1707; il se couvrit de gloire pendant deux années encore; et ce ne fut qu'en 1709 qu'il céda le commandement de son corsaire au capitaine Pierre Freraert (3), qui, lui aussi, se fit une certaine réputation.

Poirier était pris d'un tel enthousiasme pour le capitaine Dewulf et quelques autres marins, qu'après avoir parlé de Jacobsen qui, en 1622, avait fait sauter son navire plutôt que de se rendre aux Hollandais, il disait : « Ces sublimes élans de bravoure et d'intrépidité étaient ceux des Mathieu Dewulf, des Freraert, des Delille, des Royer, des Vanstabel, etc.; ils sont ordinaires à tous les braves marins dunkerquois; dans tous les temps nos ennemis l'ont éprouvé » (4). Et qu'on le remarque bien, le nom de Dewulf se trouve cité le premier dans l'expression de son admiration.

En rappelant la brillante époque où vivait Jean Bart, époque qui vit s'augmenter l'éclat que Dunkerque s'était acquis antérieurement, M. Derode ne s'exclamait-il pas qu'elle avait légué à la postérité des noms dont nous pouvons être fiers? Et à son tour il citait, parmi les plus vaillants, le nom de Dewulf, le corsaire, tout en donnant un souvenir à bien

(1) Eloge historique cité, page 81.
(2) Eloge historique cité, page 110.
(3) Description historique de Dunkerque citée, page 154. — Eloge historique cité, page 110
(4) Eloge historique cité, page 123.

d'autres braves, qui, dans un rang plus obscur, s'étaient montrés de dignes enfants de la bonne ville (1).

Telle est succinctement la vie publique de l'homme auquel la reconnaissance de la population conserva le nom même francisé à la rue des Vieux Quartiers.

On rapporte peu de particularités de la vie privée du capitaine Dewulf. Voici cependant un fait qui lui est personnel. Le 27 Septembre 1700, se trouvait à Dunkerque un voyageur du commerce. Ce jour-là il adressait à son correspondant une missive assez étendue qui contenait les lignes suivantes :

« J'ai revu hier M. Marcadé, qui doit vous avoir écrit au sujet de l'affaire des marcs de banque. Il remplit ici, depuis l'année dernière, les fonctions de bourgmaître. Il m'a invité ces jours derniers à passer la soirée chez lui, et j'ai eu l'occasion d'y voir quelques personnes que je connoissois de réputation ; d'abord M. Jean Bart, ce marin célèbre que Louis XIV a ennobli, et qui le méritoit bien, puisque ses actions d'éclat en font le plus grand homme de France. Il est fort simple dans ses mœurs, et, à le voir dans le monde, on ne croiroit pas que c'est l'homme qui s'est rendu la terreur de l'Angleterre et de la Hollande. Il parle peu et s'exprime difficilement en françois. Néanmoins, il a une certaine énergie de langage qui plaît et quelquefois étonne. Il a causé quelque temps avec un capitaine de corsaire du nom de Dewulf, qu'on dit aussi très brave, et que ses nombreuses prises ont enrichi. Leur conversation a roulé sur les probabilités d'une rupture avec l'Angleterre, et tous deux paraissoient plus la désirer que la craindre.... » (2)

Le capitaine Dewulf voyait la meilleure société de Dunkerque. On le rencontrait tantôt chez le bourgmaître ou chez le grand bailli M. Pierre Faulconnier, tantôt chez d'autres notabilités, où il se faisait aussi aimable qu'il était « loup » en d'autres circonstances.

En 1709, Mathieu Dewulf s'établit négociant et continua de demeurer dans sa maison, où l'on était venu si souvent lui faire des ovations. Il l'occupait encore le 4 Mars 1727,

---

(1) Histoire de Dunkerque citée, page 326.
(2) Lettre sur Dunkerque, insérée dans la Dunkerquoise du 30 Juillet 1844, n° 5297.

lorsqu'il fit son inventaire qu'il vint affirmer à l'assemblée des avoués de la garde orpheline, à cause de la minorité de sa fille unique Louise, seule héritière de Madame Anne Dewierdt, sa seconde femme, qui était morte le 31 Janvier 1722.

Le capitaine jouissait de l'estime publique. Il accrut même sa réputation en faisant loyalement le commerce : il acquit une belle fortune, et ce ne fut certes pas sans mal, car il eut à soutenir plusieurs procès devant l'amirauté de Dunkerque relativement aux parts de prises concernant son navire le Barentin (1).

A la fin de ses jours il alla habiter la campagne ; il y mourut assurément, puisque l'on ne trouve aucune trace de sa mort dans les actes de l'état civil de Dunkerque. On en acquerra peut-être la preuve, quand un laborieux archéologue découvrira des documents nécrologiques dans quelque localité de notre Flandre maritime.

Après le narré des faits qui précèdent, la question se trouve, ce nous semble, tout éclaircie, toute résolue, et il n'y a pas de doute qu'Antoine Dewulf, le brasseur, ne doive humblement céder la place d'honneur à Mathieu Dewulf, le capitaine. Ainsi, les appellations de Dewulf et du Loup données à la rue des Vieux Quartiers, se rattachent péremptoirement au capitaine Mathieu Dewulf, émule de Jean Bart, et distingué, comme lui, par le grand roi.

Que l'honneur lui en reste comme une juste récompense de sa bravoure et de son mérite.

Au surplus, Mathieu Dewulf était de Dunkerque, où il naquit le 26 Décembre 1670, du mariage d'Alexandre Dewulf et de Marie Schams (2). Antoine Dewulf était natif d'un autre lieu, et la cité n'aurait pas accordé gratuitement à celui-ci ce qu'elle n'accorde généralement qu'à ses enfants qui ont bien mérité, ou, par de rares exceptions, à d'illustres personnages étrangers qui ont rendu d'éminents services.

A la fin du dix-huitième siècle, pour expliquer le nom du

---

(1) Communication verbale de M. Alexandre Bonvarlet-Durin.
(2) L'acte de naissance porte le numéro 1203 du 7ᵉ registre. Il eut pour parrain Mathieu Vanhathor, et pour marraine Laurentia Heldenesse.

Loup, on inventa une drolatique histoire. On racontait que jadis apparaissait, tous les soirs, rue des Vieux Quartiers, un être mystérieux ; que le peuple le nommait loup-garou, et que de là était restée l'appellation de rue du Loup. Mais comme dans un écrit sérieux il n'est pas permis de raisonner sur de pareils contes, nous en passerons condamnation en maintenant l'explication donnée en faveur de Mathieu Dewulf, « le loup de la mer ».

On a même rapporté une autre histoire : on a dit que la rue du Loup n'avait pris ce nom qu'à cause d'un M. Leloup, administrateur, qui aurait longtemps habité la rue des Vieux Quartiers. C'est là une invention : ni la Description historique de Dunkerque par Faulconnier, ni l'estimable Histoire de Dunkerque par M. Derode, ni d'autres documents authentiques non plus que les archives du pays, ne font mention d'un M. Leloup. Celui-ci n'était autre sans doute que le capitaine qui, une fois rendu à la vie civile, aura rempli les fonctions d'administrateur dans quelque établissement charitable de la ville.

Autant il demeure avéré que Mathieu Dewulf a donné son nom à la rue, autant il est certain que la dénomination de rue du Loup n'est pas impropre. Elle n'est pas même contestable, quoiqu'elle ne soit pas admise administrativement, non plus que celle de Dewulf-straete. Les premiers habitants de la cité flamande se sont si bien habitués à ces deux appellations synonymiques, se rattachant à un souvenir aussi honorable pour l'homme que glorieux pour le pays, que les générations qui ont suivi les ont religieusement maintenues, ignorant avec le temps qu'il en existât une autre inscrite aux angles de la rue. Voilà pourquoi nous voyons si souvent le nom de rue du Loup employé dans tant d'almanachs, dans un grand nombre d'actes notariés, sur les adresses des lettres, dans des documents même semi-officiels, tel que le plan cadastral de Dunkerque levé et publié en 1827, par M. Derudder, etc.

Le nom honorable du capitaine Dewulf profita à sa fille ; mademoiselle Louise épousa un échevin de la ville et du territoire de Dunkerque, M. Albert-François Martin, qui y y occupa, de 1771 à 1775, la charge de bourgmaître, et qui devint ensuite conseiller du roi, trésorier de l'extraordinaire des guerres au département de la Flandre, en résidence à Dunkerque.

La maison du capitaine Dewulf ne sortit de la famille qu'après la mort de M. Martin. La veuve de celui-ci, Louise Dewulf, qui avait conservé sept enfants de son mariage, vendit la propriété à M. Benoît-Georges De Rive, courtier de change, le 15 Février 1783, et s'en alla ensuite habiter Hondschoote, où elle finit ses jours.

Cette maison, à un étage, porte aujourd'hui le n° 22. Elle appartient à M. François Vergriete, dont le locataire exerce la profession de boucher.

IV.

Toute la partie de notre ville circonscrite par les rues des Prêtres, de Jean Bart, des Vieux Remparts et des Vieux Quartiers, avec des portions de terrains adjacents, dépendait jusque vers l'an 960 du canton Gillisdorp ou bourg de St-Gilles, noyau primitif de Dunkerque.

Vers ce temps, elle devint l'emplacement d'un cimetière, d'une église et d'une certaine quantité d'habitations.

Après l'année 1440, époque où l'on commença à construire la grande église Saint-Éloi, à l'extrémité occidentale de l'emplacement signalé, on démolit l'ancienne église, située à l'endroit où se trouve aujourd'hui l'hospice Saint-Julien, et l'on changea la destination du cimetière qui l'entourait.

On y éleva un grand nombre de casernes d'infanterie et de cavalerie, dont la plupart s'étendaient du sud au nord, et les autres de l'est à l'ouest, depuis la rue Royer, alors innommée, sans doute, jusqu'à la citerne de la ville qui n'existait pas encore. (1)

En 1679 on traça plusieurs rues à Dunkerque. (2) Celle des Vieux Quartiers fut de ce nombre. La dénomination s'en explique admirablement bien : les troupes de la garnison étaient casernées de ce côté.

(1) M. Derode. Notice sur la topographie de Dunkerque, 1856, p. 15, appuyée du magnifique plan dessiné par feu M. Noël Leblond, l'opuscule du même auteur, intitulé : de Saint Gilles, de Saint-Éloi, Dunkerque, 1857, p. 5, et sa notice sur l'Eglise Saint-Éloi à Dunkerque 1857, p. 8 et suiv.

(2) Faulconnier, description historique de Dunkerque et tome II, cités, p. 88.

Il n'existait dans la nouvelle rue que trois maisons: c'étaient celles qu'habitaient des ecclésiastiques, contre le chevet de l'église et qui portent maintenant les n°s 9, 11 et 1, en tournant vers la rue des Prêtres.

Les maisons qui s'élevèrent ensuite, furent celles de la rangée méridionale, et voici comment.

En ce temps, vivait à Dunkerque un homme du nom de « Marcelles Tallendier, maistre paveur ». Il acquit de la ville en Novembre 1680, une étendue considérable de terrain pour bâtir; ce qui fut confirmé par l'échevin A. L. De Brier, le 1er Août 1681, en vertu de lettres patentes du roi Louis XIV, données à Versailles le 28 Juin précédent.

Tallendier, immédiatement après, céda une partie de son marché à « André Vandenbussche, maistre charpentier, » à la condition, qui lui avait été imposée, de « bastir sur son dit héritage selon les ordonnances, us et coustumes de la ville. (1)

Leur achat respectif de terrain n'avait pour but que le bénéfice qui pourrait leur en revenir par suite de constructions; dès l'année 1681, ils se mirent à l'œuvre, et l'on vit bientôt s'élever plusieurs maisons parmi lesquelles figuraient celles qui portent aujourd'hui les n°s 20, 20 bis et 22.

Au temps où Antoine Dewulf faisait élever sa première maison au nord de la rue des Vieux Quartiers, un sieur Dominique Audiquet y acquérait (1690) un terrain où il ne tarda pas à faire construire une vaste habitation. Sur ces entrefaites, la mort surprit cet homme, et ses héritiers, ne jugeant pas à propos de rester dans l'indivision, exposèrent leur propriété en vente. Le magistrat, auquel elle convenait pour les pauvres, en fit l'acquisition (1694) moyennant un prix de 15,650 livres tournois (2), et l'on fonda aussitôt l'hôpital général de Saint-Julien (3), qui manquait à la ville.

Au bout occidental de la rue on construisait la grande citerne, qui ne fut achevée que l'année suivante (1695) (4).

---

(1) Voir les titres des maisons n°s 20, 20 bis et 22, que nous avons eus en dénomination.
(2) Chiffre indiqué par une note que M. Mollet, maire de Dunkerque, président honoraire de la Société Dunkerquoise, remit à l'auteur dans la séance où celui-ci venait de lire sa notice.
(3) Description historique de Dunkerque et tome II cités, p. 129.
(4)   Id.   Id.,   108.

Au-dessus et à côté on éleva des bâtiments, dont quatre avec galeries ayant logements au-dessous ; exemple unique à Dunkerque de ce genre de constructions qui empiètent sur la voie publique.

De là vint que, jusqu'en 1700 et même après, on l'appelait vulgairement la rue de la Citerne (1).

Toutes les anciennes casernes, au nombre de plus de quatre-vingts, mises hors de service, avaient disparu depuis cinq années (2), et dès avant ce temps de nouvelles maisons avaient été élevées sur toute la longueur de la rue.

D'autres constructions furent continuées jusqu'en 1705, année pendant laquelle les sieurs Pierre Olive, le charpentier, et Pierre Doers, bâtirent les quatre maisonnettes numéros 1, 3, 5 et 7, contre le mur méridional de l'église Saint-Eloi, sur des terrains que leur avaient concédés à perpétuité par adjudication, le 28 Novembre 1704, le bourgmaître et les échevins de cette ville, comme marguilliers de Saint-Eloi, à la charge d'une redevance annuelle.

Le capitaine Mathieu Dewulf habitait la rue des Vieux Quartiers depuis quelques années. Son nom et son surnom allaient bientôt être attribués à la rue par le peuple dans son enthousiasme et sa reconnaissance (1707).

Il n'y restait plus de terrains à vendre ; les deux lignes de la rue étaient bâties.

Soixante-quinze ans plus tard, le magistrat résolut que l'on élèverait un péristyle à l'église Saint-Eloi, en même temps que l'on y exécuterait intérieurement d'importantes modifications. Le 22 Octobre 1782 on posa la première pierre à l'extérieur du monument, et le portail romano-grec, dont l'extrémité méridionale donne sur la rue des Vieux Quartiers, fut achevé le 27 Mai 1787 (3).

Depuis lors, et surtout à partir de 1814, les maisons des dix dernières années du XVIII⁰ siècle ont subi toutes les transformations possibles à l'intérieur comme à l'extérieur,

(1) Ce que nous avons vu dans le contrat de 1700, qui se trouve parmi les titres de la maison n° 23.
(2) Notice sur la topographie de Dunkerque citée, page 15 ou 147.
(3) Voir ma notice sur le Péristyle de l'église Saint-Eloi de Dunkerque, insérée au tome II des Œuvres Dunkerquoises, 1857.

hormis une seule : la maison n° 35, qui fait l'angle nord-ouest de la rue et de celle du Château. Sa façade est à fronton elliptique qui rappelle un peu la maison du coin du Parc de la Marine.

L'hospice a reçu aussi plusieurs modifications du côté de la voie publique ; le pignon seul du coin donnant sur la rue des Vieux Remparts a conservé sa forme presque originelle, à fronton conique, avec pilastres et trois fenêtres en œil-de-bœuf.

La rue se divise comme autrefois en trois sections, sur une longueur de neuf cents mètres environ.

La première contient 13 maisons, non compris l'église ni les deux portions de maisons des coins du bout oriental.

La seconde, celle du milieu, en contient 20, indépendamment des deux portions des maisons des coins de la rangée méridionale.

Et la troisième 7 seulement, outre l'hospice civil et les portions des deux maisons des coins du côté méridional.

Dans ce nombre il ne se trouve que cinq maisons à deux étages depuis moins de quinze ans.

Une seule propriété porte un millésime de date récente : 1817 ; c'est la maison n° 13, à l'angle nord-ouest de la rue et de celle des Prêtres.

Tel est l'historique de la rue des Vieux-Quartiers.

Si elle n'est pas riche de faits, on retrouvera, du moins, toujours dans ses souvenirs le nom d'un héros, d'un enfant du pays dont la grande ombre nous semble protester chaque jour contre l'oubli de ses concitoyens !

N'y aurait-il donc pas justice, en mémoire du valeureux capitaine dunkerquois, de la nommer officiellement désormais : RUE MATHIEU DEWULF ?

RAYMOND DE BERTRAND.

GALLUS ET LYCORIS (1).

IMITATION DE L'ÉGLOGUE X DE VIRGILE.

1857

Pauca meo Gallo, sed quæ legat ipsa Lycoris.

Viens! préside, Aréthuse (2), à mes derniers concerts :
Je veux pour mon Gallus soupirer quelques vers,
Mais qu'ils puissent charmer Lycoris elle-même...
Qui pourrait à Gallus refuser son poëme ?
Ainsi, quand vont les flots sous les flots siciliens,
Que l'amère Doris (3) n'y mêle point les siens !

---

(1) Gallus était un poëte du temps de Virgile. Il eut la faiblesse de s'éprendre éperdûment de la belle Lycoris, et ce fut pour elle qu'il publia quatre livres d'élégies vantées par Quintilien. Mais l'ingrate Locuté, préférant l'éclat des armes aux douceurs de la muse, abandonna son poëte et suivit en Germanie un général romain. Virgile console, en cette églogue, les peines amoureuses de Gallus. Il lui montre en langage poétique qu'il aurait dû fouler aux pieds le souvenir d'une amante indigne d'être adorée par un homme de génie.

(2) Aréthuse était une fontaine allégorique située vis à vis de Syracuse.

(3) Doris, fille de l'Océan, est prise ici pour l'Océan lui-même.

Viens! célébrons Gallus, l'amour qui le ravage,
Pendant que mes brebis rongent le doux feuillage;
Rien n'est sourd dans les bois, où l'écho va parler.
Quels lieux, quelles forêts ont pu vous recéler,
Naïedes! déités, brillantes de jeunesse,
Lorsque Gallus mourait d'une lâche tendresse?...
Le Parnasse, le Pinde, Aganippe et ses bords
N'ont pas en Aonie enchaîné vos transports.
Même sur lui pleuraient les lauriers, les bruyères;
Le Ménale, ombragé de pins à têtes fières,
Les rocs du froid Lycée ont gémi de le voir
Sur la pierre isolée étendu sans espoir!
Auprès de lui debout, le troupeau s'inquiète;
Aime aussi les brebis, ô toi, divin poète:
Près des fleuves, le bel Adonis fut berger...
Pâtre et bouviers pesants viennent là se ranger;
Puis, du gland de l'hiver Ménalque humide encore;
Tous demandent : d'où naît l'amour qui te dévore?...
Vient Apollon : — « Gallus! rappelle tes esprits,
Dit-il; sous un ciel froid, ton amour... Lycoris
Parmi l'horreur des camps, se donne un nouveau maître ».

Accourt Sylvain, coiffé de son bandeau champêtre,
Portant de longs bouquets, des lys majestueux;
Pan, dieu de l'Arcadie, apparaît à nos yeux;
L'hièble (1) couleur de sang, vermillonne sa joue;
« Finiras-tu, dit-il; va..., l'amour te bafoue :
Le cruel n'est jamais rassasié de pleurs,
Plus que l'herbe d'eau fraîche, ou l'abeille de fleurs;
Ou plus que les troupeaux ne sont las de verdure ».

(1) Herbe champêtre dont le jus est de couleur pourprée.

Triste, il répond : « Du moins vous direz ma torture
Aux monts de la contrée,... Arcadiens !... Arcadiens,
Seuls propres à chanter des maux comme les miens.
Mes os sommeilleront, couchés avec mollesse,
Si vos flûtes, un jour, redisent ma tendresse !
Que n'ai-je parmi vous été simple pasteur,
Ou de la vigne mûre un heureux vendangeur?
Amyntas ou Phyllis aurait eu ma pensée...
(N'importe qu'Amyntas soit de couleur foncée :
Brune est la violette et le vaciet (1) noir).
Et quel que fût mon choix, on aurait pu nous voir,
Près des saules, couchés dans les vignes écloses :
Amyntas gazouillant, Phyllis tressant des roses.
Vois la claire fontaine au sein des prés fleuris ;
Mollement dans les bois nous vivrons, Lycoris !
Un amour insensé te fait trouver des charmes
Sous les drapeaux de Mars et dans le bruit des armes ;
Pour des bords ennemis tu fuis le sol natal :
— Que ne puis-je oublier ce délire fatal ? —
Les Alpes ! Dieux ! le Rhin, les neiges éternelles...
Sans moi, tu vas braver ces régions cruelles ?...
Ah ! que l'affreux hiver ne lèse point tes pas :
Que le glaçon pardonne à tes pieds délicats.

« J'irai, faisant jouer la flûte sicilienne,
La Muse de Calchis sut inspirer la mienne.
Je veux l'antre sauvage et les pâles déserts ;
Sur les arbres j'inscris mon amour, mes revers...
Eux grandiront... grandis, ô tendresse fatale !
Puis, aux Nymphes mêlé, je parcours le Ménale :

(1) Vaciet, arbri sceau. Sorte d'hyacinthe.

Vite ! au fier sanglier... allez, mes chiens ardents ;
Du mont Parthénius bravez les froids mordants...
Je me vois sur les rocs ou dans un bois sonore ;
Comme un Parthe je lance, et puis je lance encore
Les flèches de Cydon ! Mais qui peut me guérir ?...
L'amour n'est jamais las de voir l'homme souffrir.
Les Nymphes de nos bois, les molles poésies
Me déplaisent... Fuyez, ô retraites choisies !
L'amour ne change pas devant nos longs travaux.
De l'Hèbre, en plein hiver, l'homme boirait les eaux ;
En Thrace il foulerait la neige et la froidure ;
L'été, quand meurt l'écorce au bout de la verdure,
Berger d'Ethiopie, on brûle aux feux du jour ?...
L'amour ne cède à rien ; nous... cédons à l'amour »

Ils suffiront ces vers que fait votre disciple,
Assis, et façonnant la corbeille flexible ;
Muses !... rendez ma lyre agréable à Gallus :
Mon amitié pour lui s'accroît de plus en plus ;
Tel, l'aune vert s'élève, à la saison nouvelle.
Mais debout ! souvent l'ombre aux chanteurs est rebelle ;
Le génévrier nuit à l'homme, à la moisson.
Brebis, voici le soir, oubliez le gazon.

B. KIEN.

VERS

LUS AU BANQUET DES ANCIENS ÉLÈVES DU COLLÉGE DE LILLE
MARDI 17 AOUT

1857.

Dieu nous donne parfois des roses sans épines,
  Et nous réserve un jour serein,
Un de ces rares jours dont nos âmes chagrines
  Cherchent long-temps le lendemain.

Car, hélas! ici bas rien ne les désaltère!
  Le vide se trouve partout!
D'un désir infini l'homme est le tributaire,
  La loi d'en haut dont rien n'absout.

Soumis à cette loi, nous allons dans la vie,
  Et depuis le jour fortuné
Où notre enfance, ici, vivait épanouie,
  Nous marchons le front incliné!

La douleur, les soucis que toute chose enferme
  Se succèdent à jour marqué,
Et chaque vent nous pousse au mystérieux terme
  Par la Providence indiqué!

Je cheminais ainsi, quand porté par la brise,
    M'arrive un amical appel !
Quand j'entends retentir en mon âme surprise
    Un écho du sol paternel !

Quoi ! les lauriers obscurs de mon obscure enfance
    Avaient-ils donc quelque valeur
Que, cinquante ans après, on en ait souvenance,
    Et qu'ils me donnent tant d'honneur ?

Ecoutons ! ! Oui, c'est bien mon pays qui m'appelle
    Et qui s'est souvenu de moi !
Oui, ce sont mes amis ! Oui, c'est leur voix fidèle,
    Leur parole de bon aloi !

J'accours au rendez-vous, bien aimés camarades ;
    Rivaux sans masque ! amis sans fiel !
Je viens vous apporter mes chaudes embrassades,
    Restes d'un vieux rayon de miel.

Nous parlerons du temps où, sans inquiétude,
    Ecoliers, libres et contents,
La buissonnière à part, nous donnions à l'étude
    Tout notre amour et nos instants !

Ah ! qu'en ces beaux jours-là, toute joie était franche,
    Tout plaisir exempt de remords !
Les oiseaux dans les bois, les feuilles sur leur branche
    Formaient d'harmonieux accords !

Ah ! comme la verdure était alors charmante !
    Que les ombrages étaient frais !

Et les fruits savoureux !... la lumière brillante !
Que tout était bon sans apprêts !

Dans quel air embaumé tout cela me ramène !
Quel doux et sympathique émoi !
Vraiment, je sens vibrer la harpe éolienne
Que je croyais brisée en moi !

Mes amis !! laissez-moi dans votre douce étreinte,
Laissez-moi me ressouvenir !
Laissez se rallumer mon espérance éteinte !
Tenez... je ne veux plus mourir !

Mais j'oublie, insensé ! combien de ceux que j'aime
N'ont pu s'avancer jusqu'ici !
Ils sont tombés ! Pour nous la loi sera la même,
Et nous devons tomber aussi !

Moissonneur diligent, la mort ignore l'âge
De ceux qu'elle a marqués au front.
Elle va, lorsque Dieu l'envoie à son ouvrage,
Et fauche les blés tels qu'ils sont !

Eh bien ! nous, vétérans que Dieu laisse encor vivre,
Resserrons les rangs, mes amis,
Et tentons d'achever, sachons au moins poursuivre
Le bien que nous avons promis !

Répétons à celui qui va se mettre en route
Quels sentiers il doit éviter,
Disons-lui ce que vaut la recherche, le doute,
Et tout ce qui va le tenter.

Disons-lui que le bruit, l'éclat et les richesses,
    Objet de notre âpre désir,
Sont des mirages vains, fastueuses promesses
    Qui n'ont jamais su que mentir !

Disons à cet ami qui va sur notre trace
    Quelle fut pour nous la moisson !
Disons-lui qu'ici-bas nul pouvoir ne dépasse
    Du ciel la sublime leçon !

S'il penche à s'arrêter avant que d'être au terme,
    Rassurons son cœur défaillant ;
S'il marche sans faiblir, d'un pas égal et ferme,
    Qu'il entende un mot consolant !

De tous ces voyageurs, ne négligeons personne ;
    Les plus faibles deviendront forts
Sachant que, par vos soins, une noble couronne
    Est assurée à leurs efforts.

Répétons, appuyés sur notre expérience,
    Qu'ici-bas tout est vanité
Hors ceci : servir Dieu, croire à sa Providence
    Et pratiquer la charité !

Maladroit, qu'ai-je fait ? vieillard triste et morose,
    Je suis venu, fâcheux mentor,
Assombrir de mon deuil un jour couleur de rose,
    Jour qui rappelait l'âge d'or ! !

Mais vous m'excuserez ! et vous n'allez pas croire
    Que mon cœur ait pu se fermer

Au culte du pays, à celui de la gloire...
    A rien de ce qu'il faut aimer !

Car pendant soixante ans j'ai voulu, sans relâche,
    Le progrès dans l'humanité !
Soixante ans j'ai tenté, ce fut ma seule tâche,
    D'approcher de la vérité.

Si ma flamme est pâlie, au moins elle est fidèle ;
    Si mon élan s'est endormi,
Mon âme n'a jamais voulu tourner son aile
    Vers les tentes de l'ennemi.

L'honneur est mon drapeau ; ma mère est sa patrie,
    Et j'ai toujours suivi leurs lois !
En ce moment surtout, dans mon âme attendrie
    Je me sens fier d'être Lillois.

V^{or} DERODE.

A MADAME DAMOREAU-CINTI,

EN LUI DÉDIANT UNE ROMANCE INTITULÉE ESPOIR.

—

1842.

—

De nos divins auteurs gracieuse interprète,
Qui recueilles partout d'unanimes transports,
Reçois ici les vœux, l'humble chant du poète;
Touchante Damoreau, fée, âme d'une fête,
Tu viens charmer aussi les échos de ces bords.

Salut, ô mon pays! salut, quand sur ta plage,
Où l'onde sait chanter, où le flot vint gémir,
Où gronde la tempête, où s'abime l'orage,
De grâces, de talents, le plus rare assemblage,
Vient... pour elle, un instant, oh! cesse de mugir.

Quand de l'astre du jour l'éclatante lumière
Teindra de pourpre et d'or les nuages flottants;
De ce jour qui s'écoule, à l'heure avant-dernière,
Quand l'homme du Seigneur répète sa prière,
Comme un hymne divin s'élèveront ses chants.

Brise, qui mollement caresses la verdure,

Et du parfum des fleurs sais enrichir les airs ;
Reviens régner encor sur la belle nature,
Majestueuse mer ! cesse ton sourd murmure,
Oiseaux, pour l'écouter, suspendez vos concerts.

Océan, soulevez vos lames ondoyantes,
De vos humides rocs sortez filles des eaux ;
Couronnez votre front de vos crêtes fumantes,
Gonflez-vous, bondissez en vagues écumantes,
Déployez à ses yeux vos magiques tableaux.

Comme vous, plus que vous, je voudrais voir, entendre,
Celle qui sait calmer, endormir les douleurs ;
Celle dont l'accent pur, dont la voix douce et tendre
Pénètre tous les cœurs, à son gré sait suspendre,
Réveiller le plaisir, faire couler les pleurs.

Plus que vous j'aimerais sa voix mélodieuse,
Lorsqu'en un doux sommeil, prête à m'évanouir,
Mon esprit redirait l'ode religieuse,
Il se rappellerait sa note harmonieuse,
Car l'âme du poète aime le souvenir.

D'un sentiment profond toujours elle s'honore,
Aimer, plaire, émouvoir, enchaîner, attendrir ;
Pensée, esprit, amour, oui c'est vous qu'elle adore,
La douce émotion est l'ange qu'elle implore,
Et qui sait tour-à-tour l'inspirer, l'ennoblir.

De biens, aussi de maux se parsème la vie,
De la tienne, Cinti, les arts charment le cours ;
Les tendres sentiments l'ont sans cesse embellie;

Puisse toujours la coupe en être ainsi remplie,
Et te verser encor de longs et d'heureux jours !

Moi, frêle et pâle fleur, rêveuse et solitaire,
Dont la vie au matin déjà touche le soir,
Alors qu'aura cessé ma course passagère,
J'aurai marqué mes pas sur cette aride terre,
Si tu veux accueillir, redire mon *Espoir*.

P^{ne} VERMERSCH.

A MADAME AMÉLIE B.

1858

A vec la charité tu marches dans la vie ;
M ourir pour toi ne sera pas périr ;
E t quand aura sonné ton heure de partir,
L a crainte loin de toi sera même bannie.
I l te sera si doux d'aller aux cieux t'unir,
E t t'enivrer d'amour dans la sainte patrie !

P^{ne} VERMERSCH.

A LA MÉMOIRE DE MON FRÈRE,

LIEUTENANT AU 49° DE LIGNE, DÉCÉDÉ DEVANT SÉBASTOPOL.

—

1857

—

O mort ! terrible mort ! ton glaive a moissonné,
A la fleur de son âge, un frère premier né !
N'était-ce pas assez de me priver d'un père
Et de ravir le jour à la plus tendre mère ?
Mort ! suspends ton courroux, arrête ta fureur ;
Laisse encore un sujet servir son Empereur.
Mais non... spectre hideux, tu prépares l'abîme
Où ton poison mortel couchera sa victime !...
Crimée, enclos de deuil... tu seras le tombeau
De l'officier qui meurt bien loin de son berceau,
Sans qu'une main amie entrelace la sienne,
Sans qu'une sœur chérie et console et soutienne
Tes dernières douleurs !! — Et son corps trépassé
Aura pour sépulture un terrain délaissé.
Ni saule pleureur, if, ou cyprès solitaire
N'ornera le tombeau du pauvre militaire :
Un coin froid et muet, sans verdure ou gazon,
Sans qu'une simple croix se montre à l'horizon.
Voilà l'urne sacrée où repose sa cendre !
C'est un tombeau commun où l'on a fait descendre

Tant de vaillants soldats tombés au champ d'honneur,
Criant : vive la France et vive l'Empereur !
Mais toi, frère chéri, toi l'ami que je pleure,
Je bénirai ton nom jusqu'à ma dernière heure ;
Ton souvenir, gravé dans mon cœur à jamais,
Me rappelle toujours la douceur de tes traits.

Jésus le Fils divin, buvant l'amer calice,
En montant au Calvaire offrir son sacrifice,
Aux mânes des élus ouvrit ses portes d'or.
Non, non, il n'est pour toi que ce céleste port.
Mon frère, ombre chérie, accueilli par un ange,
Ah ! dans les cieux d'azur, dans la sainte phalange,
Prête-moi ton appui, sois toujours mon soutien ;
Toujours dans cet exil, reste mon gardien ;
Invoque du Très-Haut pour la famille entière
Ces bénédictions, l'existence prospère.
Bientôt le Créateur, par ses dons infinis,
En un lieu de bonheur, nous aura réunis.

VANSTEENBERGHE.

LE MOUSSE.

1849.

Pourquoi gémir ? pourquoi verser des larmes,
O bonne mère ! en me voyant partir ?
Sois sans frayeur, dissipe tes alarmes,
Et sur mon sort cesse de t'attendrir.
Le ciel est bleu, la mer est belle et douce,
Le vent sourit au cœur des matelots ;
Dieu guidera la galère du mousse
Loin des écueils que recèlent les flots.

Je vais quitter nos côtes boulonnaises,
Joyeux enfant, pour la première fois ;
Mais dans mon cœur l'écho de nos falaises
Apportera, mère, ta douce voix ;
Et tous les soirs, à genoux sur la poupe,
En priant Dieu je rêverai de toi,
Pour que l'espoir rayonne dans ta coupe,
Et le bonheur autour de notre toit.

N'entends-tu pas ?.... Déjà le capitaine,
La barre en main, éperonne son bord,
Qui pour courir sur la vague lointaine,
Coursier fougueux, bondit auprès du port.

Adieu ! je pars….. et pour qu'à ce rivage
Le ciel un jour me fasse revenir,
Unissons-nous dans un même langage,
Et prions Dieu, mère, de nous bénir !

Ainsi naguère un mousse encore en herbe,
Enfant pieux, à sa mère parlait ;
Puis haut le front, et l'œil fier et superbe,
Obéissant au flot qui l'appelait,
D'un bond rapide à bord de la Syrène,
Près du pilote, alerte il accourut,
Et tout-à-coup la fringante carène,
Voiles au vent, au large disparut.

Et sur la mer, un jour que la tempête
Battait sa nef et la mordait au flanc,
Mousse intrépide et de cœur et de tête,
A la manœuvre il tint le premier rang.
Dans ce beau jour, courant de voile en voile,
Agile et prompt comme un jeune écureuil,
De l'équipage il fut nommé l'étoile
A bord du brick dont il était l'orgueil.

Six mois plus tard, le navire du mousse
Entrait au port, léger comme un oiseau ;
Tel un enfant folâtre sur la mousse,
Dont le tapis lui servit de berceau :
Car en Dieu seul, l'enfant qui se confie,
Sous son égide acquiert aide et soutien ;
Et sa prière au ciel se ratifie,
Et Dieu lui donne un ange pour gardien.

H. MAILLARD.

UNE LÉGENDE DE LA BRETAGNE.

LE MOIS NOIR.

PREMIÈRE PARTIE.

1857

Le vent souffle à l'ouest.... on voit à l'horizon
De grands nuages noirs sortant de leur prison.
Le soleil coloré d'une teinte rougeâtre
Jette sur les rochers sa couleur olivâtre.
Le géant granitique a perdu son ciel bleu,
Et l'air est imprégné d'un lourd manteau de feu !

Il gronde, l'Océan !... sa voix est formidable !
La côte de Bretagne est presque inabordable ;
La lame verte est sombre.... et perd son transparent ;
L'écume devient blanche au milieu des ténèbres ;
On entend au lointain mugir des chants funèbres,
Et des âmes des morts le concert déchirant !

On voit encore au loin.... mais bien loin du rivage,
Un sombre et frêle esquif balotté par l'orage.

Il s'élève.... bondit par la vague emporté.
On le croirait perdu dans cette immensité!

Ses voiles, quelquefois rebelles à leurs guides,
Effleurent le sommet des montagnes liquides.
On les voit échapper à la nuit du tombeau,
Pour aller s'engloutir dans un gouffre nouveau!

A la sombre lueur du blafard crépuscule,
Deux hommes sont assis : l'un tient le gouvernail.
Son nom est Mor-Nader.... homme au large poitrail.
Jamais avec les flots Nader ne capitule.

Il a seconde vue.... et prédit l'avenir ;
Il prédit le malheur! Très pauvres sont ses hardes.
Son langage imagé comme celui des Bardes,
Laisse dans les esprits un triste souvenir.

Il est vieux.... Ses cheveux hérissés sur sa tête,
Fouettés par le vent, renferment la tempête!
Sa poitrine et ses bras sont nus.... comme la main.
Son farouche visage, hélas! n'a rien d'humain.
Ses deux yeux ronds sont gris, et cet ichtyophage (1)
A tout son être empreint d'un délire sauvage.
Sa voix de la tempête éteint le sifflement,
Et la mer en fureur est son seul élément.
Quand le danger s'éloigne.... il hésite.... il divague,
Et de ses larges mains il joue avec la vague.
Il s'exalte l'esprit en bravant le péril ;
Il voit venir la mort sans froncer le sourcil.

(1) Qui ne mange que des poissons.

Voilà de Mor-Nader le portrait : mais, en somme,
C'est le serpent d'Adam.... sous la forme de l'homme.

Pour l'autre personnage, il a pour nom Even (1);
On le croirait très jeune au premier examen.
La pâleur de son front, où la ride se lie,
Prouve qu'il est enclin à la mélancolie.
On voit, fixant sur lui son regard scrutateur,
Qu'il est jeune par l'âge, et vieux par le malheur.

Du château de D'Harlog c'est le propriétaire.
Là les oiseaux de proie y bâtissent leur aire ;
L'herbe croît dans ses cours, et lorsque vient le soir,
Le corbeau se repose au sein de ce manoir.

Le Champ des trépassés (2), le Castel le domine;
Le Raz agonisant est là qui l'avoisine.

Le regard du jeune homme est fixé sur Nader,
Ce messager de mort que réclame l'enfer !
Il écoute en tremblant le chant du vieux pilote,
Pendant que la chaloupe au gré des flots.... pivote.
Quelquefois un sourire aimable et bienveillant
Vient ranimer l'espoir dans son cœur défaillant.
Nader termine enfin sa trop lugubre strophe,
Lorsque le jeune Even par ces mots l'apostrophe.

Even.

« T'es-tu joué de moi ? Tu m'avais annoncé

(1) On prononce Evin.
(2) Il domine les Trépassés et le Raz des agonisants.

Que je saurais par toi toute ma destinée (1).
La nuit étend son voile, et finit la journée :
Nader, d'un faux espoir m'aurais-tu donc bercé ?
Parle : en mer seulement tu devais me prédire
Ce que dans l'avenir mon esprit n'ose lire.
La tempête s'approche, et pour vaincre les flots,
Il nous faudrait ici tout l'art des matelots.
Nous sommes seuls tous deux, et ma main inhabile
Dans ce commun danger nous serait inutile.
J'attends.

MOR-NADER (chantant) (2).

Sais-je ce qu'il arrivera ?
Mais ce qui doit être.... sera.
Attendons que le sort ordonne.
Ne va pas dans son antre attaquer la lionne !
Nous consulterons le destin.
Quand on est mort trois fois.... on se repose enfin !

EVEN.

Mais c'est la mort que m'annonce ta voix.

MOR-NADER.

Ne suis-je pas trompeur ?

EVEN.

Quel est ce nombre trois ?

MOR-NADER.

Non ; je suis un menteur.... je mérite ta haine.
Moi, qui lis sur ton front que ta mort est prochaine.
Et quand je te dirais : Noble baron d'Even,
De tes vingt ans passés, allons, fais l'examen.

(1) Mor-Nader passait pour sorcier.
(2) Imitation des chants populaires de la Bretagne.

Au pilote Nader déroule ton histoire.
L'onde d'un corps humain a grand'soif,.... et veut boire!
J'aime bien mieux te dire : allons, noble baron,
Tu vas à ta couronne ajouter un fleuron.
A toi tous les plaisirs.... à toi joyeuse vie!
Je vois par tes enfants ta maison envahie.
Ta femme sera douce, et ses seize printemps
Resteront à l'abri de l'injure du temps.
Tiens, vois comme je ris !
(Il rit d'un rire féroce).

EVEN.

Tais-toi donc, misérable,
Et regarde : la mer à peine est navigable.
Quel danger me menace? Allons, explique-toi.

MOR-NADER.

Je n'ai pas peur, Even.... Sois calme comme moi.
A quelle époque est mort ton illustre grand père?

EVEN (hésitant).

C'était dans le mois noir.

MOR-NADER.

Le mois de la colère !
Et ton père?

EVEN (tremblant).

Mon père?.... Aussi dans le mois noir.

MOR-NADER.

Jette un dernier coup-d'œil, baron, sur ton manoir.
Dans quel mois sommes-nous?

EVEN (avec terreur).

Evite cette lame!
Ah ! je découvre enfin ton odieuse trame !
Tu prétends.... »

La chaloupe alla toucher un banc ;
La vague en s'élevant la coucha sur le flanc.

Mor-Nader.

« Baron, vers le Très Haut que ton âme s'élève !
Demain on trouvera nos deux corps sur la grève.
Comprends-tu le mois noir ? Parle donc, insensé !
Par la peur de la mort je vois ton front glacé.
Qu'as-tu donc fait, dis-moi, d. ta mâle énergie ?
Vois-tu de ton castel s'allumer la vigie ?
Ce signal, désormais, est pour toi sans espoir.
Nous sommes au mois noir ! Nous sommes au mois noir !
(Il chante).

    Je vois venir à ma rencontre
    Le cheval de mer.... il me montre
    Le rivage qu'il fait trembler.
    Il est aussi blanc que la neige,
    Il ne se laisse pas sangler ;
    Sa corne d'argent le protège. »

Une seconde lame, encor plus orageuse,
Dégagea du bateau l'étreinte furieuse.
A demi renversé par le choc, le baron
Se leva menaçant :

Even.

« Malheur à toi, démon !

Mor-Nader.

Oui, je suis un démon ! La mer dans ses entrailles
Nous prépare, baron, d'illustres funérailles !
Un démon ! un démon ! eh bien ! que diras-tu
Quand les ondes auront englouti ta vertu ?

Aux dernières lueurs du sombre crépuscule,
Vois la vague en fureur que l'ouragan stimule.
La voilà qui s'approche, Even, en mugissant.
Fait-elle battre encor ton cœur agonisant ?
Vois, l'onde à son passage en grossit le volume.
Elle vient secouant sa crinière d'écume !
Elle rugit.... menace.... entraîne le limon.
Regarde, Even, regarde.... elle touche au timon !
Courage, vague ! allons ! Loin que mon cœur se navre,
Tiens, je lui fais présent, baron.... de ton cadavre ! »

Hélas ! le faible esquif, n'étant plus gouverné,
Tourna pendant deux fois sur le bord de l'abîme.
Le ciel était en feu.... Ce spectacle sublime
Faisait tonner la voix du vieux prédestiné.

MOR-NADER (chantant).
« Vieux corbeau de mer, que tiens-tu ?
— La tête du chef de l'armée.
— S'est-il au moins bien débattu ?
— Il avait bonne renommée.
Je prétends avoir ses deux yeux.
Ils sont rouges... qu'on les arrache !
Mais il a le regard vitreux....
Ses yeux me font peur.... Qu'on les cache.

EVEN (dont le délire augmente).
Mon dernier souffle, au moins, sera pour te maudire,
Misérable Nader !.... Ma tête est en délire....
Hélas ! il faut mourir !

MOR-NADER.
Debout, baron, debout !
EVEN.
Mais avant de mourir, dis-moi, toi qui sais tout,

Car tu viens de prouver la science infernale,
Quel est donc ce portrait aux yeux noirs, au front pâle,
Et dont le souvenir me suit comme un remords ?

MOR-NADER.

Ce portrait te regarde, Even, lorsque tu sors.
Quand on a pris plaisir à le voir,.... on succombe.
C'est la fleur du mois noir !... c'est la fleur de la tombe ! »

Une nouvelle lame entra dans le bateau.
Le baron, sous le choc de cette masse d'eau,
Avait les visions que le délire enfante.
La voix de Mor-Nader devint plus éclatante.

MOR-NADER (chantant).

« Toi, loup, que viens-tu faire ici ?
— Je tiens son cœur. — Grand bien te fasse.
Il était bien cruel aussi.
Que je voudrais être à ta place !
Eprouves-tu donc le besoin
De ramper avec tant de soin,
Vipère ?... Cela n'est pas sage.
Moi !... J'attends son âme au passage ».

Une montagne d'eau, que le vent dirigea,
Fondit sur la chaloupe.... et puis.... la submergea.

Depuis lors on prétend, qu'au fort de la tempête,
Quand le courroux du ciel menace notre tête,
On entend retentir, tout près du vieux manoir,
La voix de Mor-Nader: « Prenez garde au mois noir ! »

LE CHATEAU DU VIEUX BARON.

DEUXIÈME PARTIE.

RÉCIT DE THÉRÈSE A EVEN.

MINA.

« Comme j'étais à la rivière,
L'oiseau de la mort soupira !
Mina, me dit alors mon frère,
Le baron t'achète.... il t'aura.
Est-il bien vrai, ma bonne mère,
Je suis vendue au vieux baron ?

LA MÈRE.

Je ne sais ; demande à ton père.
(Arrive alors le bucheron).

LE BUCHERON.

Que voulez-vous de moi, ma fille ?

MINA.

Un mot à l'auteur de mes jours :
On prétend que de la famille
Vous me bannissez pour toujours ?

LE BUCHERON.

A cela je ne puis répondre ;
Ton frère en sait bien plus que moi.

LE FRÈRE.

Un mot suffit pour les confondre,
Mina, je veux le dire à toi :
J'ai reçu le prix de la vente,
Avec toi je veux être franc :
Pour toi parure très brillante,
Pour moi cent écus d'argent blanc.

MINA.

Ma mère, quels habits mettrai-je ?
Faut-il prendre vêtement bleu,
Ou ma jupe couleur de neige,
Ou bien celle couleur de feu ?

LE FRÈRE.

Voici la nuit.... peu nous importe,
Il est trop tard pour hésiter :
Un cheval noir est à la porte,
Vêtu de noir.... pour t'emporter ».

Du village à peine éloignée,
Le son des cloches retentit.
Mina, bien triste et résignée,
Allait vers le château maudit.
« Adieu sainte Anne, adieu patronne !
De mon village adieu clocher !
La mort va vite, elle moissonne....
Au monde elle vient m'arracher ! »

A deux cents pas de la paroisse,
Elle vit des morts qui passaient.
Traversant le lac de l'angoisse,
Elle en vit d'autres qui dansaient.

Sa tête, hélas ! sur sa poitrine,
Des muscles brisant les ressorts,
Comme un faible roseau s'incline.
Encor des morts !.... toujours des morts !
Elle voulut prendre la fuite
En passant le chemin du sang ;
Les morts se mirent sur un rang
Et s'élancèrent à sa suite.
Ils lui firent tous la conduite
Jusqu'au château du vieux baron,
Puis s'assirent sur le perron.

Le baron de haute lignée,
Assis près de sa cheminée,
Et noir comme un corbeau de mer,
Lui tendit sa main basanée :
Ses yeux brillaient comme l'éclair.

LE BARON.

« Tu te fais attendre, ma belle ;
Mais pour toi je suis indulgent.
Venez près de moi, demoiselle,
Compter mon or et mon argent.

MINA.

J'aime mieux être chez ma mère,
Monsieur ; on est si bien chez nous !

LE BARON.

Au cellier vous viendrez, ma chère,
Pour boire mon vin le plus doux.

MINA.

J'aime mieux l'eau de la prairie.

LE BARON.

Ici l'on ne boit jamais d'eau.

Je t'aime avec idolâtrie!
Je te fais présent d'un manteau
De brocard d'or!.... et rouge voile.
J'adore la couleur du sang!

MINA.

Je préfère jupe de toile;
Elle convient seule à mon rang.

LE BARON.

Feston argent sur voile tranche.
Ce présent est-il sans attrait?

MINA.

J'aimerais mieux la tresse blanche
Que ma sœur Hélène brodait.

LE BARON.

Si j'en juge par tes paroles,
Ton cœur est fermé pour le mien.
Tu t'exprimes par paraboles,
Gente Mina.... ce n'est pas bien.

MINA.

Petits oiseaux, je vous en prie,
Ecoutez tous ma faible voix.
Vers ma famille tant chérie
Allez.... volez tous à la fois.
Dites bien à ma bonne mère
Que tous mes malheurs vont finir,
Que jamais une plainte amère
Envers celle qui me fut chère
Ne troublera le souvenir.
Dites au pasteur du village
Qui reçut ma confession,
Qu'il me donne, dans mon naufrage,

Encor sa bénédiction !
Allez.... et n'oubliez personne.
Pour mon frère.... je lui pardonne ».

Trois mois après l'évènement,
Ils dormaient tous paisiblement,
Les parents de la pauvre fille.
Misérable était la famille,
Car l'argent de son déshonneur
Avait attiré le malheur
Au sein de leur triste ménage !
Dehors ni dedans aucun bruit.
On entendit sonner minuit.
C'est l'heure où la nature est morte.
Quand soudain on ouvrit la porte
Et de Mira a douce voix
Parla pour la dernière fois :
« Aux autels cherchez un refuge ;
N'attendez pas que Dieu vous juge !
Pour moi, son pardon m'est acquis.
Je suis dans son saint Paradis.
Mais craignez le maître terrible
Qui pour vous serait inflexible
Si vous n'écoutiez que l'orgueil !
Priez auprès de mon cercueil.
Pour vous mon âme est toujours bonne,
Et de grand cœur je vous pardonne.

La grâce enfin se révéla
Dans le cœur de ces infidèles.
L'ange agita ses blanches ailes,
Et puis au ciel il s'envola.

L'APPEL DU VIEUX PILOTE.

TROISIÈME PARTIE.

Mor-Nader (chantant).
« Des moines voici la cohorte;
Ils viennent troubler ton sommeil.
La mort se présente à ta porte,
Even, c'est l'instant du réveil.

Thérèse.
Vois : les rayons du jour remplacent les ténèbres.
Even, explique-moi ces paroles funèbres.

Even.
Ecoute, et tu pourras juger de notre sort.

Mor-Nader (chantant).
Viens sous les avalanches.
Un drap blanc et cinq planches,
Et puis, pour traverser le bac,
Prends de la paille dans un sac;
Et puis cinq pieds de terre.... une danse à la ronde.
Voilà, tendres amants, tous les biens de ce monde!

Thérèse.
Entends-tu, cher Even, ce messager de mort?

Even.
Je reconnais Nader à ce langage austère;
Son chant est déchirant pour le cœur d'une mère.

MOR-NADER (chantant).

Mère des Sept-Douleurs! sur ton trône de neige
    Tu tiens ton fils entre les bras;
    Le mien est tombé dans un piége;
    De fange il n'est plus qu'un amas....
Vivre quand il n'est plus serait un sacrilége!

THÉRÈSE.

O ma fille! ma fille! Even, j'hésite encor;
Son riant souvenir était mon seul trésor!

EVEN.

Mor-Nader nous appelle.... allons, pas de faiblesse!
Le jour de délivrance est un jour d'allégresse!

MOR-NADER (chantant).

    A la mer! à la mer!
    L'or ne craint pas la rouille.
    A la mer! à la mer!
    Votre froide dépouille
Doit bientôt devenir la pâture du ver! »

LA BAIE DES TRÉPASSÉS.

QUATRIÈME PARTIE.

    Bien noires sont les nuées;
La tempête les chasse, et c'est en mugissant!
Les vagues de la mer, en fureur soulevées,

   Retombent en bondissant!
    Le rocher sent le souffre,
    Et l'ouragan s'engouffre
Dans le cœur du colosse à tête de granit :
    En défiant la Parque,
    Mor-Nader dans sa barque,
Jette un regard de feu sur l'élément maudit!
On croit qu'avec la mort il a fait alliance.
Cette barque est lugubre.... elle est couleur de deuil!
Et quand on y pénètre on laisse l'espérance,
Pour descendre vivant dans la nuit du cercueil!
    Mor-Nader brave la tourmente.
    Le vent rugit!.... Mor-Nader chante :
     « Ils viennent.... les voici!
     Barque, je vois ta joie;
     Tu demandes ta proie!
     Pour eux.... point de merci! »
La vague lui répond : « Mor-Nader, je suis prête;
Nous ouvrons pour Even nos abîmes glacés.
La femme pâle est là! c'est un beau jour de fête
Qui fera tressaillir le lac des Trépassés! »

    Puis les varechs au front livide,
    Déployant leur visqueux rameau,
    Appellent sur la plage avide
    Les amants voués au tombeau!
Puis viennent les récifs aux pointes granitiques,
Où s'accrochent toujours les cadavres des morts,
Que la mer en jouant dans ses jours fantastiques
Rejette sur la grève avoisinant ses bords!
D'un organe brisé, lugubre comme un râle,
Ils demandent Even avec la femme pâle!
Puis viennent les corbeaux et leurs becs acérés,

Ces infâmes vautours avides de curée !
Précurseurs de la mort ! Monstres dénaturés
Qui couvrent de leurs cris l'armorique contrée !
A la bouche ils n'ont tous qu'un éternel refrain.

MOR-NADER.

« Silence ! les voici : tu viens bien tard, Even ?
Femme, tu viens bien tard ; et ton front est livide !

THÉRÈSE.

Mor-Nader, j'ai voulu revoir la terre humide,
Espérant ranimer d'un baiser réchauffant
Le corps déjà glacé de mon petit enfant !

MOR-NADER.

Nous sommes au mois noir ! As-tu fait ta prière ?

EVEN.

Lève l'ancre, démon !.... j'ai fini ma carrière.

MOR-NADER.

L'aïeule avait mené ton aïeul à la mort ;
Femme ! par toi le fils aura le même sort.
Êtes-vous prêts tous deux ?

THÉRÈSE.

     Que ta voile se lève.
La mort est un bienfait.... le bonheur n'est qu'un rêve !

EVEN.

Je t'adorais, Thérèse.... et je t'en fais l'aveu.
Dans un dernier baiser rendons notre âme à Dieu !

La mer n'est point avare, et rend avec usure
Tout ce qu'elle dérobe aux mains de la nature.
L'abbé de Kérouan, le soir même, à genoux,

Trouvait aux bords du lac les corps des deux époux.
Le bon prêtre pria !... Puis dans le cimetière
On creusa, par ses soins, leur demeure dernière.
Even était aimé de tous ses serviteurs,
Thérèse aussi !.... Leur mort fit couler bien des pleurs.
On peut voir dans leur parc, consultant les légendes,
Une petite tombe au milieu de deux grandes.

Et quant à Mor-Nader, ce suppôt du démon,
Ce n'est qu'avec terreur qu'on prononce son nom ;
Et chose, assure-t-on, bien digne de remarque,
Jamais on ne revit son infernale barque.
De sa prédiction on connaît le pouvoir :
Car ils devaient mourir tous deux dans le mois noir !

P. Dumas.

LA JEUNE ROMAINE AU TEMPLE DE VENUS

ODE IMITÉE DES POËTES LATINS.

1858

« Diane m'a chassée en ce bosquet sonore !
Elle me juge indigne.... O Vénus ! je t'implore :
Venge-moi du mépris de la Divinité
Qui vient lancer l'injure à ma virginité.
Je descends d'Ilia.... je suis fille romaine,
Et je voulais servir la déesse inhumaine,
Me vouer à son culte, oublier mes amours,
Au bois mystérieux couler de chastes jours.
Elle m'a repoussée !.... Il est vrai qu'à Diane,
O clémente Vénus ! je puis sembler profane.
Dans le miroir poli j'admire chaque soir
Mon beau front de seize ans qui rayonne d'espoir !
Une secrète voix me dit que je suis belle ;
Je compare à Phœbé ma blancheur de mortelle ;
En mes cheveux dorés j'aime à semer les fleurs.
Mon sein frémit de joie, et mon œil a des pleurs...
L'écume du Falerne en ma coupe argentée
Fait rouler bien des fois sa cascade enchantée ;

Je sens venir en moi des élans inconnus,
Et ma lèvre bien bas dit le nom d'Albinus...
Ma lyre, qui parlait sur ses cordes timides
De chasse et de forêts, de retraites humides,
N'a qu'un long chant d'amour, un écho de Cypris
Que redisent en chœur les vallons attendris.
Albinus! doux ami, chevalier jeune et tendre,
En ces bois odorants, c'est moi qui viens t'attendre;
Cupidon m'apparut au milieu de ces bords...
Il m'a dit que toi seul, éveillant mes transports,
Allais rendre la vie à mon âme égarée
Et me faire à jamais digne de Cythérée!
Vénus! je m'offre à toi; j'encense tes autels,
Prêtresse, je veux vivre en ces lieux immortels.
Accepte ma jeunesse, et ma vie, et ma flamme.
Oh! Diane a bien fait; l'amour seul me réclame.
Amante d'Apollon, d'Adonis et de Mars,
Ne m'abandonne pas à ces fougueux hasards.
Ainsi que mon miroir, cette onde parfumée
Dit que je suis charmante et digne d'être aimée.
Prends mes seize ans, mes fleurs, et viens me secourir;
Prends mon âme, ô Vénus... ou laisse-moi périr. »

Cupidon souriait près du jeune feuillage;
Il guidait mollement vers un tiède rivage
Le chevalier romain, l'amoureux Albinus;
Et la blanche beauté fut conduite à Vénus!...

Benj. Kien.

A GABRIELLE,

LE JOUR DE SA FÊTE.

1858

Douce enfant, cœur plein d'innocence,
J'aime à voir briller en tes yeux
Le reflet de ta conscience,
Pure comme un rayon des cieux !
Gabrielle, au jour de ta fête,
Que t'offrirai-je pour bouquet ?
J'adresse au ciel une requête,
Je forme pour toi ce souhait :
C'est qu'il conserve sans mélange
Les vertus qu'il mit en ton sein ;
Qu'il te laisse, avec ton nom d'ange,
Ta figure de chérubin.

V^{er} DERODE.

HOMMAGE A L'ORPHÉON DUNKERQUOIS.

AUX ARTISTES DU CONCERT DU 16 SEPTEMBRE, GARIBOLDI, FRANÇAIS,
H. LEDUC, ET LES FRÈRES BOLLAERT.

1858

Depuis longtemps Orphée et ses rivaux de gloire,
 Habitants des célestes lieux,
 Jouissaient, nous redit l'histoire,
 De ce bonheur connu des dieux.

Jamais mortels ne devaient plus entendre
 Ce luth, ces suaves accents
 Qui savaient à leur gré surprendre,
 Emouvoir, ravir tous les sens.

De les revoir, aurait-on pu s'attendre ?
 Jamais aurait-on pu comprendre
 Qu'ils reviendraient de chez les morts,
Et feraient résonner les échos de ces bords ?

Mais changer est si grand délice !

Et que ne peuvent pas l'amour et le caprice ?
Tout ne subit-il pas leurs lois,
Grands et petits, princes et rois ?

Princes ! que dis-je ? Ah ! mieux encore :
Quittant l'Olympe et le sacré vallon,
Sur le char de Thétis que l'Océan décore,
Descendaient l'autre jour ces enfants d'Apollon.

Est-ce donc une autre Eurydice
Qu'ils viennent chercher parmi nous ?
Pour quel prix entrent-ils en lice ?
Amphion sera-t-il époux ?

Nul ne le sait, ne peut le dire ;
Et bien que sous de nouveaux traits,
Où le génie encore et sourit et respire,
Ils se montrent à nous et voilent leurs secrets.

Mais écoutons, et dans ce temple
Qui retentit de leurs doux chants,
Tour à tour ils prêchent l'exemple
A leurs amis, à leurs enfants.

Ah ! que le ciel leur soit propice
Pendant ce terrestre séjour ;
Que de son ombre protectrice,
Il les couvre jusqu'au retour !

Fier aquilon, de tes rafales
Gardes-les, ces enfants du Nord,
Et de tes fureurs sans égales
Sauve-les, conduis-les au port !

O dignes compagnons de gloire !
Pour vous la plus belle victoire ;
Pour vous le myrthe et l'olivier !
Simples humains (si tels on peut vous croire),
De vous toujours nous garderons mémoire.....
Auprès de nous encore, ah ! revenez prier.

Pue VERMERSCH.

SUR UN ALBUM.

A MADAME S****.

1850.

Ce qu'on écrit sur ce papier,
Songe, jeune dame charmante,
Qu'il ne faut jamais l'oublier....
La page de ce beau cahier
N'est pas une feuille volante !

BENJ. KIEN.

LES BALLADES.

1855

Aimes-tu la ballade aux naïves paroles
Cachant un sens profond sous de riants symboles ?
La ballade conteuse aime surtout le Nord ;
Elle peuple le Rhin de l'un à l'autre bord.
Un matin, des rameurs, dans leur barque légère,
Sur un isthme de fleurs nous feront prendre terre,
Et je te conduirai, par des sentiers charmants,
Que mille frais tableaux sèment d'enchantements,
Vers la blanche maison d'un poète que j'aime,
Toit qu'habite souvent la ballade elle-même.
L'endroit où le poète a bâti son séjour,
Plein d'ombrage et d'oiseaux, semble inviter l'amour ;
Leurs doux gazouillements bercent la rêverie,
Et l'on sent qu'en ces lieux se cache une Égérie.
Peut-être que, couché sous les feuillages verts,
Le poète, qui rêve ou compose des vers,
Croyant que quelque fée a troublé le silence,
Suivra d'un œil ravi la forme qui s'avance,
Jusqu'à ce qu'à ma voix, reconnaissant l'erreur,
Il crie enfin ton nom, le nom de mon bonheur.

Noble hospitalité du cœur et du génie,
Qu'on peut cueillir encor sur ton sol, Germanie,
Comme un fruit naturel du ciel plus généreux,
Fruit meilleur et plus doux qu'un nectar savoureux ;
Noble hospitalité qui, pour honorer l'hôte,
Lui donnes au banquet la place la plus haute ;
Comme l'antiquité, qui, dans le pèlerin,
Entourait de respect un voyageur divin ;
Noble hospitalité par qui l'âme attendrie
Sur des bords inconnus retrouve une patrie,
Oui, tu fleuris toujours au foyer allemand,
Pure comme l'espoir, l'amour et le serment !

Tu le vois, ô Louise ! il fallait cette terre
Où de simples vertus pas une ne s'altère,
Où chacun entretient l'autel du souvenir,
Où l'ombre du passé sourit à l'avenir ;
Il fallait cette terre à la lyre fidèle
De la ballade simple et naïve comme elle.
Il lui fallait ces bois, ces collines, ces flots,
Ces cœurs pleins du passé, ces vallons pleins d'échos,
Ces vagues horizons où l'âme et les yeux plongent,
Et ces grêles sapins dont les ombres s'allongent,
Et ces tours en ruine où les soupirs des vents
Semblent la voix des morts qui répond aux vivants.

Et, puisque nous voilà sous le toit du poète
Que la blonde ballade a choisi pour retraite,
Prions-le d'accorder, pour charmer nos amours,
Son jeune luth, qu'anime un souffle des vieux jours,
Afin de nous chanter une de ces légendes
Qui, le soir, font rêver les vierges allemandes.

Veux-tu savoir comment la Nixe des roseaux,
Trompant un chevalier, l'engloutit sous les eaux ?
Comment pour Hildegonde, en revenant d'Espagne,
Roland se fit ermite ? et comment Charlemagne,
Plus sombre après l'exil d'Éginhard et d'Emma,
Chassant dans la forêt, un jour les retrouva ?
Ou bien préfères-tu quelque chanson saxonne
Pareille au bruit du cor qui dans les bois résonne,
Ou le bardit sauvage animant les guerriers
Qui d'un glaive sanglant heurtent leurs boucliers ?
Demande ; — mais plutôt, respectant son délire,
Dis-lui de ne céder qu'à la voix qui l'inspire.
Et le poète alors, sur un mode touchant,
D'un souffle harmonieux modulera son chant,
Heureux de dire enfin sa plus douce légende ;
— Ton passage fêté sur la terre allemande.

N. Martin.

A SA MAJESTÉ NAPOLÉON III. (1)

(APRÈS L'ATTENTAT DU 14 JANVIER 1858).

1858.

> Prince, les assassins consacrent la puissan[ce]
> (A. DE MUSSET).

De cinq ans de bienfaits et de labeur prospère,
De dévoûment pour tous, d'une bonté de père,
De veilles et de jours consacrés au pays,
De progrès répandus sur les arts, l'industrie,
De gloire et de repos rendus à la patrie,
O Napoléon trois, le meurtre est donc le prix !

Qu'ont-ils en leurs cœurs vils ces cruels parricides,
Ces suppôts de l'enfer, pour que leurs mains perfides
Sur votre noble tête aient suspendu la mort ?
Votre juste sagesse a fait naître leur rage,
Au calme de la paix ils préfèrent l'orage,
Ils veulent l'ouragan pour mieux piller le port !

(1) Le 28 Janvier, l'Empereur a bien voulu faire remercier l'auteur.

Ils sont tes dignes fils, ô rouge République!
Ces avides brigands dont ton argent trafique,
Ils aiment comme toi la vengeance et le sang;
Tu soldes leurs poignards qui vont te faire place,
Honneur, vertu, talent, à rien tu ne fais grâce,
Et ta *Fraternité* des rois perce le flanc.

Oh! quel dégoût profond, quelle immense amertume
Soulève les Français, quand de l'anglaise brume
Sort un de tes enfants pour toucher notre sol!
Le seul but de ses pas c'est le deuil, l'anarchie,
Des Clément, des Damiens tu fais l'apologie,
Et ton *Egalité* veut répartir le vol.

Tous les moyens sont bons à ta race vaillante;
Est-ce là ton progrès, ô *Liberté* touchante!
La nuit, le fer, le feu, l'indigne trahison?
Tu frappes en rampant tes royales victimes,
Et bientôt l'incendie a rempli les abîmes
Des débris des Etats qu'allume ton tison!

Mais tu ne peux plus rien sur la terre Française,
Ton hideux souvenir comme un remords lui pèse,
République! croupis dans tes antres fangeux;
Vous, grands réformateurs, redoutez la justice,
Albion doit cesser d'être la protectrice
De monstres menaçant nos foyers et nos dieux!

Le regard du Seigneur veille autour de vous, Sire,
De lâches assassins en vain l'affreux délire,
D'un complot régicide ose tramer l'horreur,
L'Archange du Très-Haut, sur vous étend ses ailes,

Et le plomb meurtrier, aux blessures mortelles,
S'écarte avec fracas du sein de l'Empereur !

Car Dieu sait que le cœur de l'invincible France
Bat dans votre poitrine; il sait quelle souffrance
Jetterait vers les cieux ses sanglots déchirants,
Le jour de désespoir où les peuples du monde
Tomberaient à genoux sur la fosse profonde
Où la Paix, le Bonheur s'étendraient expirants.

Et la bonté divine éloigne de la terre
Le calice sanglant d'une douleur amère,
Et fait pleuvoir sur vous ses bénédictions ;
Oh ! quels remerciments s'élançant de nos âmes,
Vont au Dieu qui punit les projets vils, infâmes,
Du génie infernal des révolutions !

Vous qui dans l'ombre épaisse élaborez vos haines,
Démons qui vous cachez sous des faces humaines,
Féroces insensés pour qui rien n'est sacré,
La France vous maudit ! et sa colère sainte
Appelle sur vos fronts la foudroyante atteinte
Du tonnerre vengeur d'un forfait exécré !

Te Deum, entonnons ton hymne triomphale,
Supplions le Dieu-Fort que l'aigle impériale
Plane toujours sur nous dans son vol bienfaisant;
Que longtemps l'Empereur conserve sa couronne,
Seigneur ! Puis que nos fils de son nom qui rayonne,
Quand nous serons au Ciel acclament son enfant !

Alphonse Claeys.

LE VIEILLARD ET L'HIVER.

1842.

J'aime ce soleil d'hiver,
Dit le bon vieillard qui tombe;
Le vent qui souffle dans l'air
Semble venir de la tombe.
J'ai vu mes printemps nouveaux
S'évanouir comme un rêve;
J'ai vécu mes jours de sève,
J'ai porté mes forts rameaux.
Cette marche languissante
M'assoupit et me rend las;
Et ma paupière pesante
Va se fermer au trépas!
Peut-être mon âme envie
Ceux qui voguent loin du bord;
Mais, tout en pleurant la vie,
Je suis heureux d'être au port.
Gémissez donc, vents de glace;
Feuilles, volez dans l'espace
Sans vie et sans nul soutien;
Morte nature, je t'aime,
Car en toi je vois l'emblème
De cette couche suprême
Où je dormirai si bien.

BENJ. KIEN.

LA NOBLESSE FLAMANDE DE FRANCE

EN PRÉSENCE DE L'ARTICLE 259 DU CODE PÉNAL

—

1858

—

I

ORIGINE DE LA NOBLESSE.

Arouet de Voltaire a eu beau dire, dans son discours sur l'inégalité des conditions :

» Ce monde est un grand bal où des fous déguisés,
» Sous les risibles noms d'Eminence et d'Altesse,
» Pensent enfler leur être et hausser leur bassesse ;
» En vain des vanités l'appareil nous surprend ;
» Les mortels sont égaux, leur masque est différent. »

Et ailleurs :

« . . . . Ce n'est point la naissance,
» C'est la seule vertu qui fait leur différence..... »

Le bal dont parle M. de Voltaire dure encore, malgré la philosophie et les révolutions, et rien n'annonce que sa fin soit prochaine. Pourquoi ? — « Parce que, comme l'a dit un écrivain de l'Encyclopédie, la société est un être positif, et qu'elle ne se gouverne que par des moyens adaptés à ses besoins. C'est à une législation sage à les connaître, à choisir ceux qui sont utiles, sans trop examiner s'ils sont toujours mathématiquement conséquents aux axiômes de la logique politique, dont le défaut est d'oublier que les hommes auront toujours des passions, des vices et des faiblesses, qu'au défaut de la raison il convient de balancer par des sentiments purement conventionnels » (1).

« C'est avec des hochets que l'on mène les hommes », répondit le premier Consul au conseiller d'Etat qui avait soutenu que les distinctions étaient les hochets de la monarchie. « Les Français ne sont point changés par dix ans de révolutions, ils n'ont qu'un sentiment, l'*honneur*. Il faut donc donner de l'aliment à ce sentiment-là; il leur faut des distinctions (2) » Cette réponse resta sans réplique.

En effet, les faits donnent bien souvent un démenti aux théories du philosophe, et le philosophe lui-même, devenu homme d'Etat, réalise rarement les idées qui l'ont séduit dans la solitude ou dans le silence du cabinet.

La tradition et l'histoire qui recueillent les faits et les livrent à la mémoire des peuples, l'une avec les charmes de la poésie, l'autre avec le langage sévère de la vérité, nous montrent, à toutes les époques de la civilisation, les hommes séparés en deux grandes catégories : les maîtres et les serviteurs; c'est-à-dire, d'un côté, ceux qui ont le pouvoir de commander; de l'autre, ceux qui ont l'obligation d'obéir.

Chez les anciens Germains, les personnes étaient divisées en libres et non libres. Les premières se partageaient encore en *jarls* (3), ou les puissants et les forts (nommés *œthel* chez les Franks et les peuplades de la Basse-Germanie, mot qu'on a employé au moyen-âge comme synonyme d'*hæres*, et qu'on a traduit plus tard par *nobilis*, noble); puis en *karls*, ou paysans propriétaires des terres qu'ils cultivaient. Les personnes privées de la liberté étaient les *trœls* ou les serfs, les *liti, letes, laeten*, les derniers dans la hiérarchie sociale.

D'après une légende scandinave, conservée dans la *Rigsmaal-Saga*, c'est un fils de Woden, le dieu Heimdal, qui, sous le nom de Rig, a donné naissance aux trois classes de la société germanique.

Elles y figurent dans l'ordre suivant : d'abord le *trœl*, pauvrement vêtu, mangeant un pain lourd, glutineux et plein de son ; ayant la peau des mains dure comme le cuir,

---

(1) Encyclopédie, 1786. V° Noblesse.
(2) Projet de création de la Légion d'Honneur, 29 Floréal an X.
(3) En Angleterre, le comte est encore nommé *eorl*.

les articulations calleuses, les doigts épais, le dos voûté, les talons protubérants, les bras brûlés par le soleil, le nez épaté ; plantant des haies, fumant les champs, engraissant des porcs, fouillant la tourbe. Ensuite le *karl*, la barbe peignée, le front découvert, la taille serrée, un bijou au cou, le teint rouge et frais, les yeux brillants; domptant les taureaux, construisant des maisons, labourant les champs. Enfin, le *jarl*. Voici le passage du poëme qui lui est relatif, nous le rapportons d'après la traduction de M. de Ring :

« Rig alla de nouveau son droit chemin, et vint à une salle dont la porte, tournée au sud, était entr'ouverte et ornée de cercles brillants.

» Il entra. Le plancher était saupoudré. Les deux époux, *fader* et *moder* (le père et la mère) étaient assis, se regardant et jouant avec leurs doigts.

» Les occupations du maître de la maison étaient de tordre la corde de boyau, de tendre l'arc et de monter des flèches, tandis que la maîtresse se regardait les mains, nivelait les plis de ses vêtements, éfaufilait ses manches.

» Une coiffe ornait sa tête ; un bijou pendait sur sa poitrine, et autour d'elle se gonflait la queue de son bleu vêtement. Ses bruns sourcils étaient plus brillants, sa gorge plus blanche, son cou plus diaphane que la neige la plus éclatante.

» Rig sut faire goûter au couple ses conseils. Il s'assit au milieu du banc, ayant à sa droite et à sa gauche les deux époux.

» Moder apporta, pour couvrir la table, une nappe façonnée, tissée du lin le plus brillant. Elle plaça avec grâce, sur cette nappe, du pain de froment blanc et frais.

» Puis elle y plaça des plats cerclés d'argent contenant du lard, du gibier et des oiseaux rôtis. Le vin remplissait les pots et les coupes précieuses. Ils burent et s'entretinrent jusqu'à ce que la nuit tomba. Alors Rig sut leur faire goûter ses conseils.

» Il se leva ; le lit était prêt. Il resta pendant trois nuits, puis prit congé, et marcha son droit chemin. Ensuite neuf lunes s'écoulèrent.

» Moder mit au monde un enfant qui fut lavé et caché dans des langes soyeux, et auquel fut donné le nom de *Iarl*.

ses boucles étaient blondes, ses joues brillantes, ses yeux vifs comme ceux des serpents guetteurs.

» Iarl grandit sous le portique. Il s'occupait à façonner le bouclier, à tordre la corde de boyau, à tendre l'arc, à ajuster les flèches, à lancer l'épieu, à brandir la fracca. Il montait les étalons, haïait les chiens, tirait l'épée et franchissait les bras de mer à la nage.

» Rig alors vint de la forêt. Il lui apprit à connaître les runes, l'appela lui-même du nom de fils et le déclara l'héritier et le maître de toutes les terres odiales, de tous les châtels de ses ancêtres.

» Alors Iarl chevaucha par de sombres sentiers et par des monts escarpés jusqu'à ce qu'il fût devant un castel. Il brandit la lance et le bouclier, et donnant de l'éperon à son cheval, tira son épée. La lutte s'engagea. Les prairies furent rougies ; l'ennemi fut vaincu et le pays conquis.

» Alors il fut maître et seigneur de dix-huit châtels. Il distribua son bien, donnant à chacun des bijoux, des joyaux, de sveltes coursiers. Les bagues, les éclats d'anneaux tombaient de ses mains.

» La noblesse, alors, par d'humides chemins, se rendit à la demeure habitée par le Herse. La blanche et aimable Erna, à la taille élancée, vint à sa rencontre.

» Ils la demandèrent en mariage et la conduisirent au prince. Comme épouse de Iarl, elle entra dans son lit. Ils vécurent ensemble avec amour et perpétuèrent leur race jusqu'à un âge avancé. »

Ainsi, d'après les traditions germaniques, l'homme a commencé par être malheureux et souffrir ; il est condamné, comme dans la Genèse, à dévorer son pain à la sueur de son front ; mais il s'est émancipé par le travail, il est devenu possesseur du champ qu'il fumait ; puis par son intelligence, il s'est élevé insensiblement au rang de noble et à la dignité de roi.

Du reste, chez les Germains, les serfs n'ont jamais été traités, comme les esclaves chez les Romains, à l'égal de bêtes de somme. Ils n'étaient pas même soumis aux travaux de la domesticité ; ces soins incombaient à la mère de famille et aux enfants. Chaque serf avait au contraire son habitation et son ménage propre qu'il administrait à sa guise, et il ne devait à son seigneur qu'une certaine quantité de blé, de bétail et d'habits, comme aujourd'hui le fermier qui paie son fermage en nature (TACIT. *de germ.* c. 25).

Toutefois, le serf germain n'exerçait aucun des droits politiques; ceci était le privilége des personnes libres. Elles seules pouvaient être propriétaires et assister aux assemblées de la nation. Tout homme libre, dit Grimm, avait le droit de venger avec le concours de sa famille et de ses serfs, les injures faites à sa personne, à son honneur et à son bien, s'il refusait le *wergheld* qui lui était offert par la loi. Mais le serf ne pouvait se défendre ni en justice ni par les armes.

Cette distinction de droits caractérise parfaitement les deux grandes classes de la société germanique.

Chez les Franks, l'*ethel* ou l'*adel* avait toute puissance sur son bien, sa famille et ses subordonnés, et cette puissance s'appelait *mundium, mundeburdium* (MUND signifie *main* dans le sens de pouvoir (avoir sous la main, avoir en son pouvoir). Femme, enfants, orphelins, mineurs, domestiques et serfs étaient sous la protection du mari, du père ou du plus proche parent du côté paternel, qu'on nommait *muntporo, muntherro, mombor, foremunt* ou tuteur. Ce tuteur était le chef de la famille et juge des actions de chacun de ses membres. En qualité de protecteur, le père de famille était nommé *war* ou *wer*, dont on a fait au moyen-âge *wehrgeld*, l'argent qui défend, garantit, protège la vie d'un homme ; *beer*, le *beer* de Flandre ou le compagnon du comte de Flandre, et *barus*, *baro*, baron, celui qui défend, protège.

Les droits de l'homme libre étaient tellement confondus avec la libre et légitime propriété d'un fonds de terre ou *allen*, que cette propriété même fut nommée *ware, were, weire* (protection), et le propriétaire *waerd, weert* (protecteur).

Le frank libre, lorsqu'il prenait part aux délibérations des assemblées publiques, était nommé *Rachimbourg*.

Le fils du frank sortait de tutelle ou du *mundium* par la mort du père de famille, et quelquefois durant sa vie, si celui-ci avait déclaré au *mallum* ou plaid que son fils était digne d'être élevé au protectorat ou *weir*. Les filles étaient émancipées par le mariage, et les serfs par l'affranchissement. Le fils une fois admis dans les assemblées de la nation, recevait de son père, du prince ou d'un de ses parents, le bouclier et la framée ; c'était sa toge, le premier honneur de sa jeunesse, suivant l'expression de Tacite.

Ainsi, aussi loin que nous puissions voir dans le passé de la société germanique, nous apercevons une classe d'hommes qui jouissent de la plénitude de la liberté et de la puissance. Le point de départ de cette distinction paraît être la valeur ou la vertu guerrière, et l'on comprendrait difficilement qu'il en fût autrement à une époque où la force seule crée le droit, où la liberté est son apanage et n'appartient qu'à quiconque peut la défendre (1).

Pour les auteurs du IV siècle, cette classe privilégiée constitue déjà une race noble et illustre. Eginhard, dans la vie de Charlemagne, dit qu'Ega, maire du palais de Neustrie, était d'une haute naissance, *genere claro oriundus*; Frédégaire, dans sa chronique, ch. 95, 97, que les Franks élurent maire du palais Leudesuis, homme noble, et que Pépin d'Héristal épousa une femme noble nommée Alphéïde. Balluze a recueilli un capitulaire de Karle, fils de Louis II, où ce roi lui annonce qu'il lui a plu de prendre à femme une jeune fille de noble extraction, nommée Friderune, *nobili prosapiâ*. Grégoire de Tours rapporte, liv. 8, c. 9, un discours de Frédégonde, où la princesse rappelle que la guerre est pour ceux qui y prennent part et leurs descendants, une source de noblesse, de considération et d'opulence. Ces passages ne prouvent-ils pas qu'au IX siècle, il existait déjà une noblesse légale et qu'elle était héréditaire ?

Les guerriers qui s'attachaient à quelque chef intrépide et respecté portaient le nom de *gasal*, dont on a fait *vassallus*, vassal, mot qui a le sens de compagnon, *comes*, comte.

Cependant, l'auteur de la *Brève généalogie* insérée dans le *Corpus Chronicorum Flandriæ*, I, p. 13, affirme que ce fut le comte Baudouin-à-la-belle-barbe qui institua en Flandre des nobles et des chevaliers, et leur donna des domaines et des châteaux.

II

CHEVALERIE. — ARMOIRIES. — ANOBLISSEMENTS.

Les premiers noms de la chevalerie flamande de France

(1) Guizot, essai sur l'histoire de France, p. 126. Edit. Charp.

dont l'histoire fasse mention, sont : Albert, sire de Bailleul ; Thémard de Bourbourg ; Folcraf, châtelain de Bergues ; Gautier, avoué de Bergues ; Jean de Haverskerque, Franc d'Herzeele, Guillaume Morant d'Hondschoote, Raoul de Lederzeele, Guillaume de Lynde, Simon de Vignacourt dont un des descendants est devenu comte de Flêtre, Gautier et Robert de Bambèque, Baudouin de Bergues, Roland d'Hazebrouck ; Henri, châtelain de Bourbourg, Baudouin d'Haverskerque, Eustache de Lys. — Tous ces chevaliers prirent part aux croisades qui furent entreprises pour la délivrance du St-Sépulcre. — Gautier de Morbèque assiste, en qualité de noble, à l'assemblée de Courtray, au mois de Février 1297 ; les chevaliers Pierron li Backere, Gérard de Dunkerque, Soyer et Pierron de Bailleul, monseigneur d'Hondschoote et son frère, Michel de Coudekerque, Jean de Mersseman, se distinguent à la bataille des Éperons d'or en 1302, où ils ont des chevaux tués sous eux.

L'équipement de chevalier consistait en un haubert, des chausses et un capuchon de mailles, des éperons sans molettes, un écu suspendu au cou par des lannières et couvert de lames de fer ou d'ivoire ; une épée, une hâche, une lance et un heaume orné d'un timbre et de lambrequins ; une selle, des étriers de cuir et des caparaçons pour son cheval.

Le chevalier qui avait conduit des vassaux au combat les réunissait sous sa bannière ou pennon ; d'où ce titre de *banneret*.

Au XIIe siècle, les insignes et les diverses pièces de l'armure du chevalier, la bannière, le pennon, la cotte de mailles, l'écu, la selle, le caparaçon, sont décorés d'un blason. Il résulte, en effet, d'une discussion bien remarquable qui s'est engagée en 1849, devant l'Académie royale de Belgique, entre MM. de Ram, de Reiffenberg et Gachard, que ce n'est que de cette époque que le blason ou les armoiries datent en Flandre. Le président Fauchet et l'historiographe de Mezeray avaient déjà émis semblable opinion, mais sans preuves à l'appui ; le premier lorsqu'il a dit : « Les armoi-
» ries, voire les surnoms, ont été arrêtez aux familles depuis
» trois ou quatre cents ans, et durant les voyages du Levant,
» afin que par les remarques des écus, côtes d'armes, hous-
» ses, non seulement la prouesse et générosité des anciens
» pèlerins se reconnût, mais encore que leurs successeurs
» fussent encouragés à montrer pareille valeur que leurs

» pères ». — Le second : « Dans ces expéditions de la Terre
» Saincte, ceux qui avoient desjà de ces symboles se les ren-
» diront plus propres ; et ceux qui n'en avoient point en
» choisirent, tant pour se faire remarquer dans les combats
» (leur armure de teste empeschant qu'on ne connust leur
» visage), que pour estre distinguez des autres ; et aussi afin
» que ces armoiries leur servissent comme de surnoms ; car
» alors il n'y en avoit point encore ou fort peu.

» Les uns donc, pour marquer comme ils s'estoient croi-
» sez, prirent des croix dans leurs armes, dont il y en a une
» infinité de sortes ; les autres pour monstrer qu'ils avoient
» fait le voyage de Levant et passé la mer, prirent des besants,
» des lyons, des léopards, des coquilles. Les autres formè-
» rent leurs armoiries de la doubleure de leurs manteaux,
» selon qu'elle estoit eschiquetée, vairée, papelonnée, mou-
» chetée, diaprée, ondée, fascée, palée, gyronnée, lozangée.
» Il y en eut qui aymèrent mieux charger leur escu de quel-
» que pièces d'armure, comme sont les éperons, les fers de
» de lance, les maillets, les espées. Plusieurs prirent des
» choses qui avoient rapport aux surnoms, ou plustost so-
» briquets qu'on leur donnoit, ou bien à leurs terres, à ce
» qu'elles produisoient, à la situation ou autre particularité
» de leurs chasteaux, aux charges qu'ils exerçoient. Il y en
» eut qui choisirent de celles qui conservoient la mémoire
» de quelque beau fait d'armes, ou de quelque adventure
» singulière arrivée à eux ou aux leurs ; et d'autres enfin en
» voulurent qui marquassent leur inclination. »

Mais il y a plus, l'origine du blason est toute germanique
comme celle de la féodalité. J'en trouve la preuve dans les
diverses parties du blason, car les choses, les institutions
aussi bien que les machines de l'industrie, reçoivent leur
nom de la langue du pays où elles ont pris naissance. Et
d'abord le mot *blason* lui-même n'est-il pas germanique, de
l'aveu de tous les étymologistes ? Seulement, les uns l'ont
traduit par « devise », les autres par « sonner du cor ». —
« Cette opinion paraît la plus vraisemblable, dit M. Gourdon
» de Genouillac dans sa *Grammaire héraldique*, car c'était
» autrefois la coutume, lorsqu'un chevalier se présentait pour
» entrer en lice dans un tournoi, de sonner de la trompe,
» puis ensuite d'expliquer ses armoiries ; ces fonctions étant
» remplies par des hérauts d'armes, on a aussi donné au
» blason le nom de science héraldique ». Mais à l'époque

des tournois, la chevalerie était déjà constituée, organisée, et l'explication des armoiries par des hérauts d'armes suppose chez eux la connaissance du blason. Le blason a donc une existence antérieure à ces fêtes et à ces personnages qui y jouaient le rôle secondaire de figurants. Aussi un publiciste moderne a-t-il pu dire avec raison : « Le blason s'est créé
» dans toute l'Europe comme les cristallisations naissent
» dans les roches, comme l'arbre se développe avec les an-
» nées, c'est-à-dire instinctivement, et quand on a voulu
» raisonner sur lui, quand on a voulu en donner la théorie,
» il s'est trouvé tout fait ». M. Menzel, à qui ces lignes sont empruntées, ajoute : « S'il faut rejeter l'opinion de Menes-
» trier lorsqu'il fait venir *blason* de *blasen*, puisqu'enfin le
» blason n'est pas l'art de sonner du cor, nous n'avons pas
» encore trouvé d'étymologie convenable pour remplacer
» celle-ci. Il est probable, cependant, qu'il faut rapporter le
» mot *blason* au bas latin *blasus* (arme) et au mot germanique
» *blatt*, en anglais *blade*, qui signifient, le premier, une *feuille*
» ou une *lame*, et le second une *arme*, par extension. Le mot
» français *blesser* paraît être de la même famille. Dans son
» traité de la science héraldique, publié à Nuremberg en
» 1778, l'écrivain allemand, Jean-Paul Reinhard, propose
» de dériver blason de l'ancien mot germanique *blaese*, signi-
» fiant un signe. Mais nous ignorons si ce mot est authen-
» tique ».

Qu'on nous permette d'essayer à notre tour d'en rechercher l'étymologie. Si l'on admet, avec Mezeray, que des chevaliers ont formé leurs armoiries en recouvrant leur écu soit de la doublure de leurs manteaux, laquelle était échiquetée, vairée, papelonnée; soit de quelque pièce d'armures, telle qu'éperons, fers de lance, maillets, épées, etc.; n'est-il pas naturel que cette action si simple de couvrir son écu de lambeaux d'étoffe ou de lames d'un métal quelconque, indique le sens dans lequel il faut interpréter le mot « blason »? Les langues allemande et hollandaise nous fournissent, l'une, l'expression *blätzen*; l'autre, celle de *pletzen*. Ces deux mots signifient dans les deux langues : couvrir ou fixer au moyen de la couture un morceau de drap sur un autre; par extension, *coudre*. Ils dérivent de l'ancien allemand *flezzi*, qui a la même signification. Enfin, dans les *Harmonies* du poète Tatien, on lit ce vers :

    Blezza niuues duoches,

c'est-à-dire couvrir de nouveaux draps. Ce vieux terme *flezzi* ou *blezza* serait donc celui d'où descendrait le mot « blason ».

Continuons. Heaume dérive de *helm* que l'on rencontre dans toutes les langues de souche germanique; haubert de *halsberg* (de *hals*, col, et *bergen*, protéger, cacher), lambrequins, de *lampers*, qui signifiait dans le langage flamand du moyen-âge un vêtement de drap servant de couvre-chef, un voile, un chaperon. Ce vêtement flottait sur le dos du chevalier lorsqu'il portait le heaume (la désinence *quin* est un diminutif, comme dans *bouquin*, petit livre); chausses vient de *hosa*, *husse*, *hos*, *kouss*, etc.

Les emblèmes qui distinguaient les chevaliers, dans le feu des batailles, ont été conservés par leurs descendants comme de glorieux souvenirs, et leurs familles s'en sont parées dans la suite comme pour prouver leur filiation. Aussi a-t-on conclu de là que les armoiries étaient un des caractères distinctifs de la noblesse. Cependant, dès le moyen-âge, des artisans ont adopté ces signes, et sous Louis XIV, le droit de les porter a été reconnu à tous les bourgeois et gens de métier.

La plus belle période de l'existence de la noblesse a été sans contredit celle de la chevalerie, car alors la noblesse était la personnification du désintéressement et de l'abnégation; elle n'ambitionnait que *l'honneur* de courir la première au-devant du danger, et de se dévouer pour le salut de la patrie. Nous pensons que cette race de chevaliers est éteinte, qu'elle n'a pas laissé de descendants parmi nous.

Depuis, la noblesse a recherché les *honneurs*, et les souverains ont profité de cet affaissement des mœurs antiques pour conférer des titres nobiliaires. Il les rendirent accessibles à tous les membres de la nation, et Philippe-le-Hardi donna le premier l'exemple de cette extension, en déclarant nobles son argentier et son orfèvre. Mais aux termes d'un arrêt du parlement de Paris de l'an 1280, le comte de Flandre ne pouvait anoblir sans le consentement du roi de France.

Sous les successeurs de Philippe III, les anoblissements devinrent plus fréquents; ils ne furent pas toujours motivés sur les services exceptionnels rendus par ceux qui les obtenaient. Philippe de Valois en accorda moyennant finances. En 1354, Jean de Rheims paya trente écus d'or pour ses lettres-

patentes; un autre, en 1355, en paya quatre-vingts. Charles IX créa douze nobles en 1564, et trente autres en 1568. Henri III en créa mille en 1576. « C'est que les divers be-
> soins de l'Etat, dit un publiciste, ont réduit les ministres à
> chercher des ressources dans l'avidité que les hommes ont
> pour les honneurs. Il y a même eu des édits qui ont obligé
> les gens riches et aisés à prendre des lettres de *noblesse*
> moyennant finance; de ce nombre fut Ricard Graindorge,
> fameux marchand de bœufs, du pays d'Auge, en Norman-
> die, qui fut obligé, en 1577, d'accepter des lettres de *no-*
> *blesse*, pour lesquelles on lui fit payer trente mille livres.
> La Roque, en son *Traité de la Noblesse*, chapitre XXI, dit
> en avoir vu les contraintes entre les mains de Charles Grain-
> dorge, sieur du Rocher, son petit-fils ».

Ce n'est pas tout; la noblesse a été quelquefois le prix de l'assassinat. Philippe II, roi d'Espagne et souverain des Pays-Bas, n'a-t-il pas promis d'anoblir et d'enrichir le misérable qui tuerait le prince d'Orange? Si une telle faute peut être atténuée aux yeux de la postérité, c'est qu'elle a été commise dans un moment de surexcitation des passions politiques, à une époque de révolutions et de violences. Mais de pareils anoblissements sont rares dans l'histoire, et le peuple eut encore de l'admiration pour la noblesse en voyant monter à l'échafaud les comtes de Hornes et d'Egmont!

III.

LÉGISLATION SUR LA NOBLESSE.

Dans ces jours orageux, l'usurpation des titres nobiliaires était devenue facile. Philippe II voulut les faire respecter par son édit du 23 Septembre 1595, daté de St-Laurent le Royal en Castille, et dont la traduction suit :

« Comme il convient, dit le prince, que chacun se conduise et se comporte selon son état, condition, rang et qualité, sans en sortir ni prendre ou usurper un nom, titres ou signes quelconques de noblesse qui ne lui appartiennent pas, et comme nous sommes informé que beaucoup de nos sujets des Pays-Bas et principalement de notre comté de Bourgogne, s'arrogent le titre de bannerets, comme s'ils possédaient terre ou seigneurie érigée par nous ou nos prédécesseurs en semblable dignité; d'où il résulte grande confusion et désordre;

» Faisons savoir que nous n'avons rien plus à cœur que de tenir la main à toutes choses pour le bien et le soulagement de nos sujets et vassaux, et qu'après mûre réflexion et de l'avis de feu notre frère, neveu et cousin bien aimé l'archiduc Ernest, voulant couper le mal dans sa racine, nous avons, de notre pleine puissance et souveraine autorité, ordonné et ordonnons:

» Premièrement, que dorénavant personne de nos sujets, si ce n'est ceux qui sont d'ancienne et noble race, ou qui descendent en ligne directe et masculine de parents honorés par nous ou nos prédécesseurs de lettres-patentes d'anoblissement, ou qui aient vécu notoirement comme gens nobles, personne ne pourra prendre ni s'arroger les titres, noms et qualités d'écuier, gentilhomme ou homme noble, ni porter publiquement ni en particulier des armoiries timbrées sur des cachets, sceels, tapisseries, tableaux ou tout autre objet, sous peine d'être condamné par les juges compétents à une amende arbitraire, et de voir ces emblèmes grattés, effacés ou confisqués.

» Défendons pareillement et expressément à tous nos vassaux de quelque état ou qualité qu'ils soient, de prendre et de se donner ou de donner à autrui, soit verbalement, soit par écrit, le titre de baron ou tout autre titre, à moins qu'ils ne prouvent par lettres-patentes délivrées par nous ou nos prédécesseurs que les terres, fiefs et seigneuries qu'ils possèdent dans nos Pays-Bas et notre comté de Bourgogne, ne leur en donnent le droit. Toutefois, s'il est notoire qu'une terre ou fief a été érigée en baronnie, ou tenue pour telle de temps immémorial, mais que les lettres d'érection en soient égarées ou perdues pendant la guerre ou tout autre évènement, nous autorisons les détenteurs de ces terres à se retirer vers nous pour obtenir lettres de confirmation.

» Défendons aussi expressément à nos susdits vassaux de quelque qualité, état ou condition qu'ils soient, de se nommer ou se laisser nommer ou qualifier de chevaliers verbalement ou par écrit, et à leurs femmes de se laisser donner le titre de *ma dame* (ME-VROUWE), à moins qu'ils ne prouvent qu'ils ont été créés et reconnus tels par nous ou nos prédécesseurs.

» Et comme plusieurs de nos sujets s'adressent souvent à des princes étrangers pour en obtenir anoblissement ou octroi d'armoiries, et ce au préjudice de nos droits et de nos finances, nous déclarons que personne dans les Pays-Bas, ni en Bourgogne, ne pourra se prévaloir de ces anoblissements ni de ces armoiries.

» Et parce qu'il est venu à notre connaissance que les bâtards portent les noms et les armes légitimes des familles, comme s'ils en étaient des fils légitimes, et ce sans aucune distinction ni signe apparent de bâtardise, nous voulons et ordonnons, pour empêcher pareille irrégularité, que les armoiries des bâtards portent à l'avenir une barre ou tout autre signe apparent pour distinguer à toujours leur bâtardise de la famille légitime. »

Malgré cet édit, les usurpations de titres nobiliaires continuèrent, et Albert et Isabelle, gouverneurs des Pays-Bas, durent renouveler les défenses de Philippe II. Ils statuèrent le 14 Décembre 1616 :

1° Ceux qui sont issus d'ancienne et noble race, ou bien dont le père et le grand-père ont vécu publiquement comme nobles et ont été tenus pour tels ; les personnes ou leurs ascendants dans la ligne paternelle, qui ont été élevés par nous ou nos prédécesseurs au rang de la noblesse en vertu de lettres patentes ; ou ceux qui à cause de leurs charges, fonctions ou offices, ou qui par droit d'hérédité dans la ligne paternelle sont considérés comme nobles, pourront, seuls et à l'exclusion de tous autres, prendre et s'arroger la qualité d'écuier, gentilhomme et homme noble, ou un titre de noblesse équivalent, et porter en public ou en particulier des armoiries timbrées, sur leurs cachets, scels, tapisseries ou ailleurs, et dans certaines circonstances avoir dans les cérémonies publiques les honneurs réservés à la noblesse. Les contrevenants auront leurs armoiries brisées, grattées, effacées, et seront en outre condamnés pour chaque contravention à une amende de cinquante florins.

2° Nous défendons à tous nos sujets et habitants des pays de notre obéissance, de quelque qualité ou condition qu'ils soient, de prendre et porter un nom ou des armoiries d'une maison noble à laquelle ils n'appartiennent pas, quoique la branche masculine soit entièrement éteinte ; à l'exception toutefois des nobles auxquels ce droit aurait été conféré en vertu d'un acte d'adoption, de mariage, de testament ou de toute autre disposition, par ceux qui avaient pouvoir et qualité à cet effet, ou bien par nous en vertu de lettres patentes duement enregistrées ; à peine pour les contrevenants de payer une amende de cent florins, outre les réparations civiles.

3° Interdisons et défendons à tous et à chacun de modifier ou changer l'ordre de ses quartiers dans les généalogies sur les tombeaux, épitaphes, vitraux et ailleurs, ou d'y ajouter des quartiers d'autres maisons, sous peine pour le contrevenant d'une amende de cinquante florins et de voir les fausses armoiries brisées et grattées.

4° Quant à ceux qui ont acquis ou qui acquerront à l'avenir par succession, testament, donation, contrat de mariage, vente ou par toute autre manière, des terres, seigneurie ou fief, dont le nom soit celui d'une famille noble, ils ne pourront en porter eux-mêmes le nom ni les armes, comme étant le nom et les armes de leur propre famille. Mais ils pourront se qualifier *seigneurs* de tels lieux, à la suite de leurs propres noms et prénoms. Et si lesdites terres venaient à être érigées en baronnie, vicomté, comté, marquisat, principauté ou duché, et échéaient aux mains de gens non nobles ou n'ayant aucune qualité correspondante à ces titres, elles ne pourront prendre les titres de ces terres, et celles-ci retourneront à nos domaines.

5° Afin d'empêcher tout désaccord qui pourrait surgir relativement au droit d'aînesse et au port d'armes pleines (comme cela s'est vu souvent par le passé), nous voulons et ordonnons que les puinés dans les familles, et même les aînés du vivant de leur père, chargent leurs armes d'une brisure ou lambel suivant coutume, et continuent de les porter ainsi brisées aussi longtemps que durera la branche aînée, afin de distinguer celle-ci de la branche des puinés, et ce à peine de cinquante florins d'amende; sont exceptés de cette disposition nos duchés de Luxembourg et de Gueldre où ces brisures ne sont pas usitées.

6° Ceux qui auront dérogé à leur noblesse par l'exercice d'un métier, art mécanique ou profession vile, ne pourront jouir des avantages, honneurs et immunités attachés à la noblesse, tant qu'ils n'auront renoncé à cet exercice. Alors ils seront réhabilités par lettres patentes délivrées par nous et enregistrées dans les bureaux de nos officiers d'armes, à peine de cent florins d'amende, excepté dans les provinces où ce genre de réhabilitation n'est pas d'usage.

7° Interdisons et défendons à tous nos sujets de quelque condition ou qualité qu'ils soient de se donner ou donner à d'autres le titre de baron ou tout autre, de faire supporter leurs armes par des porte-bannières, ou les surmonter de couronnes, à moins qu'ils ne prouvent en due forme qu'ils en ont le droit et que les terres qu'ils possèdent dans nos Pays-Bas ont été érigées en baronnies par lettres patentes délivrées par nous ou nos prédécesseurs ; à peine pour chaque contrevenant de cinquante livres d'amende.

8° Nous défendons aussi à nos vassaux et sujets de se qualifier *chevaliers*, si ce titre ne leur a pas été octroyé par nous ou nos prédécesseurs ; à peine de cent florins d'amende et de voir ce titre biffé et effacé partout où il sera trouvé.

9° Comme beaucoup d'abus contre lesquels s'élève cette ordonnance proviennent de ce que les secrétaires, greffiers, notaires et autres officiers ont trop légèrement accordé des titres de noblesse à des personnes qui n'y avaient aucun droit, nous voulons que ces officiers publics qui les attribueront sciemment soient condamnés à cent francs d'amende.

10° Et parce que quelques-uns de nos sujets s'adressent à des princes étrangers pour obtenir des titres, priviléges et armes que leur refuse leur souverain légitime, et ce au préjudice de nos droits et de nos finances, nous déclarons que personne de nos vassaux et sujets ne pourra se prévaloir de la chevalerie, de l'anoblissement ni des honneurs octroyés par des princes autres que nous et nos prédécesseurs, à peine de deux cents florins d'amende et de voir leurs titres biffés et annulés par l'autorité publique.

11° Et comme quelques uns par ignorance ou par oubli s'avisent de surmonter leurs armes d'un timbre posé de face, à la manière de princes souverains, ou d'un heaume extérieurement doré sans en avoir le droit, et de porter aussi des couronnes sans qu'on puisse distinguer si elles appartiennent à des comtes, des marquis, princes ou ducs, de les porter même, ce qui est plus audacieux, ornées de fleurs comme celles des rois et des souverains, et tout cela à notre préjudice et à celui des autres princes, nous enjoignons à tous nos sujets de quelque rang ou qualité qu'ils soient de faire cesser ces abus dans l'espace de trois mois, sous peine pour les contrevenants d'être condamnés à trois cents florins d'amende.

12° Afin d'empêcher les bâtards et leurs descendants de porter les noms et armes des fils légitimes, et de s'immiscer par la suite dans les familles comme descendants légitimes, nous enjoignons aux bâtards et enfants naturels, même à ceux qui ont été légitimés par nos lettres-patentes ou par celles de nos prédécesseurs, de mettre une marque très-apparente dans leurs armes, savoir: pour les bâtards et enfants illégitimes une barre, et pour leurs descendants une marque tout-à-fait distincte de celle des puinés de lit légitime, à peine de soixante florins d'amende.

13° Et pour empêcher à l'avenir les irrégularités qui pourraient se commettre à notre préjudice par la délivrance de nouvelles armoiries à des personnes nouvellement anoblies, ou à ceux qui désirent en avoir d'autres, parce que les registres d'armoiries auxquels on a ordinairement recours ne sont pas tenus comme ils doivent l'être, ce qui peut devenir une cause de difficultés, nous avons jugé convenable que notre premier roi d'armes et nos autres hérauts, chacun dans sa province, renouvellent les armoriaux, et que ceux de nos vassaux et sujets qui prétendent avoir droit à la noblesse, leur communiquent leurs armes timbrées, exactement dessinées ou peintes, avec leurs nom, prénoms et titres, s'ils en ont, et ceux de leurs père et mère, pour y être enregistrées et valoir ce que de droit.

14° Et comme par suite des guerres et de l'absence de nos prédécesseurs de ces provinces, des courriers et des messagers de nos villes, châtellenies et seigneuries, même des particuliers se sont appropriés les armoiries desdites villes et châtellenies qui les commissionnaient ou qu'ils habitaient, nous voulons que lesdits courriers et messagers portent ces armoiries suspendues au côté gauche au moyen de chaînettes, à peine de vingt florins d'amende.

15. Voulons et ordonnons en outre que toutes les lettres d'anoblissement ou de concession d'armoiries délivrées par nous ou qui le seront à l'avenir, soient par les impétrants présentées à nos hérauts-d'armes de leurs provinces respectives pour être enregistrées dans les livres à ce destinés, et certifiées véritables. Pareil enregistrement aura lieu aux

Etats d'Artois pour ceux qui seront originaires ou habitants de cette province, à peine de privation du bénéfice desdites lettres ».

Ce document est très-important, non seulement au point de vue historique, mais encore au point de vue du droit. Albert et Isabelle reconnaissent quatre catégories de noblesse :

1° Noblesse de sang ou d'ancienne race dont l'origine se perd dans la nuit des temps.

2° Noblesse de notoriété ou de possession qui devait être prouvée, et pour laquelle il fallait que le père et l'aïeul eussent été tenus pour nobles.

3° Noblesse concédée par lettres-patentes émanées des souverains légitimes des Pays-Bas.

4° Enfin noblesse qui dérivait des charges et fonctions occupées par le père ou les aïeux.

Mais le temps a rudement éprouvé la noblesse flamande, et nous n'hésitons pas à dire que celle de la première et de la deuxième catégorie n'existe plus. En effet, le rédacteur du cahier des doléances du Tiers-Etat de la ville de Bergues écrivait déjà en 1789 : « Quant à la noblesse, elle n'a jamais
» formé en Flandre, en fait d'aides, subsides et impositions,
» un ordre particulier ni séparé du Tiers-Etat. Les nobles,
» contradicteurs avec les notables de toutes les branches
» d'administrations confiées aux chefs-collèges ou munici-
» palités des villes et des châtellenies, admis dans tous les
» corps municipaux, participaient ainsi à l'administration
» générale, et énonçaient un vœu commun avec le Tiers-
» Etat ».

Restent ceux dont les aïeux ont été anoblis par lettres-patentes des souverains ou par leurs charges, fonctions ou offices.

En 1715, J. Le Roux, roi d'armes, a publié les noms des Flamands de France qui ont été anoblis depuis 1424 à 1714; ce sont :

Antoine Zegherscappel, écuier, bourgmaître et landthouder de la ville et châtellenie de Furnes, créé chevalier le 28 Juillet 1618.

Antoine de Vignacourt, sieur d'Orton, créé chevalier le 20 Avril 1593.

François de la Woestine, seigneur de Bercelaere, créé chevalier le 23 Octobre 1640.

Jacques Vande Walle, de Dunkerque, fils de Jacques, créé chevalier le 13 Février 1630, pour avoir armé et fourni plusieurs navires au roi.

François Van Caloen, échevin du Franc, créé chevalier le 2 Mars 1618.

Jean Baptiste de Visch, époux de Marie Van den Broeck, créé chevalier le 5 Février 1648.

Roland de Vicq, alfère au service du roi d'Espagne, chevalier le 15 Septembre 1629.

Daniel Vernimmen, natif de la ville de Termonde, anobli le 20 Mars 1706.

Lieven de Suutpeene, seigneur de Vische, chevalier le 2 Novembre 1623.

Guillaume de Hardevust, anobli le 20 Septembre 1623 ou 1613, moyennant finance taxée à 300 florins, payés à Jean de Seur, le 9 Septembre 1624.

Jacques de Masslet, seigneur de Zudpeene, chevalier le 1er Février 1600.

Victor Rape, seigneur de Steenbourg, échevin et bourgmaître de la ville de Bergues, chevalier le 12 Novembre 1633.

François de Kerckhove, écuier, seigneur du Fael, ayant servi dans le régiment du comte Frédéric de Bergues, et dans le magistrat de la ville de Cassel, chevalier le 20 Octobre 1652.

Martin Snouckart, seigneur de Somerghem et de Schœbrouck, créé chevalier le 10 Janvier 1633.

Jacques de Norman, seigneur d'Oxelaere, chevalier le 12 Octobre 1630.

Philippe-Guillaume et Floris de Bacquelerot frères, anoblis le 4 Août 1628.

Marc Stappens, receveur de la ville de Bergues, anobli le 20 Août 1626, moyennant finance.

Jean de Northout, chevalier, capitaine de la ville de Dunkerque, conseiller et maître d'hôtel de la gouvernante des Pays-Bas, créé baron le 1er Mars 1645.

François de Vulder, seigneur de Zyneghem, chevalier le 23 Décembre 1642.

Pierre Immeloot, écuier, chevalier le 23 Décembbe 1642.

Pierre Bommaere, licencié ès-lois, anobli le 3 Décembre 1601.

Nicolas Imbert de la Phalecque, anobli moyennant finance le 17 Mars 1608, pour services rendus à la religion catholique.

Jacques de Bryarde, seigneur de Beauvoorde et Teteghem, chevalier le 29 Septembre 1618.

Jean-Baptiste Bulteel, avoué de la ville d'Ypres, chevalier le 2 Novembre 1622.

Jean Revel à Ypres, a été réhabilité dans la noblesse le 20 Mars 1628.

Roland van Zeller, du pays de Gueldres, obtint réhabilitation de noblesse le 20 Janvier 1702.

Gabriel de Meester, licencié ès-lois, bailli général des villes et comté d'Estaires, Nicolas de Meester, receveur de la ville et châtellenie de Bailleul, Louis de Meester, bailli d'Estaires et de la baronnie d'Haverskerque, tous anoblis le 24 Mars 1643.

Pierre Guislain de Piermont, seigneur de Coudecasteel, chevalier le 3 Mars 1649.

Edouard de Steenbecque, chevalier le 16 Juillet 1642.

Pierre de Keerle, licencié ès-lois, anobli le 31 Janvier 1645.

Georges de Tiennes, seigneur de Berthen, créé marquis le 19 Juin 1660.

Cornil Spanoghe, protonotaire apostolique, a été anobli le 22 Juin 1526, et ses descendants réhabilités dans la noblesse le 18 Novembre 1672.

A ces noms on peut ajouter ceux de :

Jean Drouart, confirmé dans sa noblesse par lettres-patentes de l'empereur d'Autriche, en date du 16 Mars 1626 ;

Les frères Jean et Gabriel Spalding, de Dunkerque, qui ont été reconnus nobles en 1674 par lettres-patentes de Charles II, roi d'Angleterre.

Jean Bart, chef d'escadre, anobli par Louis XIV le 4 Août 1694.

Les charges et fonctions publiques qui conféraient la noblesse, étaient :

1º Celles de grand officier de la couronne, de secrétaire d'Etat, de conseiller d'Etat, de magistrat de cours souveraines, de trésorier, de secrétaire des princes, de chambellan, etc.

2° Celles de membre des cours de justice, présidiaux, bailliages, cours féodales et d'officiers de justice à tous les degrés de la hiérarchie judiciaire.

3° Le grade d'officier dans les armées du souverain.

4° La cléricature.

5° L'échevinage, la députation aux Etats, la mairie et autres charges municipales, même celles de greffier, bailli, trésorier des communes.

6° Enfin les lettres et les sciences étaient aussi une source de noblesse. Les médecins, les avocats, les professeurs, les hommes de lettres, les procureurs, etc., étaient considérés comme nobles. Les professeurs, docteurs en droit pouvaient après vingt ans d'exercice prendre le titre de *comte*. Qu'on ne s'étonne pas de cela ! En Chine, la première noblesse du pays était la noblesse littéraire.

Une autre observation qui résulte de l'édit de 1616, c'est que les nobles avaient seuls le droit de porter des armoiries timbrées ; mais tout le monde pouvait en avoir non timbrées, c'est-à-dire, non surmontées d'un heaume ou d'une couronne. « Les armoiries, dit M. Borel d'Hauterive dans son » édition de l'*Armorial de Flandre*, ne furent pas le privilége » exclusif de ceux qui étaient gentilshommes, mais elles » annonçaient au moins une bonne bourgeoisie, qui touchait » à la noblesse par plus d'un point de contact. » Louis XIV en créant une grand maîtrise héraldique a déclaré dans son ordonnance de 1696, que les brevets ou lettres d'armoiries ne pouvaient en aucun cas *estre tirés à consequences pour preuve de noblesse*. Aussi, moyennant un droit de vingt livres, tout bourgeois, marchand, avocat ou médecin pouvait avoir ses armoiries « mises aux bâtiments, édifices, tombeaux, » chapelles, vitres, tableaux, images, ornements, et autres » meubles, et portées par sa veuve et ses enfants après sa » mort ».

Ce serait une étude bien curieuse que celle des blasons de nos pères, de cette langue qui s'est conservée pendant des siècles, mais inconnue et oubliée aujourd'hui. C'est en effet un sujet d'étonnement que de voir ces emblèmes, vestiges d'un âge déjà loin de nous, résister aux révolutions sociales

de notre siècle, en présence de ces familles nouvelles qui ont pour fondateurs les membres les plus actifs, les plus industrieux, les plus entreprenants des races plébéiennes. Un écrivain moderne l'a dit : « La puissance et le crédit moral
» des armoiries ne sont pas détruits parmi nous. Cependant,
» la société ne se rattachant plus aujourd'hui aux vertus mi-
» litaires qui ont fondé nos institutions, nées de la conquête,
» l'importance du blason devient surtout historique et perd
» son influence active. La distinction des races a pour rivale
» la distinction des individus. A côté de la gloire des familles
» et de leur éclat héréditaire, les travaux de chacun pren-
» nent place. Il faut qu'une nouvelle morale s'adapte à une
» nouvelle société, et son combat avec la moralité ancienne
» est un curieux phénomène. L'orgueil humain a trouvé son
» aliment dans les armoiries ; il les soutient encore. C'est
» une grande question de savoir comment se terminera ce
» grand changement, et si l'époque pacifique aura son blason
» comme l'époque conquérante ».

La loi du 4 Août 1789 a bien aboli les priviléges attachés à l'ancienne noblesse ; mais « quant aux titres et aux dis-
» tinctions nobiliaires, fait observer M. le sénateur Delan-
» gle, personne ne songea à les abdiquer, personne ne voulut
» les détruire. La royauté était encore, dans la pensée de
» tous, la clé de voûte de l'édifice politique, et la pensée des
» novateurs les plus hardis de l'assemblée constituante,
» parmi ceux du moins qui osaient exprimer hautement
» leurs vœux secrets, n'allait pas au-delà d'une imitation
» de la constitution anglaise ».

Les titres nobiliaires ne furent supprimés que le 19 Juin 1790 ; ce jour-là l'assemblée nationale défendit que la qualification de prince, duc, comte, marquis, vicomte, vidame, baron, chevalier, messire, écuyer, gentilhomme, monseigneur, éminence, altesse ou grandeur fût prise par qui que ce fût, à peine d'une amende égale à six fois la valeur de la contribution mobiliaire du délinquant.

Ces titres, à l'exception de ceux de marquis et de vidame, furent rétablis avec l'érection du gouvernement français en monarchie impériale. Par un décret du 1er Mars 1808, l'empereur Napoléon 1er créa une nouvelle noblesse et en détermina la hiérarchie. La charte de 1814 a reconnu les nobles du nouveau et de l'ancien régime, et maintint les peines édictées par l'article 259 du code pénal contre les usurpateurs de titres. Une loi de 1832 abrogea ces pénalités, et un décret du 29 février 1848 proclama la déchéance de la noblesse elle-même ; mais le 24 Janvier 1852 ce décret fut à son tour abrogé et la loi du 28 Mai 1858 rétablit, en le modifiant, l'ancien article 259 du code pénal, lequel porte aujourd'hui :

1° Qu'une amende de 500 francs à 10,000 francs sera prononcée contre quiconque, sans droit et en vue de s'attribuer une distinction honorifique, aura publiquement pris un titre, changé, altéré, modifié le nom que lui assignent les actes de l'état civil.

2° Que le tribunal ordonnera la mention du jugement en marge des actes authentiques ou des actes de l'état civil dans lesquels le titre aura été pris indûment ou le nom altéré, etc.

En vertu de ce texte législatif, les magistrats chargés de l'exécution des lois ont invité les officiers de l'état civil et tous les officiers ministériels à n'attribuer désormais aux parties dans les actes que les titres et les noms qu'elles justifieront être en droit de porter.

Comment faire cette justification ? — Par les actes de l'état-civil, comme le veut la loi. Mais la plupart des actes de l'état civil ne remontent pas, dans notre Flandre, au-delà du XVIIe siècle, et jusqu'en 1789, ils étaient écrits en latin et rédigés par les curés des paroisses. J'ai remarqué que les personnes de qualité y étaient qualifiées de *dominus, domina*, et les hommes de loi de *consultissimus*. Comment traduire aujourd'hui ces qualifications ? à quels titres modernes correspondent-elles ? L'épithète *nobilis*, noble, accompagne certains noms ; quelle a été la preuve de la noblesse ? Les actes de naissance, mariage et décès étaient-ils toujours fidèlement et régulièrement rédigés ? Il est permis d'en douter avec les synodes d'Ypres et de Cambrai de 1577 et de 1763.

D'un autre côté, des personnes qui, en vertu de leurs fonctions et de l'édit d'Albert et d'Isabelle, pouvaient porter le titre d'*écuier*, n'ont pas eu leurs noms inscrits dans les registres de la paroisse, avec cette qualité. D'autres, possesseurs de fiefs, ayant par conséquent le droit d'ajouter à leur nom celui de leurs terres, ont négligé de le faire suivre de cette dernière dénomination. Sous la République et le Consulat, il n'était permis que de prendre le vrai nom de sa

famille; toute distinction nobiliaire était sévèrement défendue. Sous l'Empire et la Royauté, on peut avoir négligé de prendre ses titres; enfin, il est des personnes qui, voulant paraître favorables aux idées démocratiques, ont modifié leur nom en en retranchant la particule. Ce qui a fait dire à l'illustre de Lamartine, parlant de Béranger: « Nous n'ap-
» prouvons pas cette mode qui fait déroger le nom de famille
» pour faire monter plus haut l'ambition, la puissance, la
» popularité de l'individu. Il faut, quand on est vraiment
» philosophe, vraiment citoyen, vraiment égalitaire, se rési-
» gner avec la même indifférence à sa noblesse ou à sa ro-
» ture; l'une ne dégrade pas plus que l'autre n'avilit le vrai
» grand homme. Roture ou noblesse ne sont ni des mérites
» ni des torts; ce sont des lots que nous avons reçus en
» naissant dans la loterie de la Providence. Il y a faiblesse à
» s'en glorifier, faiblesse à en rougir, faiblesse à les abdi-
» quer. Béranger, quand il fut devenu ce qu'il devait être,
» un aussi grand cœur qu'il était un grand esprit, pensait
» exactement comme nous ».

Puisque l'article 259 du code pénal reconnaît et protège de nouveau les noms et les titres honorifiques de la noblesse, à la condition d'en justifier par la production des actes de l'état-civil, à quelle espèce de preuves est-il permis d'avoir recours si les actes de l'état-civil sont muets? — Ceux qui ont entre les mains des lettres d'anoblissement délivrées régulièrement par les souverains du pays, possèdent à notre avis des documents irrécusables; ceux dont les titres nobiliaires dérivent des fonctions ou des services de leurs ancêtres auraient à prouver ces fonctions ou ces services. Suivant La Roque (*Traité de la noblesse*, ch. 64), « les actes
» qui justifient la noblesse sont des actes authentiques, com-
» me contrats de mariage, baptistaires, lots de partage de
» successions, testaments et autres actes publics qui font
» mention des filiations; on y ajoute les qualités tirées
» des fiefs possédés de race en race, et employées dans les
» contrats; les jugements rendus sur la condition; les ins-
» criptions et épitaphes des lieux publics et la continuation
» des armes semblables. La noblesse se vérifie encore par
» les dignités qui accompagnent notre vie, ou par la condi-
» tion de nos ancêtres, en représentant les provisions et ac-
» tes de réception dans les charges qu'ils ont exercées. Si
» ce sont charges militaires, on se sert des extraits de rôles,

» de montres et de comptes rendus à la chambre par les
» trésoriers ordinaires et extraordinaires des guerres, qui
» font mention des soldes ou appointements qu'on a reçus
» pour l'exercice de telles charges. On prouve aussi la no-
» blesse par des actes de foi et hommage qu'on a rendus à
» cause des fiefs qu'on tient du roi ou autres seigneurs;
» enfin, par les histoires et chroniques qui rendent les pré-
» décesseurs illustres à la postérité ».

Quant à ceux qui prétendraient avoir le droit d'ajouter un nom de fief à leur nom patronimique, en vertu des dispositions de l'article 1er de l'édit de 1616, ils n'auraient, semble-t-il, qu'à établir la possession ou la propriété de ce fief. Cependant des arrêts ont distingué entre le fief dont la possession est antérieure à 1789 et celui qui a été acquis depuis cette époque. Dans ce dernier cas, une autorisation du gouvernement serait indispensable. Mais tout porte à croire qu'elle ne serait pas refusée, précisément parce que l'article 259 du code pénal a été promulgué pour consacrer le souvenir des services rendus au pays. Or, qu'est-ce qu'un fief? C'est une portion du domaine national concédée par le prince pour récompenser le dévouement à la patrie, ou bien à charge de services militaires et judiciaires. Porter le nom d'un fief est donc une manière de perpétuer le souvenir d'actions héroïques ou patriotiques; c'est, pour nous servir encore des expressions de M. Delangle, « rappeler ce qui
» met au cœur de l'homme la force qui dompte les obstacles,
» ce qui lui inspire l'ambition qui lui fait sacrifier sa vie au
» service de son pays; ce n'est pas seulement cet orgueil
» légitime qui limite à l'heure présente et à l'individu les
» joies du devoir accompli, et cette volupté du triomphe qui
» paie un effort généreux. »

Si nous savions l'histoire des fiefs, moins obscures seraient les origines de notre histoire nationale; mais c'est là aussi une de ces questions dont la solution présente, comme l'a dit M. le garde des sceaux, des difficultés dignes des méditations et des études des hommes d'État et des jurisconsultes.

LOUIS DE BAECKER.

L'OR.

1858

Non, ce n'est plus pour la beauté
Que de nos jours chacun soupire,
Elle a cédé son doux empire
A l'or, seule réalité.
La beauté plaît, l'or on l'encense,
Et son culte est universel ;
L'or met les sages en démence,
L'athée à l'or dresse un autel !

Faire fortune promptement
Pour tous est la suprême affaire,
Chacun veut être millionnaire,
Briller, vivre splendidement ;
L'or est notre fièvre ennemie !
Cet or, qui le possède enfin,
Mène à grandes guides la vie !
Riche aujourd'hui, pauvre demain...

Non, l'or n'est pas un vil métal,
Et qui l'a dit n'en avait guère ;

Il est, hélas! une chimère
Pour l'indigence à l'hôpital !
Agent du mal, source de joie,
De l'homme l'éternel fléau !
Quand de misère l'un se noie,
L'autre sur l'or nage en pleine eau...

Adieu nobles au faux blason,
Adieu menteuse particule,
Que tombe enfin le ridicule
Sur qui t'emprunta sans raison ;
Mais chacun de nous veut paraître,
Se grandir, prendre un fol essor :
Ce qu'on n'est pas on le veut être...
Tout ce qui brille n'est pas or !

N'allez pas croire cependant
Que la fortune je méprise,
Non, mais l'or n'est pas ma devise,
Mon seul dieu, mon culte fervent :
Un ami vrai je lui préfère,
N'est-ce pas un trésor aussi?
Un ami vrai, quelle chimère !
L'or est moins rare qu'un ami...

PIERRE SIMON.

IDUMŒA LA GEORGIENNE.

1857.

I.

Ainsi chantaient, à cette époque, les bardes d'Orient sur leurs lyres d'or : « Heureuse, cent fois heureuse est la favorite du calife Aroun! Elle repose tout le jour sur les divans moëlleux, au sein des parfums et de l'harmonie. Le soleil ne brûle pas sa peau fine; elle est fraîche comme la rose de Mahomet. Toutes les femmes sont ses esclaves; elle est la reine de beauté, le rayon de l'aurore, l'astre du soir. Heureuse, cent fois heureuse est la favorite du glorieux calife Aroun !.... »

Elle n'était pas heureuse pourtant, Idumœa, la belle sultane préférée. Favorite du maître, entourée de luxe, de parures et d'admiration, Idumœa soupirait au milieu de sa grandeur. Vainement les musiciens habiles répétaient leurs voluptueux accords, vainement le calife lui donnait ses regards les plus doux, elle ne semblait ni plus fière ni plus souriante; elle languissait comme la fleur du midi sous la brume du nord. Toujours pleine de mélancolie!.... on ne la voyait pas, comme ses folâtres compagnes du sérail, s'amuser avec des perles et des étoffes d'azur, ni rechercher les faveurs du sultan, ni s'enorgueillir de sa danse aérienne. Idumœa! ce qu'elle aimait, c'était l'éclat des armes et des guerriers, l'aspect des bataillons en rangs, avec leurs lances et leurs étendarts. Quand elle voyait les troupes du calife se déployer noblement, son œil s'animait alors, son cœur battait avec allégresse; et tant de flamme colorait son visage, tant de vivacité se peignait dans ses gestes, qu'elle semblait vouloir prendre son élan dans la plaine et dévorer l'espace ouvert devant ses regards!

Fille ardente de la Géorgie, arrachée du pays natal, puis conduite à Bagdad pour être esclave dans un harem, Idumœa ne pouvait vivre ainsi. Il lui fallait de l'air pur, de la liberté; et les chaînes qui retenaient ses pas lui pesaient comme des fardeaux, bien que ce fussent des chaînes dorées. Elle eût voulu voltiger dans les campagnes, gravir les monts, se mirer dans les ruisseaux : au luxe étincelant du sérail elle préférait la splendeur du ciel ; au parfum de l'encens elle préférait celui des fleurs ; et le soin de la parure lui semblait une occupation indigne de sa fierté. Mais plus encore la brune Géorgienne avait besoin d'amour! Ce n'était pas de l'amour pour elle que ces caresses d'un sultan énervé, despote qui la tenait captive et partageait alternativement ses faveurs entre toutes les femmes du sérail ; Idumœa voulait aimer un homme qui lui livrât toute sa vie; un homme au sang de feu, comme elle en avait rêvé dans ses premiers désirs!.... Ce n'était pas un cortége digne d'elle que cet entourage d'esclaves et d'eunuques, cette troupe servile qui ne savait qu'aduler et ramper ; l'atmosphère de cette voluptueuse prison était un poison pour elle ; et l'on voyait languir la belle fleur de Géorgie, faute d'un rayon vital, faute d'une goutte de rosée.

Un jour, les bardes prirent leurs harpes mélodieuses, et s'en allèrent, par ordre du sultan, chanter ainsi dans tout Bagdad : « Gloire à Dieu, gloire au prophète, gloire au calife Aroun!.... Hommes et femmes, enfants et vieillards, réjouissez-vous, et chantez des hymnes d'allégresse. Demain c'est jour de fête publique, car voici une année écoulée depuis que notre prince a remporté son éclatante victoire sur les fiers Africains. Or, vous saurez, peuple de Bagdad, qu'il y aura des réjouissances par toute la ville; et que deux heures avant le coucher du soleil on fera une grande lutte d'esclaves dans une arène auprès de la mosquée principale. L'esclave qui vaincra tous ses rivaux obtiendra la liberté,.... et de plus un riche sabre à poignée d'or qui lui sera donné par les mains de notre sultane, la belle Géorgienne Idumœa! »

En effet, le lendemain fut un jour de fête : Bagdad se para de fleurs ; les chants et les danses vinrent embellir de toutes parts la cité musulmane. C'était à pareille époque que le calife avait vaincu ses ennemis les plus redoutables ; de là venait l'innovation des jeux guerriers que les bardes avaient annoncés à la population. Aussi quelques heures avant le déclin du jour, les danses publiques cessèrent ; et la ville, prenant un aspect plus solennel, se pavoisa d'étendarts ; les trompettes retentirent d'une manière belliqueuse, et la foule porta ses pas avides du côté de la grande mosquée.

Là se trouvait une vaste arène disposée pour la lutte des esclaves ; il y avait une place destinée au peuple, une autre destinée aux grands ; déjà le calife s'y trouvait, avec toute sa cour, sur des sophas préparés avec tout le luxe oriental. Les diamants, les pierres précieuses, l'or et la pourpre étincelaient aux yeux éblouis ; et jamais l'on n'avait vu tant d'ornements et de solennité majestueuse. C'est que jamais non plus jusqu'à ce jour les femmes du calife ne se trouvaient en public avec les officiers du palais ; jamais les sultanes n'assistaient aux luttes guerrières. Mais Idumœa, toujours languissante et pâle, se ranimait au bruit des fanfares, au frôlement du fer ; et le calife qui l'adorait voulait donner à sa favorite ce mâle spectacle, pour qu'elle y brillât de toute sa beauté. Elle était gracieusement couchée, la tête appuyée sur l'épaule du sultan, et le visage couvert d'un voile. Autour d'elle se tenaient les visirs, les émirs, l'iman et les cadis. Toutes les femmes du sérail étaient voilées, selon l'antique usage de l'Asie... Et cette cour d'officiers et d'odalisques, cette pompe guerrière et gracieuse à la fois, ce luxe extraordinaire, tout cela formait un aspect tellement imposant que le peuple, d'abord silencieux par respect, fit retentir par trois fois ses acclamations d'enthousiasme.

Sur un signe du maître, les eunuques qui se tenaient à l'ouverture de l'arène, le sabre à la main, firent entrer les esclaves qui devaient lutter jusqu'au coucher du soleil. C'étaient tous les captifs Egyptiens ou Arabes, officiers ou soldats, vaincus dans les guerres, et qui maintenant allaient servir de spectacle à leurs ennemis. Parmi ces infortunés qui se tenaient tristement debout, un seul se distinguait par son attitude fière et son sourire presque menaçant. Noble guerrier aux formes athlétiques, cet homme se tenait immobile et promenait autour de lui des regards calmes, tel qu'un lion enchaîné regarde la foule attentive et peureuse. Lui seul attirait tous les yeux ; et le nom de Misaib vola dans toutes les bouches ; Misaib, le chef de la flotte égyptienne qui avait si longtemps, par sa valeur, balancé la victoire contre les soldats du glorieux Aroun. Au milieu de cette arène où il jouait un rôle d'esclave, le superbe Egyptien avait un air de dignité comme si lui eût été le maître ; et lorsqu'il vint à jeter les yeux sur le calife, son vainqueur, son visage prit une sorte d'expression de défi et de reproche. Il semblait dire : ce n'est pas ainsi qu'on traite un ennemi digne de soi : ce n'est pas en le faisant esclave, puis en le livrant à la stupide curiosité de la populace, qu'Aroun victorieux devait agir envers Misaïb !... Mais lorsque le captif aperçut les femmes qui entouraient le sultan, lorsqu'il vit ces groupes d'officiers et de jeunes filles du harem, il secoua la tête et le dédain se peignit sur tous ses traits : « Des femmes ! murmura-t-il ; nous allons amuser des femmes... ah ! lorsqu'on s'est laissé vaincre par des efféminés !... » Il n'acheva pas la phrase commencée, et la douleur que lui donna cette pensée amère lui fit courber le front.

Quelques minutes après, la favorite leva son voile ; c'était un signe que les luttes allaient commencer. Misaïb, relevant par hasard la tête, rencontra le regard de la Géorgienne. Elle était belle alors de tout son éclat, belle comme une rose purpurine qui se colore aux premiers jours du printemps. Le plaisir qu'elle éprouvait de se voir au milieu du peuple, au milieu des armes et des jeux guerriers, l'avait animée d'une flamme inconnue, et la pudeur colorait aussi ses traits charmants. Elle était tellement éblouissante et radieuse que l'arrogant Misaïb fut saisi d'une émotion magique, ses yeux demeurèrent fixés du côté de cette femme ! Il regardait, il admirait encore, quand déjà le voile jaloux avait recouvert la figure de la souveraine !

« Allons, chantèrent encore les bardes, allons, jeunes captifs... Le soleil, après avoir souri, s'est enveloppé de nuages : c'est l'heure du combat. Que l'esprit du prophète anime vos bras nerveux, que la vigueur coule dans vos veines. Combattez ! Au vainqueur des vainqueurs sera donnée la liberté, puis une bourse d'or, avec un riche sabre à brillante poignée qui lui sera remis par les mains de notre sultane, la belle géorgienne Idumœa... »

Ces chants firent sortir Misaïb de sa rêverie. Il parut se réveiller : La liberté ! murmura-t-il ; la liberté... c'est le prix de la victoire. Je pourrais donc te revoir, ô ma belle patrie; lieux chéris où j'ai passé mon enfance. Et je ne vivrai plus dans l'ignominie de la captivité!... Puis c'est la sultane qui de ses blanches mains décerne le sabre destiné au plus fort... la belle sultane!... Tout-à-coup il s'interrompit : Que dis-je? que m'importe cette femme... à peine l'ai-je vue?... Oh! c'est pour la liberté qu'il faut combattre; c'est pour la liberté seule... — Et cependant il contemplait la favorite, et le visage de l'Egyptien s'allumait : une vigueur nouvelle circula dans ses membres robustes, et la lutte commença.

Soudain, Misaïb provoque et frappe de son redoutable poignet un Arabe, enfant des déserts. L'Arabe recule... et semble déjà chanceler sous le coup. Quelle est donc cette pensée puissante qui pousse avec tant d'énergie le chef Egyptien?... Avant que la favorite eut levé son voile, avant qu'il eut entrevu ce visage de femme, Misaïb s'indignait de ce qu'on le donnait en spectacle; le découragement s'emparait de lui. Et le voilà tout-à-coup redevenu noble, fier, terrible comme aux jours du combat, lorsqu'à la tête de ses vaisseaux il sillonnait la mer. Quel changement subit!... Est-ce le regard d'une sultane qui enflamme sa bravoure?... serait-ce déjà l'amour?... L'amour!... Mais le vaillant chef a l'âme de fer comme son corps; il méprisa toujours ces passions et ces faiblesses de l'homme; ce n'est qu'au milieu des armes et de la gloire qu'il cherche le bonheur. Non; lorsqu'il se montre si fort, ne l'accusons pas d'un sentiment vulgaire... Sans doute il ne combat que pour la liberté.

L'Arabe, son rival, évite cependant une seconde atteinte qui devait être mortelle. Perfide et prompt comme un serpent, il s'élance; il veut enlacer de ses replis l'ennemi qu'il ne peut vaincre par la force. Mais le lion secoue cette étreinte comme celle d'un reptile importun, l'Arabe tombe dans la poussière; et bientôt Misaïb le jette sans vie au milieu de l'arène. Trois autres lutteurs tombent comme lui sous les coups du victorieux Egyptien. Chaque fois le peuple célèbre son triomphe par des acclamations... et chaque fois, comme entraîné par une force inconnue, le vainqueur tourne son œil en feu du côté de la favorite!... Idumœa, toujours voilée, est immobile; mais il semble qu'à travers la gaze qui couvre ses traits perce un rayon de ses regards, ainsi qu'un reflet du soleil devant la neige des montagnes. Idumœa contemple l'arène où Misaïb se dresse avec fierté, la tête haute, les bras croisés et le pied sur les cadavres vaincus. Le sultan fait un nouveau signe ; aussitôt les trompettes font retentir leurs sons guerriers ; un officier s'avance et vient armer la main de Misaïb d'un sabre étincelant. Alors il se fait un grand silence, et deux eunuques armés aussi de leur sabre s'approchent et défient l'Égyptien dédaigneux. C'est le dernier exercice. Si Misaïb est encore triomphant, il est libre, il reçoit une bourse d'or, un glaive d'honneur !... Le peuple qui l'a vu combattre et qui sympathise toujours avec la force et la vaillance, le peuple de Bagdad fait des vœux pour le chef de la flotte égyptienne... et ne croirait-on pas voir frémir Idumœa elle-même, lorsque le choc des sabres résonne comme un cri de mort ?

Déjà mille cris s'élèvent ; déjà l'un des eunuques est renversé et le second, jetant son cimeterre, parcourt l'arène avec des cris de terreur et demande grâce. Misaïb est trop magnanime pour le poursuivre ; la mort de ce lâche n'ajouterait rien à sa gloire !... Les jeux sont terminés ; des officiers entourent respectueusement Misaïb et vont le conduire vers le trône du sultan. Et les bardes d'Orient chantent avec joie :

« Approche, vainqueur des vainqueurs, viens recevoir le prix de ta robuste vaillance. Le lion est moins fort et moins fier que toi, lorsqu'il bondit secouant sa crinière flottante ; approche, à toi la liberté ! l'or et le glaive !... Tu es comme ce glaive ferme et brillant ; viens, rends hommage à la beauté d'Idumœa la Géorgienne, perle d'Orient, étoile du soir, reine des étoiles. »

Misaïb rejette en arrière ses longs cheveux ; il s'incline devant Aroun et devant la sultane qui prend la bourse d'or et le riche sabre destiné au vainqueur. La favorite a levé de nouveau ce voile qui la dérobe aux regards ; et devant cette beauté l'Égyptien se trouble encore ; il est agité d'une sorte de délire.

— A moi, s'écrie-t-il ; le cimeterre glorieux ! c'est bien la récompense du guerrier... Mais de l'or, de l'or... c'est bon pour des esclaves ou des eunuques...

Et l'Égyptien jeta la bourse au milieu des esclaves avides.

Il est donc libre !... plus de maître... plus de fers. Comme cela est doux, ô liberté, lorsqu'on quitte une prison maudite, une prison d'exil. Dans son premier mouvement de joie, Misaïb court dans la plaine, respirant l'air du soir avec volupté, folâtrant, bondissant comme un jeune tigre des bois. Sa patrie l'attend; il va revoir ses compagnons d'armes, ses soldats, ses frères. Partir!... quand?... De suite, cette nuit même, sans attendre le jour... Il faut partir, marcher vers le port le plus voisin, revoir l'Océan, s'élancer sur un vaisseau!... Mais quelle réflexion l'agite et le glace; pourquoi s'arrête-t-il dans ses élans? C'est comme un éclair qui le frappe, comme une vision qui l'éblouit.

— Ah! s'écria-t-il, elle est divine la sultane, divine!... je me souviens qu'elle est belle... Ne la verrai-je plus? Mais, est-ce que j'aime cette femme? Non! que me fait cette femme? Est-ce que Misaïb sait aimer!...

Pourtant il ne s'éloigne plus de Bagdad; bientôt même il est rentré dans la ville; et cet homme, quoiqu'il veuille mépriser l'amour, dirige instinctivement ses pas vers la demeure de la sultane favorite.

II.

Le jour s'éveillait; alors Idumœa, quittant les appartements du calife, rentra dans son palais particulier, avant d'aller au bain. Une tristesse plus profonde encore que de coutume paraissait sur son visage : cette fois ce n'était plus une rêverie vague, une mélancolie incertaine; mais on voyait qu'une pensée fixe tourmentait son esprit. Silencieuse, et les yeux fixés vers le ciel, la Géorgienne se jeta nonchalamment sur le sopha; et quelques pleurs tombèrent sur ses joues pâles. Zulmé s'approcha, la vive et joyeuse Zulmé, sa compagne d'enfance, née comme elle sous le ciel de la Géorgie. Mais ce n'était pas, comme Idumœa, une jeune fille languissante et pensive, insensible à l'éclat du luxe, aux délices de la mollesse. Zulmé n'était qu'une femme ordinaire, qui eût été bien heureuse d'être la favorite et d'aimer le sultan pour sa grandeur. Quoiqu'elle fût réduite à servir Idumœa, les deux femmes étaient toujours deux amies. Et l'étourdie Zulmé ne pouvait rien comprendre au chagrin qui troublait sa compagne au faîte de la prospérité, des plaisirs et des honneurs.

— Qu'as-tu donc, Idumœa, ma belle amie?... fit-elle; quel noir souci dévore ta beauté? Oh! que je voudrais être toi : je serais toujours riante comme la brillante aurore; je me ferais donner tous les jours de nouveaux rubis par le sultan ; j'appellerais sans cesse mes femmes et mes eunuques, pour les faire défiler devant mon sopha!... je ferais chanter par les bardes que je suis la perle d'Asie, la reine des roses, la favorite d'Aroun. Ah!... c'est bien drôle, Idumœa, de te voir pleurer, quand tu es la sultane...

— Folle!...

— Oui, folle; appelle-moi folle... j'aime mieux l'être ainsi que sage comme toi... Pauvre sultane! Mais dis-moi ce que tu pleures; ce n'est pas ta mère sans doute, ta mère qui t'a vendue!... Est-ce notre nation? Je l'ai oubliée déjà, moi. Il fait plus beau dans ce palais, où tout reluit plus que le soleil, où nous avons de la musique tous les soirs, et des mets excellents quand nous le voulons, et des parfums si doux, si doux!... qu'ils me font venir des pensées enivrantes, et que je me crois transportée au divin séjour promis par le prophète!...

— J'aime mieux ma Géorgie, mon ciel bleu, ma liberté!...

— Oui, va! parle-moi de la Géorgie?... Je m'y ennuyais joliment dans ce pays monotone. Est-ce qu'on te respectait par là? Est-ce qu'on se prosternait à tes pieds comme ici?... Enfin avais-tu pour t'aimer un puissant calife qui t'adore plus que toutes les odalisques du harem?...

— Mais je ne l'aime pas, moi!... s'écria la favorite avec explosion.

— Eh! que dis-tu? reprit avec vivacité la folle Zulmé; tu n'aimes pas un homme qui te fait sultane, un homme qui a plus de pièces d'or que tu n'as de cheveux ; un souverain qui porte des habits si étincelants ; un calife de Bagdad enfin!... qui...

— Silence, Zulmé! tu m'importunes ; non! je n'aime pas un homme pour ses habits ni pour son or, je n'aime pas le calife Aroun. Tais-toi!...

La jeune fille étonnée comprima subitement son bavardage. Idumœa, après un moment de silence, continua comme en se parlant à elle seule :

— Non! je ne l'aime pas, ce calife. Il ne sait pas aimer, ni, que je vois sans cesse entouré d'autres femmes; achetant chaque jour de nouvelles esclaves qui, si elles lui paraissaient plus belles, éclipseraient ma splendeur éphémère.

Il ne sait pas aimer !... Il a la main petite et blanche comme une fille, la peau rose comme un enfant ; sa fierté n'est que de l'orgueil... Ce que j'aimerais, continua-t-elle avec exaltation ; ce que j'aime... c'est un homme aux fortes épaules, au poignet de fer, un homme, enfin, brun, fier et beau, qui brise les autres de sa force, après les avoir étonnés par sa mâle fierté. Je voudrais enfin que mon maître fût comme Misaïb ; alors, vois-tu, Zulmé, je serais heureuse d'être esclave !...

— Tu parles de cet Egyptien d'hier, fit Zulmé avec indifférence ? je ne l'ai presque pas regardé. Figure-toi que pendant tous les jeux je m'amusais à faire des signes comiques à l'officier Orphir. Par le prophète ! que j'avais des envies de rire... Ah ! je puis au moins rire maintenant.

Aussitôt l'espiègle se prit à rire aux grands éclats, et se tordit les mains en se renversant en arrière.

Pendant ce temps, Idumœa, sans écouter la joyeuse parole de sa compagne, s'était levée avec agitation. Elle se promena dans sa chambre, foulant aux pieds les superbes tapis, et froissant de ses doigts gracieux les nœuds de sa ceinture. En errant au hasard, la Géorgienne passa contre la fenêtre ; et son œil plongea dans l'espace. Soudain, elle pousse un indicible cri, et serre avec force la main de Zulmé.

— Vois, ma Zulmé !... s'écrie-t-elle ; il est là : il m'a vue !...

— Qui t'a vue ?... Lâche-moi donc, tu me fais mal aux doigts...

— Qui ?... Misaïb, il est là sous cette fenêtre : il me fait signe : Misaïb ! Misaïb ! Oui... Ecoute, Zulmé ; il faut que je lui parle.

— Toi, parler à ce vilain Egyptien ! fit Zulmé qui ne riait plus. Perds-tu l'esprit ?... Comment veux-tu lui parler ?... Tu sais bien que tu ne peux pas sortir.

— Eh bien ! il faut l'introduire dans cet appartement, de suite, sans perdre une seconde.

— L'introduire ici, mais comment ?...

— Ah ! tu le sais bien ; par la porte secrète dont tu tiens la clef ; et que nous connaissons seules !

— C'est trop dangereux cela...

— Oh! tu me feras mourir; dangereux! qu'est-ce que cela me fait?... Je l'aime! je l'aime! s'écria la sultane avec violence. Tiens, Zulmé, si tu n'y vas pas à l'instant même, je te poignarde, et je me poignarde ensuite!... Iras-tu?

La pauvre petite, effrayée du ton violent de la favorite et du désordre qui se peignait sur sa physionomie, ne réfléchit pas davantage. Complice involontaire de l'ardente souveraine, Zulmé s'enfuit promptement par la sortie secrète pour obéir à l'ordre périlleux. Idumœa cependant, en proie à toute l'anxiété de l'attente, ne quittait pas des yeux la place où se trouvait Misaïb. Quoi! l'Egyptien se tenait encore sous cette fenêtre depuis la veille? Toute la nuit, immobile, n'ayant qu'une pensée, qu'un espoir, sans songer au sommeil, cet homme était resté là!... Puis, quand le jour avait paru, pas encore de départ; l'Egyptien ne songeait plus au retour dans sa patrie. Et pourtant il se disait toujours à lui-même: Misaïb ne peut aimer!... Pourquoi donc alors fait-il un mouvement de joie quand Zulmé le prie de la suivre?... Pourquoi se précipite-t-il sur ses pas pour entrer dans le palais des femmes, sans penser que là peut-être l'attend la mort!... la mort avec mille supplices et mille tortures. Oh! c'est que ce noble cœur est rempli d'un nouveau sentiment, c'est que le chef altier connaît enfin les atteintes de l'amour!... et que l'amour ne consulte et n'entend rien.

Quand Misaïb, introduit par la jeune confidente, pénétra dans l'appartement secret où s'étalait tant de luxe voluptueux; quand il respira cet air d'amour, et surtout lorsqu'il vit Idumœa gracieusement couchée sur les divans moelleux, il frémit de bonheur, et Misaïb s'avoua tout bas qu'il pouvait aimer. La voilà cette beauté divine, dont à peine la veille il avait vu quelques rayons, et dont son âme est déjà tout embrasée: la voilà près de lui. Il peut s'enivrer longtemps de ce regard, de ce sourire; il l'admire; et leurs yeux se confondent... Les deux amants se sont compris!...

— Délicieuse Idumœa, s'écrie l'Egyptien avec une douce énergie; c'est par toi que j'ai vaincu! tes yeux me brûlaient à travers ton voile; c'est par toi que j'ai conquis ma liberté... Que dis-je?... Libre!... je ne le suis plus. Hier, quand je voulais fuir pour retourner au pays de mes frères, une invisible puissance a retenu mes pas ; je comprends tout à présent. Oui, je sais pourquoi je suis resté toute la nuit près de ce palais; pourquoi je suis dans cet appartement de femme... Idumœa!... c'est que je t'aime, toi ! c'est que je voudrais te voir avec moi sur les flots, bercée dans mon hamac... c'est que mes frères et ma patrie me sont moins chers que toi.

— Misaïb, répond la Géorgienne avec volupté, tu es un homme... je veux te suivre ; car tu es grand et beau ; tu es celui dont ma vie a besoin pour ne pas s'éteindre !... Je t'ai admiré hier pendant la lutte. Comme tu les as terrassés, ces esclaves et ces eunuques ! Tu les aurais foudroyés rien qu'avec l'éclat de tes yeux. Oui, nous fuirons, nous irons ensemble sur l'Océan, dans ta patrie. Tu es le maître de la mer, et ta patrie sera la mienne !... Je suis à toi, à toi seul; ce soir nous fuirons.

— O joie, félicité suprême !... interrompit l'Egyptien; oui je t'emmènerai dans mon vaisseau qui déjà m'attend au port voisin. Cette nuit, je viendrai ; j'avertirai mes compagnons dont je veux briser les chaînes. Nous désarmerons ces gardes amollis. A ce soir ! mais avant, ma sultane, avant cela, je veux savoir si tu es digne de mon amour... Tu le sais, continua-t-il avec son habituelle fierté, tu devras dire adieu à ces sophas, à ces parfums, à ces esclaves !... Avec moi tu n'auras d'autre sopha que ma couche, d'autres esclaves que les mains, d'autres harmonies que les chants de la mer !

— Je n'aime pas ce luxe, dit-elle ; je préfère le ciel et la mer aux chants des bardes, à l'hommage servile de ces eunuques !.... Ainsi je suis digne de toi.

— Tu m'obéiras, continua Misaïb, comme à ton sultan... comme à ton maître... et moi je te protégerai de ma force. Tu danseras pour moi, le soir, sur le pont du vaisseau; et quand je ferai signe, tu te courberas pour allumer ma pipe embaumée !....

— Je ferai tout cela, Misaïb, continua la Géorgienne avec feu. C'est bien ainsi que parle mon cœur. Un homme ordonne ! une femme obéit... Je méprisais le sultan qui me suppliait d'être moins triste ; et toi qui me parles en maître, je t'admire et je t'aime... A ce soir.

— A ce soir, fit-il; noble espérance, car tu es digne de

moi. A mon tour je jure de t'aimer toute ma vie. Songe à ce que vaut un serment de Misaïb !....

Ils se prirent solennellement la main ; l'amour consacra leur serment.... et l'Egyptien s'éloigna, guidé dans la secrète issue par l'obligeante Zulmé. Idumœa, pleine d'espérance et de courage, s'abandonnait au charme de ses rêveries.

— Quoi, mon Idumœa, fit la jeune confidente en retournant près d'elle ; l'ai-je bien entendu ?.... Je suis encore muette de surprise.... Tu vas me quitter ?....

— Suis-nous, si tu le veux, répondit Idumœa.

— Vous suivre ! non : j'aime mieux ce joli palais... Ton Egyptien me fait peur. Est-ce que tu le connaissais, cet homme ?

— Non, je ne l'ai vu que depuis hier... c'est ainsi que l'on aime en Géorgie !

— Tu vas fuir, s'écria douloureusement Zulmé, fuir avec un inconnu. Tu vas laisser tes compagnes, tes richesses, Aroun, le magnifique Aroun qui t'adore.... Oh ! le maudit Misaïb ! Tout laisser pour ce sauvage qui va te faire allumer sa pipe.... Et si l'on te surprend, pauvre amie, on te ramènera au maître que tu as trahi... Alors on te mettra dans un sac et l'on te jettera dans le fleuve... Ah ! j'en mourrai. Tu ris de cela, toi !... Mais lis donc ! tiens lis ! voici le livre de nos lois.

Et Zulmé, toute en pleurs, ouvrit un livre d'or et lut avec effroi ces lignes :

« Selon la loi du prophète, toute sultane infidèle sera dé-
» chue de son rang. On la promènera dans la ville sur un
» chameau pendant trois jours entiers.... Le peuple devra
» lui jeter des insultes et de la boue. Le troisième jour, au
» soir, on l'enfermera vivante dans un sac de cuir, et le grand
» visir ira la jeter lui-même à l'endroit le plus profond du
» fleuve. Le même châtiment frappera son complice....
» Gloire au prophète !... »

Idumœa sourit dédaigneusement à cette lecture, et dit en posant la main sur son cœur :

— Eh bien ! alors, ma Zulmé, je paraîtrai avec lui à la face de tout Bagdad ! Tout Bagdad saura que Misaïb aime la sultane!.... Mais il est tard, ajouta-t-elle en frappant dans ses mains.

A ce bruit, plusieurs femmes esclaves entrèrent.

Que l'on me tienne le bain prêt, fit nonchalamment Idumœa. Vous brûlerez les plus purs arômes!.... Et la belle Géorgienne se mit à sourire, comme si l'amour l'attendait sans périls.... Elle aimait : que pouvait-elle craindre?.... Elle entrevoyait le soir avec une délicieuse attente!

III

C'est ainsi que l'on aime en Géorgie! Devant l'amour tout disparaît : l'éclat des richesses, les plaisirs et la grandeur. Pour une Géorgienne, l'amour tient lieu de tout. Il embrase le cœur comme une étincelle rapide, et devient en un moment le plus ardent foyer. Aucun obstacle ne l'arrête : ni les doutes de l'avenir, ni les terribles périls, ni la mort imminente. L'amour marche à travers tout!... Voyez la brûlante Idumœa, si belle et si fière, et pourtant souple comme une fleur qui plie. Elle a reconnu le vainqueur de son âme; soudain elle brave tout pour le suivre, elle dédaigne de songer au supplice qui peut l'attendre.... Puis la voilà qui se courbe avec délices aux pieds de son vainqueur! voilà cette courageuse beauté qui reconnaît un maître. O femmes! l'amour seul est assez puissant pour vous dompter... puisqu'il vous apprend à chérir la main de fer sous laquelle vous inclinez la tête!

Ils ont fui Bagdad : Misaïb, favorisé par la nuit, a pu délivrer ses compagnons; et les gardes, surpris, massacrés, ont fourni des armes aux fugitifs. Idumœa, pleine d'adresse et de sang-froid, a guidé son amant par les sombres détours du palais. Ils ont fui Bagdad; et reprenant au port voisin leur vaisseau prêt à partir, les Egyptiens se dirigent vers leur patrie. Deux jours se sont écoulés; le vent propice aide leur rapide voyage.... et maintenant que la mer est folâtre, que la brise est douce et le ciel pur, ils voguent à pleines voiles, sans que l'inquiétude vienne troubler leur joie.

Assis tranquillement sur le pont de son vaisseau, Misaïb, entouré des siens, tient entre ses bras la taille de la Géorgienne. Tous la regardent avec admiration, tant elle est voluptueuse avec son air d'ivresse, ses bras nus, ses yeux noirs. Le chef paraît fier de son idole... il la presse sur sa large poitrine..... et le bonheur illumine ses traits mâles. Après quelques instants de cette scène muette, l'Egyptien prend une coupe d'or et sa longue pipe qui lui descend jusqu'aux pieds.

— Lève-toi, fit-il ; lève-toi, ma lionne, verse dans ma coupe l'enivrante liqueur ; viens... approche le feu de ma pipe argentée.

Docile comme une jeune chatte, Idumœa se lève ; déjà la coupe d'or est remplie, déjà la fumée des parfums folâtre dans les airs.

— Tiens, mon sultan, reprend la Géorgienne... voici la liqueur qui brûle... voici la flamme pour les arômes de ton tabac !...

Et tous les Egyptiens crient à voix haute : « Honneur à notre Idumœa, la plus belle et la plus soumise des femmes ! elle est plus légère que les sylphides de l'Océan, plus courageuse et plus forte que la vague battant le rocher... » Cependant Misaïb, enveloppé d'un nuage de parfums, se laisse aller au charme de ce bien-être. Bercé par les flots caressants, il écoute avec volupté les chants qui saluent sa maîtresse, et sans que le sommeil voile sa paupière, il goûte les douceurs du repos.

— Viens donc, ma nymphe bien-aimée ! dit encore Misaïb ; ôte ton écharpe d'azur, et que ta danse nous éblouisse et nous charme comme celle des bayadères !...

Aussitôt Idumœa déploie son écharpe azurée, elle prend le tambour de basque, et tournant au-dessus de sa tête ses bras arrondis, elle commence le pas oriental. Ses pieds touchent à peine la terre ; elle saute, tournoie, vole, revient et vole encore ; on ne l'aperçoit plus qu'à travers une sorte de vapeur. Tantôt, prêtant sa gorge aux baisers du zéphir, elle ferme à demi les yeux comme sous l'influence d'une caresse ; tantôt, ardente et passionnée, elle frappe le tambour de basque et joue avec son poignard de danseuse, charmant hochet qui donne la mort. Tous les Egyptiens, muets de ravissement, admirent dans le silence ; et Misaïb, ivre de plaisir, court vers elle pour l'enlacer de ses bras amoureux. Mais voici que le chef s'arrête dans ses élans d'amour, il reste immobile, les yeux fixés dans la direction qu'ils ont prise ; immobile !... et son regard devient sombre ; il porte la main à son sabre, cette arme à poignée d'or qu'il a gagnée dans l'arène ; et chacun le regarde, étonné.

— Arrête, Idumœa, s'écrie-t-il, plus de danse… vois : là bas, là bas, dans le lointain encore, ce sont des voiles ! des vaisseaux… des ennemis sans doute… Mais dans cette direction.. ce ne sont point des vaisseaux d'Aroun. Non. L'on ne nous poursuit pas. Voyez, compagnons, les voiles grossissent ; elles approchent. Ce sont des Persans… Oh ! les Persans sont nos ennemis aussi acharnés que les soldats de Bagdad….. Trois voiles ! cria-t-il, après une minute d'examen ; ils sont trois navires. N'importe ! nous ne savons pas fuir, nous ; n'est-ce pas, enfants ?

Un cri guerrier lui répond ; les Egyptiens préparent leurs armes : ils tirent leurs cimeterres ; et se groupant autour du chef, tous jurent de mourir plutôt que de tomber dans l'esclavage des Persans. Misaïb les domine de la voix et du geste ; il les encourage, et remplit les airs de menaces contre l'ennemi. Il semble avoir tout oublié ; et lorsqu'il respire ainsi le vent des batailles, il ne voit que ses guerriers qui l'entourent ; Idumœa n'occupe plus sa pensée. Mais en ce moment la Géorgienne jette loin d'elle son écharpe et sa parure de bayadère. Son front tout-à-l'heure souriant devient sérieux et presque mâle ; elle saisit avec force la main de Misaïb :

— Ami, s'écrie-t-elle, tu m'oublies ! crois-tu que je ne sache que danser et sourire ! Non, je sais combattre aussi ; donne-moi, donne-moi ce glaive !… je te le rendrai quand nous serons vainqueurs.

Aussitôt elle arrache des mains de Misaïb étonné le sabre à poignée d'or, et prend une attitude guerrière. Le fier Egyptien prend d'autres armes et contemple cette femme divine avec une nouvelle tendresse. L'exemple de cette héroïque beauté vient électriser tous les soldats ; et le navire égyptien vole lui-même au-devant de ses nombreux adversaires.

Cependant les vaisseaux perses, sillonnant l'écume des flots, s'avancent à pleines voiles et déjà sont près de Misaïb. Ce sont trois fortes galères à plusieurs rangs de rames et pesamment armées. Le chef qui les commande est un jeune satrape, célèbre par son opulence et sa bravoure. Schazaman, tel est son nom, s'était bien des fois rendu redoutable aux Egyptiens qu'il pillait et qu'il amenait en esclavage. Il aimait à parcourir la mer, soit pour donner la chasse aux pirates, soit pour augmenter ses trésors par de riches butins. D'un coup-d'œil, Schazaman reconnaît le navire égyptien à la forme de sa carène; aussitôt il ordonne à l'un de ses officiers de jeter le cri de guerre, et de faire mettre bas les armes aux compagnons de Misaïb:

— Allah! crie l'officier persan; rends-toi, chien de pirate! Baisse la tête devant le glorieux Schazaman, satrape d'une vaste province, et fils de l'Océan. Allah! Si tu ne brises ton cimeterre rebelle, nous allons couper les ailes de ton vaisseau, et tu seras esclave loin de la patrie.

— Chien de Persan! répond Misaïb d'une voix éclatante de colère, va dire à ton maître, le satrape Schazaman, que je ne suis pas un pirate et que je ne briserai pas mon sabre pour lui. Si je le brise, ce sera dans sa poitrine maudite; et qu'il essaie de me donner des fers!... Mort aux Persans!

— Mort aux Persans! répétèrent les Égyptiens avec une rage unanime.

Alors les trois vaisseaux du satrape, dirigés par d'habiles pilotes, voltigent sur les ondes comme des nacelles, et prennent en tête et en flanc le navire de Misaïb. Ils l'environnent, et, le saisissant de leurs crocs de fer, le tiennent immobile au milieu des ondes. Schazaman, à la tête des siens, s'élance sur le pont de son ennemi; et bientôt les rugissements troublent l'air, le sang coule, le carnage commence. C'est un horrible combat! Lorsque dans cette vaste étendue où l'œil n'aperçoit que le ciel et l'eau, des hommes sont là qui s'entr'égorgent, on frissonne à cette pensée. Point de fuite possible au vaincu, point de merci, point d'espérance! La mort est partout. Le fer brille au-dessus de leurs têtes; leurs pieds glissent sur des cadavres sanglants, et le gouffre sans fond les environne. C'est un combat où la fureur est infernale, où la victoire est sans pitié. Le beau soleil, comme irrité de cette lutte cruelle, s'enveloppe de nuées; le vent gronde, le flot s'enfle, berçant sur son dos écumeux le champ mobile de la bataille... et la mort moissonne les plus courageux. Mais voyez! les Égyptiens, sans s'étonner du nombre, serrent leurs rangs, se multiplient, sont tous des héros. Ils frappent de leurs sabres et de leurs lances.... et le succès est encore douteux.

Gloire à vous, Idumœa, gracieuse héroïne, gloire à vous! Admirons ce que peut l'amour. Sa blanche main porte sans peine le fer pesant; elle frappe sans cesse.... et plus d'un ennemi reçoit d'elle la mort du guerrier. Oh! la belle lionne! Ne dirait-on pas, à la voir ainsi échevelée et furieuse, que c'est une mère à qui l'on vient de ravir ses enfants, une mère qui mord et rugit, une tigresse blessée? C'est presque cela : une Géorgienne que l'on veut frapper dans son amant. Elle est aussi noble dans sa colère qu'enivrante dans sa grâce. La belle lionne! son œil erre de toutes parts; où l'on faiblit, elle accourt, elle frappe! Elle semble la déesse de l'onde, le blanc génie qui veille sur les compagnons de Misaïb... Mais hélas! c'est en vain que les Egyptiens sont braves et forts, c'est en vain que Misaïb fait vibrer son glaive comme la foudre, et qu'Idumœa déploie tant d'héroïsme et de vigilance, les Egyptiens sont accablés par le nombre, ils sont dispersés; et déjà plusieurs d'entr'eux reçoivent en frémissant les liens de l'esclavage.

Pourtant Misaïb n'est pas encore vaincu ; les Persans tombent sous ses coups; un mont de cadavres s'élève autour de lui... Mais ses soldats ne l'environnent plus pour le seconder; les lâches sont esclaves!... Et Misaïb, haletant, baigné de sueur, tourne de toutes parts les yeux pour chercher ceux qu'il commande. Esclaves, ils ont subi des chaînes. A cette vue, Misaïb est agité d'un frémissement convulsif; son bras lassé reprend sa vigueur; mais le sort l'abandonne; son glaive infidèle se brise... et le noble Egyptien tombe contre le mât de son vaisseau; il reste désarmé, à la merci de ses ennemis impitoyables.

— Toujours vaincu! s'écrie-t-il avec douleur; ô rage!...

Puis un éclair d'espoir brille sur son visage accablé; il appelle Idumœa, sa fidèle compagne, son héroïne, son ange! Il l'appelle à son aide. Mais par un changement subit, la Géorgienne n'est plus cette guerrière aux cheveux flottants, à la main belliqueuse, elle a renoué sa brune chevelure: elle sourit et redevient la charmante Idumœa. Quel objet de surprise! cette femme se couche aux pieds de Schazaman, le satrape, et l'ennemi de Misaïb. Elle prend son air le plus doux et dit au Persan avec sa voix la plus douce:

— Glorieux satrape, vous êtes le vainqueur; je vous apporte le sabre de Misaïb!... C'est un beau glaive à poignée d'or, qui sera le gage de votre victoire. Mais, Schazaman, ne souffrez pas au moins que vos nobles guerriers se souillent du sang de cet esclave...

En parlant ainsi, Idumœa désignait le chef égyptien.

Schazaman, voyant à ses pieds cette belle fille de Géorgie, qui avait un ton presque impératif lorsqu'elle demandait grâce, se laisse subjuguer par l'ascendant de cette beauté. Il l'avait vue souvent pendant le combat; et quoiqu'elle fût son ennemie, il n'avait pu s'empêcher d'admirer tant de charmes et de vaillance. Le satrape prend le sabre d'or et commande qu'on épargne Misaïb.

— Amis, fit-il, laissez vivre cet esclave; mais je veux qu'on le charge de chaînes. Nous l'exposerons aux regards du peuple, à notre arrivée, tout le jour de la fête publique. Et le lendemain nous lui ferons trancher la tête devant la porte de mon palais.

— C'est cela, murmura la Géorgienne, on le tuera le lendemain de notre arrivée....

Misaïb, surpris de la trahison d'Idumœa qui suppliait un Persan, et le traitait lui d'esclave!... Misaïb se débat dans ses fers; ses dents claquent; à peine prononce-t-il ces mots avec des blasphèmes:

— Femme damnée.... serpent... je t'étranglerai... je me vengerai! Par le prophète!... les voilà ces créatures qui vous aiment et vous trahissent. J'ai aimé cela moi, Misaïb! vengeance!...

Quand Schazaman vit son captif lié au grand mât, il abaissa ses regards sur la Géorgienne couchée, et lui dit:

— Pour toi, belle héroïne, je veux t'aimer! j'adore les femmes qui manient le glaive; elles doivent ardemment connaître l'amour.... Tu seras à moi....

— A toi! satrape, dit la Géorgienne avec un mouvement imperceptible, à toi, dis-tu?...

— Sans doute; je suis jeune et beau.

— Je le vois bien, Schazaman!

— J'ai cent femmes dans mon harem... Tu seras leur reine, leur soleil.... je t'aimerai plus qu'elles toutes. Ce disant, le prince enivré voulut prendre la taille d'Idumœa, et lui ravir un baiser sur l'épaule; mais la jeune fille se dégagea légèrement, et reculant d'un bond en arrière, elle prit un ton presque menaçant:

— Moi, fit elle, je ne veux pas être à toi, satrape.

— Comment ! s'écria Schazaman avec colère.

Idumœa se reprit vivement... et regardant le prince avec tendresse :

— Pas avant d'être en Perse, dit-elle ; mais alors je serai tienne... Ecoute, le soir de cette fête dont tu parles où ces esclaves égyptiens seront exposés aux yeux de ton peuple, ce soir là, Schazaman, je veux être à toi !...

Le satrape sourit ; Misaïb se mordit les chaînes.

— Et je t'aimerai, continua-t-elle, tu auras de longs baisers, de tendres caresses, et tu dormiras sur mon sein tant que tu voudras alors !... Mais jure de me respecter jusque là, Schazaman.

— Je te le jure... mais dis-moi ton nom.

— Idumœa, de Géorgie.

— Idumœa ! fit doucement le satrape, ô nom plus tendre que tous les noms de femmes... Tu seras ma brise, mon encens, ma fraîcheur ! Idumœa !... Amis, chantez ce nom : c'est celui de votre reine.

Le ciel avait repris son azur ; la mer, ses couleurs douces.

Les vaisseaux persans prirent leur course heureuse vers la contrée où régnait le satrape Schazaman. Et ce prince traînait en triomphateur le navire égyptien avec Misaïb et les siens tombés dans une captivité nouvelle.

IV.

Ils voguèrent ainsi pendant plusieurs jours ; Misaïb toujours dans les fers, vivant dans l'espoir de la vengeance, Idumœa toujours charmante et folâtre, Schazaman bercé dans ses rêves de volupté. Le satrape, pour obéir à ses serments, devait lutter contre sa passion qui chaque jour prenait un nouvel empire sur son cœur. Il était avide des baisers de la Géorgienne ; mais il avait juré de la respecter jusqu'à son retour en Perse, jusqu'au soir de la fête qui devait être publiquement célébrée... Il préférait ne pas devoir ordonner l'amour : n'avait-elle pas promis de l'aimer alors, d'être à lui tout entière !... L'image de ce bonheur calmait ses désirs ardents et lui faisait entrevoir la félicité dans l'avenir. En attendant, Idumœa dansait, riait, chantait, comme si elle eût été encore l'amante paisible de Misaïb. Mais parfois son regard était sombre et ses yeux se remplissaient de larmes.

Enfin ils arrivèrent à la ville d'Abouchéher, grand port situé sur le golfe persique, et lieu de résidence de Schazaman. La population rassemblée sur le rivage attendait son souverain avec une vive impatience. Les vaisseaux furent accueillis par les cris de joie qui redoublèrent lorsqu'on aperçut le navire égyptien vaincu et chargé de captifs. Le satrape aborda fièrement; et ses soldats débarquèrent, emmenant avec eux leurs esclaves abattus. Une foule d'officiers et de gardes attendaient Schazaman à son arrivée pour le conduire au palais avec un grand honneur. L'amoureux prince fit monter Idumœa dans son palanquin; et le peuple, à cet aspect, se mit à chanter les louanges de cette femme inconnue, belle comme une reine, majestueuse comme une déesse. Bientôt le nom d'Idumœa fut dans toutes les bouches, tandis que les prisonniers traversaient la foule, chargés de malédictions et d'outrages.

Il fallait qu'elle eût une beauté puissante, cette Géorgienne, pour avoir été d'abord sultane favorite à Bagdad, puis amante de Misaïb, et tout-à-coup l'odalisque bien-aimée d'un satrape opulent. Il fallait qu'elle fût bien rayonnante pour que le peuple ébloui se prosternât de toutes parts avec des signes de respect et d'admiration. Et quelle femme étonnante en effet, admirable!.... On la voit tantôt souple comme une enfant, folle comme une danseuse, énergique comme un Africain et forte comme un guerrier. Tout cela c'est l'amour! L'amour! que dis-je? Aime-t-elle encore Misaïb, cette Idumœa qui se couche aux pieds de Schazaman, qui l'adule, promet de l'aimer, et traite l'Égyptien d'esclave? Est-ce une âme capricieuse chez qui l'impression du moment s'efface de suite avec l'impression qui va suivre?... Peut-on croire que cette femme, qui a quitté, pour s'attacher au guerrier, tous les plaisirs de l'opulence et de la mollesse, se soit laissé éblouir en un moment par les promesses d'un satrape? Il est vrai que Schazaman est plus jeune et plus beau que le calife de Bagdad; il est vrai que le prince Persan est plus riche encore, mais, il y a quelques jours à peine, Idumœa méprisait l'or et la beauté féminine des rois d'Asie! Elle voulait un homme qui n'aimât qu'elle seule.... et Schazaman avait cent femmes dans son harem! La Géorgienne était donc bien déchue de ses nobles sentiments, où son âme méditait une résolution mystérieuse... Ainsi les femmes sont pleines d'adresse; le calme de leur visage est comme celui de la mer qui cache la tempête sous son azur.

Le satrape, entouré de gardes, d'officiers et de peuple, conduisit la Géorgienne à son palais. Les chroniques d'Orient rapportent que les villes de Perse sont d'une extraordinaire opulence, et que les monuments publics y sont remarquables par leur structure élégante et leurs précieuses matières. Il n'est peut-être pas de pays aussi florissant dans toute l'Asie, cette florissante contrée!... Le palais du satrape était étayé par de fortes colonnades en marbre blanc, et le toit, tout en or et en pierreries, réfléchissant les rayons du soleil. Le brillant cortège entra dans une vaste salle à vingt croisées toutes chargées de diamants; au milieu s'élevait un trône où Schazaman prit place avec Idumœa... Les seigneurs et les officiers de la cour vinrent avec les cent femmes du sérail se prosterner devant le souverain.... Un moment, en face de ce magnifique spectacle, la Géorgienne demeura comme immobile d'étonnement, et son cœur palpita d'orgueil.... Elle respirait avec enivrement la fumée des arômes et l'encens des hommages. Mais tout-à-coup elle devient pâle, elle secoue ces étranges pensées, elle pleure.... en entendant le satrape donner l'ordre d'enfermer Misaïb et ses compagnons dans la tour des criminels.

Quand tous les courtisans eurent achevé leurs flatteries, Schazaman prit à son tour la parole, et regardant Idumœa avec tendresse :

— Voici votre reine, s'écria-t-il; officiers, soldats, femmes, esclaves, voici votre reine ! Je l'ai prise au sein des flots, les cheveux épars comme une néréide... et vous voyez qu'elle est si pleine de charmes qu'on peut l'adorer ainsi qu'une étoile. Sans doute un souffle divin l'enflamme puisqu'elle joint la force à la beauté, la vaillance à la grâce. Oui j'ai vu ce bras si charmant armé du glaive, j'ai vu cette femme frapper mes plus braves soldats. Mais enfin, vaincue par nos armes, elle est venue si délicieusement se coucher à mes pieds, elle a mis tant de douceur dans sa voix frêle, que ma colère s'est éteinte et que l'amour a maîtrisé ma fureur. Voici donc mon ordre suprême: demain, il y aura dans mes villes grandes réjouissances, on jettera plusieurs bourses de sequins au peuple ; et l'on exposera à ses regards les prisonniers d'Égypte qui ont osé faire résistance à mes vaisseaux. Ce soir-là, la Géorgienne entrera dans ma couche royale; et le lendemain matin, je ferai trancher la tête au rebelle Misaib sous les fenêtres de mes appartements ! Allez, huissiers, transmettez mes ordres au peuple par vos crieurs...

Puis Schazaman ajouta tout bas :

— Ainsi, demain soir, tu as promis de m'aimer, d'être heureuse !...

— Oui, d'être heureuse... fit Idumœa d'un ton étrange.

— Pourquoi donc ce soupir et cette larme?... Est-ce que tu aimerais cet Égyptien ?... N'étais-tu pas sa maîtresse?... je crois que tu étais sa maîtresse...

— Non ! j'étais son esclave !...

— Il mourra... et tu seras toujours ma reine, dit Schazaman en serrant les doigts effilés de la jeune femme ; mais il ne remarqua point la froideur de sa main... Elle avait la main toute glacée.

Une heure après, les crieurs publics se répandirent dans les divers quartiers d'Abouchéher et proclamèrent les ordres du satrape :

« Persans! demain il y aura fête publique; les boutiques
» seront fermées, et vous mettrez vos plus beaux habits.
» Sur la place principale on dressera d'une part un trône,
» de l'autre un échafaud. Notre glorieux satrape Schazaman
» prendra place sur le trône avec Idumœa de Géorgie; et
» l'on exposera en face, sur l'échafaud, les captifs égyptiens
» qui auront le lendemain la tête tranchée. Sur la même
» place on fera des jeux de toute espèce durant tout le jour,
» jeux guerriers et comiques, musiques et comédies...
» Persans, adorez le soleil !... Adorez votre nouvelle
» reine !... »

Idumœa fut conduite dans une des belles salles du palais; et cent esclaves furent mis à ses ordres. Alors Misaib était plongé dans la tour, et chargé de chaînes.

Quand l'aurore parut, les instruments éveillèrent les airs par mille sons joyeux; c'était le jour de la grande fête, ce jour tant désiré par l'amour du satrape. Le peuple ferma ses boutiques et se para de ses plus beaux habits. Comme les crieurs l'avaient proclamé, un trône et un échafaud se dressèrent sur la place publique... et les jeux commencèrent. Schazaman et la Géorgienne étaient tous deux étincelants de parures ; ils vinrent s'asseoir sur le trône, tandis que les Egyptiens étaient exposés sur l'échafaud honteux. Schazaman était radieux de bonheur ; il s'enivrait de la vue d'Idumœa, et la plus douce espérance berçait son âme. A ses côtés brillait le sabre à poignée d'or que la Géorgienne lui avait remis comme gage de la victoire, le sabre de Misaïb !... C'est avec cette arme qu'Idumœa combattait ; elle avait dit à son amant : Je te le rendrai quand nous serons vainqueurs !... Et pourtant elle l'avait donné au satrape ennemi. Qu'était-ce donc qu'Idumœa ?

De temps en temps les huissiers criaient à la foule :

« Persans ! rendez hommage au glorieux satrape Schazaman ainsi qu'à sa belle favorite, votre reine, Idumœa de Géorgie...

» Persans ! voici Misaïb et les Egyptiens, traîtres et rebelles ; malédiction sur leurs têtes impies !

» Demain, dès l'aurore, ils auront la tête tranchée sous les fenêtres du palais.

» Réjouissez-vous, dansez et chantez ; Persans, c'est aujourd'hui fête publique. Gloire à Schazaman !... »

Misaïb écumait de fureur, Idumœa paraissait tranquille, impassible.

Etrange chose que la destinée ! Il y a quelques jours, la Géorgienne, pleine d'amour, se courbait devant son amant qu'elle appelait son maître. Il y a quelques jours, Misaïb, heureux et insouciant, était le roi d'un vaisseau, l'époux d'Idumœa ; il voguait vers les rives de sa patrie. Aujourd'hui les voilà séparés. Misaïb a tout perdu, sa maîtresse, sa liberté... Il est retombé dans le malheur !... Chargé d'outrages, il voit sa femme et son glaive au pouvoir d'un rival abhorré ; et le bourreau l'attend ! Sort bizarre qui, tout en les séparant, met l'un sur un échafaud, l'autre sur un trône... Parfois leurs regards se rencontrent ; car les deux amants sont là, en face l'un de l'autre. La reine Idumœa est en face de l'esclave Misaïb. Et lorsque l'Egyptien la contemple ainsi parée comme l'épouse du satrape, une rage nouvelle allume son sang. C'est de la jalousie ! de la vengeance ! Il voudrait se venger, la broyer entre ses mains, fouler aux pieds son cadavre!... Elle n'a dans son regard que de la douceur et de la résignation.

Enfin on reconduisit les captifs dans la tour ; et l'heureux Schazaman ramena son épouse au palais où l'attendait un festin somptueux. Tous les officiers prirent place aux diverses tables, au milieu de l'harmonie et des fleurs odoriférantes.

Le festin dura jusqu'à minuit ; puis le satrape, quittant toute sa suite, se retira seul dans ses appartements avec Idumœa la Géorgienne.

V.

C'était un boudoir royal! digne de la Perse voluptueuse et parfumée. L'air qu'on y respirait invitait à l'amour, inspirait la mollesse. Il y avait comme de vagues parfums, indécise exhalaison du ciel... Et la lueur de plusieurs lampes éclairait les riches peintures du plafond. Sur les tapis s'élevaient quelques sophas, et dans le coin le plus obscur on distinguait la couche amoureuse. Oh! certes, le boudoir persan est plus magnifique que celui du calife. Abouchéher vaut mieux que Bagdad.

Schazaman, un peu las d'avoir si souvent vidé sa coupe d'or, s'assied sur un divan, tandis qu'Idumœa, debout et silencieuse, défait la boucle de sa ceinture.

— Idumœa! dit le satrape, vous ne sauriez croire comme vous êtes belle aux flambeaux!

La Géorgienne sourit dédaigneusement.

— Qu'est cela? reprend Schazaman en joyeuse humeur ; vous avez l'air de vous moquer... je vous dis que vous êtes charmante, le soir, sans ceinture et tout en blanc. Pourquoi rire de cela... Je vous adore!...

Aussitôt le satrape se lève, court vers elle, et lui imprime sur les lèvres un baiser de flamme. Idumœa recule en frissonnant comme sous l'atteinte d'un fer rougi.

— Par le soleil, ma tigresse! fit le prince étonné, tu es folle... Sois plus aimante. tu m'en as fait la promesse!... As-tu donc oublié ce que tu as juré dans ton cœur?...

— Non! je n'ai rien oublié, s'écrie Idumœa dont l'œil

étincelle... Et s'asseyant sur le lit du satrape : Viens donc, ajoute-t-elle ; car la nuit s'envole... à moi, mon soleil !...

Schazaman s'élance ; il va donner mille baisers à son amante qui l'invite... Schazaman ouvre ses bras avides... Mais soudain il pousse un cri terrible ; il tombe et se roule, frappé d'un poignard par la perfide Géorgienne. Et son sang coule de la blessure profonde.

— Ah ! fit-il avec douleur, vipère, chienne !... Tu as bien caché ton dard et ta morsure... Va, tu seras punie... Esclaves, à moi !... Que l'enfer ! Ah !...

Et le malheureux retrouvant sa force, se redresse sanglant. Il veut appeler ses gardes ; mais Idumœa lui serre la bouche avec une main de fer ; après quelques minutes d'une horrible lutte, le prince qui avait espéré la nuit de bonheur, le prince épuisé, vaincu, reste privé de mouvement sur le tapis de la chambre.

Idumœa, menaçante comme à l'heure du combat, pose le pied sur la gorge du mourant, et s'écrie :

— Oh ! maudit Schazaman, il fallait que tu fusses bien fou pour t'imaginer que je serais jamais à toi comme j'étais à Misaïb. Sais-tu ce que c'est qu'une Géorgienne ?... Apprends qu'elle ne peut avoir qu'un seul amour, un seul !... et que cet amour est pour elle au-dessus de toutes les richesses de la Perse et du monde entier. Pour cet Egyptien que tu voulais faire mourir, j'ai fui déjà le sérail de Bagdad et la faveur du calife qui t'égale presque en opulence. Maudit Schazaman ! c'est toi qui es venu arrêter ma course heureuse sur les mers, c'est toi qui m'as arrachée des bras de mon amant... Et tu croyais pouvoir être aimé ! Non, traître, non, je n'ai jamais songé qu'à notre vengeance, à la délivrance des Egyptiens ; et je suis vengée ! je vais les délivrer maintenant. C'est toi qui meurs, satrape !... c'est toi qui meurs.

Comme Schazaman ne faisait plus de gestes, Idumœa se pencha vers lui, et détacha de son côté le sabre égyptien dont ce prince s'était armé :

— Rends-moi, murmurait-elle, rends-moi ce glaive à poignée d'or ! Il n'est pas à toi... il est à mon amant ; à mon amant qui est digne de le porter, lui... Il l'a gagné par la force de son bras. Et tu le lui as volé par une lâche victoire.

Elle prit aussi l'anneau royal que le satrape portait à son doigt, en s'écriant :

— Ah! voici le signe qui va me faire ouvrir les portes de la tour.

Puis la Géorgienne, emportant le sabre et l'anneau, sortit du palais à pas précipités, et se dirigea rapidement vers le cachot qui renfermait les Égyptiens.

VI.

Au bord des rivages de la mer s'élevait la tour aux noires murailles où le satrape avait coutume d'enfermer les captifs destinés à la mort. C'était un endroit triste comme l'enfer et sombre comme un tombeau. Le gardien de cette horrible prison était un vieil officier qui avait longtemps servi dans les guerres ; il traitait les prisonniers avec cette haine et cette dureté qui pèse plus que les fers. Là, Misaïb et les siens étaient enfermés dans les ténèbres ; ils attendaient dans une insomnie cruelle le jour, jour fatal, qui devait éclairer leur trépas. On n'entendait que le frémissement de leurs chaînes et le bruit de leurs gémissements.

Misaïb seul ne gémissait pas. Que lui importait la mort, à lui, rude enfant de l'Océan, à lui qui jouait avec les vagues et vivait dans les combats ou sur le gouffre des ondes ? Il la saluait comme une vieille amie ; il laissait les larmes à ces hommes vulgaires qui n'ont de courage qu'une heure, un moment. Que lui importe la mort ? Pouvait-il vivre esclave, lui dont l'âme était si fière et le poignet si fort ; lui noble guerrier, qu'un destin malheureux prenait plaisir à torturer sans cesse ? Bien mieux valait la tombe, même une tombe ennemie !... O destinées ! que vous êtes injustes ! Cet Égyptien, plein de courage et de fermeté, cet être aux mâles pensées, à la robuste énergie, semble poursuivi par le malheur. N'a-t-il donc une âme si grande que pour être toujours captif et vaincu ? Un bourreau ! Voilà donc ce que l'on réserve à sa vaillance. Et si l'amour une fois a régné sur son cœur, cette joie s'est changée en amertume... en jalousie, en fureur !... Oh! cette idée, ce souvenir de femme trouble l'agonie du soldat. Alors Misaïb éclate comme ses compagnons en plaintes et en sanglots ; mais ce n'est pas comme eux par crainte de la mort ; non ! ce sont les sanglots de la rage, de la vengeance trompée ! Et le nom d'Idumœa erre sur ses lèvres au milieu des imprécations et des blasphèmes.

Les Egyptiens étaient ainsi plongés dans une douloureuse attente, sans avoir la force de se parler l'un à l'autre.... Ils comptaient l'heure à la fois trop lente et trop rapide.... En ce moment les portes crient sur leurs gonds, et ce bruit les glace comme un signal funèbre. Sans doute c'est l'heure fatale qui sonne ; ce sont les gardes et les bourreaux.... La porte s'ouvre. Non, ce ne sont pas encore les satellites de Schazaman. O surprise ! c'est une femme, une femme seule, tenant d'une main un flambeau, de l'autre un sabre à poignée d'or ; belle, parée, éblouissante, c'est elle ! Idumœa la Géorgienne.

Idumœa !.... comme elle brille au milieu de ce cachot obscur !... Elle a toute sa parure de reine, et la lueur de la lampe se réflète sur les pierreries de ses vêtements. A la voir dans cette blanche lumière, ainsi que dans un nuage indécis, ne dirait-on pas une divinité svelte et pure comme Iris ?... Un moment elle reste immobile sur le seuil de la prison, et son regard cherche les Egyptiens dans leur coin ténébreux. Il se fait une minute de silence. Tout-à-coup Misaïb, ébloui d'abord par cette lumière inattendue, reconnaît son amante, et c'est en grinçant des dents qu'il s'écrie :

— Toi, ici ! toi, méchante Géorgienne... Tu es bien hardie de venir insulter à notre dernière heure. Oh ! bien hardie et bien maudite ! Mais ne crois pas que ce sera impunément. C'est le prophète qui t'envoie sans doute pour que je me venge, pour que je te foule sous mes pieds ?....

Puis se tournant vers ses compagnons :

— Amis, fit l'Egyptien, vous la reconnaissez... n'est-ce pas ? vous reconnaissez la perfide Idumœa, hier l'épouse de Misaïb, aujourd'hui celle du satrape. Elle est joyeuse de notre supplice, elle est reine, nous sommes esclaves ! et maintenant elle vient railler ceux qu'elle a trahis. Quoi ! nous, raillés par une femme ! Qu'elle meure ! qu'elle meure !

— A mort la Géorgienne ! répétèrent tous les captifs.

Misaïb, écumant, hors d'haleine, serre les poings et va se précipiter sur Idumœa. Son œil est terrible, son élan rapide comme le bond du tigre blessé. Son étreinte sera mortelle, son bras foudroyant. Mais quel obstacle l'arrête et brise cet élan furieux?.... Ah! c'est la chaîne qui le retient par le milieu du corps: ses efforts sont vains; il ne fait qu'exhaler une impuissante colère!... et la Géorgienne, dont l'air calme contraste avec toutes ces fureurs, demeure en sûreté sur le seuil. Elle est souriante comme dans ses beaux jours de danse et de volupté.

— Voilà bien l'homme, s'écrie-t-elle avec une majesté douce, l'homme qui domine les flots de la mer et ne sait pas dominer l'océan de son âme! Tu es fort et vaillant, Misaïb; Dieu t'a donné la vigueur, et c'est à nous, femmes, qu'il a donné l'adresse et l'art de cacher nos pensées. Eh quoi! tu pouvais croire que ton amante, ton Idumœa, qui avait fui les délices de Bagdad, consentirait à devenir la maîtresse d'un Persan?... Il n'en est pas ainsi; je t'aime seul, Misaïb, et seul je t'aimerai, fier guerrier, toi seul! Quand nous fûmes vaincus par le nombre, que pouvais-je faire alors? Etre esclave et mourir avec toi. Certes, c'était là un destin qui plaisait à mon cœur. Mais une idée subite traverse mon esprit. Je puis mieux faire. Nous venger! Etre libre! reprendre notre bel avenir. Soudain je me plie aux pieds du satrape, je l'adule... et tout en vous injuriant je vous sauve la vie. Va, j'ai souffert plus que toi lorsque je te voyais sur l'ignominieux échafaud, moi, du haut de mon trône, à côté d'un ennemi détesté. J'avais pitié de ta colère et de ton malheur. Et si je t'avais averti d'un regard, tout était perdu. Ta franchise nous aurait trahis. Misaïb, mon amant, mon maître, ne sois point jaloux de ton rival. Le riche Schazaman a payé de sa vie la pensée de m'arracher à ton amour. Il n'est plus. Et nous aurons le pouvoir de fuir avant l'aurore, grâce à l'anneau royal devant lequel on ouvre les portes de ta prison.

En parlant, Idumœa détachait les chaînes de Misaïb et des Egyptiens. Le chef, muet, immobile de ravissement, sentit de nouveau le feu d'un amoureux bonheur. Honteux de sa colère, il regardait la Géorgienne dont l'amour était si puissant, si dévoué; il ne sut que dire:

— Pardonne, ô toi que je voulais haïr! Tu es mon ange adoré.

— Partons, Misaïb, reprit-elle... partons: tout est perdu si nous attendons le jour. Tiens, voilà ton sabre que je te rends; il s'en était paré, le satrape! j'avais promis de te le rendre. Et croirais-tu que ce Schazaman a osé me donner un baiser... oui, là, sur mes lèvres. — Idumœa frissonnait de colère à ce souvenir, et des larmes inondèrent son visage.— C'est là qu'il m'a embrassée, s'écria-t-elle en s'essuyant la bouche avec une sorte d'horreur.

— Mais tu es à moi, fit Misaïb, puisqu'il est mort, n'est-ce pas ?

— Oh ! mort ; bien mort !.... La main sur son cœur, le pied sur sa gorge, je l'ai senti expirer... Viens, fuyons.

Idumœa, guidant les captifs, fit briller aux yeux du gardien l'anneau du satrape. Devant ce signe, les portes de la tour s'ouvrirent. Misaïb courut vers le port ; et quand le jour parut, le navire égyptien voguait déjà en pleine mer, les voiles déployées. Cette fois la traversée fut sans écueil, et Misaïb put aborder heureusement aux rives de sa patrie.

Benj. Kien.

A MA FEMME.

1851

Après un jour brûlant, un long jour de moisson,
Quand le soleil rougi s'incline à l'horizon,
Que, vaincu de fatigue, il va quitter ce monde
Et rafraîchir son front en le plongeant dans l'onde,
Nous saluons la nuit, compagne du repos !
Sous le toit du bouvier comme au nid des oiseaux,
Tout se calme et se tait, au vallon, dans la plaine,
Tout dort.... Mais à l'instant, sur la rive lointaine,
Cet astre qui, pour nous, semblait s'être endormi,
S'avance plus brillant et d'un pas affermi....
Sous son regard le flot s'étale sur la grève ;
Du calice des fleurs chaque parfum s'élève....
Tout revit ; tout s'anime au doux rayon du jour....
Tout aime.... Puis après la fatigue a son tour....
La nature succombe.... et se réveille encore...
Le crépuscule vient, il fait place à l'aurore....
C'est ainsi que du monde un mobile tableau,
Toujours le même en soi, renaît toujours nouveau.
Mais ce rayon du ciel qui nous verse la vie,
Seul il ne change pas ; alors que tout varie

Il reste sans vieillir, sans ombre, sans sommeil,
Tel que Dieu l'avait mis au disque du soleil.

De même, en sa bonté, ce Dieu fit pour notre âme
Un soleil sans déclin dont la constante flamme,
Tantôt nommée *amour*, et tantôt *amitié*,
Domine notre cœur par égale moitié.
Ainsi : quand deux époux, qu'un doux lien rassemble,
Ont parcouru la vie et vieillissent ensemble,
Le profane prétend que dans un sang glacé
L'amour qui s'est enfui ne leur a rien laissé !....
Mais un astre de l'âme, inconnu du vulgaire,
Eclaire leurs sentiers d'un rayon tutélaire...
Estime, affection, bons soins, constants égards
(Mouvements qui n'ont pas à redouter d'écarts),
Etoiles d'un beau soir que l'amour a placées
Au fond de la corbeille offerte aux fiancées,
Comme un divin joyau rayonnant sur leur front
Sans jamais redouter l'hiver et ses affronts.
Oui, c'est à la clarté de cet astre fidèle
Que je trace ces vers écrits pour mon Adèle !

V^{or} DERODE.

AUX SOUSCRIPTEURS DU BAL DE BIENFAISANCE

—

1858

—

> . . . .
> Donnez ! il vient un jour où la terre nous laisse,
> Nos aumônes là-haut nous font une richesse ;
> . . . .

Heures d'hiver pâles et mortes,
La charité frappe à nos portes
En demandant un remède à vos maux ;
Songeons à l'indigent qui pleure,
A la faim qui le ronge en sa froide demeure,
A sa misère, à ses lambeaux !

O charité ! douce, immortelle,
Qu'au malheureux tu sembles belle,
Quand tu guéris ses horribles douleurs !
Comme il bénit celui qui donne !
Comme il dit au Seigneur : Dieu de bonté, pardonne
Et souris à nos bienfaiteurs !

Quel plaisir de vider sa bourse
Quand Dieu mesure cette source
Qui va couler pour le pauvre altéré !
Argent qui servis nos folies,

Avec le Tout-Puissant tu nous réconcilies
Quand te reçoit un éploré !

Gracieux anges de la terre,
Vous qui donnez à la misère
Le doux soutien d'un secours fraternel ;
Femmes aux purs et frais visages,
Pendant que vous tracez votre nom sur ces pages,
Un séraphin l'inscrit au ciel !

Nous, cavaliers, tant que nous sommes,
Posons nos mains en galants hommes
Sur ce papier, objet de tant d'espoir ;
Que les dames fondent nos glaces,
Signons, et qu'à ce bal le tableau de leurs grâces
Soit tout encadré d'habits noirs !

Alors, plus d'un malheureux sombre,
En se tordant les mains dans l'ombre,
Morne, anxieux, envira nos plaisirs.
Qu'à genoux bientôt sur la pierre,
En recevant nos dons, il dise en sa prière :
« Exauce, ô Dieu ! tous leurs désirs ! »

Alphonse Claeys.

AUX MANES DE MON FRÈRE.

1858

L'orage du trépas a grondé sur ta tête
Au printemps de la vie.... et l'affreuse tempête
    T'a brisé comme un lis,
Lorsque dans son courroux, elle abat dans la plaine
Le chêne audacieux, comme l'humble verveine
    Et l'élégant maïs.

Hélas ! pourquoi mourir, mourir avant que l'âge
De ses plis anguleux ait terni ton visage
    Et blanchi tes cheveux ?
Mourir.... lorsque pour toi s'ouvre un chemin de gloire,
Chemin qui dût, plus tard, t'obtenir dans l'histoire
    Le rêve de tes vœux !

Tu chéris tant la vie.... et tu servis la France,
Avec un noble cœur, une ferme vaillance,
    L'ardeur d'un bon soldat.
Tu bénis l'Empereur, et lorsque pour la guerre
Le clairon t'appelait sur la terre étrangère,
    Ta gloire est le combat.

Mais il n'est que trop vrai, la vie est passagère ;
Le bonheur ici bas n'est rien qu'une poussière
   Jetée au froid néant ;
Un linceul, un tombeau, voilà la destinée
De tout le genre humain, famille condamnée
   A ce gouffre béant !

C'est bien loin de nos yeux que ton ombre sommeille,
En attendant le jour que ton corps se réveille
   Pour vivre sans mourir ;
C'est loin de tes parents que l'ange des ténèbres,
O frère que je pleure ! a, de langes funèbres,
   Voulu te recouvrir !...

Ton cercueil isolé, comme un point dans l'espace,
Gît dans l'ombre de paix, sans laisser nulle trace
   De ton triste séjour ;
Mais ton âme envolée aux portes éternelles
Entrevoit du bonheur les palmes immortelles,
   Et luit d'un autre jour !....

Ah ! souvent dans la nuit, plongé dans le silence,
Je médite, ô mon Dieu ! j'ai foi dans ta clémence
   En priant pour nous deux :
Je prie.... et vers le soir se porte ma pensée,
Car tu revis, mon frère, au champ de l'Elysée,
   Avec les bienheureux !

         Vansteenberghe.

MA MÈRE!

1832.

> L'amour a encore son égoïsme à lui, l'amour
> maternel n'en a plus.
> M. DE BALZAC.

Il est un mot divin dans toute langue humaine,
Un mot, symbole vrai de bonté souveraine,
Et qui commande à l'homme un amour solennel;
Car l'être que ce mot présente à la pensée
Est le premier anneau de la chaîne sacrée
Qu'on nomme Providence et qui descend du ciel.

Ma mère!... C'est le mot qu'un faible enfant murmure
Quand pour sagesse il a l'instinct de la nature,
Et que sa lèvre à peine essaie un premier son;
C'est le mot qu'il épèle avant de le comprendre;
Mot qui fait tressaillir cette mère si tendre
Et lui fait d'allégresse une douce moisson.

Ma mère!... C'est le cri de la vierge timide
Lorsque, comme un problème, à son âme candide,
S'offre confusément un rêve de bonheur,
Et que, sans rien comprendre à son cœur qu'elle écoute,

Elle sent dans son sein le désir et le doute,
Et sur ses traits émus une chaste rougeur.

Ma mère!... C'est le cri que la jeunesse folle
Jette désespérée à l'instant que s'envole
Le mirage imposteur de ses illusions ;
Que de son frais espoir la fleur se décolore,
Et que son cœur froissé, qu'un feu mortel dévore,
Se brise sous la main des grandes passions.

Ma mère!... C'est le cri de la douleur soudaine ;
Celui de l'exilé, pour épancher sa peine,
Lorsqu'il meurt lentement loin du pays natal.
Comme pour faire à Dieu sa suprême prière,
Au ciel le condamné jette ces mots : Ma mère!
Quand son front va tomber sous le glaive fatal.

C'est qu'en nous nous avons une noble croyance,
Où tout vrai sentiment d'amour et d'espérance,
Comme aux sources du bon, aime à se retremper ;
Que nous cherchons sans cesse une amitié fidèle,
Et que nous comprenons que l'âme maternelle
Vole au-devant de nous et ne peut nous tromper.

C'est que nous savons bien, quand le mal nous menace,
Que l'âme d'une mère est la vivante glace
Qui reflète le mieux nos pleurs et nos combats ;
C'est que nous savons bien que sa tendre parole,
Mieux que toute amitié, nous calme et nous console
Quand la douleur s'obstine à poursuivre nos pas.

Ma mère!... Oh! qui jamais pourra dire et comprendre

Tout ce qu'un pareil cri peint de grand et de tendre?
N'est-il pas à lui seul un cantique pieux,
Un mystère d'amour où se repose l'âme,
Et qui doit entourer, ici bas, toute femme
D'un respect chaste et pur comme un rayon des cieux?

Oh! c'est à nous surtout, poëte à l'âme ardente,
Qu'il convient de chanter, dans une hymne brûlante,
Ce mystère infini d'amour et de bonté ;
A nous qui pénétrons plus loin que le vulgaire,
Et qui comprenons mieux ce qu'au cœur d'une mère
Le Créateur a mis de sa divinité!

C'est à nous d'embellir une sainte existence
Qui n'a qu'un fils pour bien, pour but, pour espérance;
Qui vit de ses plaisirs et meurt de ses douleurs!
O mère! c'est à nous de bercer ta vieillesse,
De t'aimer sans partage et de veiller sans cesse,
De peur que ton regard ne se voile de pleurs!....

Mais si déjà la mort, au pied froid et rapide,
Au banquet de la vie a fait sa place vide,
Si notre mère au ciel nous aime et nous attend ;
Pour charmer jusqu'au bout notre pèlerinage,
S'il ne nous reste plus que sa touchante image,
Et, dans nos actions, son souvenir puissant;

Dépouillons-nous souvent de la fraîche couronne
Et des lauriers chéris que la lyre nous donne;
Allons, le front couvert d'un long crêpe de deuil,
Allons, à deux genoux, sur une froide pierre,
Pleurer souvent, au sein du sombre cimetière,
Tout ce que peut d'amour dévorer un cercueil!

C'est alors seulement que sur la mer profonde,
Où flotte notre vie et qu'on nomme le monde,
Nous n'apercevrons plus qu'un horizon sans fin;
Que dans l'épaisse nuit, sous un ciel sans étoiles,
Au souffle du hasard voguant à pleines voiles,
En vain nous attendrons le soleil du matin.

C'est alors seulement que d'absynthe abreuvée,
Par le vent des douleurs notre âme soulevée
Ne saura plus bénir les hauts décrets de Dieu;
Que nous crirons sans cesse: Oh! ma mère! ma mère!
Sans que rien nous réponde et nous montre la terre,
Et que nous comprendrons ce que c'est qu'un adieu!

G. Fleury.

LA JEUNE AVEUGLE.

1858.

Je ne puis du soleil saluer la venue !
L'aurore pour mes yeux a les teintes du soir.
Le ciel en me créant me priva de la vue ;
Je dois vous deviner.... je ne puis pas vous voir !

Que vous êtes heureux ! Dans mon humble carrière,
Pour diriger mes pas, il me faut un soutien.
Vous pouvez contempler une sœur.... une mère....
Vous pouvez admirer.... et moi je ne vois rien !

Des doux rayons du ciel je n'ai pas vu la flamme.
Quelle couleur a donc ce soleil échauffant ?
Les yeux, dit-on souvent, sont le miroir de l'âme ;
Mon miroir s'est brisé lorsque j'étais enfant !

Je me trompe pourtant : au jour de ma naissance,
Si du sens visuel Dieu voulut me priver,
Sa touchante bonté daigna me réserver
De voir avec les yeux de la reconnaissance (1) !

P. Dumas.

(1) Ces vers sont l'expression d'une jeune artiste aveugle, Mlle Zoé Lecocq, en faveur de qui les Calaisiens avaient organisé un concert. M. P. Dumas s'est fait le mélodieux interprète du remerciement. — Note de l'éditeur.

LE REMORDS.

—

1857

—

Le temps est sombre et froid ; la rafale est immense ;
Le ciel a revêtu son manteau d'inclémence ;
Sur la grève en émoi le flot houleux vomit,
Dans un noir tourbillon, l'écume qui gémit....
Les marins éplorés invoquent le rivage :
La nature est changée en un désert sauvage ;
Phœbé même a voilé son avare flambeau,
Laissant à l'horizon la couleur du tombeau ;
Le monde enfin repose au fond de ses retraites
Pour échauffer l'hiver et braver les tempêtes.

Mais, plus loin, sur le bord de ces reflux amers,
Un homme est là debout, seul, défiant les mers ;
A la faible clarté des chaumières lointaines,
On peut voir son visage aux pâleurs incertaines ;
La bise à son front chauve imprime un long baiser ;
La vague sur ses pieds roule et vient se briser ;
Il grelotte la fièvre en suant l'agonie :
Est-ce une ombre, un fantôme ? Est-ce un mauvais génie ?
Il marche, il marche encore, et n'entend point le vent
Qui fait rugir les plis de son manteau mouvant ;

Il ne sent point du froid les piquantes morsures...
Son âme souffre, hélas ! de plus rudes blessures :
Le penser qui l'absorbe et le feu qui le mord,
C'est la fièvre du crime, et la voix du remord !

Oui, du remords vivant c'est l'image plaintive ;
Naguère il a frappé, sur cette même rive,
Un homme chargé d'or qu'il a tué, pillé,
Et qu'il ensevelit, lâchement dépouillé !
C'était, comme aujourd'hui, dans une ombre profonde ;
L'orage mugissait ; la nuit couvrait le monde ;
Le murmure des flots grondait comme à dessein,
Propice à déguiser les pas d'un assassin.
Il avait beaucoup d'or, l'homme sans méfiance ;
Dans un voyage heureux assemblant l'opulence,
Il avait ramené de ces lointains climats
La fortune enchaînée à bord de son trois-mâts.
Dans l'ombre il revenait au sol de la patrie ;
Le plaisir animait sa jeune rêverie.
A peine sur la rive... — ô douloureux hasard ! —
Au lieu d'une caresse, il se heurte au poignard !

Un voleur était là, guettant la riche proie ;
Le coupable a frémi d'une sinistre joie :
Il s'élance ! il triomphe ! il se voit opulent,
Eblouit les mortels de son luxe insolent ;
Il jette à pleines mains cet or qui perd son âme !
Son faste rend muets la menace et le blâme ;
Pourquoi les froids soucis ? Que lui faut-il encor ?
Ce soir il veut mourir, lorsqu'il regorge d'or ;
O mystère ! ô justice ! ô flamme vengeresse !
Comme tu dévoras sa menteuse allégresse !

Assassin !... que veux-tu ? que crains-tu ? Dis-le nous.
Pourquoi d'un sable aride écorcher tes genoux ?
C'est bien à cette place, oui, que dort ta victime.
Son sommeil est profond ; l'on ignore ton crime.
La dune est bien muette, et ses humides flancs
Ne rendent pas la vie aux cadavres sanglants.
Assassin ! ne crains point. Jouis de la fortune :
Jamais l'on ne verra la Justice importune
Troubler de ta splendeur la mollesse et la paix.
La Justice a chez l'homme un voile bien épais !
...Mais, par un châtiment dont la rigueur s'achève,
Chaque soir, l'assassin reparaît sur la grève ;
Pâle, brisé, vaincu, fatigué de souffrir ;
Et, maudissant son or, il demande à mourir !

Non, tu ne mourras pas : Dieu t'impose la vie.
La céleste vengeance, encore inassouvie,
Comme à Caïn, te souffle un remords infini.
Nouvel Ahasvérus, va, marche... et sois puni.
Tu vivras, tu vivras... trop lâche pour détruire
Cette âme qu'au néant ta main songe à réduire,
Et trop infâme encor pour chercher dans la Foi
Un baume de clémence à la sévère loi.
Tu vivras : et ton corps, aux veilles peu sensible,
Va repaître du ciel la colère inflexible.
Il faut broyer tes pieds aux angles des chemins,
Il faut que l'or volé te brûle les deux mains,
Et qu'enfin, chaque nuit, plus que le mort livide,
Tu promènes là-bas ton insomnie avide !
Aux feux de canicule, au tranchant des glaçons,
Dieu te verra frémir sous les mêmes frissons.
Va ! pose encor du sable à la tombe discrète ;

Travaille hardiment; rends la mort plus secrète,
Qu'importe? le Seigneur, dont l'œil est plein d'éclairs,
Voit au fond de la terre et jusqu'au fond des mers!

Ces monts rudes et nus, témoins de l'infâmie,
Font sans cesse gronder leur parole ennemie;
Et pour toi seul enfin, dans l'orage exhalé,
Le mort silencieux aura toujours parlé.

C'est la loi du remords, effroyable symptôme,
Qui frappe le coupable, et qui brise cet homme;
Malheur à qui rougit le fer du sang d'Abel!
Il prépare à ses jours un supplice éternel,
Supplice plus affreux que l'humaine sentence
Dont l'appareil lugubre a grossi l'importance;
Tourment plus odieux que le glaive des lois,
Puisque l'homme-bourreau ne frappe qu'une fois..
Mais le crime impuni vide un autre calice:
Il faut que dans son cœur la peine s'accomplisse,
Et qu'il montre aux humains par lui terrifiés
Comment Dieu fait gémir les méchants à ses pieds.

Benj. Kien.

LES FOUS.

1858.

Les hommes sont plus ou moins fous;
Lequel n'a son grain de folie?
Car l'incurable maladie
N'épargne, hélas! aucun de nous!
De ce mal, chose remarquable,
Tous sont atteints différemment;
Le fat se croit un homme aimable,
Le feuilletoniste un savant!

Sont-ils fous tous ces jeunes gens,
Hommes futurs, hommes en herbe,
Vaillante race encore imberbe
Qui joue à l'homme avant vingt ans!
Mais un tel rôle est une tâche
Qui commande un soin continu...
Ainsi l'on frise une moustache,
Hélas! invisible à l'œil nu! —

Explique le cœur qui pourra,
Aux plus savants je l'abandonne;
Si comme un fou le cœur se donne,
De même il se dégagera :

Car telle est sa bizarrerie,
Dont je citerais mille cas,
On trompe une femme jolie
Pour une autre qui ne l'est pas !

Où nous conduit ce luxe fou,
Est-ce à la ruine, à la fortune?
Que ce ne soit pas vers la lune
Où tant de gens ont fait un trou !
Car à voir cette frénésie
Dont sont atteints riches ou non,
On dirait des fous, je parie,
Échappés de leur cabanon....

Jeunes fous, jeunes étourdis,
Que la soif des plaisirs tourmente,
Qui comptez vos jours dans l'attente
D'aller vous ruiner à Paris.
Courez, phalange irréfléchie,
Vivez vite, n'épargnez rien....
A Paris, si courte est la vie,
Qu'on peut narguer le lendemain !

Quel sujet étrange j'ai pris,
Trop étrange, je le confesse;
Chanter les fous c'est maladresse,
C'est nous chanter tous, moi compris.
Tous! mais c'est une erreur, je gage,
Sept sages j'allais oublier;
Hommes illustres d'un autre âge,
Sept sages...... sept fous à lier!

Pierre Simon.

AUX COMPAGNONS DE NAPOLÉON-LE-GRAND.

DISTRIBUTION DES MÉDAILLES DE SAINTE-HÉLÈNE.

1858

> . . . .
> Les siècles pour tant de hauts faits
> N'auront point assez de mémoire !
> (Béranger, 1818).
>
> . . . .
> Les ennemis disaient encor :
> « Honneur aux enfants de la France » !
> (Béranger, 1819).
>
> . . . .

Debout ! soldats Français endormis sous les sables
Que le soleil d'Egypte embrase chaque jour !
Cessez votre sommeil, héros impérissables,
Vainqueurs de Mont-Thabor, de Gazah et de Sour !

Debout ! soulevez tous votre linceul de neige,
Guerriers que la Russie a couchés dans ses champs !
De vos tombeaux de glace où le froid vous assiége
Secouant les frimas, relevez-vous, géants !

Braves ! éveillez-vous aux plaines d'Allemagne,
Sur les bords du Danube, en Autriche, au Tyrol ;
Debout ! vous qui dormez aux ravins de l'Espagne,
Vainqueurs de l'Italie, armés sortez du sol !

Austerlitz, Iéna, Rivoli, Pyramides,
Noms fameux que la gloire apprit à l'univers,
De nouveau montrez-nous les phalanges rapides
Que guidait la Victoire en cent pays divers !

Vous tous enfin, héros qui fîtes de l'Europe
Une France splendide où régnait l'Empereur,
Vaillants morts que la terre en son sein enveloppe,
Revenez parmi nous, disant : « Patrie ! Honneur ! » (1)

Pl... sur notre ville, ombres de ces armées
Q... e monde admirait, avec ce demi-dieu
Dont l'œil d'aigle enflammait vos troupes bien-aimées,
Qu'un éclatant triomphe attendait en tout lieu !

Car les nobles débris des légions sans crainte
Dont l'invincible chef était Napoléon,
De nos murs en ce jour vont honorer l'enceinte
Et chaque vieux soldat regrette un compagnon.

Comme ils vont en rêvant ces fils du grand Empire
Aux amis reposant en paix aux champs d'honneur;
En pensant aux absents leur vaillant cœur soupire,
Ils plaignent aujourd'hui leurs frères en valeur !

« Oh ! qu'il serait heureux celui que la mitraille
» Déchira sous mes yeux à l'affaire d'Eylau,
» S'il pouvait comme moi recevoir la *médaille*,
» De bravoure et de gloire inaltérable sceau ! »

J'entendais ce regret aux lèvres d'un vieux sage
A qui le ruban rouge a coûté le bras droit,

(1) « Honneur et patrie », devise de la Légion-d'Honneur.

Et son unique main essuyait le passage
D'une larme brûlante ; au cœur, moi, j'avais froid.

Mais ému, je lui dis : « — Du haut du ciel des braves,
» L'ami que vous pleurez vous bénit, vous attend ;
» Il a reçu de Dieu tous les bonheurs suaves
» Que le Seigneur accorde au loyal dévoûment ! — »

Consolez vos douleurs, ô soldats magnanimes,
Que rien ne trouble ici dans ce jour radieux
La douce récompense à vos travaux sublimes,
Vos frères, l'Empereur, vous regardent des cieux !

Salut ! vieux serviteurs d'une ère triomphale ;
Salut aux preux, appuis d'un trône européen,
Salut hommes de bronze à l'âme martiale,
Salut ! vous qui vouliez la gloire pour tout bien !

Salut ! vous dont les pas ont fait trembler la terre,
Vous qui des bords de l'Ebre aux rives de l'Oural,
De victoire en victoire avez, comme un tonnerre,
Parcouru triomphants l'immense littoral.

Salut ! Honneur à vous, colosses de vaillance,
Vous dont mille combats ont vu couler le sang !
Fière de vos exploits, notre mère, la France,
En vous glorifiant vous place au premier rang.

Salut ! Le monde entier loue, applaudit, admire
Les modernes Titans que rien n'a fait trembler !
Levez vos nobles fronts où le bonheur respire,
Car ce jour fortuné vos désirs va combler.

Oui, Napoléon trois veut que sur vos poitrines

Rayonnent sur l'airain les bénédictions,
Les derniers souvenirs qu'aux humides collines
L'Empereur confiait nommant vos légions.

« Il fut un compagnon du plus grand capitaine, »
Diront avec respect nos femmes, nos enfants,
Voyant sur votre sein l'ordre de Sainte-Hélène,
Et nous en racontant vos labeurs éclatants.

Nous dirons à nos fils : « Saluez l'héroïsme
» Qui passe à nos côtés, doux et stoïcien,
» Cet homme décoré fut tout devoir, civisme,
» Comme nous soyez fiers de lui toucher la main.

» Ayons de ces guerriers leur courage indomptable,
» Et leur fidélité qui résiste au malheur,
» Le mépris du péril, leur amour admirable
» Pour la mère-patrie et pour son Empereur !

» Puis, dignes descendants des héros de l'époque,
» Soyons les héritiers de toutes leurs vertus,
» Songeant aux souvenirs que leur seul nom évoque,
» Que jamais nul combat ne nous trouve abattus ! »

Ah ! que notre pays, pour le progrès du monde,
Puisse longtemps jouir de sa prospérité,
Les travaux, les efforts de cette paix féconde,
Amis, seront bénis par la postérité !

Mais si la France un jour criait : « Enfants, aux armes ! »
Ses vieux défenseurs, nous, nos fils, en bataillons,
Broyant ses ennemis et calmant ses alarmes,
Elle aurait de vainqueurs trois générations.

ALP. CLAEYS.

LE SUICIDE D'UN POÈTE.

1857

« Quand donc viendra la fin de ma longue souffrance ?
Qui voudra témoigner pour moi sa bienfaisance
En daignant me jeter un morceau de son pain ?
Moi qui n'ai pas d'amis, de parents sur la terre ;
En vain, depuis longtemps, je me redis : Espère !
    En vain je dis : J'ai faim !

» J'ai cherché du secours dans cette poésie
Qui semble un frais nectar, une douce ambroisie ;
Là, me disais-je, là je trouverai l'honneur.....
A la postérité moi je puis bien prétendre.....
Insensé ! désormais je ne dois plus attendre
    Que misère et douleur !

« Qu'êtes-vous devenus, beaux jours de ma jeunesse,
Où mon âme ignorait jusqu'au nom de tristesse ?
A vous ont succédé les pénibles moments
Et ce chagrin mordant qui depuis longtemps dure.
O Dieu ! du haut du ciel, toi qui vois ma torture,
    Abrège mes tourments !

» Mon bonheur idéal a passé comme une ombre,

S'exhalant doucement au sein d'une nuit sombre !
Ils sont finis pour moi, ces temps d'illusion,
Semblables aux parfums que l'haleine respire,
Enlevés aux jardins par le riant zéphyre
   Comme une vision.

» Ils sont évanouis, mes projets chimériques....
Mes écrits sont blâmés par de froids satiriques,
De mon jeune talent zoïles odieux !
En vain j'espérais voir dissiper ce nuage,
De même qu'apparaît après un noir orage
   Le soleil radieux.

» Et cependant un ange eût eu moins de constance
Que moi voulant chasser cette pâle existence
Et de mes derniers jours écarter tous les maux.
Comme le papillon sur la feuille de rose,
De même quelquefois la lyre se repose
   Après de longs travaux.

» Pourtant je ne vins pas isolé sur la terre,
Car le ciel m'accorda mon excellente mère,
Quand il voulut tirer mon âme du néant.
Par mes faibles accords elle était rajeunie,
Et souriait souvent à mon frêle génie.
   Je n'étais qu'un enfant.

» Victime du destin sous lequel tout succombe,
Pauvre mère ! elle dort dans une froide tombe ;
Elle y trouve un abri contre son désespoir,
Et là du moins, là, morte, elle n'a plus à craindre !
O ma mère ! bientôt je descendrai te joindre ;
   Bientôt j'irai te voir !

» Le déshonneur brûlant l'avait stigmatisée ;
Oui !.... mon père mourut sans l'avoir épousée.....
Elle connut sa faute et longtemps la pleura.
Par vingt ans de regrets, d'une vie exemplaire,
Par vingt ans de remords et de douleur amère
   Elle la répara.

» Aussi, quand je parus au milieu de ce monde,
Frêle comme un oiseau qu'un vent couche sur l'onde,
Le monde me lança son méprisant regard ;
Me chassant loin de lui comme une bête impure,
Ce monde, il m'a crié.... crachant sur ma figure :
   Arrière, toi, bâtard !

» Bâtard ! toujours ce mot résonne à mes oreilles ;
Bâtard ! tout me le dit, mon repos et mes veilles.
Tous ils m'ont imprimé l'insulte sur le front !
Tirer vengeance d'eux ! il faut un nom ; ô rage !
Un nom, ah ! par pitié ! je leur jette au visage ;
   Les lâches pâliront !

» J'avais rêvé le cœur et l'amour d'une femme ;
Je croyais pénétrer les replis de son âme ;
Confiant, je comptais sur son affection ;
De loin je la voyais belle comme un bel ange,
De près je ne trouvai rien, rien que de la fange !
   Triste déception !

» Conservant quelque espoir, selon l'erreur commune,
Moi, sans titre, sans nom, sans aucune fortune,
J'osai penser encore à la douce amitié....
Et je trouvai partout la morgue et l'insolence,
Qui jetèrent sur moi du haut de leur puissance
   Un regard de pitié.

» Maintenant, je le sens au fardeau qui m'oppresse,
Les hommes ont brisé l'élan de ma jeunesse.
Mon âme respirait pourtant dans mes écrits ;
Partout brillait l'ardeur et le feu du génie !
Aux humains ignorants je lance, à l'agonie,
   La honte et le mépris !

» Pour lui voilà mon legs ; oui, le mépris au monde !
Quand il m'a vu glisser sur la pente profonde,
M'a-t-il tendu la main comme à son frère ? Non.
.... Triste nécessité qui vous force à maudire
Le jour où l'on naquit, et vous contraint de dire :
   Vertu, tu n'es qu'un nom !

» Ah ! l'on ne comprend pas une âme de poète !
Non, personne ne sait, quand il chante une fête,
Qu'il travaille ses vers retiré sous le toit.
L'été, quand le soleil sur lui darde à son aise,
Il y brûle, il y bout comme en une fournaise,
   Et l'hiver il a froid !

» Quand il parle festins, sur ses stances ourdies
Souvent la plume échappe à ses mains engourdies.
La douleur le contracte, il n'a rien à manger,
Et dans son sein creusé coasse la famine.
De secours nulle part ; à la faim qui le mine
   Le monde est étranger.

» Sous le besoin qui broie enfin son âme s'use ;
A chanter désormais sa bouche se refuse ;
Pourtant pour vivre il faut qu'il compose toujours.
Mais il ne le peut plus, sa muse est épuisée ;
Il souffre, il souffre encore, et, la tête brisée,
   Il abrège ses jours.

» O mort! ne pense pas que mon cœur te redoute!
Escousse, sans frayeur, m'a tracé cette route;
A vingt ans, comme moi, la terre eut son adieu.
D'abord il voyait tout, comme moi, par un prisme,
Et lui, comme je meurs, est mort de scepticisme,
        Ne croyant plus à Dieu.

» Mais cessez de vibrer, ô cordes de ma lyre!
Je me sens agité par un sombre délire;
Depuis que j'ai quitté les langes du berceau
J'ai vidé du malheur la coupe bien amère;
Hélas! tout m'a paru semblable à la chimère,
        Excepté le tombeau. »

Ainsi parlait un homme à la tête flétrie,
Serrant un pistolet dans sa main amaigrie.
Puis.... il en appuya le canon sur son cœur;
Essuyant de ses yeux une brûlante larme,
Il lâcha la détente, exempt de toute alarme,
        En s'écriant : Bonheur !

Se débattant encore, il maudissait le monde;
Comme après l'ouragan quelquefois le vent gronde.
Mais le trépas bientôt appesantit ses yeux;
Son âme, dépouillant sa terrestre parure,
Monta paisiblement, avec un doux murmure,
        Vers le séjour des dieux.

E. Woestyn.

NOTICE

BIOGRAPHIQUE ET BIBLIOGRAPHIQUE

SUR

L'AVOCAT POIRIER, DE DUNKERQUE.

1858

I.

Le 7 Novembre 1755, dans une maison de Dunkerque qu'aucun document ni aucun souvenir ne déterminent, régnait contre l'habitude une grande animation. M. Louis-Auguste Poirier, procureur et notaire royal était devenu père: dame Marie-Cécile Borcey, sa femme, venait de donner le jour, vers sept heures du matin, à un garçon qui reçut au baptême les prénoms de Louis-Eugène. M. Louis Vernimmen, avocat, échevin de cette ville et marguillier de St-Eloi, fut son parrain.

Plusieurs années s'écoulèrent pour l'enfant, comblées d'ineffables joies, à l'ombre du sanctuaire domestique, sous la sauvegarde de son père et de sa mère. D'heureuses dispositions pour l'étude se développèrent vite en lui, et il fit toutes ses classes avec un succès continu. Tous les amis de la famille l'aimaient beaucoup, non-seulement à cause de ses goûts pour la science, mais encore pour son caractère enjoué et son esprit caustique. M. Vernimmen prit son filleul en affection. Plus tard il le dirigea dans la vie et lui conseilla d'embrasser l'honorable profession d'avocat.

Le notaire Poirier était à même de donner une brillante éducation à son fils et de l'envoyer étudier au loin: il jouissait d'une assez belle fortune. Le jeune homme fit son droit à Paris. Il s'y montra aussi bon étudiant qu'il avait été élève intelligent en province. Il passa dans la capitale les années nécessaires à ses études et à son stage, et y fut reçu avocat en parlement dans le cours de l'année 1777 (1). Quelque temps après il revint à Dunkerque, et il y ouvrit, rue Maurienne (2), un cabinet de consultations.

Le cœur du jeune légiste avait déjà parlé : il était épris d'amour pour Mademoiselle Marie-Joseph Coppin, fille de M. Léopold Coppin, négociant en vins à Dunkerque. Le mariage eut lieu le 7 Janvier 1778.

Poirier était à la recherche d'une maison : il y en avait une à louer rue des Vieux-Quartiers, dans le voisinage de ses parents, et comme elle lui convenait, il la prit à bail au mois de Février à dater du 1er Août suivant (3). C'était la maison à laquelle se rattachaient tant de glorieux souvenirs, et qu'avait occupée le célèbre capitaine Mathieu Dewulf, dont le nom était encore si connu et la mémoire si vénérée à Dunkerque.

Poirier se forma assez tôt une clientèle, grace à quelques personnes influentes, parmi lesquelles on comptait M. Vernimmen, son parrain ; mais il ne se fit guère d'amis ! Dès l'âge le plus tendre il eut la manie d'attaquer les abus, de censurer toutes choses ; et cela ne se faisant pas sans blesser les amours-propres, il en souffrit fréquemment. Il fut même atteint de la passion d'écrire, ce qui n'est pas sans danger pour un esprit de ce genre, quand on est pris d'idées fixes tendant à dévoiler les abus. Il débuta, cependant, sous d'excellentes inspirations : il occupa ses heures de loisirs à se rendre utile à ses concitoyens.

Du 12 Janvier 1779 à l'année 1782, Poirier produisit plusieurs écrits qu'il adressa soit aux ministres, soit aux chefs d'administrations de la province. On y remarquait les documents suivants (4) :

(1) Biographie Dunkerquoise, 1827, page 73, publication dont M. J.-J. Carlier, de Dunkerque, qui habite aujourd'hui Paris, fut l'un des principaux rédacteurs.
(2) Calendrier de Flandres, de 1777, page 500.
(3) Ce bail sous signatures privées existe dans les titres de la maison n° 22, dont est propriétaire M. François Vergriete.
(4) Voir les Idées des Doléances citées plus bas, p. 2 et 3.

1° Mémoire établissant l'ensemble des griefs des armateurs de Dunkerque contre les smoggleurs armés de Flessingue, soutenu des pièces justificatives et moyens d'arrêter le cours de leurs pirateries ;

2° Mémoire concernant les inconvénients de recevoir les smoggleurs à Dunkerque pendant les hostilités, avec des notes instructives ;

3° Mémoire sur l'avantage idéal que Dunkerque retire du commerce du smogglage pendant les hostilités ;

4° Nouvelles instructions sur le commerce des smoggleurs avec des réflexions ;

5° Mémoire sur les abus de la rançon ;

6° Entretiens à Versailles avec M. De Sartine, des 2, 4, 6 et 7 Mars 1780, sur différents objets concernant la marine ;

7° Mémoire à l'effet de rendre les armateurs françois, armant sous pavillons et commissions américains, justiciables des juges de leur domicile ;

8° Mémoire sur le règlement des parts aux prises, pour en réformer les abus, à la suite duquel se trouve l'avis des armateurs de Dunkerque ;

Et 9° Conférences sur l'inexécution des 22 articles des loix relatives aux armements en course.

Ses travaux ne restèrent pas sans résultats : ils lui valurent les lettres les plus flatteuses, et les succès qu'il obtint dans l'origine l'encouragèrent extrêmement. Ainsi, sur le mémoire touchant les abus de la rançon, datant du 11 Novembre 1779, intervinrent les arrêts du Conseil-d'Etat du roi du 11 Octobre 1780 et du 30 Août 1782, qui abolirent la rançon. Le mémoire du 20 Mars 1780, relatif aux armateurs armant sous commissions et pavillons américains, donna lieu à la lettre de Louis XVI à Mgr l'amiral, en date du 10 Août 1780, et à celle de M. De Sartine à l'Amirauté de Dunkerque du 11 du même mois. Le mémoire sur le règlement des parts de prises du 27 Décembre 1780, motiva l'arrêt du Conseil-d'Etat du 15 Décembre 1782, qui en réforma l'abus (1).

Une bonne action a souvent sa récompense : en 1780, un grand nombre de négociants et d'armateurs de Dunkerque,

---

(1) Voir les Idées des Doléances citées, p. 3.

parmi lesquels figurait le chevalier Briansiaux, voulant donner à Poirier, le généreux et zélé défenseur de leurs intérêts, un témoignage de leur estime et de leur gratitude, signèrent un certificat des services rendus par l'honorable avocat à la ville et au commerce de Dunkerque. Cette attestation vint fort à propos, car la probité ne sauvegarde pas toujours la réputation d'un homme de bien. Les méchants ont des moyens qu'ils font valoir quand on s'y attend le moins.

Dans ce temps là, les deux fils de la veuve Benoist, habitants de Dunkerque, accusaient Poirier et son père d'avoir spolié leur mère, et d'être la cause de sa mise en banqueroute. En 1783 et lorsque l'affaire avait déjà été jugée en première instance, les accusés, dans l'intérêt du litige et de la vérité, crurent devoir lancer dans le public une brochure (1) sous ce titre: Mémoire pour M. L.-E. Poirier, avocat au parlement, intimé défenseur et demandeur contre Louis-Charles Benoist et Charles-Jean-Bonaventure Benoist, appelants, demandeurs et défendeurs, en présence de M. le procureur général appelant à minimâ.

Le procès fut jugé de nouveau, et, comme les honnêtes gens l'espéraient, les résultats ne manquèrent pas d'en être favorables à MM. Poirier, qui en furent quittes pour une partie des dépens : toutes les calomnies que l'on avait colportées tombèrent d'elles-mêmes une à une, comme il arrive souvent quand les preuves manquent.

Jusqu'ici Poirier s'était montré sage et réfléchi ; et aussi longtemps qu'il eut près de lui le guide, le conseil, que la Providence lui avait donné à sa naissance, il suivit une route sûre et riante ; mais après la mort de M. Vernimmen (16 Novembre 1786), Poirier sentit plus d'une fois que cet ami si dévoué, si affectueux, lui manquait sur la terre. Poirier n'était pas un ingrat, il avait un cœur excellent; et, si M. Vernimmen avait été pour lui plus qu'un protecteur, il en parla toujours avec respect et reconnaissance.

Il n'oublia jamais que M. Vernimmen, qui avait rempli à Dunkerque les fonctions de bourgmestre de 1757 à 1762, et de 1780 à 1784, avec honneur et probité, n'avait quitté sa charge cette dernière fois que par une flagrante injustice.

(1) In-4° de 40 pages, de l'imprimerie de Michel Nicolas, rue St-Géry.

Dans les premiers temps de la Révolution il disait (1), en s'adressant à l'intendant monseigneur Esmangart, chevalier, seigneur des Bornes et autres lieux, conseiller du Roi, maître des requêtes honoraire de son hôtel :

« L'impatience où vous étiez, en 1784, de satisfaire à l'ambition de votre ami Thiéry, et, encore, de le décorer du titre de bourgmaître, vous a fait forcer la main à M. Vernimmen qui l'était, et dont vous avez exigé la démission ! Pour l'y déterminer plus tôt, vous lui avez accordé une pension de cent pistoles sur le revenu de la commune ; en vérité, seigneur, vous nous avez fait faire un bien pauvre marché : vous ne pouviez pas dire au moins qu'ici vous nous donniez de la marchandise pour notre argent !.... Mais vous étiez alors bien moins occupé de Vous que de nous ; vous aviez pressenti d'avance, qu'il vous falloit un homme facile, léger, dissipateur : vous ne pouviez mieux choisir ! »

Lorsque la révolution éclata, l'esprit de Poirier s'exalta singulièrement. Déraciner les abus, défendre les faibles, attaquer les grands et les oppresseurs, c'étaient des idées constantes chez lui.

En Mars 1789, au retour d'un voyage à Marseille, où il avait passé trois mois, (2) il se mit à écrire sur les besoins de son pays natal, et en peu de jours, il lança dans le public la brochure (3) dont le titre est ainsi conçu : « Je défends la loi, la sûreté et la liberté. Idées des Doléances de la ville de Dunkerque, par M. Poirier, citoyen et avocat de Dunkerque. » Dans ce mémoire, l'auteur signalait 24 articles de projets de réformes ou d'améliorations. Tout le monde voulut le lire ; il se vit même obligé d'en faire tirer après correction une seconde édition. (4)

Il s'occupait alors de rédiger, sous la date du 25 Avril : « Une lettre à MM. les députés des communes de la Flandre maritime à l'Assemblée nationale, sur la nécessité d'obtenir immédiatement à Dunkerque l'ouverture des archives, l'inspection des comptes et autres documents des administra-

(1) Voir le Furet indiqué plus bas, p. 36.
(2) Voir Idées des Doléances citées p. 17.
(3) Petit in-4° de 17 pages du 25 Mars 1789.
(4) Grand in-4° du 30 Mars 1789.

tions.... » Son but était de livrer cette lettre à l'impression; et en effet, il la publia à Lille le 10 Mai (1).

Les « Idées des Doléances » du chaleureux avocat, couraient le monde et l'on en faisait une étude. La municipalité alla jusqu'à en faire éditer des contrefaçons (2). Cette publication valut généralement à l'écrivain de franches sympathies. On imprima même à la date du 15 Mai une lettre d'approbation; elle avait pour titre: « Lettre à l'auteur des feuilles de Flandre par Bonvallet-Desbrosses, ancien trésorier de la marine et des colonies à la Rochelle (3).

Poirier était sur le point d'éprouver un grand malheur. Sa femme souffrait depuis quelque temps, et la maladie prenant peu à peu un caractère sérieux, il n'y eut bientôt plus d'espoir de guérison. Elle succomba le 27 Mai! Cet évènement aussi triste qu'inattendu abattit le courage du pauvre survivant, et pendant deux mois, il s'abstint de toute chose étrangère à sa profession. La mort de sa jeune compagne, qui venait de briser prématurément les joies et les illusions de son existence, eut une fâcheuse influence sur son esprit, et les travaux qu'il avait en vue, devaient s'en ressentir longtemps.

Au mois d'Août il se remit à l'œuvre, et le 25, il publia à Dunkerque un « Avis important aux Dunkerquois sur la manière de procéder avec ordre et succès à l'élection de leurs députés aux Etats de la Flandre Maritime, applicable aux autres villes du royaume, par M. Poirier, citoyen patriote et avocat à Dunkerque. » (4)

La franchise dont il fit preuve dans ses divers opuscules n'était rien en comparaison de l'aigreur, de l'irritation que Poirier montra dans une brochure (5) intitulée: « le Furet ou offrande patriotique à la commune de Dunkerque et à toutes celles de la Flandre, » qu'il publia en Janvier 1790, sans

---

(1) Chez Dumortier, in-4° de 19 pages. Il y eut des imprimés sans la signature Poirier, citoyen et avocat.

(2) Le Furet, p. 61.

(3) In-4° de 3 pages, voir les Feuilles de Flandre du 15 Mai 1789.

(4) In-4° de 16 pages avec l'indication: chez Letocart, libraire, Place Royale, et chez les principaux libraires de la Flandre Wallonne et Maritime.

(5) In-8° de 76 pages, sans lieu d'impression.

nom d'auteur, mais sans cacher cependant qui il était (1), car il avait le courage de son action.

Dans cet écrit, il n'épargne rien de ce qui lui paraît illégal, injuste, abusif; il y dit crûment en face les choses les plus acerbes, s'acharne à ses ennemis et les dissèque impitoyablement. Il en veut surtout à l'intendant de la Province et aux officiers municipaux de la ville, auteurs de tout le mal qu'il dénonce à la vindicte publique. Puis après avoir fait passer, comme dans un panorama, tous ses griefs, les abus et les déprédations qu'il connaît, il s'écrie en terminant sa brochure:

« Peuples, hommes, citoyens, amis, frères, bons camarades, j'ai rempli, en votre faveur, le devoir que m'imposait l'intérêt sacré de la patrie; ma main hardie et citoyenne a osé la première lever l'appareil imposant et antique sous lequel étoient recelées des plaies dont vous ignoriez la nature et la profondeur; ces plaies qui vous étoient cachées, aujourd'hui vous sont connues; j'ai satisfait à cet égard à mes saintes obligations; j'ai bravé pour mieux vous servir, ces vaines convenances qui retiennent les hommes timides; j'ai fait ce qu'un homme peut faire; c'est à vous de faire le reste » (2).

En cette même année 1790, Poirier transmit au maire et aux officiers municipaux un grand nombre d'exemplaires de ses mémoires et de son cahier des doléances. Dans leur accusé de réception, du 17 Février, ils lui disaient en terminant: « Nous ne pouvons qu'applaudir au zèle patriotique qui vous anime et que nous tâcherons d'imiter. » (3) Assurément, tous n'avaient pas les mêmes vues que le remuant avocat, et plus d'un lui souriait du bout des lèvres lorsqu'il parlait de ses projets de réformes.

Une fois lancé dans le tourbillon révolutionnaire, Poirier ne put plus s'arrêter. D'abord il s'était montré du parti des plus ardents novateurs; puis, après la publication de son « Furet », il crut devoir se mettre dans les rangs des novateurs modérés. Il se créa ainsi des ennemis dans les deux opinions et se vit forcé de quitter Dunkerque où il n'avait

(1) Voir pages 25 et 61 du Furet.
(2) Le Furet, p. 76.
(3) Voir l'Eloge hist. de Jean Bart cité plus bas, p. 110.

plus rien à faire ni comme homme public, ni comme avocat. (1) Il alla habiter Paris.

II.

Quoiqu'il eût à se plaindre de quelques hommes de sa ville natale, Poirier voulut, cependant, donner à ses concitoyens des preuves de son civisme et de sa moralité, et il en adressa des certificats à la municipalité. Le 19 Août 1791 le maire et ses adjoints lui en accusèrent réception. Leur missive (2) contenait ce passage: « Nous tenons les divers certificats que vous nous avez envoyés, à votre disposition, s'ils vous sont nécessaires; dans le cas contraire, ils resteront en dépôt au greffe, où la postérité pourra voir avec plaisir que les Dunkerquois ont, en tous temps, donné des preuves d'un civisme épuré ».

Écrire, toujours écrire, était sa passion dominante. En ce même temps, son livre intitulé : « Collection des travaux publics pour le corps social », était à fin d'impression. Le 28 Septembre il en transmit un exemplaire à l'Assemblée nationale, qui décréta qu'une mention honorable en serait faite au procès-verbal; ce que lui annonça le citoyen Camus, l'un des secrétaires de l'Assemblée (3).

Les félicitations qu'il recevait de toutes parts étaient pour Poirier un puissant levier. Il y puisait des encouragements qui alimentaient le feu sacré de son patriotisme. A l'exemple de Mirabeau, le célèbre orateur que la mort avait moissonné tout récemment (2 Avril), et avec lequel il avait un air frappant de ressemblance pour la figure, il n'attaqua jamais le trône tout en défendant les droits de la nation. Il n'offensa jamais la religion; il ne prêcha jamais ces idées subversives et contagieuses de socialisme, de communisme, qui devaient prendre plus tard un déplorable développement en France. Il comprenait dans la droiture de son for intérieur, que chacun doit vivre de son travail, et profiter de ses

---

(1) Lettre de M. J.-J. Carlier, à Paris, à M. De Bertrand, du 10 Février 1858.

(2) Voir l'éloge historique de Jean Bart, p. 112.

(3) Voir l'Éloge historique de Jean Bart, p. 112.

talents et de ses capacités dans la voie légale sans nuire à son prochain ni à la société. En un mot il détestait l'anarchie.

Poirier, sans être un écrivain du premier ordre, n'en avait pas moins de l'érudition. Il connaissait plusieurs langues, cultivait les muses, était dessinateur. Il avait une vaste mémoire, une facilité étonnante de recherche et de travail, une écriture forte et belle. Sa taille élevée, sa figure ronde et grave, sa forte constitution, ses yeux ardents, ses cheveux rejetés du front en arrière, donnaient à sa physionomie quelque chose d'étrange et d'imposant. Sa modération et sa véhémence, selon l'à propos, dans les discussions ou dans les plaidoiries, sa mise soignée, ajoutaient à sa personne quelque chose qui tenait du prestige.

Les tribulations de la vie devaient surgir inévitablement autour de lui. Des généreuses aspirations de la révolution de 1789 à la proclamation de la République (22 Septembre 1792); de cette subversive époque à l'assassinat juridique de l'infortuné Louis XVI (21 Janvier 1793), puis de là au règne de la terreur, il n'y eut plus que quelques pas à franchir, et l'on en vint aux derniers excès de la barbarie étonnamment vite. Robespierre gouvernait la France avec l'atrocité d'un tyran, la cruauté d'un bourreau. Joseph Lebon, natif comme lui d'Arras, était une de ses plus fougueuses créatures. On l'envoya dans sa ville natale, afin de dissiper un rassemblement de prétendus patriotes qui s'y étaient rendus pour établir une ligue sous le titre de Société Populaire Centrale des trois départements du Nord, de la Somme et du Pas-de-Calais. (1)

Sur ces entrefaites, Poirier qui avait quitté Paris, fut arrêté et écroué à Arras comme suspect au mois de Juillet 1793 dans la prison des Orphelines. (2)

Lebon arriva à Arras en Janvier 1794 et fut spécialement chargé de tout ce qui pouvait être relatif à la commune : c'était l'objet de la convoitise du sanguinaire proconsul. En vingt-quatre heures toutes les prisons de la ville, depuis le grenier jusqu'à la cave, regorgèrent d'innocentes victi-

---

(1) Les Angoisses de la mort, etc., citées ci-après, p. 8.
(2) Mon nec plus ultra cité plus bas, p. 17.

mes (1). Loin d'obtenir son élargissement, Poirier fut tenu dans la plus étroite captivité.

Au commencement de Février on le fit passer à la maison d'arrêt l'Abbatiale, et à la fin du mois de Mars on le transféra à l'Hôtel-Dieu. Là, pendant quatre mois, l'instrument de mort se trouvait suspendu sur la tête du malheureux Dunkerquois ; tous les jours il s'attendait à être appelé pour marcher à l'échafaud (2).

Dans l'intervalle, Lebon aurait bien voulu se rendre à Dunkerque ou se saisir de l'affaire de ceux qui y étaient détenus et au nombre desquels on comptait l'ex-maire Emmery et d'autres honorables citoyens, mais on l'en détourna. (3)

Les horreurs que commettait Lebon à Arras et à Cambrai, firent porter contre lui une dénonciation comme ayant outré le système révolutionnaire (9 Juillet). Grace à cet évènement, les exécutions cessèrent dans les deux villes, et Poirier ne dut ensuite son salut qu'au rappel du proconsul à Paris, qui précéda de quelques jours la journée du 9 Thermidor suivie le lendemain, 29 Juillet, de l'exécution de Robespierre.

Depuis quelque temps, Poirier et son ami Montgey, ancien avocat à Dunkerque, qui partageait sa captivité, travaillaient à un livre ayant pour titre : « Les Angoisses de la mort ou Idées des horreurs des prisons d'Arras (4). Le 2 Août (15 Thermidor), ils le livrèrent à l'impression. Il y eut en cela du courage de leur part, en ce moment où ils étaient encore dans les fers ; il y eut même quelque chose de providentiel dans cette circonstance pour les deux captifs : ce fut l'arrestation de Lebon et sa mise en jugement devant la Convention nationale le 11 du même mois.

Dès lors il n'y eut plus qu'une question de simple formalité pour eux, et le 10 Septembre ils furent élargis après quatorze mois de détention (5), à l'arrivée du représentant

---

(1) Page 10 des Angoisses de la mort.
(2) Même ouvrage, p. 2.
(3) Accusation de Terrorisme et d'oppression, etc., par le citoyen Alexis Foissey, brochure in-8°, Dunkerque, Drouillard, Février 1795,
(4) Brochure in-8° de 52 pages, sans lieu d'impression.
(5) Voir Mon nec plus ultra cité plus bas, p. 2, 11 et 22.

Florent Guyot, le même qui avait fait sortir de prison à Dunkerque MM. Emmery, Maurin et De Baecque. (1)

III.

« Les Angoisses de la Mort » obtinrent un rare succès, et les auteurs, pour satisfaire aux demandes qui leur étaient faites, se virent obligés d'en publier une seconde édition. (2) Il y eut même à ce sujet quelque chose de flatteur pour Poirier et Montgey: on réimprima leur brochure quatre fois en un temps très rapproché. Paris et toute la France en étaient inondés. (3)

En ce moment là ils s'occupaient d'un autre travail qu'ils livrèrent à la publicité le 27 Décembre 1794, après leur retour à Paris. Il était intitulé: « Atrocités commises envers les citoyennes ci-devant détenues dans la maison d'arrêt dite la Providence, à Arras, par Joseph Lebon et ses adhérents, pour servir de suite aux Angoisses de la mort ou Idées des horreurs des prisons d'Arras, » (4) avec cette indication: par les citoyens Montgey et Poirier, de Dunkerque », tandis que l'autre était signé simplement « Poirier et Montgey ».

Cinq mois après (13 Mai 1795), parurent: « Les Formes Acerbes », gravure (5) dont la composition était due à l'inspiration de Poirier. Elle avait trait aux atrocités commises par Joseph Lebon et fut offerte par le citoyen dunkerquois au Lycée des Arts à Paris le 8 Juin. Le titre faisait allusion aux paroles du citoyen Barrère, membre de la Convention nationale, qui avait défendu Lebon au mois d'Août précédent lors de son arrestation. Il avait dit que, si celui-ci avait outré le système révolutionnaire, il avait sauvé Cambrai près de tomber au pouvoir des armées coalisées, en convenant néanmoins qu'il avait employé dans sa mission « des formes trop acerbes. »

---

(1) Accusation de Terrorisme citée p. 14 et 15.
(2) Voir p. 52, des atrocités commises envers les citoyennes, etc.
(3) Page 7 de Mon nec plus ultra, etc.
(4) Brochure in-8° de 64 pages, Paris.
(5) Paris, Delormé, quai de Sèvres.

Poirier publia ensuite « l'Adresse au Lycée des Arts concernant la gravure des formes acerbes. » (1)

La gravure et les trois derniers opuscules furent adressés à la Convention nationale et dessillèrent les yeux de ses membres sur la conduite infâme qu'avait tenue le sanguinaire Lebon dans le Nord de la France. Ils attirèrent l'attention du public; l'exemple se propagea, et d'autres dénonciations ne tardèrent pas à se produire. Une foule d'adresses partirent d'Arras, de Cambrai, de Saint-Omer et d'une infinité d'autres localités des départements du Nord et du Pas-de-Calais, pour demander le jugement du grand coupable (2).

Poirier publia aussitôt : « Le dernier gémissement de l'humanité, contre Joseph Lebon et ses complices » (3), et le transmit à l'Assemblée Nationale le 30 Juin (12 Messidor). Cette publication fut suivie, le 8 Juillet, de : « Mon nec plus ultra, ou le dernier coup de massue en réponse aux impostures que Joseph Lebon s'est permises, etc., par l'auteur de la gravure des Formes acerbes » (4).

C'était effectivement le dernier coup de massue !

Les plaintes étaient tellement graves et écrasantes, que Lebon fut décrété d'accusation le 10 du même mois de Juillet. A l'instant même, Poirier prend la plume et compose : « Arras et Cambrai vengés, dédié à l'humanité » (5), et le 13 la chanson est chantée sur les théâtres de Paris. Le 17, la Convention nationale signe l'acte d'accusation et renvoie Lebon devant le tribunal criminel d'Amiens; le 7 Août, il y est écroué à la conciergerie (6).

Le procès devait avoir lieu à Arras ; mais dans la crainte d'une commotion populaire, il fut renvoyé au chef-lieu du département de la Somme.

Déjà Poirier, qui ne s'attendait pas à ce changement de juridiction, avait fait le dépôt au greffe du tribunal criminel

---

(1) Paris, Maret, an III de la République.
(2) Voir Mon nec plus ultra, etc., p. 7.
(3) Brochure. Paris, Maret, an III.
(4) Brochure in-8° de 22 pages, Paris, Messidor, 3° année.
(5) Imprimée à Paris le 25 messidor an III.
(6) Histoire de la ville d'Amiens par M. Duserel, tome 2, 1832.

d'Arras, d'un dossier contenant les « Exceptions proposées par lui avant d'être entendu comme témoin dans le procès, avec les pièces justificatives à l'appui. » (1)

Poirier avait pris le soin de faire passer successivement toutes ses productions à Joseph Lebon. Dans « Mon nec plus ultra » il lui dit pourquoi il a publié sa gravure « les Formes acerbes ». Après avoir rappelé ce qu'il avait dévoilé dans « les Angoisses de la mort » et les « Atrocités commises envers les citoyennes... à Arras », il s'explique ainsi :

« Ce n'était pas assez d'avoir parlé contre toi à l'esprit, au cœur; il fallait qu'un objet d'horreur, d'éternelle horreur, tel que l'enfer t'a vomi de son sein, restât à jamais sous les yeux, effrayât à jamais la postérité qui reculera de terreur : c'est ce que j'ai tenté d'exprimer de toutes mes forces, de buriner dans ma gravure que j'ai publiée le 24 Floréal dernier ; je te l'ai adressée à Meaux. C'était le miroir ardent de la vérité que je te présentais et dont j'aspirais à te brûler les yeux ; j'ai gravé, si l'on peut parler ainsi, à l'eau forte tes traits hideux pour offrir une immortelle leçon et épouvanter quiconque tendrait à t'imiter. » (2)

Jamais Poirier ne s'était montré aussi hardi. Il jouait gros jeu, car enfin Lebon n'était pas jugé : celui-ci pouvait encore recouvrer sa liberté et se venger. Il lui disait aussi :

« Je te porte le défi le plus formel de détruire aucun de tes crimes que la commission a sommairiés dans son rapport, et de dénier le moindre des faits énoncés dans ma dernière production intitulée : « Le dernier gémissement de l'humanité ». En vain diras-tu que tu avais des ordres : des ordres ! Et que sont des ordres qui prescrivent la scélératesse ?.... C'est toi qui a transgressé toutes les lois divines et humaines ; c'est toi qui a cédé à ton impulsion barbare, en autorisant le brigandage, en égorgeant des hommes, tes concitoyens ; que m'importent à moi des ordres ! Il me suffit de prouver que tu as outragé la justice, l'ordre social, l'humanité, l'humanité qui elle-même met la main à la hache vengeresse pour l'appesantir sur ta tête coupable.... La miséricorde tend les bras aux citoyens égarés ; mais pour toi tous les cris unanimes demandent que ton échafaud se dresse

---

(1) Imprimées à Paris en l'an IV. Maret, etc.
(2) Page 3 de Mon nec plus ultra.

et cela au plus tôt... Enfin, cette heure si attendue, si désirée de tous les honnêtes gens, l'heure de ta mort sonne! Point de grace, point de retardement ; marche au supplice, à travers la foule des ombres de tant de victimes que tu as immolées à la barbarie! Vois-les s'élever successivement de la terre, vois-les t'entourer; elles font retentir à ton oreille leurs longs gémissements. » (1)

Plus loin il ajoutait : « Scélérat, quelque ardente que doive être la vengeance qui te poursuit, elle fera elle-même des vœux pour qu'un repentir salutaire entre dans ton ame, à ton dernier moment! Tu vas la reconnaitre, cette justice éternelle prête à prononcer ton arrêt: tremble! les châtiments que celle-là inflige, n'auront jamais de fin. » (2)

Puis s'adressant aux citoyens d'Arras et de Cambrai, il leur dit : « Je crois avoir fait éclater des preuves non équivoques de ma franchise et de mon courage... Il y a près d'un an que je m'appuie de toutes les forces que la nature m'a données, pour combattre à mort l'exterminateur de vos contrées ; j'ai même cherché à le terrasser.... Eh! Français! la postérité le croira-t-elle qu'il n'y a que moi, moi seul qui ai secoué le flambeau vengeur sur le scélérat. Aucun de vous ne s'est montré, n'a exposé sa vie, n'a offert de s'immoler... » (3)

Lebon, l'atroce Lebon fut condamné à mort le 5 Octobre (4) et exécuté à Amiens le 14.

La chanson de Poirier « Arras et Cambrai vengés » courut les rues; et le 11 Messidor de l'an IV (29 Juin 1796), elle fut insérée dans le journal de Drouillard (5) de Dunkerque.

En 1797, il y eut un fait qui vint flatter l'amour-propre de Poirier. On imprima ses « Angoisses de la mort, etc., » à la suite de la « Lanterne Magique, ou les Grands Conseillers de Joseph Lebon, représentés tels qu'ils sont ». (6)

Plusieurs personnes attribuèrent « la Lanterne Magique, »

---

(1) Pages 9 et 10 de Mon nec plus ultra.
(2) Page 11 du même ouvrage.
(3) Id.   id.   id.
(4) 13 Vendémiaire l'an IV.
(5) N° 53 de la première série des annonces et avis divers.
(6) Paris, in-12 de 128 pages.

écrit en vers et en prose, à Poirier et à Montgey ; mais le style en est si mauvais et si différent de leur manière que d'autres ont dénié cette assertion.

IV.

La révolution française était à son déclin ; Napoléon Bonaparte, à son aurore. Peu à peu, la France entra dans la voie de l'ordre et de la tranquillité publique.

Poirier exerçait à Paris sa profession d'avocat. Son activité le fit connaître et la chance lui sourit. Il eut le bonheur de renouveler la connaissance d'un Dunkerquois fort influent, M. François Devinck, ancien négociant, qui l'accueillit cordialement et le recommanda à ses amis. On dit même que le patronage de M. Devinck ne lui fut pas inutile près de Cambacérès, le savant jurisconsulte, auteur du projet du code civil, que M. Devinck avait l'honneur de voir quelquefois.

Assidu à son affaire, toujours grave et réfléchi, Poirier acquit promptement une certaine réputation d'habileté. Homme d'étude et d'une aptitude non douteuse, il fut reçu membre de l'Académie de législation. (1) Grand admirateur de Napoléon, alors premier consul, Poirier publia une gravure au trait représentant la gloire des armées françaises en Europe et la paix conquise par Bonaparte le 1er Juillet 1800. (2)

Cette œuvre popularisa le nom de l'auteur et le mit en relief. Elle lui valut l'honneur d'être élu membre de l'Athénée des Arts, (3) société savante reconnue par le gouvernement et dont les séances se tenaient à l'hôtel de ville de Paris.

L'écrivain dunkerquois avait sans cesse la plume à la main, et, malgré son éloignement, il n'oublia jamais son pays.

Le 13 Septembre 1801, il faisait paraître « le Dix-huit Brumaire (9 Novembre 1799) opposé au système de la Ter-

---

(1) Voir le grand titre de l'éloge hist. de Jean Bart.
(2) Biographie dunkerquoise in-18, imprimé à Dunkerque en 1827, page 74.
(3) Même éloge historique et même biographie.

reur. » (1) Puis le 21 Octobre, il faisait insérer dans le Journal des Débats, une lettre par laquelle il réclamait l'attention du gouvernement, et invoquait le génie des beaux-arts en faveur de Jean Bart, son illustre compatriote; en un mot il reprochait l'absence du buste de ce héros, dans la galerie nationale à côté de celui de Duguay-Trouin, son rival de gloire. (2) Le 24 Novembre, il consignait dans le « Publiciste » ses « Idées sur l'ancienne splendeur de Dunkerque, de son commerce, de ses braves marins et de ses armateurs. » (3) Le 4 Janvier 1802, le Journal des Annonces et Avis divers de Dunkerque, (4) reproduisait l'article du publiciste que l'auteur signait Poirier, de Dunkerque, jurisconsulte.

En 1789, Poirier rêvait déjà pour sa ville natale une statue du grand marin dunkerquois. Il s'écriait (5) :« Elevez-y, mes chers concitoyens, la statue de ce noble guerrier, afin que son image inspire aux héritiers de ses vertus et de sa valeur, le courage dont il était animé pour le service de son Roi et de sa patrie ». En 1791 il traitait le même sujet. En 1801 il disait encore : « La France s'est acquittée à l'égard de Duguay-Trouin ; sa statue, son buste, l'ont placé au rang de ses héros. Tout porte à croire qu'elle s'acquittera de même envers Jean Bart, lui qui, dans toutes les époques de sa vie, n'a pas moins bien mérité de la France entière et de la postérité » (6).

Le gouvernement prit acte des réclamations de l'infatigable Dunkerquois, et vers la fin du mois d'Octobre 1801, « il fit autoriser le maire de Dunkerque à expédier à M. Frédéric Lemot, statuaire à Paris, le portrait du héros, afin que le marbre qu'il allait ciseler offrît plus de ressemblance » (7). L'affaire éprouva quelque retard ; enfin, le 13 Décembre 1802, le ministre Chaptal écrivit à M. Lemot la dépêche sui-

(1) Brochure, Paris.
(2) Eloge hist. de Jean Bart, p. 113
(3) Même ouvrage, page 118.
(4) N° 479, p. 5 à 8, 14 nivôse an X.
(5) Idées des Doléances citées, p. 8.
(6) Eloge historique de Jean Bart cité, p. 117.
(7) Annonces et Avis divers, journal de Drouillard, du 7 Brumaire an X, n° 459.

vante: « Je vous ai désigné pour exécuter en marbre le buste du célèbre Jean Bart, destiné à orner la galerie des Consuls. Je vous invite à vous occuper sans délai de ce travail, que je confie avec plaisir à votre savant et précieux ciseau » (1).

L'année suivante, sur la demande réitérée de Poirier, M. Emmery, maire de Dunkerque, écrivit au ministre de l'intérieur que Dunkerque sollicitait le buste de Jean Bart avec un piédestal où seraient gravés ses combats, et dont l'exécution serait confiée au sculpteur Lemot. « Ce buste, ajoutait-il, sera élevé au milieu de nos places publiques. Là, les marins verront le héros qui, par ses hauts-faits, illustra notre marine » (2).

Poirier n'épargna rien pour arriver à son but : démarches, sollicitations, correspondance, tout fut mis par lui en œuvre. Enfin il réussit. Le premier consul Bonaparte, par son arrêté du 14 Octobre 1803, accorda à la ville de Dunkerque le buste en marbre de Jean Bart (3), et quelque temps après M. François Devinck et Poirier furent nommés commissaires députés du gouvernement pour l'hommage et l'inauguration du buste. (4)

Lorsque Poirier eut obtenu la gloire de faire placer le buste du héros Dunkerquois dans la galerie des Consuls, il eut la pensée de publier les exploits de son illustre concitoyen. En 1804, il en soumit le manuscrit à Mgr Portalis, ministre des Cultes, alors ministre de l'Intérieur par intérim ; et le 6 Octobre, son Excellence lui écrivit la lettre la plus aimable et la plus encourageante. (5)

Sous l'impression de son bonheur, il annonce quelques jours après, avec un certain enthousiasme à la mairie de Dunkerque, la fin de l'œuvre du statuaire, et l'abandon qu'il fait lui-même au profit des marins invalides de Dunkerque ou de leurs veuves et enfants indigents, du produit de la vente de son « Eloge historique de Jean Bart. » Il ajoute qu'il a chargé M. Pougens, membre de l'institut impérial et impri-

---

(1) Eloge historique cité, p. 118.
(2)   Idem,   p. 125.
(3) Eloge cité p. 127.
(4) Archives de la Mairie de Dunkerque.
(5) Eloge historique cité p. IX.

meur à Paris, de recueillir les souscriptions pour l'impression. (1) Enfin le 31 du même mois, M. Devinck et lui écrivent à la mairie pour annoncer l'envoi des caisses contenant le buste de Jean Bart et le cippe en granit destinés à la ville de Dunkerque. (2) Ce cippe, il l'avait obtenu de la générosité de MM. Declerck père et fils, de Dunkerque, dont l'un habitait Paris et l'autre Bordeaux. (3)

Une année s'écoule et au commencement de 1806, Poirier concourt encore avec M. Devinck à faire allouer à la ville par l'Etat une somme de 3000 francs pour fêter l'inauguration du buste de Jean Bart et célébrer le rétablissement du culte et le jour anniversaire de la naissance de l'Empereur. (4)

Tant de zèle et de sentiments généreux devaient rester sans récompense! La ville n'avait plus pour maire M. Emmery, qui était à Paris comme membre du Corps législatif, et son successeur, M. Kenny, ne se souciait pas de payer la dette de reconnaissance pour laquelle il n'y a jamais de prescription! La ville possédait ce qu'elle avait désiré; c'était tout ce qu'il fallait pour la nouvelle administration, qui se tenait dans la plus froide indifférence pour le reste.

La fête de l'inauguration est fixée au 15 Août. Aucun avertissement, aucune invitation n'est donnée à Poirier, qui, cependant avait été délégué par le gouvernement pour être présent à la cérémonie (5).

La fête a lieu. Des discours se prononcent sur la place l'Egalité (6), où le buste de Jean Bart est déposé, et le procès-verbal en est dressé, sans que le nom de Poirier, le seul grand moteur dans cette affaire, soit écrit ni prononcé nulle part! (7)

Plusieurs mois se passent même sans qu'aucun adminis-

---

(1) Archives de la Mairie de Dunkerque.
(2) Archives de la Mairie de Dunkerque.
(3) Eloge historique de Jean Bart, p. XI.
(4) Archives de la Mairie de Dunkerque.
(5) Archives de la mairie de Dunkerque.
(6)   Id.   Id.
(7) Ce buste est placé maintenant dans la salle d'attente de l'hôtel de la mairie.

trateur pense à lui adresser quelques paroles de gratitude et de sympathie!

Ce silence qu'il ne sait comment interpréter, réveille sa susceptibilité. Le 4 Octobre 1806, après la lecture de son « Eloge historique de Jean Bart » que l'on entend dans une réunion à Paris avec autant d'intérêt que de satisfaction (1), il ne sait que répondre quand on lui parle de la fête célébrée à Dunkerque.

Justement irrité du mauvais procédé dont il est l'objet, Poirier transmet le 28 une missive sous forme de pétition au maire et aux adjoints de la ville de Dunkerque, en leur adressant plusieurs documents authentiques qui le concernent. Il se plaint de n'avoir reçu aucune nouvelle ni de témoignage de reconnaissance de leur part. Il se flatte qu'à l'exemple de leurs prédécesseurs, ils n'auront pas négligé de l'honorer d'une mention dans les actes de la mairie en souvenir de tout ce qu'il avait fait en faveur de sa ville (2).

Sa lettre, conçue dans les termes les plus polis, méritait une réponse analogue. Il n'en fut rien! La lettre du maire fut sèche et outrageante. Voici quelle en était la teneur textuelle :

Ce 8 Novembre 1806.

« Monsieur. J'ai reçu votre pétition du 28 Octobre dernier, dans laquelle vous réclamez une mention historique dans le procès-verbal de l'inauguration du buste de Jean Bart, parce que c'est vous, dites-vous, en mémoire et reconnaissance de vos mouvements généreux et de vos écritures que S. M. I. et R. a accordé 1° l'admission du premier buste de cet immortel marin dans la galerie des grands hommes, et 2° le don d'un deuxième buste à la ville de Dunkerque. Il est possible, Monsieur, que vous vous soyez donné généreusement des mouvements, et que vous ayez écrit pour fixer l'attention du gouvernement sur l'oubli dans lequel on laissait la mémoire d'un des plus célèbres marins français; mais en faisant l'inauguration de son buste qui a été donné à cette ville par S. M. comme témoignage de sa satisfaction du dévouement que les habitants de Dunkerque ont montré pour son auguste personne, dans le voyage

---

(1) Eloge historique de Jean Bart, p. 46.
(2) Archives de la Mairie.

qu'elle y a fait en l'an XI (1), et auquel elle a daigné joindre le don de son portrait; il eût été très déplacé d'attribuer cette faveur distinguée à vos démarches et à vos écrits. Signé : J. Kenny, maire » (2).

La missive du magistrat fut accablante pour le destinataire. Il en ressentit le plus profond chagrin ; mais comme, en définitive, elle n'était pas ce qu'elle devait être, c'est-à-dire vraie et équitable, le malheureux Poirier comprit qu'elle ne pouvait détruire les faits accomplis publiquement par son entremise et qu'elle devenait un acte d'accusation contre l'autorité municipale qui avait manqué de tact et de justice.

Le fait était que le portrait seul de l'Empereur avait été donné à la ville comme un témoignage de satisfaction de Sa Majesté. Le don du buste était le résultat des sollicitations de Poirier et de l'honorable M. Emmery, et peut-être aussi de M. Dequeux de Saint-Hilaire, ancien maire de Dunkerque, alors sous-préfet à Hazebrouck (3). L'idée seule en appartenait à Poirier.

Il n'est pas d'éternelles douleurs. Dieu envoie quelquefois à l'homme des consolations quand il s'y attend le moins. Dans sa position Poirier en était bien digne : il s'occupait sans cesse des intérêts de sa ville natale et de ce qui pouvait la glorifier. La réponse inattendue du ministre de la Marine et des Colonies, auquel il avait offert la dédicace de son livre, ouvrage qu'il avait refondu et considérablement augmenté depuis deux ans, vint verser dans son cœur la joie et le courage. Le ministre disait à la date du 21 Octobre : « Monsieur.... Jean Bart, en s'élevant par ses glorieux exploits des derniers rangs aux premiers grades de la flotte, a laissé aux hommes de mer un souvenir et des exemples

---

(1) 13, 14 et 15 Messidor an XI, 2, 3 et 4 Juillet 1803.

(2) La copie de la lettre est consignée n° 1147 du registre de correspondance, n° 15, D 5, de la mairie de Dunkerque.

(3) Une notice nécrologique sur M. le Marquis Dequeux de Saint-Hilaire, imprimée à Paris en 1855, fait erreur en avançant que celui-ci « obtint du célèbre sculpteur Lemot, le buste en marbre blanc de Jean Bart, dont la ville n'avait pas même le portrait. » M. le Marquis concourut probablement à l'obtenir non pas de Lemot, mais de Napoléon.

trop précieux pour que je n'accueille pas avec un grand intérêt son éloge et son panégyriste. Signé : Decrés. » (1)

Poirier publia son livre en 1807, sous ce titre : « Eloge historique de Jean Bart, chef d'escadre des armées navales de France, chevalier de l'ordre royal et militaire de S. Louis, relatif à la collection des dix-neuf combats de ce célèbre marin, gravés par M. Le Gouaz ; suivi de notes historiques, biographiques et topographiques sur l'origine de Dunkerque et l'importance de son port considéré sous le point de vue politique » (2).

L'accueil que reçut l'ouvrage fit oublier momentanément à l'historien le chagrin qu'il avait au cœur. Les compliments, les félicitations, les lettres pleines de sympathie, les encouragements de leurs Excellences les Ministres de la marine, de l'intérieur et de l'instruction publique, qui avaient souscrit pour 1200 exemplaires (3), ne lui firent pas défaut. Son livre lui acquit une réputation littéraire : il satisfaisait le goût de l'époque, qui tenait à voir régénérer la mémoire des hommes illustres de la France. Au reste, le livre n'est pas sans intérêt ; il contient des détails de toute nature, dont quelques-uns ont été puisés dans Faulconnier (4), et beaucoup d'autres sont inédits.

Aujourd'hui que l'on est devenu plus exigeant en fait de travaux historiques depuis ce temps déjà loin de nous, on a reproché à l'auteur trop d'amplifications dans le style. Mais cela n'était-il pas pardonnable à l'écrivain, quand il ne rêvait que Jean Bart et la gloire de son pays ? Il faut cependant l'avouer : l'exagération est un peu dans son caractère et tous ses écrits s'en ressentent. En général, il manque de simplicité et sa phrase n'est pas toujours correcte ; mais il a parfois de beaux mouvements. Parmi les nombreux exemples que nous pourrions signaler, nous ne citerons que celui-ci. L'auteur donne la description du buste de Jean Bart. Il dit :

(1) Eloge hist. de Jean Bart, p. viij.

(2) Le tirage se fit sous deux formats : il y eut des exemplaires in-8°, et d'autres in-4°.

(3) Voir l'éloge historique de Jean Bart, p. IX, et surtout la lettre de Poirier aux archives de la mairie de Dunkerque

(4) Description historique de Dunkerque, par Faulconnier, Bruges, 1730.

« En voyant cette tête pleine de feu et d'action, on croit voir la statue entière de ce héros, représenté sur son bord dans le moment où il livre aux ennemis de la France un de ces combats terribles où son intrépide audace fixait toujours la victoire.... Le vent paraît agiter avec force ses cheveux et sa cravate. Cette tête, fière et impassible à ce mouvement violent qui l'environne, semble un chêne majestueux dont la cime battue par l'orage défie la tempête.... On trouve dans ses traits cet inflexible courage, ce sang-froid dans les plus grands dangers, ce coup-d'œil prompt et sûr qui distinguait cet homme extraordinaire » (1).

Dans le temps où Poirier venait d'essuyer l'affront sanglant de l'édile dunkerquois, il publiait à Paris deux gravures au burin représentant le buste de l'illustre chef d'escadre. Puis, quand au mois de novembre 1807, son livre fut imprimé, il fit exécuter un nouveau tirage des gravures qu'il joignit à son Éloge historique. »

Sans contredit cet ouvrage est la meilleure production de l'auteur.

V.

En 1807, Poirier était dans la période la plus belle de sa vie; et, à part le petit désagrément qui lui était venu de Dunkerque, il avait été l'homme le plus parfaitement heureux de la terre. Il avait des amis et des protecteurs au pouvoir, et des relations intimes avec les personnes les plus éminentes de la capitale. Les titres de membre de l'Athénée des Arts et de l'Académie de législation le faisaient admettre dans les salons de ses confrères. Il se maintenait là avec autant de succès que dans le monde de robe où il avait été introduit autrefois.

Ce n'était plus le modeste défenseur des intérêts de sa ville natale au début de sa carrière!

Comme avocat, il avait une nombreuse clientèle et l'on faisait antichambre chez lui. Il recevait très souvent le monde en robe rouge, en hermine et en toque. On raconte même qu'il lui arrivait quelquefois d'aller au palais dans ce grand attirail.

(1) Éloge hist. cité, p. X.

Son talent était connu. Il ne plaidait pas seulement à Paris, mais on l'appelait en province. Cette vie là n'était pas sans agrément : elle lui offrait des distractions et des amusements qu'il aurait vainement cherchés dans la capitale ou dans ses environs. Il reste même un souvenir d'une de ses excursions au loin : à la fin de 1802, il se rendit pour affaires à Bourges et à Nevers. Il y reçut toutes sortes de politesses, et un jour il fut si enchanté d'une amusante partie de chasse au chevreuil à laquelle il avait assisté, et qui, pour lui, avait le charme de la nouveauté, que, sous l'impression de l'enthousiasme, il en écrivit, à l'un de ses amis de Paris, une lettre de trois pages pleine de détails les plus piquants (1).

Sa maison était admirablement tenue et il jouissait de tout le confortable possible : son mobilier ne laissait rien à désirer ; son cabinet était orné de plans et de cartes de Dunkerque et de ses environs ; de son portrait gravé en forme de médaillon, et de plusieurs portraits de Jean Bart, dont deux émanaient de lui.

La fortune le favorisa jusqu'en 1810. Alors il s'aperçut que son train de vie lui coûtait cher, et que tout le faste dont il faisait parade le conduirait infailliblement à sa ruine. Il restreignit un peu ses dépenses, ses plaisirs ; mais il était trop tard : son étoile pâlissait ! Les clients, les amis s'éclipsèrent insensiblement, et il vint un jour où l'avocat Poirier tomba dans l'isolement.

En présence de ses premiers embarras financiers, il eut certes quelques regrets à exprimer et des reproches à se faire ; mais, à son éloge, ces regrets ne se rattachaient pas au déréglement des mœurs ni à l'intempérance, car il n'y avait pas d'homme d'une conduite plus sage et d'une vie plus frugale.

Dans les derniers temps, il ne manquait ni de clients ni d'affaires ; mais tout cela s'amoindrissait quoiqu'il eût toujours la même volonté et le même courage. Le 10 avril 1810, il prêta encore serment en qualité d'avocat à la cour

---

(1) « Cette pièce, petit-4°, était bien remplie et d'une charmante petite écriture très lisible. Elle fut vendue à Paris, en 1851, dans un lot de dix lettres de jurisconsultes et de légistes. » En nous donnant ces détails, par lettre du 7 Février 1858, M. J.-J. Carlier, à Paris, ajoutait : « Je suis bien au regret de n'avoir pu assister à la séance où ce lot fut vendu ; je l'aurais certainement acheté ».

d'appel de Paris (1). Par malheur, le vent de l'infortune soufflait sur lui. Ses ressources diminuaient de jour en jour et le besoin se fit sentir.

Dans ces entrefaites, il apprit la mort (21 Septembre) de M. Pierre-Gabriel Fieffé Montgey, avocat à Dunkerque, respectable vieillard de 71 ans, son ancien compagnon de captivité dans les prisons d'Arras. Il crut le moment opportun pour effectuer son retour au pays natal; il fit ses malles et quitta Paris.

M. Montgey était natif de Calais. A la Révolution, il avait quitté Dunkerque, où il était avocat depuis quelques années. En 1802, il y était revenu. Accueilli avec les mêmes sympathies qu'autrefois, il y resta volontiers en exerçant jusqu'à sa mort son honorable profession.

VI.

Poirier arriva à Dunkerque à la fin de 1810.

Il se lia avec M. Isidore Lavoisier, son collègue, l'ancien ami de M. Montgey. Cette connaissance lui valut quelques causes; puis peu à peu il obtint la confiance du public. Il débuta par une affaire intéressant une demoiselle Caroline Brown, dont il fut nommé curateur à l'émancipation, au mois de Mars 1811 (2).

Il conserva la vogue pendant près de deux années; mais il eut le 13 Février 1813 une affaire tellement désagréable qu'il en éprouva un préjudice notable. L'année suivante, il n'exerçait plus que comme avocat consultant. Au reste, Poirier comptait 60 ans; il n'avait plus assez de voix pour plaider au barreau ni assez de vigilance et d'aptitude pour un travail continu. On s'en aperçut. Les bons clients l'abandonnèrent dans l'intérêt de leurs affaires, en regrettant peut-être l'homme du monde et le savant jurisconsulte.

Malheureusement le vieux praticien était sans fortune, et

---

(1) Actes, nºˢ 233 et 263 de 1811, de l'ancienne étude de Mᵉ Demeyer, notaire à Dunkerque.

(2) Acte nº 267 de 1811, de la même étude de Mᵉ De Meyer, notaire à Dunkerque.

il n'avait pas d'enfants ni de parents qui pussent le secourir et le consoler !

Pendant quelque temps il sut cacher son chagrin et sa pénurie d'argent. Enfin ses dernières ressources disparurent. Réduit à l'extrémité, il avoua sa gêne à de rares amis qu'il avait conservés, et l'on eut pour lui une certaine considération. Toutefois, un secours souvent répété devient une charge, et l'on finit par se refroidir à son égard.

Abandonné de tous comme un misérable paria, le vieil avocat alla se recommander un jour à la bienveillance d'un homme très estimé, le digne M. Pierre Liebaert, aîné, juge-de-paix, qui lui avait témoigné sans cesse une franche et sincère affection.

L'honorable magistrat fit instantanément une démarche près de l'autorité à la sollicitation du pauvre dunkerquois. Il réussit, et le 20 août 1817, l'infortuné Poirier entra comme malade à l'hospice Saint-Julien, dans cette même rue des Vieux-Quartiers où il était né peut être, et où ses parents et lui avaient demeuré si longtemps, entourés de la considération publique.

On pouvait espérer que, dans le calme et le repos de la maison hospitalière, le malade aurait recouvré la santé. Il n'en fut rien. Tous les soins des surveillantes et la science des médecins, restèrent impuissants, et cet homme naguère si robuste, s'affaissa tout-à-fait.

Le 21 mars 1818, une bière que ne suivait aucun ami, sortait silencieusement de l'hospice à sept heures du matin, emportant à son dernier asile le corps de l'avocat Poirier qui était mort le 18, à l'âge de 64 ans et 4 mois !

RAYMOND DE BERTRAND.

UNE FILLE.

1837.

O ma mère! le soir, pendant la longue veille,
Lorsque le vent du nord vient seul à notre oreille
Porter les cris plaintifs que poussent les oiseaux ;
Quand la neige blanchit nos sablonneux côteaux ;
Quand le vent qui traverse, en sifflant, la chaumière,
Fait vaciller soudain notre faible lumière,
Oh! pourquoi donc trembler? suis-je pas près de toi?
Que craindre de la mer aux vagues mugissantes ;
Que redouter du vent aux rages impuissantes?
N'as-tu pas mon baiser et le son de ma voix?...

Qu'importe que le flot monte avec la tempête ;
Que la blanche mouette en tremblant, sur le faîte
De notre toit de chaume, en criant vienne choir ;
Qu'importe dans la nuit, lorsque le ciel est noir,
Cet éclair qui traverse, incendiant la nue?
Pour nous l'heure d'adieu n'est pas encor venue ;
Au matin, mon baiser, humble, attend ton réveil.
Notre vie à nous deux, ô mère! est longue encore,
Car pour toi, tous les jours, je prie avant l'aurore,
Et le soir, en priant, me surprend le sommeil.

Autrefois tu disais, t'en souvient-il ma mère?
O ma fille! sans toi, j'aurais suivi ton père;
Ton père cependant qui ne m'aima qu'un jour!
Et tu m'avais donné tes pleurs et ton amour.
Mère, ne suis-je plus digne de ta tendresse?
N'ai-je pas pour toi seule amour, bonheur, ivresse?
Et lorsqu'on me parlait d'un brillant avenir,
Ai-je compris l'espoir sans ton baiser de mère?
N'ai-je pas repoussé l'enivrante chimère
Sans nom, pour ton amour qui ne doit pas finir?

N'écoutez pas le vent qui mugit et qui gronde,
Oubliez que la nuit est sublime et profonde,
Ma mère, rendez-moi vos pensers de bonheur;
Redites-moi ces mots qui font battre mon cœur;
Rendez-moi mon baiser, regardez-moi sourire:
Mon avenir c'est vous, en vous est mon délire.
Oh! ne me dites plus qu'il est d'autres amours,
Qui donc aurait pour moi votre cœur, ô ma mère!
Tout ce qui n'est pas vous n'est que rêve éphémère :
Votre amour est ma vie, et vous aimez toujours!

Le Bon L.-A. Coppens.

ODE A M. B. KIEN,

AUTEUR DE LA TRADUCTION EN VERS DES ŒUVRES DE TÉRENCE,
DE PHÈDRE ET D'HORACE.

—

1858

—

O divine poésie !
Tes mélodieux accords
Comblent mon âme ravie
De frénétiques transports.
Ton essence enchanteresse
Excitant mon allégresse
Me procure un vrai plaisir.
Dans la nature éthérée,
Emanant de l'Empyrée,
Mon cœur vient s'épanouir.

Un poème plein de charmes,
Que le talent a dicté,
N'arrache-t-il pas des larmes
A la sensibilité ?
De l'immortel invisible
N'est-il pas l'écho sensible

Qui fait résonner ses chants ?
Comme un parfum solitaire
Qu'un souffle enlève à la terre,
N'anime-t-il pas nos sens ?

Sans recherche et d'abondance
Eclatent par mille traits,
L'art, la grâce et l'élégance
Dans le Térence français.
Une heureuse hardiesse,
Le goût joint à la finesse,
Forment le bon écrivain.
Rendons honneur au poète,
Intelligent interprète
Du grand comique romain.

Dans d'intéressantes pages
Au style concis et pur,
Tu reproduis les ouvrages
De l'habitant de Tibur.
A tout travail accessible,
Ta verve mâle et flexible,
Qu'emporte un rapide élan,
Aborde l'œuvre admirable
Du poète inimitable
Que persécuta Séjan (1).

Tel qu'un ruisseau qui serpente
Dans un lit aux bords fleuris,
Tels de ta plume attrayante

---

(1) Fameux ministre de Tibère.

Découlent des vers exquis.
Je te vois tirer sans peine
De ton abondante veine
Mille accents harmonieux.
La richesse de ta rime
Admirablement exprime
Le doux langage des dieux.

Hardi, mais non téméraire,
Au moment de ton début,
Tu suis la route vulgaire
Pour arriver à ton but.
Bientôt, d'un vol intrépide
Qu'imprime un élan rapide,
Porté sur l'aile du vent,
En parcourant ta carrière,
Tu vas, lançant la lumière
Ainsi qu'un astre levant.

Je t'accorde mon suffrage,
Cher favori des neuf sœurs.
Permets-moi de rendre hommage
A tes utiles labeurs.
Noble élève de Pindare,
Ah! que l'on serait barbare
D'être insensible à tes sons....
Tes vers riches de césure,
De cadence et de mesure,
Offrent de doctes leçons.

Traducteur des chants d'Horace,
Je reconnais ton talent ;

Non, jamais sur le Parnasse
On ne te voit chancelant.
Oh! c'est la sœur d'Uranie
Qui te souffle le génie
Que respirent tes beaux vers....
Toujours délicate et tendre,
Ta lyre nous fait entendre
De délicieux concerts.

Dans le chemin que te trace
L'éclat d'un brillant rayon,
Toute aspérité s'efface
Sous ton habile crayon.
Dans la poétique arène
Où ton lecteur se promène,
Il t'aperçoit fièrement
Prendre une élégante pose,
Transformer l'épine en rose
Le roc brut en diamant.

La source pure et féconde
Coulant au céleste mont,
Arrosera de son onde
Le laurier qui ceint ton front.
Fière du triple volume
Riche produit que ta plume
Lègue à la postérité,
Les muses sur le Parnasse
T'assigneront une place
Due à l'immortalité !

Émile Sarlat.

ÉPITRES A MON FILS SUR LA RELIGION.

ÉPITRE PREMIÈRE.
De l'existence de Dieu. — De l'immortalité de l'âme. — De la
nécessité d'une religion. — Le Christianisme.

O souvenir vivant d'une mère adorée,
O mon fils, l'autre jour, à votre âme égarée
J'essayais de prouver l'existence de Dieu:
Vous fûtes ébranlé, vous m'en fîtes l'aveu.
Si votre cœur, mordu par le serpent du doute,
S'égare dans la nuit et cherche en vain sa route,
Je vous offre la main avec sincérité;
Ensemble nous pourrons chercher la vérité.
Il se peut que ma voix, faible et sans éloquence,
De votre esprit touché réclame l'indulgence;
Mais si l'art fait défaut à mon cœur en émoi,
Les faits se montreront et parleront pour moi.

Jetez autour de vous vos regards sur la terre:
Tout n'est-il pas surprise, étonnement, mystère?
Voyez ce grain de blé qu'un pauvre laboureur
Dépose dans le sol qu'il creuse avec labeur;
Ce blé que, de son front l'eau tombant goutte à goutte,
Arrose en témoignant des peines qu'il lui coûte;
Pendant les huit grands mois qu'il germe, croît, mûrit,
Suivez les changements qu'en sa forme il subit:

C'est une herbe d'abord, timidement penchée,
Sur le sol, en hiver, par la neige couchée ;
L'hiver, triste saison, où tout souffre, où tout dort
Sous un pâle linceul, image de la mort !
Mais voici le printemps, réveil de la nature,
Une douce chaleur ranime la verdure ;
Notre herbe devient plante, et se chargeant d'épis,
Du pauvre laboureur dissipe les soucis.
Puis, quand les feux du jour ont fait mûrir sa tige,
Ce blé n'offre-t-il pas un bienfaisant prodige ?
Son épi d'or, meurtri sous des coups redoublés,
Rend au cultivateur des produits centuplés.

Regardez, au printemps, ces fleurs de la nature,
Mosaïque des prés, admirable parure,
Et l'insecte brillant, qui sous leur vert tapis
Nous cache un vrai bijou d'opale ou de rubis.
Promenez vos regards de l'herbe capillaire
A l'arbrisseau modeste, au chêne séculaire ;
Examinez ces monts, dont les flancs sont couverts
Et de troupeaux joyeux, et d'arbres toujours verts ;
Comme un front de vieillard, leur cime blanche et nue
Se couronne de neige et se perd dans la nue ;
Et leurs sentiers étroits, âpres, mystérieux,
Nous semblent un chemin qui conduit vers les cieux.

Ici notre œil surpris abaisse sa paupière,
Ne pouvant supporter les torrents de lumière
De cet astre si beau, gigantesque foyer,
Dont la douce chaleur vient tout vivifier,
Et dont les feux brillants éclairant la nature
Répandent ses bienfaits sur chaque créature.

Puis, quant la nuit survient, ces astres radieux,
Lustres étincelants suspendus dans les cieux,
Satellites muets de l'ombre et du mystère,
De millions de feux illuminent la terre.

Voici le lac d'azur, l'impétueux torrent,
La cascade écumante à la nappe d'argent,
Le limpide ruisseau, qui doucement murmure,
De nos prés altérés rafraîchit la verdure,
Et dont l'eau vive et pure, au sinueux parcours,
Fait à l'ombre des bois d'innombrables détours.
Voici dans le vallon, la tranquille rivière,
Qui coule en déversant son onde nourricière;
Puis le fleuve reçoit les flots tumultueux
De ces différents cours, et, fier, majestueux,
Les porte à l'Océan, ce réservoir immense,
Sans en jamais troubler la vive transparence.

L'Océan! quel tableau grandiose, imposant,
Qui soudain peut changer en spectacle émouvant!!

Sur le cristal poli de la plaine azurée,
Le soleil réfléchit sa lumière dorée;
Ici de blancs oiseaux se poursuivent gaîment,
Dans le flot calme et pur se mirent un moment;
Là, c'est le noir marsouin qui dans l'onde se joue,
Paraît et disparaît, plonge en faisant la roue;
Partout des cris d'amour, la joie et le bonheur,
Partout de la gaîté le spectacle enchanteur.

Soudain à l'horizon apparaît un nuage:
Pour des yeux exercés c'est un signe d'orage;

Il s'avance à grands pas, il s'étend, il grossit,
Et sous son voile épais l'horizon s'obscurcit.
Tout-à-coup, dans ses flancs, la foudre contenue
De ses sillons de feux a déchiré la nue;
Et les éclairs blafards, illuminant les eaux,
De leurs bruits éclatants ont frappé les échos.
Puis le vent, dans les airs, mugit, se précipite,
Le flot pousse le flot, le tourmente, l'agite,
Et tous s'entrechoquant, cherchent à s'élancer
Sur le sol ébranlé qu'ils semblent menacer.
Impuissante colère! Un simple grain de sable
Oppose à leur fureur sa digue infranchissable,
Et de ces grands efforts, impassible témoin,
Semble dire à la mer : « Tu n'iras pas plus loin. »
A cet ordre muet, la mer, pleine de rage,
De ses mugissements fait retentir la plage,
Et retirant ses flots écumants, furieux,
Comme pour se venger, les lance vers les cieux.

Mais le vent s'est enfui; la foudre, les nuées,
Disparaissent au loin par son souffle entraînées;
Le soleil reparaît, astre consolateur,
De la mer agitée il calme la fureur,
Et la vague oubliant les tourments de l'orage,
Caresse de nouveau le sable du rivage.

Parmi les animaux quelle variété!
Voici du fier lion la noble majesté,
Le rapide coursier aux brillantes allures,
Le cerf qui porte au front de superbes ramures,
L'agneau timide et doux, l'horrible et méchant ours,
La tendre tourterelle, emblème des amours;

Le pesant éléphant, la légère gazelle,
Le hibou laid et lourd et l'agile hirondelle,
L'affreux alligator, le lézard gracieux,
L'oiseau dans le buisson, l'aigle au plus haut des cieux.

Mais tout cela n'est rien : mon fils, prêtez l'oreille,
Voici de l'univers la plus grande merveille ;
Voici l'homme, cet être admirable, parfait,
Pour qui tout ici-bas semble avoir été fait.
De tout il use en maître, à chacun il commande,
Et chacun obéit à tout ce qu'il demande.
Il dompte le coursier, établit au logis
Un fidèle gardien à ses ordres soumis ;
Il force l'animal patient et docile
A tracer des sillons dans la plaine fertile.
Le froment, sous la meule écrasé, trituré,
Est en pain nourrissant par ses soins préparé ;
Il use des troupeaux qui paissent dans la plaine,
Se nourrit de leur chair, se couvre de leur laine.
Il taille le rocher, prend l'arbre des forêts
Pour fonder des cités, pour bâtir des palais ;
Sur les ponts qu'il construit, il franchit les rivières,
Et devant lui les monts abaissent leurs barrières ;
Il affronte les mers et leur immensité,
Où sur un frêle esquif il vogue avec fierté ;
De sa puissante main il déchire la terre,
Et de ses flancs profonds pénétrant le mystère,
Découvre des métaux le multiple trésor :
Le plomb, l'étain, le fer, l'argent, le cuivre et l'or.
Les métaux précieux, sous diverses figures,
Sont par lui transformés en monnaie, en parures ;
Il fait couler le plomb, il aiguise l'acier

Qui se change en ses mains en glaive meurtrier ;
Il arrondit le fer, il compose la poudre,
Et fait tonner le bronze à l'instar de la foudre ;
Chaque métal, enfin, est par lui façonné,
Et reçoit un emploi propre et déterminé.
Lois, secrets de physique, arcanes de chimie,
Rien ne peut échapper à son vaste génie ;
Dans une chambre obscure à l'étroite cloison,
Il saisit la lumière, il la met en prison,
Et la force, captive, à graver des images
Qu'il varie à son gré, portraits ou paysages ;
Par un ardent foyer, l'eau, réduite en vapeur,
Devient entre ses mains le plus puissant moteur,
Et sur des chars, semblable à l'ouragan qui passe,
Il roule sur le fer et dévore l'espace.
Par le fil conducteur de l'électricité,
Dont il met à profit l'instantanéité,
Qu'il suspend dans les airs, qu'il dirige sous l'onde,
Il parle à son voisin à l'autre bout du monde.
La lumière, les gaz, les fluides, le feu,
Rien n'est caché pour lui, tout n'est pour lui qu'un jeu.

Mais s'il possède ainsi la force et la puissance,
Il doit ce privilège à son intelligence,
Ce merveilleux faisceau des dons les plus divers,
Qui le font proclamer le roi de l'univers.
Sa voix douce ou sévère, agile ou cadencée,
Suivant ce qu'il éprouve, exprime sa pensée ;
Et pour communiquer sa joie ou sa douleur,
Les sentiments divers qui naissent dans son cœur,
Des sons, qu'avec grand art il sait mettre en usage,
Il tire mille mots qui forment un langage

Il fait plus : il invente un art ingénieux,
Il grave la parole, il parle à tous les yeux,
Et transmet les rayons de cette ardente flamme
Qui ne s'éteint jamais, et qu'on appelle une âme.
Et cependant cet être admirable, parfait,
Ne vit que peu de jours : il meurt, il disparaît;
Et si puissant qu'il soit, il s'avoue incapable
De créer seulement le moindre grain de sable.

Où donc trouver l'Auteur, l'Architecte géant,
L'Être supérieur qui tira du néant
Tant de créations sublimes, grandioses ?
Serait-ce le hazard qui fit toutes ces choses ?
Le hazard ? non, jamais; celui de qui la main
Aux astres, dans les cieux, a tracé leur chemin,
Qui soulève les monts, abaisse les collines,
Qui donne au chêne altier de profondes racines,
Qui colore les fleurs, qui nourrit les oiseaux ;
Qui du sol végétal a séparé les eaux ;
Celui qui de sa main apaise les orages,
Qui défend à la mer de franchir ses rivages,
Celui-là d'un seul mot de sa puissante voix
Peut créer ou détruire, et soumet à ses lois
Et l'homme et son génie, et les vents et la foudre ;
Il peut d'un seul regard réduire tout en poudre ;
Il est seul, sans égal; de tout il est l'auteur,
Le maître souverain, le divin Créateur;
C'est un être éternel, fort, incommensurable,
Immortel, infini, tout puissant, immuable,
Il est, toujours il est, de tout temps, en tout lieu,
Sans principe et sans fin; en un seul mot, c'est Dieu !

Ainsi l'herbe des champs, le cèdre des montagnes,

Le lion des forêts, l'insecte des campagnes,
L'univers tout entier proclame la grandeur,
Le pouvoir infini du divin Créateur !
L'homme lui seul a dit, dans son orgueil extrême :
Non, il n'est point de Dieu. Pourquoi donc ce blasphême ?
Il n'a donc point souffert, cet homme audacieux ?
Il n'a donc point tourné ses regards vers les cieux ?
Ses lèvres n'ont donc pas murmuré de prière ?
Les pleurs n'ont donc jamais inondé sa paupière ?
Quand le timbre funèbre à l'horloge des temps
Aura sonné le glas de ses derniers instants,
Quel horrible tourment ! quelle affreuse pensée !
Quel trouble agitera sa poitrine oppressée !
Et quand son désespoir, dans le gouffre béant,
Lui montrera partout la nuit et le néant,
Ne maudira-t-il pas le jour de sa naissance,
Lui, dont le cœur jamais ne connut l'espérance !
Oserait-il nier, qu'il soit sujet ou roi,
Que son sort est soumis à la commune loi ?
Oui l'homme doit mourir : voyez ces mausolées !
De ces tombes sans nom les lignes désolées,
Où les humains couchés dorment leur grand sommeil,
Attendant en repos le jour du grand réveil ;
Livre toujours ouvert, où chacun peut s'instruire ;
Registre où tout mortel à son tour vient s'inscrire,
Et dont le titre porte, ô dure vérité,
Ici, devant la mort, règne l'égalité !!!

Mais si le corps périt, toujours vivante, l'âme
S'élance vers les cieux, inextinguible flamme ;
Car Dieu qui la créa, ce Dieu dans sa bonté
La tira d'un rayon de sa divinité,

Et sur le corps humain reflétant son image,
En fit de l'univers le plus parfait ouvrage.
Tels de nombreux miroirs sur le sol exposés
Reçoivent du soleil les rayons embrâsés ;
Leur ensemble projette une immense lumière
Dont les flots scintillants baignent la plaine entière,
Et de tous ces rayons le reflet merveilleux
Présente à l'œil surpris un océan de feux.
Prenez-les en détail : une image enflammée
Vient frapper vos regards dans leur cadre exprimée,
Et chacun d'eux, malgré sa forme et sa grandeur,
Reproduit le soleil dans toute sa splendeur ;
S'il s'en trouve quelqu'un dont la face polie
Se couvre de vapeurs, l'image est affaiblie :
Si le brouillard s'efface, elle apparaît encor
Et brille de nouveau comme une gerbe d'or :
Enfin si l'un d'entr'eux est réduit en poussière,
S'il est anéanti, l'image de lumière
Avec lui disparaît, mais le rayon doré
Retourne à son auteur dans le ciel azuré.

Cet éternel flambeau, cette fournaise ardente
Qui répand sa chaleur, lumière fécondante,
Sur chacun et sur tous, sans jamais se ternir,
Sans jamais s'épuiser, ni même s'affaiblir,
Vous représente Dieu, la lumière éternelle,
C'est sa divinité qui toujours étincelle,
Et sur tous ces miroirs, emblêmes des humains,
Verse les flots brillants de ses rayons divins.
Ce reflet merveilleux représente notre âme,
Rayon de l'Eternel, ardente et vive flamme,
Qui paraît sur nos fronts, qui brille dans nos yeux,

Dont le noble regard peut contempler les cieux.
Si quelque passion ou quelque maladie
Assiége le cerveau, notre âme est obscurcie :
Si nous sortons vainqueurs, après chaque combat,
Sur nos fronts elle jette un plus brillant éclat :
Enfin quand le corps meurt et retourne en poussié
Comme au foyer mourant échappe la lumière,
L'âme, ce pur rayon, toujours brillant et beau,
Retourne au sein de Dieu, son immortel flambeau.

En tous temps, en tous lieux, les peuples de la terre
Ont senti le besoin d'admettre ce mystère,
Et pour le célébrer, dans chaque région,
L'homme établit un culte, une religion :

L'un, courbé sur le sol qu'il déchire sans cesse,
Et dont le sein fécond prodigue sa richesse
Dans le pieux élan d'un cœur reconnaissant,
L'implorait à genoux comme un Dieu bienfaisant ;
L'autre, au lever du jour, quand la nature entière
Semble se ranimer sous des flots de lumière,
Adorait les rayons de l'astre radieux
Qui lui représentait le plus puissant des Dieux.
Ceux-là vivant du lait des vaches nourricières,
A ces dieux mugissants adressaient leurs prières ;
Car l'homme, confondant la cause avec l'effet,
Au lieu du Bienfaiteur adorait le bienfait ;
Mais aussi dans ces temps d'ignorance profonde,
La lumière qui vint pour éclairer le monde,
N'avait pas répandu sa sublime clarté !
Dans l'aveugle univers régnait l'obscurité....

Cette lumière a lui : c'est notre foi chrétienne

Qui renverse et détruit toute idole païenne ;
Qui nous apprend que Dieu, seul en sa Trinité,
Créa l'homme innocent pour l'immortalité,
Lui donna pour séjour un lieu plein de délices,
Un paradis charmant dont il eut les prémices.
Adam était son nom, et Dieu, dans sa bonté,
Fit Eve, sa compagne, un ange de beauté.
En ce lieu de bonheur et de sainte allégresse,
Cet ange l'enivrait de sa vive tendresse,
Et semait sous ses pas les roses du plaisir ;
Mais à son Créateur il devait obéir.
Eve le fit tomber ; naïve et curieuse,
Ecoutant du démon la voix insidieuse,
Elle cueillit le fruit à l'arbre défendu.
Pour un moment d'erreur, leur bonheur fut perdu.
L'Eternel, offensé dans sa juste colère,
Les envoya gémir en exil sur la terre,
Condamnés au travail, aux douleurs, à la mort....
Enfants de ces proscrits, nous partageons leur sort.
Envers ce Dieu puissant, immense était l'injure ;
Mais il prend en pitié sa frêle créature,
Punit en pardonnant, et, toujours bienfaiteur,
Au coupable tombé promet un rédempteur.
C'est son fils bien aimé qui s'offre en sacrifice,
Qui, voulant à l'offense égaler le supplice,
S'est fait homme pour nous, et mourant sur la croix,
Au céleste héritage a rétabli nos droits.
Ainsi Dieu nous permet de partager sa gloire ;
Infortunés bannis, luttons pour la victoire....
Chrétiens, qu'un Dieu fait homme a sauvés de la mort,
Levons les yeux au ciel, c'est là qu'est notre port :
C'est là qu'est le repos, la véritable vie,
Le banquet éternel où la foi nous convie ;

Là nous retrouverons ceux qui nous ont aimés,
Là le cœur satisfait ses désirs enflammés,
Et l'âme se dilate aux transports d'allégresse ;
Et les chants des élus qui s'élèvent sans cesse,
Célèbrent à l'envi, jusqu'au plus haut des cieux,
Le Seigneur, sa louange et son nom glorieux...

Je vous ai révélé quelle est notre origine,
Mon fils, j'ai dit la fin que le ciel nous destine ;
Je dois encor tracer les devoirs à remplir,
Ainsi que les moyens pour les bien accomplir.
Ce sera le sujet de ma prochaine épître :
J'ai parlé comme ami, je réclame ce titre ;
Et si le doute encor assiége votre cœur,
J'essaîrai de nouveau quelqu'argument vainqueur.

ÉPITRE DEUXIÈME.

Des trois Vertus théologales : la Foi, l'Espérance et la Charité.

Quel bonheur, ô mon fils ! quelle heureuse nouvelle !
Quoi ! vous ne doutez plus et votre voix m'appelle !
Mon père, dites-vous dans un transport pieux,
Mes yeux sont dessillés et j'entrevois les cieux ;
Mais pour y parvenir, dites, que dois-je faire ?
Tracez-moi les devoirs à remplir sur la terre.

Pratiquez trois vertus avec sincérité :
L'Espérance, la Foi, l'ardente Charité.

LA FOI.

Autel mystérieux où tout orgueil s'immole,
La première est la Foi, dont voici le symbole :

Je crois en un seul Dieu qui règne dans le ciel,

En Jésus-Christ, son fils, Verbe saint, éternel,
Vrai Dieu, Dieu tout-puissant, né d'une Vierge mère,
Et je crois que ce Fils, en tout égal au père,
Homme-Dieu, par sa croix a sauvé l'univers ;
Qu'il est mort, et qu'après sa descente aux enfers
Il est ressuscité ; qu'à la droite du père
Il s'est assis au ciel, et que, juste et sévère,
Il viendra de nouveau juger le genre humain ;
Que son règne sera glorieux et sans fin.
Je crois au Saint-Esprit, éternelle lumière,
Qui procède à la fois et du Fils et du Père,
A notre Eglise sainte, à son autorité,
Au baptême qui lave et rend la pureté ;
Je crois qu'ayant pitié de l'humaine misère,
Le Tout-Puissant pardonne au repentir sincère ;
Qu'il permet à ses saints d'intercéder pour nous,
Et que leur entremise apaise son courroux.
Je crois que tous les corps, dispersés, en poussière,
Reprendront à la fin leur figure première,
Pour venir comparaître, au jour du jugement,
Et recevoir de Dieu faveur ou châtiment.
A ces dogmes sacrés je veux rester fidèle
Et je crois fermement à la vie éternelle.

Mystères de la Foi, vous êtes vérité,
Mon fils, prosternons-nous avec humilité.

L'ESPÉRANCE.

La seconde vertu, c'est la douce Espérance :
Jésus s'est dévoué pour notre délivrance ;
Il est mort sur la croix, Dieu nous dit d'espérer,
D'accomplir nos devoirs et de persévérer.

Acceptant de son fils la souffrance cruelle,
Il nous promet sa grâce et la vie éternelle.

L'Espérance a pour sœur la résignation ;
Elle est du cœur souffrant la consolation,
La joie et le bonheur : l'âme reconnaissante
Y reconnaît d'un Dieu la main compâtissante.
O vous, dont les chagrins empoisonnent les jours,
Vous qui souffrez sans cesse et qui pleurez toujours,
Cessez de tourmenter votre triste existence ;
Que votre cœur blessé renaisse à l'Espérance.

Pauvre mère ! le ciel t'a ravi ton enfant !
Pleure, car il n'est pas de chagrin plus cuisant ;
Tu ne peux plus jouir de sa douce caresse,
Tu n'entends plus sa voix qui t'appelait sans cesse ;
Mais regarde là-haut : ton enfant vit encor ;
Parmi les Chérubins, cet ange aux ailes d'or
Qui prie en souriant et regarde la terre,
C'est ton enfant chéri qui demande sa mère.
Allons, mère, courage, accomplis ton devoir
Ici bas, et là-haut tu pourras le revoir !

Ecoutez, malheureux, écoutez la parole
Du Dieu compâtissant qui soutient et console :
« Vous tous qui gémissez sous le poids des malheurs,
Venez à moi, je veux soulager vos douleurs ».
Courage donc, chrétiens, courage et confiance,
Que votre cœur blessé renaisse à l'espérance.

LA CHARITÉ.

La troisième vertu, l'ardente Charité,

Est une clé du ciel et de l'éternité.
C'est l'amour épuré, c'est le trésor de l'âme,
D'un foyer dévorant la dévorante flamme ;
Voici dans quelques mots le précepte divin :
« Aimez Dieu votre père, aimez votre prochain ».

Comment ne pas l'aimer, ce Dieu plein de clémence,
Ce Dieu dont la bonté nous donna l'existence,
Qui de l'homme coupable expiant le péché,
L'a du fond des enfers par sa mort arraché,
Qui, voulant à l'offense égaler le supplice,
Accomplit de la croix l'immense sacrifice?
Sublime dévoûment ! ô prodige d'amour !
Ah ! pourrons-nous jamais le payer de retour,
Ce Dieu qui de l'amour a comblé la mesure
En se faisant pour nous breuvage et nourriture!

Aimez votre prochain, vos parents, vos amis,
Ceux qui manquent de tout, même vos ennemis ;

Ce sentiment si doux, Dieu lui-même l'ordonne,
Et c'est en sa faveur qu'au pêcheur il pardonne :
Jésus lui-même a dit : « Si l'on donne en mon nom
 « Un simple verre d'eau, j'estime plus ce don
 » Que le sang des taureaux, des boucs et des génisses ;
 » Ce sont du cœur aimant les plus douces prémices ;
 » Oui, quand vous nourrissez celui qui meurt de faim,
 » C'est à moi, votre Dieu, que vous donnez du pain ;
 » Oui ce pauvre tout nu, dont le visage blême
 » Atteste la douleur, ce pauvre, c'est moi-même ;
 » De lui prenant pitié, si vous l'avez vêtu,
 » Ce bienfait c'est à moi que vous l'avez rendu :

» Un jour je vous dirai : Soutiens de la misère,
» Venez, venez à moi, les élus de mon père,
» Partager le bonheur des anges glorieux ;
» Venez, venez à moi, je vous ouvre les cieux. »

Rien n'est plus naturel que d'aimer qui vous aime,
Que d'aimer son prochain comme un autre soi-même ;
Vêtir le pauvre nu, consoler l'affligé,
Donner un peu de pain à qui n'a pas mangé !
Mais voici de la loi le précepte sublime,
C'est là qu'on voit du cœur la vertu magnanime :
Aimez vos ennemis ; si vous êtes chrétien,
A qui vous fait du mal répondez par le bien.....
Ecoutez de Jésus la sublime parole ;
Au moment où ce Dieu pour nos péchés s'immole,
Les soldats sur son corps exercent leurs fureurs :
« Mon père, c'est pour eux, c'est pour eux que je meurs !
» Daignez leur pardonner ; acceptez ma souffrance ;
» Grâce ! ces malheureux pèchent par ignorance ! »
Suivez ce bel exemple, imitez Dieu le Fils ;
Voilà votre modèle : aimez vos ennemis.
Pour vos persécuteurs soyez pleins de clémence,
Si grande qu'elle soit, pardonnez leur offense,
Et faites plus encor, soyez leur bienfaiteur,
Leur ami, leur soutien et leur consolateur ;
Venez, dira Jésus, les élus de mon père !
Venez, venez à moi, c'est vous que je préfère ;
Partagez le bonheur des anges glorieux ;
Venez, venez à moi, je vous ouvre les cieux.

RÉSUMÉ.

Croire, espérer, aimer, voilà ce qu'il faut faire,

Voilà les trois devoirs à remplir sur la terre
Pour arriver au ciel ; mais que d'écueils secrets,
Que de piéges cachés, quels plaisirs pleins d'attraits
Semés par l'ennemi ! Plein de ruse et d'adresse
Il rôde autour de vous, vous épiant sans cesse
Et, lion rugissant, cherche à vous dévorer :
Courage, enfants de Dieu ! Pourquoi désespérer ?
Ce Dieu, qui par sa mort a prouvé sa tendresse,
Vient à votre secours, il sait votre faiblesse ;
Pour diriger vos pas et calmer vos tourments,
Il vous donne sa grâce et les sept sacrements ;
Le Baptême au berceau ; plus tard la Pénitence,
Piscine salutaire où se lave l'offense ;
La Confirmation, deuxième sacrement,
Qu'on ne peut recevoir qu'une fois seulement ;
Le sacrement d'amour, divine Eucharistie,
Manne des Séraphins, breuvage et pain de vie.
A l'heure du trépas, c'est l'Extrême-Onction,
Du juste agonisant la consolation,
La force et le soutien ; par lui l'âme épurée
Peut prendre son essor vers la voûte azurée ;
Puis l'Ordre, sacrement qui fait de l'être humain
Un dévoué pasteur, un ministre divin ;
Et le septième enfin, celui du Mariage,
Aide les deux époux dans leur pèlerinage.

Comte de Causans.*

* Extrait des Mémoires de la Société Dunkerquoise, vol. 1858

SAINT-OMER VU DES BRUYÈRES.

—

1839

—

A l'horizon blanchi de nuageuse écume,
Voilà Sithieu bercé dans des flocons de brume
    Que pousse une brise de mer ;
L'orage, amoncelé sur cette haute crête,
Couronne d'un bandeau, comme pour une fête,
    Mon vieux, mon aimé Saint-Omer.

Dans un lointain doré, l'astre du jour flamboie ;
Cassel, levant son front qui rayonne et verdoie,
    Touche un pan des nuages blancs ;
Tandis que mon chemin au grand soleil se noie,
Le ciel, à ma venue, en mille pleurs de joie
    Transforme ses rayons tremblans.

Oh ! je te reconnais, ville chère entre toutes !
Pour revenir vers toi mon cœur connaît tes routes :
    Il suit l'amour, le souvenir !
Le désir et l'espoir vers toi sont mes seuls guides ;
Je sais qu'on trouve au fond de tes carrefours vides
    Un bien qu'on ne peut définir.

Auprès du grand Paris ta muraille est déserte;
Entre tous tes pavés s'amasse l'herbe verte,
   O silencieux muséum !
Il semble, à comparer le fracas qui l'emporte,
Au calme habituel de ta muraille morte,
   Voir Naples près d'Herculanum.

Pourtant je suis heureux de te sentir encore
Palpiter sous mes pieds, toujours chaud et sonore,
   Sol bien-aimé, sol plein d'amour!
Je reviens dans ton sein retremper mon courage,
Comme l'enfant absent vers l'aïeul doux et sage,
   Toujours bon, quoique aveugle et sourd.

Mon berceau ! Saint-Omer! j'aime ta solitude,
Ton silence propice aux heures de l'étude,
   Ton air libre, ton ciel serein;
Tu me sembles toujours, sur ta haute colline,
Appuyant vers Sithieu la tête qui s'incline,
   Être au repos un vieux Morin.

J'aime tes murs de brique, où l'on respire à l'aise,
Ton grand miroir, l'Aa, dont le flot dormant baise
   Ton pied coquet et caressant;
Et les blanches maisons, au sommet uniforme,
Qu'éveillent à la fois sur ton chevet énorme
   Les éclairs du soleil naissant;

J'aime tes hautes tours, guetteuses éternelles,
Veillant sur toi, toujours soigneuses sentinelles,
   Toujours regardant, écoutant,
Et qui lui dénonçant l'étincelle furtive,

Réveillent la cité, qui s'effraie, attentive
Aux cris du tocsin haletant!

Notre-Dame surtout, triste, sombre, ébréchée,
Et Saint-Bertin, forêt de colonnes fauchée,
Majestueux en son maintien,
Qui meurt en se drapant, roi tombé sur la brèche;
Et Saint-Sépulcre, au ciel hissant sa mince flèche,
Élégant minaret chrétien.

Voilà les trois géants, ouvrant leur œil difforme,
Qui veillent dans la nuit pour que la ville dorme,
Et ne se reposent qu'au jour!
Voilà pour St-Omer tout ce qui tient mon âme :
Rêves de ma jeunesse, ardente et sainte flamme,
Doux souvenirs, espoir, amour!

Victor Courmaceul.

LE JEUNE HOMME ET LE VIEILLARD.

1851

LE VIEILLARD.

Jeune homme, ne vas pas disperser tes beaux jours
En de fades plaisirs, en de folles amours ;
Un jour est précieux, enfant, même à ton âge :
Ne vas point t'endormir parce qu'aucun nuage
Ne voile ton soleil, et qu'en passant, les flots
Vont d'un murmure ami caresser ton repos....
Si tu veux qu'en chemin nul malheur ne t'arrive,
Si tu veux doucement voguer jusqu'à la rive,
Fais qu'à chacun des jours s'attache un souvenir,
Un souvenir heureux que tu puisses bénir !

LE JEUNE HOMME.

Je suis riche d'espoir et de bonheur !... — La vie,
Belle comme une rose à peine épanouie,
S'entr'ouvre, en me versant les parfums les plus doux.
Je ne suis pas tout blanc, tout courbé comme vous !
Quand je vois se lever une nouvelle aurore,
Je songe que demain je puis la voir encore ;
La nature pour moi n'a que regards d'amour !
Lorsqu'on a l'avenir, qu'importe donc un jour ?....

LE VIEILLARD.

Ecoute.... J'ai vécu comme vit le vulgaire,
Laissant tomber les ans de ma longue carrière ;
J'ai vécu, sans penser que chaque heure est un pas
Et qu'un moment perdu ne se retrouve pas !
J'ai vécu !... Qu'ai-je fait pourtant ?...— Lorsque je songe
Au temps évanoui, passé comme un mensonge,
Je ne vois rien ; à peine un souvenir confus
Retrace à mon esprit ces jours qui ne sont plus ;
Souvenir douloureux !.... car pendant cet espace,
Ami, je n'ai rien fait qui pût laisser de trace.
Je m'endormais toujours sur l'herbe du chemin,
En disant comme toi : je marcherai demain !
Et demain s'est enfui comme avait fui la veille ;
— Un jour, je vis pâlir l'espérance vermeille
Qui me riait ; je vis tous mes cheveux blanchir,
Et mon front se rider, et mes yeux se ternir ;
J'étais vieux !... et le temps, sous lequel je m'incline,
Venait de sa main lourde oppresser ma poitrine :
Déjà, déjà vieillard !.... criai-je avec douleur ;
Où donc est l'avenir ?.... Où donc est le bonheur ?....

LE JEUNE HOMME.

Mais comptez-vous pour rien ces heures de mollesse
Où le plaisir nous tend sa coupe d'allégresse ?
Vieillard, ne pleurez point la loi du temps jaloux ;
Pour être heureux encor, voyez derrière vous :
Combien vos souvenirs doivent avoir de charmes ;
La brise du passé viendra sécher vos larmes....
Pourquoi toujours songer au moment du trépas ?....
La vie a des sillons qui ne s'effacent pas.

LE VIEILLARD.

Tu parles du plaisir, enfant.... — Rêve! fumée!
Hélas! la volupté qui semble parfumée,
Qui séduit les mortels par un charme vainqueur,
Ne nous laisse en fuyant que des regrets au cœur.
Des regrets!.... Voilà tout.... — Au milieu d'une fête,
Je n'ai jamais trouvé mon âme satisfaite:
Comme toi j'étais jeune et bouillant, les plaisirs
N'ont point rassasié mes aveugles désirs,
Et je suis malheureux!.... car ma vie est usée,
Je penche vers la terre une tête brisée ;
J'ai vécu!.... L'espérance a soufflé son flambeau,
Et je ne vois plus rien.... plus rien.... que le tombeau.

— L'avenir! l'avenir!.... vieux préjugé, mot vide
Qu'on m'apprit dès l'enfance à murmurer tout bas,
Fantôme qu'on poursuit d'une espérance avide
   Et que l'on n'atteint pas;

C'est donc en toi que l'homme espère et se confie....
Et, sentant le présent plein de déceptions,
Il cherche, il cherche encore au lointain de la vie
   Quelques illusions.

Il ne réfléchit pas, trop fier de sa jeunesse,
Que bien vite le temps dispersera ses vœux;
Pauvre mortel, tu ris!.... et déjà la vieillesse
   A blanchi les cheveux!

LE JEUNE HOMME.

Il est vrai; le temps vole et l'on distingue à peine
Les jours fuyant sans cesse ainsi qu'une ombre vaine;

Mais lorsqu'on a vécu, pourquoi donc le regret?....
L'on a rempli sa tâche.... et le cœur satisfait,
A l'abri des désirs, n'a plus rien qu'il redoute.
D'un voyage aussi long vous êtes las sans doute,
Bon vieillard; attendez avec tranquillité
Le sommeil....

LE VIEILLARD.

Eh! sait-on ce qu'est l'éternité?....
Qui pénétra jamais ce terrible mystère?
Où sont ceux que la mort arracha de la terre?....
Ces destins inconnus qu'on promet au mourant,
Quels sont-ils?.... Le bonheur, l'enfer ou le néant?....
Dis-le moi, dis-le moi, jeune homme au fier langage;
Tu contemples sans crainte une tombe! — A ton âge
On croit voir de bien loin le moment du trépas,
Et l'on rit de la vie, et l'on ne tremble pas:
Imprudent!...— Moi j'ai peur quand je sens que tout passe,
Quand je sens de la mort le frisson qui me glace,
J'ai peur! — Quel est ce Dieu qui, pesant mon destin,
Devant son tribunal m'appellera demain;
Ce Dieu qui va, dit-on, sur son trône sévère
De mes jours endormis réveiller la poussière?....
Quel est-il?.... Dis-le moi! Son immense équité
Comptera-t-elle, hélas! un jour de piété?....
Le repentir tardif, inspiré par la crainte,
De nos instants mauvais efface-t-il l'empreinte?....
Fou qui peut regarder le trépas sans terreur:
C'est un abîme.... l'homme y tombe avec horreur!

LE JEUNE HOMME.

Ne soyez pas ainsi tout glacé de tristesse;

Dieu saura pardonner ces moments de faiblesse
Déjà si loin de vous ; car vous m'avez paru,
Vieillard, suivre toujours les lois de la vertu.
Ne pleurez pas ces temps de passions lointaines,
Ce sont là, voyez-vous, des faiblesses humaines ;
Votre présent dissipe un passé nébuleux.

LE VIEILLARD.

N'attends pas à demain pour être vertueux ;
Enfant, écoute-moi, quoiqu'en disent les hommes
Que toujours la vieillesse est triste.... et que nous sommes
Trop prompts à gourmander les heureux jeunes gens.
Si pour vous les vieillards ne sont pas indulgens,
C'est qu'ils savent, ami, tout ce que pèse une heure ;
C'est que, près de quitter la terrestre demeure,
Ils sentent du tombeau la froide exhalaison
Qui pénètre dans l'âme et donne le frisson !
Oh ! ne dissipe pas ces rapides journées
Dont les jeunes couleurs sont trop vites fanées :
Il m'en souvient : jadis comme toi j'étais fier ;
Las ! il me semble encor que ce n'était qu'hier !
Que suis-je maintenant ?... Rien !... Un débris qui pense,
Fantôme qu'ici bas laisse la Providence
Afin que les mortels, voyant mes jours perdus,
Disent : le flot du temps a passé là-dessus !

BENJ. KIEN.

ARCHÉOLOGIE DU NORD.

MINARIACUM. — ANCIENNE STATION ROMAINE (1).

1858.

Lettre à M. le président de la Société de l'Histoire et des Beaux-Arts de la Flandre maritime :

Monsieur le Président,

Il m'est bien agréable de pouvoir préciser l'emplacement de *Minariacum*. Après avoir consulté plusieurs de nos anciens historiens et sur l'indication de quelques personnes éclairées, je me suis rendu avec quelques-uns de mes amis, amateurs d'antiquités, dans les premiers champs labourés qui se trouvent sur la route de La Bassée, immédiatement après avoir passé le pont d'Estaires *(pons stegrensis)*, dans le canton de Merville, arrondissement d'Hazebrouck, Nord. Je fus frappé de la couleur noirâtre du terrain ; en y faisant quelques fouilles, je mis bientôt à découvert une quantité de débris

---

(1) Par une circulaire en date du 4 Janvier 1858, M. le recteur de l'Académie de Douai informait la Société de l'Histoire et des Beaux-Arts de la Flandre maritime que le Gouvernement avait décidé la publication d'un vaste travail d'ensemble sur la topographie des Gaules jusqu'au Ve siècle. M. le président de cette compagnie s'adressa à M. Arnould de Tournay, à Estaires, et le pria de lui transmettre des renseignements sur l'emplacement exact de l'ancien *Minariacum* des Romains. L'honorable membre de la société répondit la lettre que nous publions.

d'amphores et d'autres vases romains. Quelques-uns de ces débris sont remarquables par la beauté de leurs dessins et la finesse de la terre; la poterie grise domine; néanmoins l'on trouve assez de débris de vases formés d'une terre rouge, admirable par sa nuance et la finesse de son grain. Les tuiles romaines se rencontrent aussi très-souvent dans ce terrain. Schrickius nous dit que de son temps les médailles romaines y étaient nombreuses. Un de mes ouvriers, qui a sa demeure à quelques mètres de l'endroit dont je vous parle, a découvert et mis à nu, il y a peu de temps, dans sa cour, une construction d'une époque très-reculée; les briques étaient de forme triangulaire. — Vous me demandez des notes sur les voies romaines du pays; si je ne craignais de faire double emploi, je vous communiquerais ce que je sais sur ce sujet; mais cette question a été traitée par Bergier, Sanderus, Malbranque, Vredius, Wastelain, Hennebert, Gramaye, Meyer, Cousin, Dom Devienne, et par les écrivains des *Acta SS. Belgii* et des *Archives du Nord de la France.*

Recevez, etc.

ARNOULD DE TOURNAY.

LE BLÉ QU'ON BROIE

ET QUI POURTANT NOURRIT.

1853

Fils des vainqueurs, conservons l'espérance ;
Chantons ces vers que le poète écrit.
De tous côtés, sur le sol de la France,
Germent les grains semés par Jésus-Christ.
Pressons le jour de notre délivrance
En élevant nos cœurs et notre esprit.
Le pauvre encor ressemble, en sa souffrance,
Au blé qu'on broie et qui pourtant nourrit.

Dans le passé si notre regard plonge,
Nous étions serfs, taillables à merci,
Manants trop courts et que la corde allonge,
Vilains trop courts que le fer raccourcit ;
Dîme et corvée assuraient nos dépouilles
Au bon seigneur dont il fallait, la nuit,
Battre l'étang, où, sans quoi, les grenouilles,
Au gré du sire, auraient fait trop de bruit.

A cet opprobre arrachés par la guerre
Dont la voix mâle exaltait notre cœur,

Nous rapportions aux lieux quittés naguère
Un sentiment de patrie et d'honneur.
Du sang versé sur le champ de bataille
La gloire enfin a fait le prix égal :
Chair à canon, jouet de la mitraille,
Le fils du serf un jour fut général.

Un noble siècle, éclos dans la tempête
Où du vieux monde ont péri les faux droits,
A dit à tous : Inclinez votre tête
Sous le niveau de mes plus justes lois.
L'homme imprudent avait perdu ses titres,
L'orgueil impie osa s'en fabriquer ;
Mais dans les cieux, qu'il prenait pour arbitres,
Est-ce le Christ qu'il pouvait invoquer ?

Fils des vainqueurs, conservons l'espérance ;
Chantons ces vers que le poëte écrit.
De tous côtés, sur le sol de la France,
Germent les grains semés par Jésus-Christ.
Pressons le jour de notre délivrance
En élevant nos cœurs et notre esprit.
Le pauvre encor ressemble, en sa souffrance,
Au blé qu'on broie et qui pourtant nourrit.

N. Martin.

A MON PÈRE, DÉCÉDÉ LE 27 NOVEMBRE 1843.

LE JOUR DES MORTS.

1858

. . . .
>Vous allez tous à la tombe,
>Vous allez à l'inconnu ;
>Aigle, vautour ou colombe,
>Vous allez où tout retombe
>Et d'où rien n'est revenu !
>(V. Hugo).

. . . .
>Eh ! qui n'a pas pleuré quelque perte cruelle ?
>(Delille).

. . . .
>Ne cherchez pas un mot qui n'est pas dans le livre,
>Pour chercher comme on vit n'oubliez pas de vivre,
>Aimez ! car tout est là !
>(Th. Gautier).

. . . .
>Le pied sur une tombe on tient moins à la terre.
>(Lamartine).

. . . .
>Tous ces faux biens qu'on envie
>Passent comme un soir de mai,
>Vers l'ombre hélas ! tout dévie,
>Que reste-t-il de la vie
>Excepté d'avoir aimé !
>(V. Hugo).

Écoutez sangloter dans les nuages gris,
Comme la morne voix de lugubres esprits,

Du glas les tintements funèbres ;
L'air terne, épais, blafard couvre comme un linceul
La terre ; on croit entendre, alors qu'on rêve seul,
Du brouillard parler les ténèbres.

Quand la brume s'entr'ouvre, aux hautes régions
Voyez-vous s'agiter d'immenses légions
Blanches sous un rayon splendide ?
Dans l'éther azuré volant en rangs pressés
C'est le nombre infini des pâles trépassés
Qu'un flamboyant archange guide.

Ils vont comme l'éclair ; leurs lumineux regards
En traversant les pleurs mouillant leurs yeux hagards
Observent les enfants des hommes,
Pour voir si dans leurs seins le glacial oubli
Déjà n'a pas chassé de leur deuil accompli
Les chétifs et légers fantômes.

Jusqu'au vibrant appel du dernier jugement
Vous errez sans repos au vaste firmament,
Ames qui cherchez la lumière,
Vous allez en tremblant au Seigneur souverain,
Demandant si la terre où les cœurs sont d'airain
Pour vous n'aura pas de prière.

Votre vie ici-bas a coulé comme l'eau
D'un torrent écumeux, puis bientôt le tombeau
S'ouvrit sombre, béant, avide ;
Vous semiez sur le roc en vos rapides ans,
Quand la Mort réclama vos épis bienfaisans,
Vous n'avez montré que le vide.

Anxieux dans l'espace, égarés, éperdus,
Vous déplorez l'erreur de tant de jours perdus,
  Jetés au désert sec, stérile;
Et pour vous racheter du passé sans moissons
Vous murmurez : « Amis, amassez nos rançons
  » Aux champs de l'aumône fertile ! »

Novembre, ton vent pleure et la cloche frémit,
Dans l'atmosphère dense une plainte gémit,
  Entendez-vous ces voix confuses ?
« Frère, au lieu du repos vas prier pour les morts,
» Demande-leur pardon, viens calmer nos remords,
  » Crains l'avenir si tu refuses :

» Haletant, altéré, tu seras comme nous
» Exilé loin du Christ ; oh ! prie à deux genoux
  » Sur nos tombes au cimetière ;
» Prie, et se rejoignant au cercueil froid et noir
» Nos os tressailleront d'allégresse et d'espoir,
  » Dieu bénira ta vie entière !

» Quand tes lèvres enfin se fermant à jamais
» A travers un sanglot diront : « Vous que j'aimais,
  » Adieu ! mon âme ouvre ses ailes ! »
» Pour t'escorter aux cieux, frère, nous te suivrons,
» Dans notre gratitude alors nous chanterons
  » Tous, tes louanges éternelles.

» Le Seigneur ouvrira le séjour des élus
» Dont notre indignité nous a toujours exclus,
  » Répare envers lui nos offenses,
» Et du Saint Paradis nous goûterons sans fin,

» Dans les félicités d'un bonheur pur, divin,
» Les ineffables jouissances !

Indiquez-nous l'enceinte où dorment leur sommeil (1)
Vos corps décomposés ; sur sa croix de vermeil
    Le Dieu martyr là vous protége ;
Et vers la nécropole, en songeant, à pas lents,
De ceux dont la pensée évoque les absents,
    Nous allons grossir le cortége.

Un voile humide, épais, la nature a couvert ;
Dans le lointain opaque et par moments ouvert
    Enfuyez-vous, ombres légères !...
La bise de l'hiver siffle aux arbres noircis,
Le brouillard condensé pose comme un glacis
    Sur les monuments funéraires.

Dans les hauts peupliers mollement balancés
Bruissent des chants plaintifs de leurs sommets lancés,
    Doux comme des soupirs de femme;
Le saule échevelé se penche en murmurant,
Et le pied fait crier le feuillage mourant
    Tombant jaune ainsi qu'une flamme.

Dans les ifs de la haie aux branchages tordus,
Dépouillés, ruisselants et par le froid mordus,
    Un lézard court comme une flèche ;
Puis, avant de bondir dans un nouvel essor,
En dirigeant vers vous l'émail de son œil d'or
    De sa langue mince il se lèche.

(1) « Dormez votre sommeil (Bossuet) !.... »

Vert compagnon des morts, ah ! de nous ne crains rien !
De leur couche d'argile es-tu donc le gardien
   Que tu glisses près d'eux sans cesse ?
Vas-tu leur rapporter dans leur lit noir, glacé,
Qu'un ami, qu'un parent tout ému s'est placé
   Sur leur fosse dans l'herbe épaisse ?

Toi, luisant scarabée aux ailes d'arc-en-ciel ;
Dis, peut-être es-tu né dans la boue et le fiel
   D'un cadavre en ces terrains rouges,
Et lui répètes-tu les regrets, les sanglots
De ceux dont le genou vient peser sur ses os
   Quand pour plonger vers lui tu bouges ?

Et vous qui vous traînez, verts rampants et visqueux,
N'êtes-vous pas sortis de la place des yeux
   D'une beauté fausse et cruelle ?
Et venez-vous savoir si ses admirateurs
Déjà l'ont oubliée ? Attend-elle des pleurs,
   La coquette.... et qui trompe-t-elle ?

Insecte bourdonnant, que peux-tu chuchoter
Au chevet d'une bière ? es-tu parti flotter
   Près de ceux que le mort demande;
De retour maintenant, viens-tu répondre : « Hélas !
» De susurrer, disant : « Accourez ! » je suis las,
   » Il n'est personne qui m'entende ! »

Tant de rudes combats et tant de passions
Dès l'aurore amenant d'autres afflictions
   Font verser des larmes amères

Que les torrents des jours l'un par l'autre chassés
Ont bientôt nivelé tous les sillons tracés
  Dans nos sentiments éphèmères.

Mais, bien que la tempête ait battu leur printemps,
Vous vous dressez toujours, souvenirs attristants,
  Aux jeunes cœurs malgré l'orage,
Comme un arbre étendant ses racines au loin
Lève après l'ouragan son tronc meurtri, témoin
  Des foudres attestant la rage.

Que de coups imprévus, que d'aveugles fureurs
Moissonnent les humains ! La Mort brise les fleurs,
  Elle flétrit le sein des vierges ;
Tu cherches cette enfant, ange du ciel venu,
Suave comme un lis ? Va pencher ton front nu,
  Frère, au drap entouré de cierges !

Tu demandes ton père, ô fils abandonné,
Immobile aujourd'hui quand hier il t'a donné
  De vives et folles caresses ?
Ton aîné sanglotant répond : « Parti !... c'est moi
» Qui le remplacerai ! » saisi d'un vague effroi,
  Sur sa poitrine tu te presses.

« Maman est endormie, » a dit ce chérubin,
Blond comme un soir d'été, puis elle prend sa main
  Pour y mettre sa bouche rose,
Et recule de peur, car, ainsi qu'un glaçon,
La main pend hors du lit, inerte ; le frisson
  Sur cette orpheline se pose.

C'est un fils, un ami, moitié de notre cœur,
Une amante, une épouse ou quelque sainte sœur
    Enlevés à notre tendresse.
Fauchés par le trépas et qui nous ont laissés
De peine anéantis, ou nous tordre affaissés,
    Abimés dans notre détresse.

Mais qui pourrait compter les tortures sans nom
Que l'horrible squelette a de ses doigts de plomb
    Fait peser sur la race humaine ?
Tu dévores ton peuple, impitoyable Mort,
Ta dent inassouvie atteint, écrase ou mord
    Toute chose, ô fatale reine !

Quelle affreuse ironie en ton large rictus
Lorsque ta sourde faux nous renverse abattus,
    Inanimés dans la poussière,
Et quels jets fulgurants en tes orbites creux
Quand tu baisses vers nous de ton visage osseux
    La forme blanche et grimacière !

N'es-tu donc pas lassée ? Est-ce Dieu qui t'a dit
De frapper au hasard, que ton pouvoir maudit
    Ne respecte rien en ce monde ?
Quelle étendue a-t-il, ton royaume infernal (1),
Pour n'être pas comblé du tribut sépulcral
    Qui lui donne un corps par seconde?

Etres ensevelis dans la poudre des temps,

« .... The unknown country from whose born
» No traveller returns.... »
    (SHAKESPEARE. — Hamlet).

Levez-vous, répondez sur le doute flottants
        Quel est notre but sur la terre ?
Pourquoi tant de souffrance et tant de maux divers ?
Quel crime expions-nous ? Où marche l'univers
        Environné par le mystère ?

Le Rémunérateur au delà de nos jours
Apparaît-il enfin ? Vos ténébreux séjours
        Sont-ils douleur ou récompense ?
Quel livre est le mensonge, et quel la vérité ?
La fosse où va finir notre cours agité
        Est-elle justice ou vengeance ?

Vous vous taisez !.... Oh ! nul jamais ne sondera
Le profond océan qui tous nous bercera
        Dans l'immensité de ses vagues ;
Etincelle ou flambeau, nulle clarté n'y luit !
Seigneur ! percerez-vous la redoutable nuit
        Mère de tant de craintes vagues ?

Tout est silence, paix, calme et recueillement,
Un soupir étouffé remplit l'air un moment,
        On entend frôler une feuille ;
C'est la brise qui passe et jette aux endormis
Sa prière du soir, et pieuse elle a mis
        Sur eux le linceul qu'elle cueille.

L'asile tumulaire en son manteau brumeux
S'enveloppe et se cache ; à l'horizon fumeux
        Quels colosses dressés, rigides !
Ils semblent s'avancer !.... Pourquoi trembler ? Les croix
Paraissent étendant leurs deux branches de bois
        Les longs bras de spectres livides.

Ah ! l'étrange clameur ! l'effroi nous frappe au flanc!
Quel vampire accroupi, pour sucer notre sang,
   Entr'ouvre sa porte de pierre?
Quelles larves, quel stryge ont lancé leur appel
Aux esprits infernaux? Quel démon d'un scalpel
   Fouille un vivant dans une bière?

Goules, monstres hideux, lémures envoyés,
Recruter le sabbat, êtes-vous là ployés,
   Abaissant vos griffes velues?
L'air frissonne.... A nos fronts que baigne la sueur
En se penchant, ils font malgré notre frayeur
   Sentir leurs ailes chevelues !

Retire-toi, Satan !.... Mais ce n'est qu'un hibou
Qui s'envole effaré, gémissant, vers un trou
   De quelque ruine prochaine ;
Puis l'orfraie à son tour d'un son rauque et criard
Déchire l'atmosphère, elle attend le fuyard
   Aux branches sombres d'un grand chêne.

Oh ! les folles frayeurs que des contes nous font!
Nul bruit ne vous éveille; il n'est que trop profond
   Le calme en ces lieux solitaires ;
— Ceignons-nous pour la lutte ! — O vous qui n'êtes plus,
Qui n'a pas envié vos termes révolus,
   L'abri des humaines misères!

Sur nos têtes le Ciel par instant s'éclaircit,
Une lueur paraît, scintille et s'obscurcit,
   Tels des yeux bleus derrière un voile.
Et la nue en roulant ses plis aériens

Laisse comme une perle aux flots éoliens
      Rayonner les feux d'une étoile.

Atteignez-vous parfois dans un vol radieux
Les sphères parcourant leurs orbes gracieux,
      Ames errant loin de la terre?
Sont-elles dans l'azur comme des stations
Qu'il vous faut visiter par expiations
      Pendant votre exil planétaire?

Vous glissez dans la nuit, pâles, ayant au front
Une aigrette de flamme, à la cime d'un mont
      Faisant tournoyer les nuées;
En effleurant les mers sur le clavier des vents,
En chantant vous jouez des hymnes émouvants,
      D'harmonieuses mélopées.

C'est votre doux aspect qui fait ouvrir les bras
Aux songeurs altérés qui vident ici-bas
      Le calice de la souffrance;
Vous enfin qui planez sur la voie où, brisé,
L'homme se désespère, alors tout irisé
      Vous courbez l'arc de l'alliance.

Ah! dans l'anxiété, vers nos cœurs inquiets
Descendez en posant l'albâtre de vos pieds
      Sur une gerbe lumineuse;
Révélez-nous le vrai que nous soupçonnons tous,
Faut-il croire ou nier?... « Prie!... Aime! — dites-vous,
      » Et tu rendras ta vie heureuse! »

ALPHONSE CLAEYS.

CHANT D'HYMEN.

1843.

Tu seras, ma fiancée,
Mon avenir, ma pensée,
Belle au front de dix-sept ans !
Tu parais aussi jolie
Que la madone Marie,
Fraîche comme la prairie,
Jeune comme le printemps.

Déjà le temple s'apprête,
L'encens brûle pour la fête,
Ta mère en pleurs nous bénit ;
Enfant, l'hymen nous appelle
Avec sa voix solennelle ;
Et dans cet amour fidèle
La main de Dieu nous unit.

Mets ta robe la plus blanche,
Que ton joli cou se penche
Sous un voile de pudeur ;
Laisse parler le murmure
De la prière si pure ;

Mets une fleur pour parure :
C'est l'emblème du bonheur !

Tu seras à moi sans cesse,
Mon épouse et ma maîtresse ;
Que cet avenir est beau !
Pendant toute l'existence,
Nous aurons même espérance,
Peut-être même souffrance....
Et puis le même tombeau.

Dieu, notre père, nous lie
Par une commune vie
D'amour, d'avenir naissant ;
Il dit, en créant la femme :
Vous êtes son corps, son âme,
Toute sa force et sa flamme
Et tout le sang de son sang.

Merci, mon Dieu tutélaire,
De m'avoir donné sur terre
La félicité du ciel.
Je brise la coupe vaine
De la volupté mondaine
Où l'on s'abreuve de peine
Après avoir bu du miel.

C'est pour moi seul, jeune fille,
Qu'à nos yeux ton charme brille
Comme un astre souriant ;
C'est pour moi que ta pensée
Est doucement caressée,
Comme une yole bercée
Par les flots de l'océan.

C'est pour moi seul, bien-aimée,
Que sur ta couche embaumée
L'amour vient se reposer ;
La jalousie importune
Ne trouble point ma fortune....
Ton baiser sur ma peau brune
Sera ton premier baiser !

Va ! que ta mère te pare :
Mais ton bijou le plus rare,
C'est la vertu de ton cœur ;
Point de ces parures folles !...
Oh ! voile bien tes épaules
Dont mille regards frivoles
Aspireraient la blancheur.

Je frémis en touchant l'onde
De ta chevelure blonde
Qui me paraît tressaillir ;
Ma lèvre à peine se pose
Sur ta lèvre demi-close....
Je crains d'effeuiller la rose
Qu'il m'est permis de cueillir.

C'est que nulle main profane
Sur ce contour diaphane
N'est venu se reposer ;
C'est que nul encens frivole
N'a défloré mon idole....
Mon baiser sur ton épaule
Sera le premier baiser !....

Si le ciel un jour nous donne

Un ange à fraîche couronne
Sous la forme d'un enfant,
Tu le béniras sans cesse,
Mère pleine de tendresse,
Et tu suivras sa jeunesse
Avec un œil triomphant.

Cet ange, touchant génie,
Réunira notre vie
Par de plus sacrés liens....
Je veux qu'il soit ton image,
Il aura ton doux visage,
Ton sourire et ton langage,
Des yeux bleus comme les tiens.

Chaque soir, près de sa couche,
Une chanson de ta bouche
Tendrement va l'endormir ;
Et pendant les nuits entières
Nous fermerons ses paupières
Avec de molles prières
Et des rêves d'avenir.

Auprès du foyer qui brille,
Chaque soir, pour la famille,
Nous prîrons avec ferveur.
Alors l'âme se déploie
Dans une céleste voie....
Et l'on reporte sa joie
Vers la bonté du Seigneur.

Benj. Kien.

L'IVROGNE ET SA MOITIÉ.

1858

LA FEMME.

» Au lieu, dès le matin, de faire ta besogne,
On te voit tous les jours au cabaret.... ivrogne!

LE MARI.

— Du dieu des médecins je respecte les lois.
Hypocrate prescrit un excès tous les mois.
Contre les cris, ma chère, il faut que je m'insurge;
Ta bile me tourmente.... Eh bien! alors.... je purge! »

P. DUMAS.

PENSÉE INÉDITE.

Suivant Montesquieu, la liberté est aussi loin de la licence que la servitude.... — De même, la religion est aussi éloignée du zèle exclusif que de l'impiété.   B. KIEN.

L'ÉGOÏSTE.

1819.

Ma foi ! vive l'égoïsme ;
Je laisse aux cœurs généreux
Le délicat héroïsme
De faire beaucoup d'heureux.
Si d'aimer comme soi-même
Son prochain a des appas,
Plus que mon prochain je m'aime
Pour ne pas faire d'ingrats.

Au piége du mariage
Lorsqu'enfin je serai pris,
Par une mesure sage
J'éloignerai mes amis ;
Si les maris plus sévères
Envers leurs femmes étaient,
De rester célibataires
Les vieux garçons s'ennuiraient.

De vrais amis par douzaine
On rencontre à chaque pas
Quand plusieurs fois la semaine

On donne de bons repas.
Mon vieux vin tout seul je sable,
Et vu cette attention,
Jamais convive à ma table
N'aura d'indigestion.

J'aimerais encor les belles,
Mais les aimer simplement
Me paraît indigne d'elles,
Le prouver est plus galant.
Le prouver.... je fus peu sage
Dans maint amoureux écart :
Egoïsme est mon adage,
J'épargne, hélas! un peu tard.

Nous eussions été quarante,
Mais l'égoïsme, on le dit,
Malheureusement tourmente
Ici tous les gens d'esprit ;
Chacun le cache et pour cause,
Bien sot qui le montre, hélas!
L'esprit mène à peu de chose ;
Les gens heureux n'en ont pas.

Pierre Simon.

A M. VANHERKEL.

1858

Votre âme est-elle double, ou vous est-il possible
A votre bon plaisir d'en pouvoir disposer ?
N 'en garder qu'une part, et celle plus sensible,
H abilement ailleurs la faire s'exprimer ;
E n une note aiguë, ou tendre, ou cadencée,
R ieuse ou même folle, et sous un souple archet,
K ussir ou Musulman, ou nouveau luth d'Orphée,
E n une douce extase alors nous transporter ?
L 'esprit se le demande en t'entendant chanter.

P^{re} VERMERSCH.

SUR LA TOMBE DE MON DERNIER NÉ.

Ange, mon doux enfant, va rejoindre tes sœurs !
Et priez, tous les trois, Clara, Fernand, Marie,
    Qu'un père, une mère chérie,
Quittent, pour vous revoir, le froid séjour des pleurs.

BENJ. KIEN.

UN QUASI-LUTRIN

Poème héroï-comique en trois chants.

1848

ARGUMENT.

Vers la fin de l'année scholaire 1848-49, des élèves de sixième du collége d'Aire prirent fantaisie de former entre eux un journal manuscrit intitulé : *la Doctrine chrétienne.* Quand le principal du collége, l'honorable abbé Devin, fut au courant de ce projet, il se contenta de punir les gamins-journalistes pour leur petite incartade. Le conseil municipal d'Aire vit dans cette sottise une affaire politique. Il s'assembla à cet effet en séance extraordinaire, dressa procès-verbal du tout, et en fit part à qui de droit pour obtenir le renvoi du principal qu'il n'aimait pas. C'est là ce qui fait le sujet de ce poème.

CHANT PREMIER.

Je chante les exploits, et ce sénat terrible
Qui par ses longs travaux et son zèle invincible,
Dans une ville illustre exerçant son grand cœur,
Fit juger un gamin comme un conspirateur.
En vain *l'Indépendant*, s'emparant de l'affaire,

Voulut par ses bons mots le forcer à se taire.
Le sort était jeté contre le Principal :
Il eut son dernier coup dans un procès-verbal.

Muse, redis-moi donc quel tout-puissant mobile
De ces hommes fameux vint remuer la bile,
Et les fit s'alarmer de journaux-manuscrits ;
Pourquoi tant de sottise en des pères-conscrits ?....

Grâce aux riants attraits d'une paix fraternelle,
Aire gardait toujours sa vieille clientelle ;
Ses andouilles partout embaumaient les repas ;
On les préférait même aux plus fins cervelas.
Dans cette heureuse ville, image symbolique
Du bonheur que l'on trouve en une république,
Chacun restait chez soi sans gêner son voisin ;
On se couchait le soir jusques au lendemain ;
On dînait à midi ; puis l'on sortait de table
Quand l'estomac avait sa dose raisonnable ;
Pour étancher sa soif tout le monde buvait,
Et quand il faisait beau jamais il ne pleuvait.

Mais pourquoi m'arrêter à décrire ces charmes ?....
Qu'y trouver maintenant que de sombres alarmes,
Filles d'un noir complot par l'enfer ménagé ?
Comment en un plomb vil l'or pur s'est-il changé ?....
Oui voilà de ces coups que nous fait la Fortune ;
En vain chacun de nous à grands cris l'importune :
Nos cris la trouvent sourde et ne nous donnent rien.

Aire restait en paix : c'était son plus grand bien.
Mais, hélas ! maintenant, tout est perdu pour elle,

Depuis que la Discorde, avide de querelle,
A vu d'un œil jaloux ce séjour de bonheur !
Ramassant tout le fiel dont se nourrit son cœur,
Elle quitte Paris, centre de son empire.
A l'aspect de son œuvre elle-même s'admire :
Dans les départements il n'est pas un mortel
Qui depuis dix-huit mois n'encense son autel.
Ici des modérés, là des socialistes,
Plus loin des cramoisis, ou des légitimistes....
Puis Lille, puis Lyon, puis Moulins, puis Rouen....
C'est que, marchant toujours sur les ailes du vent,
Elle voit d'un seul coup ce qu'elle a fait d'ouvrage,
Et d'un souris affreux enlaidit son visage.

Mais une ville seule, au pays de l'Artois,
Refuse obstinément de marcher sous ses lois ;
Elle seule, gardant la foi républicaine,
Ne comprend pas encor ce que c'est que la haine.
Dans les bras protecteurs de la Fraternité,
S'engraissant d'une longue et sainte oisiveté,
Ses citoyens ont vu les plus grandes tempêtes
Passer sans qu'un cheveu soit tombé de leurs têtes !
Rien n'émeut la cité ; par un commun accord
Il semble qu'on voudrait l'éloigner de ce bord.
Ce calme méprisant et l'irrite et l'offense :
Elle allume ses feux, s'excite à la vengeance,
Maudissant par trois fois ces rudes habitants
Que n'ont pu vaincre encor ses traits les plus puissants ;
Puis bientôt de ce ton qui fait trembler les villes
Et change en insurgés les cœurs les plus tranquilles :
« Quoi, dit-elle, j'aurai brouillé tous les esprits !
» Même en un champ de mort j'aurai changé Paris !

» J'aurai pu de mémis dérober la balance,
» Et dire à des fripons de gouverner la France !
» La Prusse, le Piémont, l'Autriche et les Hongrois,
» Toute l'Europe enfin se range sous mes lois !
» Et cette ville seule, à mes ordres rebelle,
» Nourrira dans son sein une paix éternelle ?
» Suis-je donc la Discorde ? Et parmi les Français
» Qui pourra sans rougir m'encenser désormais ? »

A ces mots, d'un képi couvrant sa tête énorme,
Elle prend d'un gamin et la taille et la forme.
Elle tient sous son bras des livres, du papier,
Et porte dans sa main un solide encrier.
D'un pas précipité, que la colère allége,
Elle prend le chemin de ce fameux collége
Qui sortit tout formé des cendres du Buissart.
La déesse en entrant, dans un coin à l'écart,
Pose son fourniment d'élève de sixième,
Et va trouver un gars à face de carême
Qu'elle sait très bien être un mauvais garnement
Qu'à chaque retenue on voit assidûment.
Aisément entre eux deux la parole s'engage :
L'autre, en effet, croit voir un gamin de son âge
Arrivé depuis peu pour user sur les bancs
Les culottes qu'il tient de ses trop bons parents.
Après maints quolibets sur le maître d'étude
Qui les traitait parfois d'une façon trop rude,
Sur Lhomond, sur Burnouf et sur l'Epitomé
(Auteur très amusant et qui n'est pas aimé),
Ils laissent de côté cette vieille boutique
Et traitent hardiment de haute politique.
La Déesse se trouve alors sur son terrain :

S'emparant doucement de l'esprit du gamin,
Elle prouve en deux points, et sans trop de jactance,
Qu'on méprise encor trop la jeunesse et l'enfance ;
Qu'ils sont tous citoyens puisqu'ils sont nés français ;
Qu'ils doivent sans tarder, maintenant ou jamais,
Réclamer tous leurs droits, mais d'un ton énergique,
Entamant s'il le faut plus d'une polémique ;
Qu'il faudrait pour cela qu'un habile journal,
Caché soigneusement aux yeux du Principal......
« Suffit, je te comprends ! » dit, tout ivre de joie,
Le gamin-démocrate en voyant cette voie
Ouverte devant lui ; « Je serai rédacteur ! »
Il vole de ce pas, plein d'une noble ardeur,
Trouver de ses consorts la troupe pétulante.
La Discorde le voit, mais, en femme prudente,
Elle s'éloigne alors ; changée en ouvrier
On la voit s'en aller sans ... r au portier.

Nos gaillards cependant trouvent l'affaire bonne ;
Et malgré le danger, pas un (Dieu me pardonne!)
Non, pas un sur dix-sept, je crois, n'a redouté
De tenir un journal en temps de liberté.
Girard (tel est le nom du gars que la Discorde
Avait ensorcelé), Girard dans son exorde
Leur avait fait comprendre en avocat parfait
(Un président de club ne l'aurait pas mieux fait)
Qu'un journal au collège était chose importante ;
Et la foule à ces mots, dans une juste attente,
Approuve son projet en poussant de grands cris.
Voyant que sa parole a frappé leurs esprits :
« Allons, leur dit Girard, qu'aussitôt on choisisse
» Ceux que le sort destine à ce nouvel office.

» Vu que de ce projet seul je suis l'inventeur,
» Vous me reconnaîtrez pour votre rédacteur.
» Or, il nous faut encore un gérant-responsable;
» De plus un imprimeur qui soit homme capable
» De transcrire en un jour au moins deux numéros ».
Alors dans un képi l'on jette seize lots;
On tire, et le gérant que le sort vient d'élire,
Est un bon gros garçon qui sait à peine lire,
Mais qui peut supporter quatre *pain sec* par jour.

On ressasse les lots, puis au troisième tour
L'imprimeur est trouvé. C'est le nommé Trénue,
Calligraphe fameux, pilier de retenue.
Chacun bénit alors l'arbitre des humains,
Qui remettait leurs droits en d'aussi bonnes mains.
On règle ensuite ensemble avec beaucoup d'adresse
Tout ce que comprendra cette nouvelle presse;
Mais chacun veut choisir le nom de ce journal :
Jean veut *la Liberté*. Pierre *le Libéral*;
« Voyons, leur dit Girard, et qu'à cela ne tienne!
» Nous l'intitulerons : la *Doctrine Chrétienne*.
» Et quel plus sûr garant de nos bons sentiments ? »
(Tonnerre de bravos et d'applaudissements).
Girard, pour terminer, promet monts et merveilles;
Quand la cloche, ô malheur! vient frapper leurs oreilles.
« Tant pis, dit l'imprimeur, j'agirai sans façons,
» Je me dois au journal; enfoncé les leçons!.... »
Aussitôt on s'éloigne, et l'assemblée en foule
Avec un bruit confus vers l'étude s'écoule.

CHANT SECOND.

Cependant la Discorde, en voyant ses succès,

Prévoit pour l'avenir de terribles procès,
Des guerres, des combats, des conflits politiques,
Des luttes de journaux, des écrits satiriques;
Enfin que sais-je, moi? — Son cœur s'en réjouit,
Mais un si grand bonheur jamais ne l'éblouit.
Il est vrai qu'en ses mains elle tient la victoire,
Toutefois c'est trop peu pour son antique gloire:
Il lui faut du tapage, il lui faut de l'éclat,
Voilà le vrai moyen de troubler un Etat.
C'est ce qu'il faut ici, car lorsqu'il s'agit d'Aire,
Ce n'est pas, on le sait, une petite affaire.

Le cœur plein des soucis qu'apportent les grandeurs,
Et courbé tout le jour sous le faix des honneurs,
Le premier magistrat, dans son large voltaire,
Confiait au sommeil le soin de le distraire.
C'est un principe admis chez les hommes prudents
Qu'après un bon dîner, pour réparer les sens,
Il faut faire à Morphée un léger sacrifice;
Le corps n'en est que mieux après cet exercice.
Ce jour-là, cependant, après ce court repos,
Bien loin de se trouver plus frais et plus dispos,
Notre magistrat sent je ne sais quel malaise
Qui le fait par trois fois retomber sur sa chaise.
C'est qu'un rêve terrible, enfant des noirs séjours,
De son lugubre aspect le harcèle toujours.
En vain il veut chasser cette funeste image,
Sans cesse le tableau s'éclaircit davantage.
Ne pouvant réussir à calmer ses esprits,
Il entr'ouvre sa porte, il appelle à grands cris....
Vers lui court aussitôt sa fidèle compagne,
Qu'un zélé serviteur par prudence accompagne.

« Quel effroi, lui dit-elle, a troublé ton sommeil ?
» Qui peut donc te donner un tremblement pareil ?
» Est-il à la mairie arrivé quelque chose ?
» Parle, ou ne puis-je pas en connaître la cause ?
» — Ecoute, dit le maire, encor pâle d'horreur,
» Tu connaîtras bientôt ce qui fait ma terreur ;
» Mêle pour commencer tes soupirs à mes plaintes,
» Et tremble en apprenant le sujet de mes craintes !
» Déjà, depuis une heure, un sommeil grâcieux
» Avait sous ses pavots appesanti mes yeux,
» Quand l'esprit enivré d'une douce fumée
» J'ai cru voir du conseil l'image accoutumée.
» Je présidais au centre ; à droite mon adjoint,
» Se guidant sur mon air, disait de point en point
» Ce qui me semblait sûr d'enlever l'assemblée ;
» Et sa voix tour-à-tour mordante, emmiellée,
» Séduisait aisément le conseil tout entier ;
» Lorsque du corridor où s'ouvre l'escalier
» Une épaisse nuée à longs flots est sortie !
» Bientôt, en un clin-d'œil, l'assemblée est partie....
» Je me lève, et soudain dans un bleuâtre éclat
» Se détache un journal de modeste format,
» Dont le titre à mes yeux devient presque illisible,
» Tant l'horreur me pressait sous sa main invisible.
» La Discorde en personne, à côté du journal,
» Dardait de mon côté son regard infernal.
» Tandis que par l'effroi ma voix est retenue,
» Un bruit confus et sourd part du sein de la nue.....
» Des masses de journaux, semblables au premier,
» Viennent fondre sur moi, me couvrent en entier. ...
» J'ai beau me reculer, en sifflant ils s'avancent,
» Et dans toute la salle à ma suite s'élancent.

» Il me sembla d'abord qu'une sombre vapeur
» Etait uniquement la cause de ma peur ;
» Mais de ce souvenir mon âme possédée
» A trois fois, en dormant, revu la même idée.....
» Que faire maintenant, et sur quoi m'arrêter?
» A quel saint me vouer? Qui vais-je consulter?
» Ou que présage enfin ce prodige incroyable?.... »
Madame en ce sujet se déclare incapable ;
Le domestique aussi déclinait son savoir ;
Quand arrive à propos le fin adjoint Bernoir.
Sa visite jamais ne causa plus de joie,
Car tout le monde alors au doute était en proie.

Tel pendant un orage au temps de la moisson,
Retenu malgré lui dans son humble maison,
Le laboureur gémit sur ses riches campagnes !
Mais dès que le soleil, derrière les montagnes,
Lui montre de nouveau ses rayons empourprés
Se détachant du sein des nuages dorés,
Il reçoit de sa vue un agréable augure.

A l'aspect de l'adjoint, du maire la figure
A quitté sa pâleur. — Avec empressement
Il vient le recevoir, l'embrasse étroitement,
S'informe de sa femme et de sa demoiselle ;
Lui demande du jour la plus grande nouvelle ;
Puis, sans transition, pour faire plus d'effet,
Il lui dit tout l'effroi dont son âme est l'objet.
Bernoir, depuis longtemps, a dans la ville d'Aire,
Avec assez de tact conduit plus d'une affaire,
Et son rare savoir de simple charcutier
L'éleva par degrés au rang de conseiller.

« Monsieur, dit-il au maire, acceptez donc mon aide,
» Je trouverai bientôt, croyez-m'en, un remède
» Pour chasser cette crainte et vous rendre la paix.
» En attendant, pourtant, je ne vois pas mauvais
» Qu'ensemble nous fassions un petit tour en ville,
» Pour juger par nos yeux si tout est bien tranquille.
» Nous pouvons savoir tout quelquefois par un mot,
» S'il est vrai que dans l'ombre on nous trame un complot. »
Il dit, et tous les deux suivant les mêmes vues,
D'un pas grave et posé vont parcourir les rues.
Tel autrefois on vit le prudent Changarnier,
A la tête des siens, intrépide guerrier,
Renverser les projets d'une ligue rebelle
Pour avoir prévenu sa trame criminelle.

Nos sages magistrats remarquent cependant
Que rien dans la cité n'indique un changement ;
La foule marche, court, suivant son ordinaire ;
Chacun n'est occupé que de sa propre affaire.
Pour ne rien négliger ils gagnent les faubourgs
(Ils savent qu'à Paris c'est de là que toujours
Partent les premiers coups); mais moins que dans la ville
Rien ne fait présager une guerre civile.
Heureux de cet état fort peu républicain,
Ils allaient retourner.... quand un jeune gamin,
Assis au pied d'un arbre, un cahier sur la terre,
Attire leurs regards. Ce n'est pas l'ordinaire
De voir tant de courage en un simple moutard,
Et celui-ci surtout, vu son air égrillard,
Leur faisait tout l'effet d'un nouveau phénomène.
Notre magistrat donc, que la surprise entraîne,
S'approche du gaillard sur la pointe du pied,
Et jette en souriant les yeux sur son papier.

O Muse ! prête-moi ta voix la plus sauvage
Pour chanter le dépit, la colère et la rage
Que le maire sentit allumer dans son cœur
En voyant que le gars, d'une incroyable ardeur,
Transcrivait un journal inconnu dans la ville.
La colère d'abord le rendit immobile;
Mais bientôt, se frappant la tête de son poing,
Il adresse en fureur ce discours à l'adjoint :
« Le voilà donc, Bernoir, ce monstre épouvantable,
» Que m'a fait voir un songe, hélas! trop véritable ;
» Les voilà ces écrits, tout prêts à m'égorger ;
» Ce journal ennemi qui me doit ombrager !
» Et d'où part ce grand coup? Ami, te le dirai-je?
» J'aurais dû m'en douter : il nous vient du collége !.... »
Le gamin, cependant, effrayé de ces cris,
Avait dans son carton serré ses manuscrits.
Il allait s'éloigner, quand d'un ton de colère,
« Donne-moi, dit l'adjoint, le premier exemplaire;
» Vite.... au nom de la loi !.... » — Le pauvre collégien
Voyant que ses refus ne serviraient à rien,
Lui tendit en tremblant cette pièce importante,
Qu'au maire présenta, d'une main triomphante,
Notre chaud conseiller. — « La victoire est à nous,
» Lui dit-il à mi-voix; mais unissons-nous tous ;
» Si nous n'avons alors très beau jeu de notre homme,
» Je suis content, ma foi, d'aller le dire à Rome !
» — C'est ça, c'est ce qu'il faut, répond le magistrat,
» Et pour mieux réussir faisons beaucoup d'éclat;
» Convoquons pour demain, par extraordinaire,
» Le conseil tout entier : exposons-lui l'affaire;
» Il verra que le coup nous vient du Principal.....
» Tu rédigeras, toi, notre procès-verbal.

» Suffit ! Ça, sans retard retournons à la ville. »
Il dit. Et sans parler, du pas le plus agile,
Ils vont trouver chez eux les membres du conseil.
Toute l'affaire est faite au coucher du soleil.

CHANT TROISIÈME.

A l'heure où le bourgeois, plein d'une douce ivresse,
Par raison de fatigue ou raison de paresse,
Se laisse encore aller à ce demi sommeil,
Qui, le matin toujours, précède le réveil ;
Les collégiens déjà, dans une vaste salle,
Maudissaient dans leur cœur la manie infernale
Qu'on avait de les faire éveiller si matin,
Pour le bon plaisir seul du grec et du latin.
Accoudé sur la table et le nez dans un livre,
Il semble que chacun à l'étude se livre ;
On sait bien le contraire, et si l'on n'en dit rien,
C'est que le pauvre *pion* (pour parler collégien),
Tout ravi d'être au moins une heure un peu tranquille,
S'inquiète fort peu s'ils sauront leur Virgile
Et leurs autres leçons, si le devoir est fait ;
Dès qu'ils ne parlent pas, toujours très satisfait,
Il les laisse ma foi dormir tout à leur aise,
Heureux s'il ne dort pas lui-même sur sa chaise.
Ce jour-là, dans son coin, notre habile Girard
Jetait de temps en temps sur le maître un regard,
Et lisait au voisin l'article *Premier-Aire*
Du journal en question. Devant lui sa grammaire
Servait de barricade et cachait bien son jeu.
L'autre, le cou tendu, le corps droit, l'œil en feu,
Admirait du moutard l'énergique éloquence.
— Il fallait, disait-il, que dans toute la France

Un même cri poussé par chaque pension
Fit tomber les abus de l'éducation ;
Car rien de plus absurde, en temps de république,
Que de voir subsister un pouvoir despotique.
La première réforme émise dans l'écrit
Etait que le matin on resterait au lit
Suivant son bon plaisir (j'y serai très sensible,
Pensa l'autre en bâillant d'une façon terrible) ;
On aurait limité l'étude du latin.....
La classe sans pensums devait marcher son train.....
Sans crainte on aurait pu fumer la cigarette.....
Enfin sur tous les points liberté plus complète.
D'un si noble projet justement étonné,
L'autre, sans hésiter, se déclare abonné.
Girard lui garantit que d'un autre exemplaire,
Transcrit par un externe, il va le satisfaire,
Vu que celui qu'il a lui sert de prospectus,
Et que plusieurs morceaux doivent être relus.

Mais qui l'aurait pensé?.... Suivi d'un autre maître,
Le Principal avait tout vu par la fenêtre :
Il entre au même instant plein d'un juste courroux,
Va droit aux deux gamins, les fait mettre à genoux ;
S'empare du journal, puis d'une voix sévère :
« C'est donc ainsi, dit-il, qu'on est à son affaire !
» On s'amuse à l'étude, on fait les polissons,
» Au lieu de s'appliquer pour savoir ses leçons !
» C'est bien à vous, ma foi, tas de mauvaises têtes,
» De vouloir vous mêler à fonder des gazettes !
» Tenez, je vais aussi prendre un abonnement,
» Mais je paîrai de suite, attendez un moment :
» Voyons, pour commencer par vous, Monsieur Trénue,

» Vous aurez la bonté d'aller en retenue ;
» Et vous, Monsieur Girard, l'illustre rédacteur,
» Pendant deux ou trois jours vous dinerez par cœur ;
» Pour vous, mon gros garçon, le gérant responsable,
» Vous traduirez d'Esope au moins toute une fable.
» Je veux bien cette fois me montrer indulgent,
» Mais je paîrai plus cher un autre abonnement. »
Il dit, et de l'étude à la fin se retire
Ne pouvant à part lui s'empêcher de sourire
En parcourant des yeux ce singulier journal.

Oui, ris, et tu fais bien, malheureux Principal,
Car tu le peux encor ! Mais où fut ton génie
De ne voir là-dedans qu'une simple folie
Qu'un pain sec guérira, fille d'un cerveau creux
Comme on en trouve tant parmi les paresseux ?
Quel démon à ce point sut obscurcir ton âme ?
Comment ! tu ne vois point cette funeste trame....
Cette ligue secrète.... enfin ce noir complot ?....
Malheureux !.... Quand c'est toi qui leur donnas le mot
Tu feins d'ignorer tout.... tu les puniras même !
Mais vas ! tu n'es pas loin de ce moment suprême
Où ton iniquité, découverte au grand jour,
Viendras les lois en mains, te punir à ton tour !

Cependant dans la ville, invités par le maire,
On voyait s'agiter tous les conseillers d'Aire.
Chacun se demandait l'objet de ce conseil,
Car depuis fort longtemps jamais rien de pareil
Ne s'était présenté. Considérant l'urgence,
Tous s'étaient bien promis d'aller à la séance ;
Moins peut-être, il est vrai, par amour du devoir,

Que par un vif désir d'entendre et de savoir.
Pour être conseiller, on n'en est pas moins homme :
On troubla bien les dieux jadis pour une pomme.
(Je suis loin de vouloir les comparer aux dieux,
Tout le monde sait bien qu'ils valent beaucoup mieux).
A l'heure cependant où s'ouvre la séance,
Tout s'ébranle, tout sort, tout marche en diligence ;
Ils courent au conseil, et chacun à son rang,
De trouver du retard trépigne sur son banc.
A peine ils sont assis que d'une voix dolente
Le maire, par ces mots, vient remplir leur attente :

« Vous qui me connaissez pour un bon magistrat,
» Et dévoué quand même aux lois de notre Etat ;
» Illustres compagnons de mes longues fatigues,
» Vous par qui j'ai déjà renversé tant de ligues ;
» Vous qui jadis avez, en braves conseillers,
» Refusé de souscrire aux vœux des grenadiers ;
» Vous enfin qui, plus tard, d'un refus énergique,
» Avez su contenter notre bonne musique,
» Un fait plus grave encor se présente aujourd'hui !
» Il s'est formé dans l'ombre... il a grandi sans bruit !...
» Et je l'ai découvert !.... Voyez-vous cette page !
» Quels sont donc ces écrits ? De qui sont-ils l'ouvrage ?
» C'est un journal, Messieurs ! oui, Messieurs, un journal
» Sorti des ateliers de votre Principal !
» Moi-même je l'ai pris dans les mains d'un élève....
» Mais savez-vous pourquoi mon âme se soulève
» D'une juste colère et demande à grands cris
» Qu'un rigoureux arrêt punisse ces écrits ?
» C'est qu'il est évident que contre nos personnes
» Il était dirigé. — Toutes armes sont bonnes
» Pour de semblables gens ; voyez, il n'a pas craint

» D'employer d'un enfant et la plume et la main
» Pour déguiser ses coups et nous frapper plus raide !
» Or donc, plus que jamais, j'ai besoin de votre aide,
» Car je ne sais que faire en cette occasion. »
Il dit, et le conseil, tout plein d'émotion,
Ne sait comment priser une affaire aussi grave :
L'un veut qu'on la punisse, l'autre veut qu'on la brave ;
Autant de conseillers, autant d'avis divers ;
Quand l'adjoint, remarquant que tout va de travers,
Et qu'on pourra faillir par manque de prudence,
Fait signe de la main pour imposer silence :
« Ça, Messieurs, leur dit-il, agissons sagement,
» Sans trahir toutefois notre tempérament.
» Il faut que deux de nous se rendent au collége
» Pour connaître en détail cet infâme manége,
» Forcer le Principal à nous ouvrir son jeu,
» A nous faire en un mot un positif aveu.
» Nous verrons mieux après ce qu'il nous reste à faire. »
Le projet est goûté. — De par monsieur le maire
S'en vont tout aussitôt deux sages conseillers ;
Chacun pendant ce temps prépare ses papiers,
Consulte son voisin, s'excite à la colère,
En dévorant des yeux le journal téméraire ;
On s'anime à l'envi contre le Principal ;
Enfin il a comblé la mesure du mal !
Alea jacta est ! Plus de miséricorde !
Alors de tous les cœurs la colère déborde.

Un quart d'heure est passé quand nos deux députés
Reviennent au conseil, mais tout déconcertés.
On reprend la séance, et d'une voix troublée
L'un d'eux par ce discours s'adresse à l'assemblée :

« C'est horrible, messieurs, ou je n'y connais rien ;
» Oui bien certainement, un cosaque, un payen
» Nous aurait mieux reçus ! Jamais, par tant d'audace,
» Je n'ai vu se jouer de deux hommes en place.
» Croyez-vous bien, Messieurs, que dès le premier mot
» Que nous avons soufflé de ligue et de complot,
» Il osa devant nous éclater d'un fou rire !.... »

A ces mots, un tumulte impossible à décrire
Vint jeter le désordre au milieu du sénat.
Personne ne veut plus prolonger le débat ;
On presse le procès ; un conseiller propose
De rendre tout public, et que si quelqu'un ose
Voter comme un réac, son nom soit dans *l'Echo*
Inscrit le lendemain. Chacun y met son mot ;
La Discorde elle-même, au sommet de la salle,
Vient augmenter le bruit de sa voix infernale.
C'est dans ce trouble affreux que le procès-verbal
Se trouve rédigé contre le Principal.
On y consigne tout ce qui vient dans la tête :
L'histoire du complot, le nom de la gazette ;
En gothique on écrit le nom du rédacteur,
Puis celui du gérant, celui de l'imprimeur....
On y consigne encor, car il fallait tout dire,
Que l'affreux Principal avait bien osé rire
Devant deux délégués du sus-nommé conseil.
Considérant, primo, qu'un manuscrit pareil
Aurait pu tôt ou tard troubler la ville d'Aire ;
Secundo, vu surtout qu'en toute cette affaire
Le Principal paraît se moquer du décret ;
Le maire et son conseil demandent au préfet
Que ledit Principal ne soit plus au collége.

Chacun des conseillers approuve de son siége
La teneur du procès, excepté cinq ou six
Qu'on aurait voulu voir dans *l'Echo de la Lys.*
Par le silence au moins leur fortune est sauvée.
— A six heures trois quarts la séance est levée.

ÉPILOGUE.

Une montagne en mal d'enfant
Jetait une clameur si haute,
Que chacun, au bruit accourant,
Crut qu'elle accoucherait sans faute
D'une cité plus grosse que Paris :
Elle accoucha d'une souris.
Lafontaine, lib. V, fable X.

Sans rien changer, sans y rien contrefaire,
C'est bien là, mot pour mot, toute l'affaire d'Aire.

Z. LACHÈVRE.

A MON AMI HENRY SHELLEY.

UNG DICT DE NOSTRE SIRE FRANÇOYS
PREMIER DU NOM.

(STYLE POÉTIQUE DU SEIZIÈME SIÈCLE).

1858

> . . . .
> Et puys, qu'on pense avoir d'amour quelque asseurance !
> Sans cesse nuict et jour à le servir je pense,
> Ny encor de mon mal ne puis estre asseuré.
> (ESTIENNE DE LA BOETIE. 1530-1568).

Cupido, te faust-il nyer ?
Par mon sieur Sainct Loys de France,
Combien vouldrois avoir croyance !
— Disoyt le roy Francoys premier —
A chasque foys que je m'enflamme,
Une voix murmure en mon asme
Que chaisnes d'amour vont lier :
    Souvent femme varie,
    Mal habil (1) qui s'y fie !

(1) Ou « bien fol » selon d'autres versions.

Sources de liesse et de bon heur,
Gentes et frisques (1) baschellettes
Qui cachiez vos charmantes testes
Au sein de vostre doulx seigneur,
En dénouant vos blondes tresses,
M'enyvrant de vos voix traistresses,
Las ! i'apprins que pour mon mal heur
    Souvent femme varie,
    Mal habil qui s'y fie !

Guérisseurs, qui tuez ung iour,
Myrres (2) n'est-il en mon royaulme,
Sur mon cueur ung pur, souef beaulme
Qui me fasse croyre en l'amour ? —
Je veux baisiant vos blanches tempes,
Tant chière ma dame d'Estampes (3),
Oublier qu'en celluy séiour
    Souvent femme varie,
    Mal habil qui s'y fie !

Sans fin vos charmes sont nouveaulx ;
Effleurant vostre col d'ivoyre
Où se penche soyeuse et noyre
Vostre cheveulure en anneaux,
Lors vous veiant tousiours plus belle,
Et me sentant encor fidelle
Plus ne graverai-ie aux vitraux :

(1) Frisques, mignonnes, grâcieuses.
(2) Medecins.
(3) Anne de Pisseleu, duchesse d'Etampes, née en 1508, morte en 1576, et qui pendant 22 ans gouverna le roi.

Souvent femme varie,
Mal habil qui s'y fie!

ALP. CLAEYS.

ENVOI.

Quand tant de gens faux et félons,
En nos jours d'aimable grimace,
My dear, nous mordent aux talons
Bien qu'ils nous aient flattés en face,
Je dis, sachant ces trahisons :
 « Souvent l'homme varie,
 » Bien fol est qui s'y fie ! »

Puis, lorsqu'abreuvé de dégoût
Je vois que l'intérêt seul guide
Le genre humain; quand mon sang bout
A tant de lâcheté sordide,
Je vous dis, consolé de tout :
 « Ton cœur point ne varie,
 » N'est pas fol qui s'y fie ! »

LE RÊVE D'UN ARTISTE

—

1842.

—

Alphonse Rincy venait de quitter une bruyante réunion de jeunes fous comme lui. Il avait donné un grand repas à tous ses compagnons de jeunesse et de plaisir, parce qu'il avait voulu leur faire ses adieux... et les adieux, disait-il, ne se font bien qu'à table. Le champagne avait coulé plus abondamment que les pleurs ; on avait ri, chanté, causé de choses insignifiantes et même un peu gaillardes, comme cela se pratique toujours ; et l'on avait dit beaucoup de mal de la Province, selon la coutume invétérée des habitants de Paris.

Rincy devait, deux jours après, quitter la capitale. Son père le rappelait dans sa petite ville pour faire un mariage avantageux et gérer une maison de commerce. C'était la volonté formelle de M. Rincy père, volonté à laquelle on ne pouvait se soustraire que difficilement. Jugez donc de l'embarras du pauvre Alphonse qui avait pour le mariage une antipathie prononcée et fort peu de goût pour la province. Mais, je le répète, l'ordre paternel était sans réplique ; aussi notre jeune homme avait-il pris son parti et commencé à faire ses malles. Abandonner Paris !.... le centre des jouissances de toute espèce, le foyer des arts ; quelle douleur pour une âme de vingt-deux ans, et pour une âme comme celle d'Alphonse ! Ah ! j'avais oublié de vous dire que ce parisiomane nourrissait une passion profonde pour tout ce qui s'appelait art et littérature. Bien qu'il fût d'une santé robuste, il affectait des airs mélancoliques et languissants : il maudissait le siècle, raffollait de George Sand, et se découvrait pieusement devant les tableaux de Delaroche. Enfin il avait composé beaucoup d'élégies inédites, et peint quelques marines qu'on avait refusées à l'Exposition. Ses amis l'appelaient le peintre, le poète, l'artiste... enfin, tout ce que vous voudrez.

Quoi qu'il en soit, Alphonse devait s'éloigner de ce Paris où il rêvait tant de gloire future et tant de voluptés délicieuses. Après une année et demie de séjour, comme notre ami en était toujours au même point de mélancolie et de songes dorés, son père, homme matériel s'il en fut jamais, trouva que c'était là un état peu lucratif. Ce brave commerçant s'occupait de l'avenir de son fils d'une manière plus positive... Il le fiança à la fille de son associé, mademoiselle Henriette Dragonney, qui n'était vraiment pas mal et beaucoup plus douce que son nom. De plus, M. Rincy, qui se sentait vieux, décida qu'Alphonse le remplacerait au pupitre... et continuerait ses opérations commerciales qu'une longue expérience et une probité intègre avaient toujours rendues prospères. C'était là le projet d'un homme raisonnable et prévoyant; mais le jeune artiste était loin d'avoir cet avis. Il composa une nouvelle élégie sur l'aveuglement de l'humanité actuelle, et se résigna, en s'enveloppant, disait-il, dans son manteau de martyr.

Après le festin d'adieu, dont j'ai parlé au commencement de cette bluette, Alphonse, le cœur gros de soupirs et les jambes un peu vacillantes, rentra prosaïquement dans son modeste logis. En vérité, s'il suffit, pour être artiste, d'avoir un logement dépourvu d'élégance, le poétique Rincy était parfaitement artiste de ce côté-là. Vous donc, mes chers lecteurs de province, qui respirez à l'aise dans vos appartements commodes et magnifiques, figurez-vous une petite chambre, au cinquième, avec fort peu de meubles et beaucoup de poussière. Quatre chaises, un divan mal recouvert, une table, un lit sans alcôve, tel était en deux mots l'ameublement de cette chambre aérienne. Il y avait aussi deux ou trois carreaux de papier. Sur la table, des écrits en désordre; dans un coin se trouvait un chevalet avec une peinture ébauchée. Alphonse était, comme vous le voyez, logé assez mal... Non certes qu'il manquât de ressources ou d'économie, mais à cet âge peu importe le luxe; peu importent ces petits soins dont on est si jaloux à quarante ans. La jeunesse habite aussi gaîment une mansarde qu'un palais. En effet, cette mansarde, tant dédaignée plus tard, est bien souvent visitée par l'amitié franche, par l'amour et surtout par la féconde espérance qui embellit toutes choses.

Quand les jeunes gens ont dîné ensemble, ils ont toujours les idées qui se heurtent. Est-ce la faute du bon vin?... Est-ce la faute de leur âge?... Jugeons-les avec charité. Toujours est-il que Rincy fut tout essoufflé quand il se trouva dans son appartement. Il ouvrit la fenêtre pour respirer; la soirée était charmante et fraîche, notre artiste se sentit en verve, et regardant avec douleur ses malles déjà ficelées, et son tableau qu'il n'achèverait pas:

— Ouf! se dit-il à lui-même, quel ennui! Retourner dans cette ville de deux ou trois mille âmes ou plutôt de trois mille mauvaises langues... Quelle corvée! Mon père ferait bien mieux de venir se fixer à Paris; je ne sais ce qui peut le retenir dans cette bourgade! (Notez qu'Alphonse parlait ainsi d'une ville agréable qui comptait vingt mille âmes au moins, et qui offrait, pour l'homme impartial, des plaisirs assez variés. Évidemment le dépit ou le champagne lui montait au cerveau.) Enfin, continua-t-il, ces vieillards ont leurs habitudes; les déraciner.... impossible! Quand je parlerais jusqu'à demain soir, cela ne me servirait de rien.... Ouf.... ah!... on dirait que j'ai sommeil... Et mes pauvres élégies!.... Il faut que j'en assemble un recueil que je ferai mettre au net par le commis... je lirai cela de temps en temps pour me consoler de mes factures et de mes calculs. Voyez donc, comme mon grand tableau promettait d'être remarquable. Cette aigrette qui surmonte le casque d'Énée est d'un goût parfait. Je serais, bien sûr, devenu quelque chose; ces pères n'ont pas de patience. Ils prétendent qu'on leur dépense de l'argent. Tiens! il faut bien qu'ils en fassent quelque chose, de leur argent!... Mais a-t-on jamais vu Énée avec un plus beau casque? s'écria-t-il encore, en tenant l'œil fixé sur sa toile. Mon Dieu! mon Dieu! Eh! je ne veux pas abandonner la place avant un dernier effort, je vais faire comme me l'a conseillé Oscar: écrire une dernière lettre; oui, je dirai à mon père que mon intention est très mûrie, que mon avenir en dépend, que la carrière des arts m'ouvre son vaste espace: s'il me résiste, c'est qu'il n'a point d'entrailles!...

Après ce monologue, Rincy hocha la tête d'un air déterminé, et s'étala royalement sur son espèce de divan. Puis il prit sa jolie pipe en écume de mer, fidèle compagne qu'il préférait à la plus avenante maîtresse du monde. La fumée ondoyante et parfumée du tabac montait par bouffées en folâtrant. Et peu à peu notre Alphonse, plongé dans ses méditations silencieuses, laissa tomber sa tête sur sa poitrine... et s'endormit.

Presqu'aussitôt, une musique lointaine et délicieuse se fit entendre, harmonie céleste qui paraissait émaner d'un cœur de séraphins. La triste chambre fit place à un vaste emplacement environné de nuages d'or ; et de toutes parts ces lieux rayonnèrent d'une lueur magique. Alors un ange, à l'air majestueux, sortit de la nue et vint se poser en face d'Alphonse. Le génie avait une robe blanche et flottante, une couronne entourée d'une auréole de feu, et sa main agitait fièrement un divin caducée :

— Ami, dit-il au jeune homme avec un bienveillant sourire, regarde-moi sans crainte ; je suis le bon ange que Dieu fit asseoir à ton berceau... Je suis ton ange gardien !... Maintenant que ton cœur est formé, que la raison a pris tout son essor, ami, je viens à toi ; que désires-tu ?... que te faut-il pendant cette carrière terrestre qui s'ouvre devant tes pas ? Parle, j'accomplirai tes souhaits et vais te rendre heureux...

Alphonse souleva la tête, et fut un moment ébloui de cette auréole et de cette lumière ; mais bientôt ses yeux s'accoutumèrent à leur reflet. La douce majesté empreinte sur le visage de l'ange lui rendit toute son assurance :

— Bon génie, s'écria-t-il avec enthousiasme, tu demandes ce que je désire ! Oh ! donne-moi la gloire, l'amour, le bonheur... Donne-moi la gloire !...

— Explique-moi tes pensées... ouvre-moi ton âme tout entière...

— Oui, continua le jeune homme avec énergie : la gloire !... Donne à ma plume la poésie de Lamartine, à mes pinceaux la sublime vigueur de Rubens ou de Ribeira ! Alors on redira mon nom dans tout l'univers et l'on élèvera à ma cendre un mausolée que ne renversera point le souffle du temps. Je serai grand ! je serai glorieux ! Les jeunes filles auront de douces émotions en lisant les pages de mes livres, en admirant le génie répandu sur mes tableaux. Toutes les femmes me suivront avec des pensées d'amour : le soir, je n'aurai qu'à suivre sous le feuillage leurs ombres blanches et légères... Toujours je rencontrerai de nouvelles sylphides aimantes et voluptueuses qui m'attendront avec des couronnes et des lauriers. Donne-moi, donne-moi cette vie de parfums et de baisers. Que mille amantes voltigent autour de ma tête!.... Mais sais-tu qu'on veut étouffer mon âme, arrêter les flots de mon sang?... Sais-tu qu'on veut m'enfermer dans une sorte de prison, sans autre avenir qu'une monotonie perpétuelle? Oui, l'on va lier ma vie à celle d'une seule femme, une niaise provinciale qui n'a pas de poésie du tout; on va m'empêcher de me livrer à ces instincts brûlants qui sont le charme de l'existence. Sans doute tu viens ici pour me sauver. Merci donc, ô mon bon ange! Maintenant tu sais quel est mon désir, quel est mon rêve: La gloire! l'amour de toutes ces belles femmes que j'admire..... le bonheur enfin!....

— Arrête, impétueux jeune homme, reprit le génie, arrête! Il faut que j'éclaire ton inexpérience, que je comprime cet océan de l'imagination. Tu demandes de la gloire.... Je puis te la donner.... Mais écoute: avant de parvenir à ce faîte brillant, tu devras passer par mille traverses et mille douleurs, tu boiras à la coupe amère de l'infortune. Ainsi le veulent les décrets de notre maître suprême, le Créateur de toutes choses, qui règle les destinées humaines dans son infaillible sagesse. Sais-tu que pour être glorieux et grand il faut savoir souffrir? Quand tu vois passer un héros sur son char triomphal, tu ne regardes que sa pourpre..... Hélas! l'envie le suit de près et prépare déjà son dard et son venin. Et ce char éblouissant qui fait l'admiration du vulgaire, n'est d'ordinaire qu'un lit de souffrances et de désespoir. Tu vois le poète: il te semble rayonner de voluptés et de bonheur, et tu ne remarques pas que son front se ride, que ses cheveux blanchissent avant l'âge. Par cela seul qu'il est grand, il a des ennemis, et des ennemis aussi acharnés que s'il leur avait volé leur maîtresse ou leur honneur. Les envieux sont lâches et perfides: ils ont des poignards et du poison!.... Puis, dans ce siècle, un nouvel être habite parmi vous, enfanté par la tendance de l'humanité qui marche à grands pas et sans fanal dans les voies inconnues de la civilisation. Cet être, c'est la presse, c'est le journalisme aux mille bouches, qui parle sans cesse avec mille langages, où le monde ne sait démêler la vérité qui se cache. Les écrivains te déchireront sans te connaître, sans te lire! Les uns parce qu'ils ont fait métier de parodier ce qui est beau, les autres parce que tu ne pourras pas acheter leurs éloges assez cher. Et toi, qui sentiras ta force et ta grandeur, tu déploreras cette injustice, tu en appelleras à la postérité. La postérité !.... Mais tu ne seras plus là pour écouter ses arrêts protecteurs.... Oublies-tu donc que le Tasse n'a laissé qu'un cadavre à l'Italie, d'abord ingrate, puis enthousiasmée.... Oublies-tu que ce roi de la poésie est mort fou dans un infâme cachot ?... Réfléchis donc, ami ; interroge ta force intérieure, et ne crois pas que je puisse te donner en même temps le bonheur et la gloire.... Non, non ; choisis entre la gloire et le bonheur.

— Ah! c'est vrai, dit Alphonse ému, que de fois j'ai pleuré en lisant l'histoire des grands hommes! Pourquoi faut-il que leur vie s'épure de la sorte au creuset de l'épreuve ?... J'ignore si ma force suffirait pour un tel fardeau ; mais du moins, céleste génie, fais que je sois aimé par toutes ces femmes dont la beauté m'enivre, fais que chaque soir une amante nouvelle vienne me sourire comme en Orient. Cela seul doit me rendre heureux.

— Encore des joies factices ! des joies qui passent comme un grain de sable, comme un atôme, s'écria le bon ange. Enfant, tu veux être aimé ; connais-tu l'amour ?... S'aimer c'est n'avoir qu'une âme pour deux, c'est être à deux toujours, toujours ; se parler sur la bouche l'un de l'autre, demeurer entrelacés dans un même soupir. Insensé ! et chaque soir tu veux changer d'amante ! Qui donc alors aimeras-tu ? Qui donc pourra t'aimer ?.... Tu auras un cœur vide ou souffrant ! Et si tu ne veux donner à aucune le titre d'épouse, qui choisiras-tu pour ces maîtresses d'une nuit? Les plus belles et les plus frivoles. Tu te glisseras dans les familles, tu te feras menteur et traître, tu abuseras les jeunes filles au foyer de leurs mères, ou tu voleras la femme d'autrui. Malheur alors sur toi, malheur !... Ces victimes lâchement sacrifiées te feront un cortége de honte, et te poursuivront avec des sanglots comme des ombres vengeresses. Elles t'aimeront peut-être, ces infortunées qui n'auront servi que ta vanité ou ta passion éphémère. Puis viendra le remords qui ronge comme l'insomnie, le remords qui t'accompagnera dans ta vieillesse et jusqu'au tombeau. Réfléchis donc, Alphonse, et dis-moi ce que tu veux : le bonheur ou ces folles amours qui s'évanouissent comme des fantômes ?... Choisis.

— Où est le bonheur ?..... dis-le moi ; guide mon âme incertaine.

— Ecoute : le bonheur c'est la famille ; c'est l'amour d'une seule femme, amour que Dieu sanctifie et que l'homme respecte. Le bonheur, c'est une vie tranquille et insoucieuse, sans ambition, sans faste et sans éclat. La vertu n'est pas un mot, comme le disent les sophistes, et la joie peut habiter sur la terre. Tu pourras mener une vie calme et fortunée avec une douce compagne ; et ta vieillesse, entourée d'enfants respectueux, sera sans amertume. Puis tu t'endormiras avec sérénité dans la paix du Seigneur !................

Au même moment, l'ange disparut comme l'éclair. Alphonse sentit une légère secousse et se trouva dans l'obscurité.

— Corbleu ! dit-il en se frottant les yeux, quel drôle de rêve je viens de faire... Ah ! mais ! c'est que j'ai dormi pour tout de bon. Il fait nuit close... La modiste d'en face ferme son magasin... Bonsoir, mademoiselle Irma !.... Je voudrais bien cependant avoir de la lumière pour voir un peu où j'en suis... Bon ! voici, je crois, mon flambeau.

Alors Alphonse fit briller une allumette chimique avec laquelle il alluma son bout de bougie. La chambre était dans son état normal, c'est-à-dire avec son désordre artistique. Rien n'était changé : les élégies manuscrites étaient toujours sur la petite table, et le chevalet portant l'esquisse d'Enée était toujours dans un coin : seulement, l'élégante pipe en écume de mer gisait près du divan..... Pauvre pipe ! elle était brisée en trois endroits.

— Diable, dit Rincy, ce sommeil et ce rêve me coûtent ma chère pipe... Mon bon ange aurait bien dû la préserver comme il me protège. Allons, allons ! au fond, cet ange-là n'est pas si bête qu'il paraît... Je crois qu'il m'a fait de la morale ou plutôt de la logique. C'est le cas de dire plus que jamais que la raison vient en dormant. Farceur de chérubin, va ; farceur, mais bon enfant.

Et notre ami acheva ses malles beaucoup plus gaîment qu'il ne les avait commencées. Le surlendemain il se mit en diligence et ne tarda pas à arriver dans sa *bourgade*, selon son expression de mauvaise humeur, expression qu'il bannit désormais de son vocabulaire. Depuis lors il renonce aux élégies et aux peintures, il trouve son père très-sage, il s'occupe de ses factures et de la tenue de ses livres ; et, devenu l'époux de mademoiselle Henriette Dragonney, il fait un excellent mari ; de plus, un heureux père de famille.

Benj. Kien.

JESSIE L'ÉCOSSAISE.

ÉPISODE DE LA GUERRE DE L'INDE.

RÉCIT FAIT PAR UNE DAME ENFERMÉE DANS LE FORT DE LUCKNOW.

1858

Accipiat sanè mercedem sanguinis.

La mort de tous côtés planait sur notre tête,
Elle agitait sa faulx, la victime était prête !
Hélas ! nous l'attendions, car nul pouvoir humain
Ne pouvait aux Anglais promettre un lendemain.

Ma fidèle Jessie (1), en proie à son délire,
Etait dans un état difficile à décrire.
La fièvre l'accablait depuis le jour fatal
Où, jeune, elle avait fui de son pays natal.
Une seule pensée, une pensée amère,
Troublait son cœur aimant.... elle appelait son père !

(1) Jessie Brown, jeune Ecossaise.

On entendait au loin, dans ces affreux instants,
Le bronze se mêlant aux cris des combattants;
Le farouche Indien, dans son aveugle rage,
Promenait dans nos camps le meurtre et le carnage.
Ils étaient cent contre un! Tous nos braves tombaient;
Sous leurs baisers de sang (1) les vierges succombaient!

Nobles filles, priez! Témoin de nos ruines,
Dieu récompensera les pauvres orphelines.
Paraissez devant lui le cœur exempt de fiel;
Pour l'innocent, la tombe est le berceau du ciel!
Je priais.... lorsqu'un cri vint frapper mon oreille,
Et le front rayonnant ma compagne s'éveille.
D'une main convulsive elle saisit mon bras
En me disant ces mots : « Ne l'entendez-vous pas?
» C'est le slogan!.... Son chant dans les airs se prolonge;
» Non, mon esprit n'est pas le vain jouet d'un songe.
» Merci, mon Dieu !.... Soldats, écoutez à genoux
» Le chant de Mac-Grégor, c'est le plus beau de tous! »

Le feu cesse : les yeux fixés sur l'autre rive,
Nous prêtons à Jessie une oreille attentive.
Cette lueur d'espoir fut un faible soutien;
Nous écoutions toujours et nous n'entendions rien.
Aucun bruit frappant l'air dans nos cœurs ne résonne;
Seul, pour notre trépas, le glas funèbre sonne!
L'enfant sur notre sein en vain cherche un abri,
Dans sa source féconde, hélas! il s'est tari!

Une seconde fois, au gré de notre attente,

(1) Les cruautés commises par les rebelles dépassent toute croyance.

La fille de l'Ecosse, à la voix palpitante,
De son timbre strident (1) couvrit nos faibles voix :
« Hâtez-vous maintenant ; ce sont eux cette fois.
» Des frères massacrés que les mânes revivent !
» Oui nous les vengerons, car les Campbells arrivent ! »

Il nous semblait à tous, dans ce pressant besoin,
Ouïr la voix de Dieu qui nous parlait au loin.
L'highlander jusqu'à nous se frayant un passage,
De la clémence auguste apportait le message !
Les femmes à genoux, d'un élan spontané,
Courbaient leurs fronts joyeux dans ce jour fortuné ;
Oubliant des combats la palme meurtrière,
Elles tournaient vers Dieu leurs lèvres en prière.
De leurs cœurs attendris les échos d'alentour
Entendirent sortir un noble cri d'amour ;
Un cri retentissant et qui couvrit la plaine
De sa vibrante voix : « Anglais ! vive la Reine ! »
Le destin des combats doit changer désormais,
Nous avons parmi nous nos vaillants Écossais !
Vengeance, amis, marchons ! Plus d'indignes entraves !
Au sein de notre armée il reste encor des braves !

Héroïque Havelock (2), et vous, illustre Neil,
Vous dormez tous les deux d'un éternel sommeil ;
Mais votre gloire reste et l'Anglais la réclame.
Guerriers, le souvenir est le parfum de l'âme !

(1) Elle s'écria avec cette voix des jeunes filles de la montagne, voix tellement stridente qu'elle fut entendue sur toute la ligne.

(2) Le général Havelock, avec quelques mille hommes, bat Nana-Saïb ; et après d'héroïques efforts, le 27 Septembre, il réussit à dégager les familles européennes qui étaient bloquées dans les forts de Lucknow depuis trois mois.

La veuve et l'orphelin, en longs habits de deuil,
En silence pourront pleurer sur un cercueil.
Grâce à votre valeur, à l'heure expiatoire
Ils pourront des martyrs honorer la mémoire,
Et leur reconnaissance, en montant jusqu'aux cieux,
Vengera de l'oubli vos mânes glorieux ! !

P. Dumas.

LA NUIT.

1835

Enfant l'homme dépense
Sa riante existence
   Sans bruit ;
Dans son adolescence
La menteuse espérance
   Le suit ;
A vingt ans il balance ;
Par l'amour, l'inconstance
   Conduit ;

Plus tard, par l'opulence,
L'orgueil et la puissance
   Séduit ;
Imprudent, il s'élance
Vers l'avenir immense
   Qui fuit ;
A la mort il ne pense ;
Qu'à l'instant où commence
   La nuit !

G. Fleury.

JE VEUX, JE NE VEUX PAS.

1858.

Je veux, si je veux je puis dire,
Vous consacrer mes plus beaux jours ;
Je veux pour vous monter ma lyre,
Chanter mes fidèles amours ;
Je veux que tout rival apprenne
Devant un sort si beau, si doux,
Qu'on meurt de regret et de peine
De ne pas être aimé de vous !

Je ne veux pas que la cohorte
De ces aimables ennuyeux,
Sur chacun de vos pas se porte
Pour que l'on dise « autant d'heureux... »
C'est ce qu'ils veulent faire croire,
Ces fats *heureux* me sont connus,
Changeant un échec en victoire,
Héros vainqueurs toujours vaincus !

Je veux, disons je vous supplie,
De craindre ces enivrements

Auxquels une femme jolie
Est exposée à tout moment :
L'encens porte vite à la tête,
Toutes sont faibles en ce cas...
Craignez qu'on vous dise coquette;
De là, plus loin... il n'est qu'un pas !

Je ne veux pas que l'on vous aime,
De ce bonheur je suis jaloux;
A moi seul l'ivresse suprême
D'aimer et de l'être de vous;
Pardonnez cette humeur trop fière,
Cet égoïsme de mon cœur,
En m'aimant oubliez de plaire...
Mais des femmes c'est le bonheur !

Je veux... est-ce là le langage
Dont il sied bien de se servir,
Envers celle qui nous engage,
Celle à qui l'on doit obéir ?
Non, et c'est une faute grave
Que trop tard je regrette, hélas !
Quand d'une femme on est l'esclave
Dit-on *je veux, je ne veux pas?*

Pierre Simon.

A MA FEMME.

1857

Ta vie est un saint chapelet
Dont j'aime à parcourir la chaîne;
Avec délices je l'égraine
Et mon cœur toujours s'y complait.
Autant de grains, autant d'années !
Chacun rappelle une vertu,
De saintes, d'heureuses journées
Dont rien ne peut être perdu,
Un fil d'or les tient enchainées.

Le fil d'or, c'est la piété
Qui conduit et règle sa vie,
Et ce fil là, ma bonne amie !
Aboutit à la sainteté !
Travail, patience, prière,
Amour, espoir, voilà son lot ;
Les *dizaines* de sa carrière
N'est-ce pas là tout ce qu'il faut
Pour une indulgence plénière?

V^{or} DERODE.

ENTRE HERZEELE ET WORMHOUT.

1858

Par un des plus beaux jours de la saison d'automne,
Entre Herzeele et Wormhout, nous voici dans les champs ;
Bien loin, bien loin là-bas, d'une voix monotone
Un vacher sans souci dit et redit ses chants.
De son feu d'herbe sèche et de verte ramée
En nuages épais s'élève la fumée.

On entend que partout il est des travailleurs ;
Le bruit sourd qu'en frappant le lin font les teilleurs,
Le gai bruit des fléaux qui battent dans la grange
Témoignent de la peine où le besoin nous range.

Si l'oreille, à leur tour, laisse faire les yeux,
Ils n'auront qu'à vouloir pour connaître ces lieux ;
Comme il n'est point ici de monts pour le défendre,
La vue aisément peut de toutes parts s'étendre.

Avant tout, chapeau bas ! Près de ce carrefour,
A la chapelle il faut que l'on dise bonjour ;
Car le peuple de Flandre est fervent catholique ;
Partout où deux chemins se touchent, il s'applique

A placer quelque Vierge avec l'enfant Jésus.
On pourrait discourir longuement là-dessus ;
Ce que j'allais bientôt entreprendre de faire,
Mais, tout examiné, ce n'est pas mon affaire.
Jésus, pauvre Jésus ! toujours sans vêtement,
Il doit souffrir du froid, souffrir horriblement,
Lui qui sentit pour nous les chaleurs les plus vives,
Jusqu'à suer du sang au jardin des Olives.

Si le spectateur met son regard vers le Nord,
Il lui sera donné d'apercevoir d'abord
Un champ (dont le coin touche à l'une et l'autre rue)
Où deux chevaux traînant une lourde charrue,
Sans qu'il faille à leur dos appliquer l'aiguillon,
Sont à creuser le sol sillon contre sillon.
L'homme qui les conduit n'a pas moins de courage ;
Il y va de l'honneur de faire un bel ouvrage.
Il dirige le soc dans un juste niveau,
Avec autant de soin qu'un sculpteur son ciseau.

Sur la glèbe tournée où l'insecte fourmille,
Se promène un beau coq suivi de sa famille.
Trouve-t-il par hasard quelque morceau friand,
Il le donne à croquer aux poules, le galant !...
Toutes à son appel vont l'entourer en groupe,
Et lui, fier d'être chef d'une si belle troupe,
Faisant claquer le bec, roulant un œil de feu,
Dresse avec majesté son cou vers le ciel bleu !

Auprès, sont des navets aux larges feuilles vertes ;
Les perdrix, dans l'espoir de s'y tenir couvertes,
Y descendent souvent ; ce qui ne sert de rien

Parce que c'est compter sans le bon nez du chien.
Voici quelqu'un porteur d'une arme à double charge.
Ses chiens battent le champ et du long et du large,
Et voilà six perdreaux qui se lèvent... là-bas!...
Notre fameux Nemrod vise et... ne tire pas.
Oh ! monsieur le chasseur, de pareils traits vous classent
Parmi ceux dont on dit, dans le sens droit, qu'ils chassent.

Accablé sous le poids d'un grand panier de grain,
Un boiteux apparaît sur un autre terrain.
Il sème du froment. Ciel ! un boiteux qui sème!..
Pour en avoir l'idée il faut le voir soi-même.

Plus loin, toujours suivant même direction,
Le clocher de Wormhout se tient en faction.

Vers la gauche tournant d'un angle droit encore
Voyons de quels objets ce côté se décore :
Prosaïque tableau ! c'est d'abord un fermier
En train avec ses gens d'épandre du fumier.
Au-dessus, — un ruisseau, des demeures champêtres,
Réduits de vieille date à petites fenêtres:
Et tout contre, — un moulin dont les bras font cent tours,
Sans jamais s'attraper se poursuivant toujours.

Enfin joignons les bouts pour faire une couronne
A l'Est est une auberge. — Entrez, la bière est bonne !
J'ajouterai, s'il faut encore une raison
Pour vous faire franchir le seuil de la maison,
Que l'aubergiste sait une antique légende
Qui n'est pas tout-à-fait indigne qu'on l'entende.

Ce récit ne pourra long-temps vous retenir :
Pour quiconque le fait — commencer c'est finir.

RÉCIT.

« Cette route au bout de laquelle se dessine *la bosse* du Mont-Cassel, cette large route qui coupe ici le gravier et plonge à travers la campagne vers Dunkerque, est une des plus anciennes de la Flandre. Elle n'eut pas toujours l'aspect qu'elle a maintenant, — de la boue au milieu et de chaque côté une frange de gazon.

Jules-César, qui la fit ouvrir, y fit aussi mettre un cailloutage. Et voici comment ce travail fut exécuté : la situation du terrain ne permettant pas d'employer des véhicules, les soldats romains se mirent sur une ligne depuis l'endroit où la pierre devait être tirée jusqu'à l'endroit où elle devait être répandue. Ainsi placés à l'aide d'une grande quantité de corbeilles, ils se passèrent le gravier de main en main jusqu'à destination. Cette méthode est aujourd'hui en usage chez les briquetiers, pour le transport du charbon.

Telle est, au sujet de cette route, la tradition constante transmise du père au fils; et des fouilles ont prouvé qu'il y est encore à présent une couche de cailloux à quelques pieds sous terre. — C'est à ceux qui *étudient les livres* à savoir combien il y a de temps que Jules César vivait. »

Voilà ce que le peuple en ce pays raconte.
Prouvera qui pourra que ce n'est qu'un vain conte.
Toujours est-il certain qu'avec les légions,
César, tu parcourus un jour ces régions !
Eh bien ! que dit ton ombre en revoyant ces terres
Que tu remplis jadis de meurtres et de guerres ?
Il me semble vraiment, ô grand consul romain !
Qu'elle doit avoir peine à trouver son chemin,

Car tout est si changé depuis ces jours de gloire,
Où tu passais ici guidé par la victoire.

Plus de bourbiers profonds, plus de sombres forêts.
Partout de riches prés, partout de beaux guérets.
Ombre inquiète et triste!... elle cherche en silence
S'il n'existe plus rien dont elle ait connaissance.
Plus rien!... Tous les objets lui sont objets nouveaux,
Tous... jusqu'à ce vieux chêne où cent vilains corbeaux
Comme pour se moquer des voyageurs qui passent,
Vils habitants de l'air, croassent et croassent!...

Isidore Vermont.

LE CHEVALIER NOIR.

CHRONIQUE BRETONNE.

1852

I.

LE TOURNOI.

La noblesse bretonne était réunie, vers la fin du XVe siècle, autour de la lice chevaleresque où s'étaient donnés déjà tant de beaux coups de lance. Les dames, en grande parure, entouraient l'enceinte, pour admirer le prochain spectacle des jeux guerriers. Les banderoles aux douces couleurs, aux devises galantes, flottaient doucement dans l'air ; et les chevaliers qui devaient combattre se tenaient fièrement sur leurs coursiers, dont ils contenaient avec peine l'impatience. Ils attendaient, revêtus de leur armure et la lance au poing, que les hérauts donnassent le signal. Et cependant, ils étaient immobiles et silencieux ; mais leur cœur battait d'ardeur et d'espérance ! et plus d'un serrait d'une main amoureuse l'écharpe de la belle amie, dont il venait proclamer le charme souverain.

Enfin, les fanfares retentirent, et la cohorte des chevaliers entra dans l'arène. Ils furent salués par les applaudissements de la courtoisie ; et les dames agitèrent leur mouchoir de gaze; — pareilles à des lys qui courbent au souffle printanier leur cou svelte et leurs feuilles blanches.

C'étaient des joûtes solennelles ; et pour augmenter l'émulation des braves chevaliers, la duchesse Anne de Bretagne assistait au tournoi.

Ces fêtes avaient lieu pour les fiançailles de noble damoiselle d'Héricourt avec l'opulent comte d'Arsac, né bourguignon, l'un des plus vaillants capitaines de son époque.

La jeune Hélène d'Héricourt, élevée par son oncle, le baron d'Héricourt qui l'idolâtrait, prise en affection par la duchesse Anne, avait eu l'enfance aussi douce, aussi calme que la plus heureuse des jeunes filles !... Sa beauté avait excité l'ardeur de tous les seigneurs environnants ; mais aucun n'avait su captiver l'amour d'Hélène. Elle était indifférente à tous leurs hommages ; elle refusait de les encourager même par un sourire. Ce n'était pas cependant une âme glacée que l'âme de cette enfant. A voir les palpitations de son souffle à travers son corsage ; à voir son regard bleu, ses yeux parfois humides de mélancolie, on pouvait se dire : elle a une âme, une âme adorée qui sent et qui peut aimer. Mais qui aime-t-elle ? Tous les gentilshommes qui se mettent à ses pieds ne font point vibrer cette corde endormie !... Si jeune, aime-t-elle déjà un souvenir !...

Mais lorsque le comte bourguignon se déclara prétendant à la main d'Hélène, le vieux baron, son oncle, tressaillit d'aise : — La noble et riche alliance ! s'écria-t-il. — Et plus que tout cela, le sire d'Arsac était honoré et vaillant. Bien qu'il ne fût plus jeune, il était beau par ses cicatrices et ses rides, marques de ses longs et loyaux services à la patrie. Même, aucun jeune chevalier ne pouvait se vanter de l'avoir démonté dans les tournois, où il excellait encore par son habileté et sa vigueur. Hélène, sans avoir pour lui de l'amour, sentit s'éveiller son orgueil... Et combien ce sentiment est puissant chez les femmes ! Elle consentit donc à l'accepter pour époux, mais sans quitter son attitude indifférente... et la seule faveur qu'elle lui eût accordée, c'était le droit de la proclamer la plus belle dans la lice, de porter ses couleurs, afin d'être son chevalier...

La trompette des hérauts a retenti par trois fois. Bientôt vont commencer les jeux de l'arène. Chacun a proclamé le nom de la beauté qu'il protége de sa lance, et chaque nom a été prononcé avec un fier défi. Puis les dames ont remis à leur chevalier une écharpe brodée de leurs mains, et portant leur devise... Quand vint le tour du sire d'Arsac, qui se distinguait parmi ses rivaux par la noblesse de son maintien, la beauté de son armure, et l'air vigoureux de ses membres, il tourna la tête du côté d'Hélène, la salua courtoisement, mais sans humilité; puis il cria d'une voix puissante:

— Dames et damoiselles! barons, ducs et comtes! bourgeois et manants! écoutez et gardez mémoire. Moi, par la grâce divine, comte d'Arsac, sire bourguignon, capitaine et chevalier royal, je vous dis ceci: Hélène d'Héricourt est la plus belle de toutes les dames du royaume de France! Je le dis et je le soutiens. Quiconque prétend le contraire en a menti comme un vilain. Je le tiens pour un félon, et je le défie à la lance, épée, dague ou poignard. Que Dieu garde notre souverain Charles VIII!

Il dit, jeta son gant dans l'arène, et promena lentement ses regards hautains sur les autres combattants.

Elle était vraiment brillante et glorieuse cette noble époque de la chevalerie! Ces siècles qui retentissent dans l'histoire avec un écho d'armures, de lances et d'épées, avec l'écho des chants du troubadour; ces beaux siècles de vaillance et de poésie passent devant nous comme une image éblouissante de mille reflets. Alors l'imagination régnait encore parmi les hommes; il y avait un reste de cette antiquité naïve, mais brûlante, et l'on savait encore vivre par le cœur. Aujourd'hui le cœur est mort; on rit de l'imagination. Quiconque s'abandonne à ces grandes rêveries est traité de fou. Alors, au temps de cette belle chevalerie, la femme était souveraine, adorée, idolâtrée! Le guerrier vivait avec deux amours: son glaive et sa dame. On a ridiculisé la chevalerie; mais, en la ridiculisant, on a bafoué la vaillance..., l'amour. Oh! qu'il nous soit permis, à nous jeunes hommes qui vénérons le passé comme un précieux débris, qu'il nous soit permis d'y jeter un regard de généreuse envie. Et si le monde actuel flétrit nos illusions une à une, qu'il nous laisse au moins répandre une larme pour chaque illusion perdue. Hélas! ne s'inspire-t-on plus aux paroles suaves de la femme? N'a-t-on plus de nobles pensées dans l'âme? Cette âme, enfin, est-elle devenue comme nos corps: frêle et misérable en face de la vigueur et de la taille de nos aïeux?

Mais jetons de nouveau les regards sur l'arène du tournoi breton.

Le sire d'Arsac, après le défi, avait jeté son gant. Tous les chevaliers, indignés de son arrogance, firent un mouvement de colère; ils donnèrent l'ordre à leurs écuyers de relever le gage du combat. Tout-à-coup, un nouveau-venu parut à l'entrée de la lice. Sa visière était baissée; son armure d'acier réflétait une couleur noire; noir était son coursier, noir le bois de sa lance. Les hérauts voulurent s'opposer à son entrée dans le sein du tournoi. L'un d'eux, s'approchant, lui dit :

— Pour entrer ici, il faut prouver sa noblesse, messire!

Le cavalier tourna vers les hérauts sa tête sombre. Tous reculèrent devant la flamme de ses regards; il entra rapidement.

— Or, sus! cria-t-il au comte bourguignon; c'est à moi seul à relever ton gant. Je te tiens pour discourtois chevalier, indigne de porter les couleurs d'une si gentille damoiselle. Entends-tu, fils de Bourgogne, je suis son chevalier, moi! Sais-tu cela, comte d'Arsac! je suis le chevalier d'Hélène. Elle ne t'a pas encore donné son écharpe; c'est à moi qu'elle va donner ce gage d'amour. On me nomme le Chevalier-Noir.

La foule bretonne applaudit; le comte rugit de colère.

— Rugis, tigre, rugis, Satan! fit encore l'inconnu... Ah! tu viens ici faire tête aux nôtres, et nous ravir les beautés nées sous notre ciel. Par Charles VIII, notre gracieux souverain, moi, fils de la Bretagne, je ne le souffrirai pas!...

Puis s'avançant du côté d'Hélène, il lui tendit courtoisement le bois de sa lance, afin qu'elle y mît son écharpe brodée, gage de chevalerie. Le sire d'Arsac s'avança aussi vers cet endroit avec un air furieux. La damoiselle d'Héricourt prit de ses blanches mains le tissu soyeux, et pâlit comme d'une indécision secrète. Elle était ainsi rêveuse et pâlissante, depuis qu'elle avait entendu la voix du Chevalier-Noir. Cependant elle s'apprêtait à donner le gage au bourguignon son fiancé, lorsqu'elle rencontra le regard du mystérieux champion. Ce regard la fascina; et, sans plus réfléchir, elle déposa l'écharpe sur la lance de l'audacieux inconnu. Le baron son oncle la laissa faire ; il était avant tout chevalier. Le courage d'un nouveau-venu, qui se proclamait breton et relevait l'insolence bourguignonne, avait remué ce vieux sang. Il fit silence, et toute son âme passa dans la curiosité de ses yeux.

Le sire d'Arsac, à la vue de cette sorte d'offense publique, bondit sur son cheval, et ses armes retentirent comme une menace guerrière. Il brandit sa lance et piqua son coursier pour prendre du terrain. L'inconnu se para de l'écharpe rose dont la tendre couleur tranchait avec celle de son armure, puis il jeta ces mots à la foule :

— C'est moi qui suis le défenseur de la beauté d'Hélène ; c'est moi qui porte ses couleurs !

Un héraut d'armes s'approcha de nouveau :

— Etes-vous noble, messire ? fit-il.

— Faquin ! je suis le Chevalier-Noir ; arrière !...

— Oui, arrière ! cria le sire d'Arsac. Noble ou non, que m'importe ? Il ne sera bientôt plus qu'un vaincu, ce hardi mécréant. Fusses-tu l'envoyé de Satan, ou Satan lui-même, tiens, maudit !...

Aussitôt la lance du bourguignon frappe en pleine poitrine le noir personnage. Sa cuirasse est solide, le fer ne pénètre point. Cependant, sous le coup vigoureux, il chancelle un moment. Mais il se crispe sur ses étriers, et se redresse bientôt, immobile comme un rocher sur les vagues.

— Va, tu es un Satan ! dit le sire d'Arsac... Mais qu'importe ?

— Tiens ! murmura l'inconnu, en lançant à son tour son arme contre le seigneur de Bourgogne.

Mais l'habile adversaire esquiva le coup, et les airs seuls gémirent. Les deux rivaux poussèrent de nouveau leurs coursiers pour prendre du champ.

Les autres combattants faisaient entre eux diverses passes d'armes, mais sans se mêler à cette lutte plus terrible. Les spectateurs aussi n'avaient d'attention que pour les deux cavaliers qui se disputaient l'écharpe rose de la damoiselle d'Héricourt. Tout se réunissait pour concentrer l'intérêt dans l'arène. L'audace du Chevalier-Noir, le mystère qui l'enveloppait, sa vaillance, la grande renommée du sire d'Arsac, invincible jusqu'alors dans les tournois : tout semblait de nature à captiver l'attention de cette foule chevaleresque et curieuse ; puis chacun de ces bretons eût aimé à voir abaisser l'arrogance du sire de Bourgogne. Chacun peut-être formait des vœux pour le succès du diabolique guerrier.

La belle Hélène aussi partageait l'attention commune. Ses beaux yeux suivaient avidement la plume rouge du sire d'Arsac, et le sombre panache de son chevalier nouveau. Il était aisé de voir pourtant que son attention était quelque chose de plus que la curiosité générale. La jeune fille avait mille pensées dans la tête ! Puis elle devenait rouge, pâle, et soupirait à chaque pensée. Le baron ne s'apercevait de rien ; il contemplait la lutte... et voilà tout. Chez lui, l'aspect des armes et des guerriers absorbait tout le reste. Ce vieux capitaine ne cherchait pas à connaître quel visage se cachait sous la visière d'un casque, pourvu que le cœur parût vaillant et le bras solide. Enthousiaste de gloire guerrière et de hauts faits, ce vieillard cherchait à ressaisir un éclair de son passé, un souvenir idolâtré de ses victoires chéries dans le reflet d'une armure ou dans l'étincelle qui jaillissait d'un cliquetis d'épées... C'était donc sans préoccupation aucune qu'il regardait la lice.

A la seconde rencontre, les lances des cavaliers volèrent en éclats.

Alors le sire d'Arsac parvint à saisir son rival ; et tous deux roulèrent sur le sol, tandis que leurs coursiers fuyants furent contenus par les écuyers du tournoi. Il y eut un grand silence dans la multitude. Chacun des deux rivaux cherchait à saisir sa bonne lame, en voulant mettre son adversaire sous lui, afin de lui faire crier merci ou de le faire déclarer vaincu. C'était une lutte sourde, longue, pénible à voir. Il n'y avait plus ici de grâce, ni de courtoisie ! Ils combattaient pour une femme et pour leur honneur. Entre ces deux hommes qui ne s'étaient jamais vus, il semblait qu'il y eût déjà une haine profonde, plus que de la haine ! Et certes, l'arène galante du tournoi avait perdu son éblouissant prestige, son charme ordinaire de gracieuse habileté.

Le Bourguignon arracha l'écharpe rose qui ceignait l'armure du Chevalier-Noir, et mutila la soie sous son gantelet ; l'inconnu, devant cette offense cruelle, eut un frémissement par tout le corps. Comme rempli d'une force nouvelle, il se balança deux ou trois fois, entraînant avec lui le sire d'Arsac étonné... Puis il le mit immobile et vaincu sous ses pieds. Aussitôt, lui appuyant la pointe de son épée sur la gorge, il lui dit d'une voix sépulcrale :

— Tu vas te reconnaître indigne de porter les couleurs d'Hélène d'Héricourt ; tu vas me déclarer ton maître et ton vainqueur... ou tu es mort !

Mille applaudissements saluèrent la victoire du Chevalier-Noir et la honte du sire bourguignon. Le seigneur d'Arsac, étouffant de rage, ne répondait pas. Par ordre de la duchesse Anne, les hérauts sonnèrent de la trompette, puis déclarèrent le sire vaincu, l'autre vainqueur. Alors ils enjoignirent au triomphateur de dégager son adversaire et de venir vers l'estrade des dames recevoir la couronne de laurier. Il se releva vivement, laissant le bourguignon cacher sa honte parmi les siens. Puis, remontant à cheval d'une manière courtoise, le mystérieux lauréat releva la visière de son casque pour montrer son visage aux spectateurs avides.

On vit un homme aux traits jeunes, animés et fiers.

Hélène le reconnut la première et poussa un cri de surprise :

— Lui ! fit-elle ; lui !

Le baron d'Héricourt regarda longtemps le cavalier avec émotion ; et, sûr enfin de reconnaître le chevalier dont le courage l'avait tant émerveillé dans la lice, il s'écria :

— C'est Gaston de Marcy ! Gaston ! mon fils adoptif !!

— Miracle ! répéta la foule ; c'est Gaston... Gaston parmi nous.

II.

LA PROMESSE SOLENNELLE.

Les joûtes terminées et le nom du vainqueur proclamé par les hérauts, la damoiselle Hélène fut saluée comme la plus belle, et ce fut en tremblant d'une joie secrète qu'elle remit à Gaston le laurier triomphal. Le baron d'Héricourt devait réunir ensuite les seigneurs dans un splendide festin, pour que les fiançailles de sa nièce fussent célébrées en grande pompe. Elles ne s'annonçaient guère sous de favorables auspices pour le sire bourguignon.

Déjà, dans une des salles du palais d'Héricourt, les comtes, ducs et chevaliers se pressaient autour des tables magnifiquement décorées. C'était un éblouissant aspect que cette assemblée de seigneurs et de dames en grande parure, et ces guirlandes parfumées, et ces rideaux soyeux, et tout ce festin qui brillait au loin ! On entendait le murmure vague de ces mille conversations qui se croisent, s'animent, et forment un bruit semblable à celui d'un lac qui s'endort. Tous parlaient du retour inespéré de Gaston de Marcy, de ce jeune chevalier breton que l'on avait cru trépassé dans les guerres... et qui revenait tout-à-coup comme du fond du sombre empire, portant le nom de Chevalier-Noir. Mais son retour était le bien-venu, sa présence bien saluée !

Cependant, l'on attendait la reine de la fête, la blanche Hélène, et l'hôte courtois de céans, monseigneur le baron d'Héricourt, ainsi que le Chevalier-Noir, le héros de la journée. Ils n'étaient pas encore venus dans la grande salle du festin. Quant au sire d'Arsac, honteux de sa défaite, il s'était fait excuser auprès des seigneurs.

Que faisaient donc, pour tarder de la sorte, Hélène d'Héricourt, le vieux baron et Gaston, l'enfant bien-aimé de la Bretagne ?

Ils s'étaient retirés un moment dans une pièce secrète, afin de dérober à la foule importune une intime causerie. Qu'ils avaient de choses à se dire à trois ! Que de questions et de réponses inachevées !

— Gaston... quoi ! tu étais encore en vie... Nous avions pleuré ta mort ; ingrat ! pourquoi nous avais-tu fui ? Pourquoi ce combat mystérieux, ce noir costume ? Dis-nous tout cela, mon Gaston !

C'est que le vieux baron avait recueilli Gaston au berceau, Gaston de Marcy ! l'enfant d'un noble et brave capitaine mort au champ d'honneur. Il l'avait élevé, aimé comme un fils, le confondant dans son amour avec sa nièce chérie... Puis, un beau jour, le jeune homme, — il avait alors vingt ans, — s'enfuit de la maison hospitalière, n'emportant qu'une lance, une épée, une armure. Il s'était enfui sur un coursier rapide, fier compagnon de son enfance guerrière, sans que l'on sût pourquoi, ni où il allait, ni quand il devait revenir. L'ingrat! laisser son père adoptif, sa sœur Hélène, — il pouvait l'appeler sa sœur, — laisser tout cela sans un mot d'adieu! courir loin de son ciel de Bretagne, sous lequel il vivait aimé de tous, comme le plus intrépide et le plus généreux des jeunes hommes du pays. Voilà ce qu'avait fait Gaston. Plus tard, on avait dit qu'il était mort comme son père, dans une bataille livrée par les troupes de France contre celles d'Italie. Tout le monde avait cru tel le destin du jeune sire. Aussi, quand la foule le revit, la foule cria: Miracle! voilà notre Gaston de retour.

— Que je te regarde encore, mon féal, disait le vieillard en serrant sa main comme celle d'un fils. Tu es beau, tu es grand! ton visage a bruni, tes traits sont plus mâles. N'est-ce pas, Hélène, qu'il est beau comme cela, notre ami? Quoi? tu ne nous dis rien; raconte-nous tes aventures. Mais avant, embrasse donc ton père et ta sœur...

Le chevalier-Noir, dominé qu'il était par une pensée fixe, répondait cependant aux caresses paternelles du baron. Il le serrait dans ses bras. Puis ce fut en rougissant que la jeune fille reçut le baiser de l'enfant prodigue. Le vieux seigneur continua:

— Je suis aise de te voir ici, pour que tu prennes part à notre assemblée. Nous allons entrer dans la salle du festin, où certes il serait discourtois de faire attendre plus longtemps mes convives. Là nous annoncerons les fiançailles de ma nièce avec le sire d'Arsac, contre qui tu as si rudement jouté tout-à-l'heure.

Gaston pâlit, Hélène soupira.

— C'est à l'occasion de ces fiançailles que je suis revenu, fit le jeune homme.

— Voilà qui est bien à toi, mon fils, reprit le vieillard. Je t'en sais gré, et toi aussi, n'est-ce pas, ma nièce? Voilà qui est bien. Mais alors si tu savais cela, pourquoi donc as-tu traité de la sorte le sire de Bourgogne, bien plutôt en ennemi qu'en ami?

— C'est mon secret, père, répondit Gaston d'un air décidé.

La jeune fille le regarda sérieusement.

— Ton secret ! allons donc ! Est-ce que l'on a des secrets à ton âge ? Dis plutôt que tu avais entendu l'orgueilleux défi du comte, et que tu fus entraîné par le bouillonnement de ton courage. La chevalerie a été plus forte que l'amitié. Je ne te blâme pas, mon Gaston ; j'ai toujours été un peu comme toi... Il me souvient qu'étant jeune, à une certaine bataille...

— Mon père ! dit Hélène qui craignait de voir le vieillard s'abandonner à ses longs récits, les seigneurs attendent ; rentrons, si bon vous semble, dans la salle du festin...

— C'est vrai ! maudite tête grise ! j'avais oublié mes convives... Prends la main d'Hélène, mon féal, et rentrons, pour qu'ils te voient tous, mon lion vainqueur !

Gaston prit la main d'Hélène et la serra ; il dardait sur elle le feu de son regard. La jeune fille se sentait heureuse de son retour... Tous trois entrèrent et furent reçus par les acclamations joyeuses de l'assemblée.

Le festin s'écoula dans une joie bruyante. Le Chevalier-Noir, placé près de la damoiselle, échangeait avec elle des paroles que personne n'entendait. Le vin circulait à grands flots, et l'on chanta des airs galants et des épithalames adressés au roi Charles VIII et à la duchesse Anne, que devait unir un prochain mariage. Quand arriva la fin de la réunion, on songea que Gaston allait narrer ses aventures et raconter comment il avait acquis par de rudes exercices la vigueur et l'habileté d'un cavalier glorieux. Il se fit un grand silence ; c'était le moment qu'avait attendu le jeune homme. Il se leva de son siège, et le ton sérieux qu'avait sa voix rendit les auditeurs plus attentifs encore.

— Messeigneurs, dit-il, ce que j'ai à vous avouer en ce moment est quelque chose de grave et de solennel. Si j'ai quitté tout jeune le toit hospitalier, le berceau de mon enfance, et ton beau ciel, ô ma Bretagne ! c'est que, tout en adorant ce pays, j'y trouvais une mort lente, j'y trouvais un air doux, mais qui cachait un poison funeste. A vingt ans, moi qui depuis mon premier rêve songeais à aimer, comme à être aimé d'une femme, moi qui vivais auprès d'une jeune fille aux formes angéliques, à la délicatesse d'une rose, comment aurais-je fait pour conserver un cœur libre auprès d'Hélène, la compagne de tous mes instants ?

Le vieux baron fronça le sourcil, et fit un mouvement de surprise et d'impatience. Gaston continua :

— Ne m'interrompez pas, mon père, de grâce!... Or, Messeigneurs, quand je voyais tous les jours cette belle enfant grandir avec moi, quand je la voyais folâtrer dans la plaine avec sa robe blanche et flottante, et ses petits pieds mignons, je me pris à l'aimer comme on aime son bon génie ou son illusion la plus caressante... Mais je n'étais pas un étourdi; je pensais de bonne heure, voyez-vous, et je compris que cet amour serait ma douleur éternelle, si je m'enivrais à cette coupe de séduction. Je voulus combattre cette passion : folie! Celui que l'amour a pris dans ses serres est d'autant plus déchiré quand il se débat. Je vous dis, Messeigneurs, qu'alors je réfléchissais. Quoi! me disais-je, je ne suis qu'un pauvre chevalier de fortune, orphelin qu'on a recueilli par pitié; je suis un insensé d'aimer la fille des seigneurs d'Héricourt... Malheureux! quand je vais parler de cela, on me chassera peut-être de cette maison où l'on me souffre par humanité... Cependant, quand j'étais près d'elle, mon âme parlait involontairement ; je la faisais rougir aux premiers mots de tendresse. Elle me serrait la main : nous nous étions compris. — Compris! oh! pour moi donc le bonheur pouvait luire ; cette pensée m'exalta, et je partis...

Je partis avec mon épée pour me faire digne d'elle, et revenir ensuite, après m'être distingué par des actions chevaleresques. Je partis pour acquérir de la gloire et quelque titre de comte à la hauteur de son nom. Après avoir voué ma vie aventureuse à la bénédiction de notre Dieu, je revêtis ce noir costume, et je fis vœu de ne le quitter que pour le jour de mes fiançailles — ou de mon trépas!! Car le jour où elle se donne à un autre, je me donne au tombeau. Oh! savez-vous que j'ai parcouru de longues routes, défendant les opprimés, consolant les pauvres, et proclamant partout la beauté d'Hélène d'Héricourt. J'ai vingt écharpes de chevaliers qui m'ont crié merci, et je les mets à ses pieds. Bien des contrées retentissent encore du nom du Chevalier-Noir. Mais je ne sais quel instinct, quelle crainte vague m'entraînait vers ma patrie. En approchant, j'appris bientôt les fiançailles projetées avec le sire d'Arsac. Désespoir! la fièvre me prit, et je courus nuit et jour sans repos et sans relâche, pour le défier, le vaincre ou mourir. Vous savez tout, Messeigneurs, jugez ma vie! Et vous, vénérable baron d'Héricourt, parlez!

Il se tut, et demeura calme et ferme sans arrogance. La blonde Hélène regarda son oncle avec des yeux inquiets et suppliants. Tous attendaient la réponse avec intérêt.

Le baron, qui, plusieurs fois pendant le discours de Gaston, avait montré par des signes d'impatience le désir de répliquer, s'écria:

— Ami, tu as douté de ma tendresse, cela est mal! Est-ce qu'à tout instant je ne t'appelais pas mon fils? Est-ce que tu as vu en moi autre chose qu'un père dévoué, autre chose que l'ami fidèle en qui tu pouvais déposer ta confiance? Oui, je t'aime! J'aimais ton père, le capitaine intrépide mort pour la France. Toi, je t'ai recueilli tout petit, j'ai entendu tes premiers bégaiements... mon Gaston chéri; et quand on a vu un enfant tout frêle vous sourire et vous appeler père, on l'aime... au point que la poitrine se déchire si on vient à le perdre un jour! Voilà ce que tu m'as fait souffrir, méchant, en quittant mon foyer sans un mot d'adieu!... Je te pardonne; mais ne dis plus que je te souffrais dans ma maison par humanité, et que je t'aurais chassé, même pour une faute. N'est-ce pas, Messeigneurs, qu'il a blasphémé, cet enfant?

Sa voix s'altéra d'émotion; le jeune homme vint à lui et lui baisa la main.

— Gaston, mon fils, continua le vieillard, ton amour n'est pas une faute. Hélène peut encore être à toi. Je t'ai vu dans la lice; et sans même te connaître, j'admirais l'audace de ta victoire. Tu es brave et loyal; mais écoute-moi: tu as jusqu'ici combattu pour les femmes et des aventures éphémères; qu'as-tu fait pour la patrie? Rien encore; va mériter Hélène en te distinguant dans nos armées. Notre sire Charles VIII est en Italie. Va donc... et dans un an, quand tu reviendras couvert de lauriers et de gloire solide, nous rassemblerons ces seigneurs dans un festin pareil, mais non plus pour des fiançailles avec le bourguignon. Alors, Gaston, tu deviendras deux fois mon fils.

— Eh bien! cela soit fait ainsi, reprit le Chevalier-Noir avec exaltation; je vais partir. Mais cette fois que d'espérances m'animent! quelle pensée d'avenir va tripler la force de mon bras! Demain je vole en Italie... Je brûle de me faire grand. Lorsque j'aurai bien combattu, bravant les périls et défiant la fatalité, je dirai au roi notre sire : — Je ne ne suis pas ambitieux, ô mon souverain ; mais faites-moi capitaine royal ; donnez-moi le titre de comte, si vous croyez que je le mérite, afin que je sois digne de celle qui m'est promise. Voilà ce que je dirai ; parce qu'alors, je l'espère, j'aurai mérité sur les champs de bataille plus que le titre de comte, j'aurai servi dignement ma patrie ; une secrète voix me le promet ; et ces pressentiments ne trompent pas, car ils viennent du Ciel.

Tous applaudirent à ce noble enthousiasme. Gaston s'approcha de la damoiselle, son amour, et lui dit dans son bonheur : — Tu seras à moi, gente Hélène, ou je mourrai.

Hélène semblait heureuse aussi ; mais blonde et languissante, elle n'avait pas l'énergie du jeune guerrier, et l'ardent chevalier lui dit avec un peu de reproche :

— Vous n'êtes pas heureuse comme moi ; non, vous n'aimez pas autant, vous, ma gente Hélène !

Puis revenant à des idées plus rieuses :

— Dans un an ! s'écria-t-il. Vous jurez donc, mon père, que dans un an elle est à moi, si j'ai bien servi ma patrie...

— Foi de chevalier chrétien ! fit-il, je te le jure.

— Adieu donc, Messeigneurs, dit Gaston en reprenant sa lance ; adieu, mon père ; Hélène, adieu. Quand on va combattre pour la France et pour son amie, il ne faut pas perdre une heure... Vous êtes tous témoins du serment !

A ces mots, le Chevalier-Noir disparut.

III.

L'ISSUE SECRÈTE.

Bientôt vint l'ombre du soir. Hélène, après tout un jour d'agitations, rentra dans sa chambre solitaire. Elle pouvait enfin réfléchir à tout ce qui s'était passé. Comme la solitude est une chose heureuse et vivement désirée par une jeune fille qui a vu surgir un événement imprévu et capital... le phare de son vaste avenir ! Gaston !... ce nom lui résonnait dans l'âme ; elle interrogea sa pensée, et vit qu'elle aimait le jeune chevalier. Son imagination, mystérieuse jusqu'alors, se déroula tout entière; elle vit qu'elle l'aimait depuis longtemps, et que de là venait son indifférence pour les autres adorateurs, son amour pour les souvenirs d'enfance ! D'abord elle avait accepté la main du sire d'Arsac, mais par irréflexion, mais séduite peut-être par cet orgueil inséparable du cœur de la femme. Maintenant elle avait revu Gaston, l'énigme était expliquée..... Elle ne pensait plus au sire bourguignon.

Elle aimait donc le Chevalier-Noir; cependant la noble damoiselle n'était pas une de ces femmes aux passions profondes qui s'exaltent et ressentent le bonheur avec des impressions de feu. Elevée dans la molesse, accoutumée à voir chacun sourire à ses caprices, Hélène avait un sang calme; de même qu'un lac, où nulle gondole ne trouble l'onde, reste sans une vague, sans un sillon. C'était une suave blonde que cette enfant; mais son cœur ne battait pas assez ; son amour était un penchant qui se serait lassé vite au moindre obstacle. Et cette femme, fragile de corps et d'énergie, entourée de la passion fougueuse du jeune guerrier, ressemblait à une délicate violette inondée par les rayons amoureux d'un trop ardent soleil.

La damoiselle se prit à rêver. Elle ouvrit sa fenêtre et regarda les étoiles ; elle respira l'air vital qu'exhalait la terre, les plantes embaumées du jardin. Puis elle se dit: Il est parti maintenant, mon beau fiancé ; à cette heure il est loin de moi sans doute ; car son coursier sinistre est rapide comme le vent. Parti! j'aurais voulu lui dire un meilleur adieu; oh! tous les soirs, tant qu'expire l'année, je viendrai m'asseoir à cette fenêtre, où je prierai Dieu pour son bonheur. Une année, cela expire vite.

Naïve et irréfléchie, Hélène ne songeait jamais à l'incertitude d'une chose future. Pour elle, à l'horizon, jamais une nuée. Puis elle ne connaissait pas l'impatience qui dévore les heures et fait trouver mille siècles même dans un seul jour!!

Un bruit sourd et strident se fit entendre.

Effrayée comme la biche au moindre murmure, la jeune fille se retourna ; une porte invisible jusqu'alors s'ouvrit dans la tapisserie, et soudain un chevalier se trouva près d'elle... C'était Gaston de Marcy.

Le premier mouvement de la damoiselle fut la joie de le revoir :

— C'est toi, mon Gaston ! fit-elle.

Puis elle reprit, un peu confuse en se retirant en arrière :
— Mais nous sommes seuls ici !

— Enfant, dit le noble jeune homme, pourquoi crains-tu d'être seule avec moi ? Ne suis-je pas ton chevalier, ton fiancé, ton frère, ô mon Hélène ?...

— C'est vrai, répondit-elle en se rapprochant avec une grâce charmante, j'ai foi en toi, et je pensais tout-à-l'heure que je serais heureuse de te faire un meilleur adieu, d'être tous deux seuls, afin de pouvoir nous parler à deux... Ce n'est pas comme pendant le festin, où tous les regards semblaient tournés vers nous, toutes les oreilles tendues vers nos paroles ; à peine, n'est-ce pas, si nous pouvions nous dire à la dérobée : Je t'aime !... avec un serrement de main...

— Ange ! tu m'aimes donc bien ? Je puis partir sans crainte ?...

— Je t'aime, Gaston, mon fiancé, mon époux !... répondit-elle.

Non, certes, elle ne mentait pas ; il y avait dans ses paroles une naïveté si persuasive qu'on ne pouvait douter. Mais aussi la voix de cette jeune fille avait quelque chose de nonchalant qui décelait une âme paresseuse, mobile, sans énergie pour recevoir les impressions heureuses ou fatales. Le Chevalier-Noir saisit rapidement cette pensée. Tels sont les hommes qui aiment le plus ; ils aperçoivent bien vite le nuage qui voile leur horizon. Il s'avança vers Hélène, et la parcourant d'un regard enflammé :

— Quand on aime beaucoup, s'écria-t-il, on a plus de feu dans la voix, Hélène !

La blonde jeune fille reprit avec étonnement :

— Je vous aime ! que puis-je dire encore ?

— C'est vrai, je suis un insensé, fit Gaston ; elle me dit qu'elle m'aime ; une enfant ne ment pas comme mentirait une courtisane. Donc, elle m'aime. Rassure-toi, mon cœur... C'est que, vois-tu, pauvre enfant, depuis que ta main m'est promise, mon amour, qui ne se berçait auparavant que d'une vague espérance, entrevoit un avenir plus réel. Aussi, dès ce moment, cet amour est une partie de mon existence ; je le traîne après moi comme un dard enduit de miel. Dès que ton oncle m'a dit que tu serais à moi, l'image éblouissante de cet avenir s'est placée devant mes yeux et m'éblouit pour toujours. Cet avenir, c'est mon sang, c'est la flamme qui fait vivre ! N'est-ce pas, Hélène, tu comprends cela?... Si tu meurs, je viens mourir sur ta tombe, si tu en aimes un autre... malédiction, vois-tu!

La voix de l'impétueux guerrier s'altérait à cette idée de jalousie. La damoiselle ne comprenait pas ce qu'il y avait de profond dans ce discours ; la frayeur domina son émotion...

— Ami, fit-elle, parle plus bas ; tu vas éveiller les chevaliers de mon oncle qui dorment dans le couloir voisin, et qui accourraient au moindre bruit. S'ils nous surprenaient, bon Dieu !

— Quelle frayeur te domine près de moi? Toujours trembler!... Mais cette crainte enlève une part de l'amour. Que m'importe à moi ce que diront les chevaliers de ton oncle ? Est-ce que je songe à quelque chose lorsque je suis près de toi? Est-ce que nous faisons mal de nous dire adieu... pour si longtemps? Dis, faisons-nous bien mal? Hélas! Dieu m'est témoin... plutôt que de ravir une seule feuille de ta couronne, ô vierge ! plutôt que d'être un lâche et profane amant, comme cela est si facile, j'aimerais mieux être maudit comme Caïn et damné comme notre pape Borgia. Va, ne crains rien ; je parlerai bas... Mais le sire d'Arsac... c'est du sire d'Arsac dont je veux te parler... Tu avais accepté ses fiançailles... Il doit me haïr, oh! me haïr comme un Satan. Je me ris de sa haine. Mais qu'il ne cherche pas à me ravir à la tendresse, Hélène ! qu'il n'essaie pas cette téméraire vengeance, l'insolent bourguignon ! ou ma lance lui percera le cœur. Fussé-je à l'autre bout de l'univers, je reviendrais pour le combattre, non plus dans une lutte courtoise, mais dans une lutte mortelle où l'on pourrait écraser sur le sable l'ennemi terrassé.

Il s'arrêta un moment, comme pour se replier sur lui-même et résumer ses pensées incohérentes ; puis il reprit d'un ton bref:

— Je suis jaloux du sire d'Arsac !

Hélène contemplait le Chevalier-Noir avec de grands yeux languissants.

— Que vous avez de beaux yeux, mon amour, dit-il encore ; mais que je trouverais ces yeux plus beaux, si j'y voyais une larme... oui, une larme ! Tenez, jeune fille, dans un moment je vais partir, vous quitter, mon idole, quitter mon âme, enfin ! Je vais fuir ce boudoir enivrant où je respire la molle clarté de votre lampe, l'exhalaison suave de votre présence, de votre chevelure parfumée, de votre angélique personne. Oh ! si je songe à cela, je vais m'oublier... Non, je pars, je pars. Mon cœur se brise, à moi. Je vais maintenant chevaucher nuit et jour à travers les saisons mauvaises et tous les périls... Est-ce que jusqu'à présent j'avais jamais songé à la rudesse du ciel, ou bien aux dangers du voyage ? Non ; l'amour nous rend lâches, parce que la vie, quand on aime, c'est l'espérance, le bonheur ! Or, c'est une lâcheté d'aimer trop la vie, surtout pour un chevalier... Je puis mourir enfin pendant cette fatale année, continua Gaston avec une sensibilité profonde.

Soit qu'Hélène fût attendrie, soit que la douleur agit sur elle comme sur une enfant, soit qu'enfin les femmes trouvent des pleurs à volonté, toujours est-il que deux larmes coulèrent le long de ses joues roses...

Le Chevalier-Noir s'avança devant la sainte image du Christ, et se découvrant solennellement et pieusement :

— O Jésus ! fit-il, je jure par tes plaies sacrées que j'aime cette femme comme je n'ai jamais aimé, comme je n'aimerai jamais ! Jésus, sois témoin de mon serment. Je ne serai point à d'autre, et que je sois damné, si je deviens parjure.

Il prit la main d'Hélène, et la conduisant vers le symbole divin :

— Fais le même serment, s'écria-t-il, et je pars heureux.

La damoiselle d'Héricourt se dégagea de lui, légère comme une biche ; elle fit un saut en arrière, et se mit boudeuse et indocile sur un des sièges gothiques qui garnissaient l'appartement.

— Vous êtes effrayant, Gaston, dit-elle ; vous allez perdre mon âme avec tous vos serments. Je ne veux point jurer, moi, parce que le révérend père chapelain me l'a défendu dans le tribunal de la pénitence !

A ces mots, le Chevalier-Noir se mit fort en colère :

— Quoi ! s'écria-t-il dans un accès d'incompréhensible jalousie, tu parles d'un autre! tu parles de ce qu'un autre t'ordonne, au moment où j'oublie tout par ta présence. Je suis près de te maudire, vois-tu ! oh ! bien près de maudire cet amour qui me dévore ! Femme cruelle, si je pouvais ne plus t'aimer !

Après cette exclamation désespérée, Gaston se prépara à sortir... Hélène restait toujours assise, et fixait sur lui des regards interrogateurs ; l'âme de cette jeune fille, semblable à l'onde pure, ne connaissait pas le vent d'orage qui soulève les vagues avec une invincible furie. Cependant, le jeune homme ne put se résoudre à faire un si triste adieu. Sa mâle physionomie prit une expression de douceur touchante ; il s'approcha d'Hélène et lui dit :

— Adieu, je pars ! ne m'oublie pas... Ou je reviendrai pour toi, ou bien je mourrai.

— Non, dit Hélène en lui serrant la main, je ne t'oublierai pas, mon chevalier ; adieu !

Elle parlait encore avec des larmes dans la voix lorsqu'elle sentit la main de Gaston se dégager de la sienne. Elle veut lui parler encore ; mais le Chevalier-Noir n'est plus dans l'appartement ; il a disparu comme par magie, et c'est en vain que l'on chercherait la trace de la porte secrète pratiquée dans le mur, comme une voie mystérieuse ouverte à ces mystérieuses causeries d'amour !...

La damoiselle, surprise de cette brusque sortie, ouvre la fenêtre de sa chambre pour voir encore une fois Gaston... et bientôt elle aperçoit, au milieu des blanches lueurs de la nuit, le chevalier s'éloignant au galop des murs du château solitaire.

IV.

AMOUR ET CHEVALERIE.

Gaston chevauchait à travers le bois sombre, au milieu des murmures de la nuit que répétait l'écho du feuillage. Il stimulait son infatigable cheval, et, de temps en temps, l'amoureux guerrier tournait la tête en arrière. A mesure qu'il s'éloignait du château d'Héricourt, son cœur se serrait, des larmes lui venaient aux yeux. Car c'était avec un déchirement profond qu'il s'éloignait de ces lieux chéris. Ce n'était plus le même Gaston, l'ardent chevalier, qui ne songeait guère à la mort ni aux souffrances, et qui poursuivait une vague rêverie; ce n'était plus ce Chevalier-Noir dont le corps et l'âme étaient de fer comme son armure. Aujourd'hui Gaston souffrait, parce qu'il avait une solennelle promesse d'Hélène et du baron d'Héricourt, et que cette belle image pouvait disparaître au souffle de l'adversité, comme les fantômes nocturnes disparaissent au souffle de l'aurore... Avant d'avoir cette espérance réelle, s'il songeait à la tombe, c'était avec l'insouciance la plus profonde. Maintenant, l'idée du trépas... c'est le désespoir, l'enfer. Pauvre chevalier ! pourquoi donc as-tu revu la patrie ? Ne valait-il pas mieux te contenter d'une vie aventureuse, où ton cœur était calme, sans rêver les joies délicieuses de l'amour ?... Pauvre jeune homme ! ton bon génie ne t'avait-il pas dit tout bas que l'amour, même le plus heureux amour, est une fleur entourée de ronces où l'on doit laisser des lambeaux de chair saignante, avant d'arriver à cueillir cette fleur si désirée ? Qu'importe ! le généreux enfant de la chevalerie ne regrette pas son passé, puisque l'avenir se montre paré d'une si riche étoile ; et c'est dans l'espoir caressant qu'il puise la force de son cœur, la compensation à ses maux.

Et pourtant dans la première heure de l'absence, les sentiments qui l'animent sont des pensées d'abattement, d'inquiétude. Le malheureux exilé voit encore tout près de lui l'image d'Hélène, molle déesse d'un enivrant boudoir ; il la revoit avec ses tresses flottantes sur ses épaules blanches. Il respire encore l'air de sa Bretagne qu'il fuit à grands pas.

Tout cela pour elle !

O douce pensée, baume enivrant ! Sans doute, elle aussi comprend toutes ces douleurs, puisqu'il fuit sa patrie, ses frères, tout ce qu'il aime, pour affronter la mort, et chercher au sein des périls un titre et de la gloire, et que cette gloire... il veut la mettre aux pieds de l'amour. Déjà Gaston n'aperçoit plus dans le lointain les lumières du château qu'il a quitté... Ses yeux cherchent vainement dans l'ombre un dernier rayon de ce phare d'espérance. Mais l'ombre épaisse l'enveloppe comme d'un noir bandeau. Alors son front retombe involontairement sur sa poitrine, et son coursier breton foule d'un pied triste ce sol qu'il fuit avec rapidité.

A la lueur d'un rayon de lune, quiconque aurait entrevu le chevalier marchant ainsi dans l'ombre, aurait cru voir un fantôme sinistre faisant dans les bois sa tournée nocturne, pour converser avec les esprits et les hiboux... et si quelque voyageur égaré ou téméraire avait passé là, il se serait signé avec terreur, en écoutant le piaffement du coursieur dans les broussailles, en apercevant la forme confuse du cavalier inconnu. C'était bien alors l'heure la plus terrible, au dire des pâtres et des troubadours, l'heure à laquelle voltigent les âmes en peine, qui s'échappent des tombeaux comme de petites lames de feu, et mêlent leurs gémissements légers aux sifflements du vent, aux bruissements des feuilles. Mais le brave sire Gaston de Marcy ne craignait point ces rencontres surnaturelles. Sa conscience et son courage le rassuraient. Et comme il croyait en Dieu, il n'avait pas peur de Satan, — persuadé que Dieu couvre d'une invincible égide ceux qui croient en lui. — Il avançait ainsi dans une somnolence mélancolique, laissant aller au hasard sa pensée et son coursier fidèle, pareil au nautonnier qui abandonne le gouvernail au caprice des flots, quand sa tête est lourde et que la mer se cache dans la nuit. Soudain, les oreilles du cheval se dressent, son pas devient plus vif; et Gaston croit voir la forêt se remplir de lumières errantes ; il croit voir passer devant lui des ombres de femmes, de chevaliers, de génies; il entend des voix confuses, des chants divins... Dans toutes ces voix, il distingue son nom, celui d'Hélène ; il écoute ; les chevaliers chantent :

« Marche, enfant de la chevalerie, marche sans crainte,
» âme pure et loyale ! Nous veillerons sur toi. Ton glaive
» sera solide et ton bras robuste. Nous sommes les âmes
» des antiques chevaliers qui errent dans les bois et dans
» les plaines. Nous veillerons sur toi, notre enfant... Mar-
» che ! marche ! mais si tu veux vivre longtemps et rayon-
» ner de gloire, n'écoute pas trop l'amour... l'amour
» d'Hélène ! »

A ce m, le sire de Marcy frissonna ; il mit la main sur son épée pour punir celui qui parlait mal de sa dame. Mais il se retint : — Fantômes de la nuit, fit-il en souriant. Puis il poussa son coursier d'un rude coup d'éperon, Mais les lumières vagues erraient toujours au-devant de lui, et les voix mystérieuses résonnèrent encore à son oreille. Les femmes chantaient :

« Beau Gaston, tu es digne d'être aimé ! Tu mérites
» qu'une femme se dévoue pour toi, pour se lier à ta vie.
» Tu seras aimé, Gaston ; mais crois-nous, nous sommes
» tes bons génies, ne songe pas à ton Hélène. Cette fleur ne
» semble pas née sous le même soleil que toi ; tu es l'arbre
» d'Espagne ; elle, la plante dormeuse du Nord. Pour elle,
» il faut de l'onde pure et fraîche ; pour toi, le ciel ardent,
» les flammes de l'été. Elle est blonde ; ses yeux bleus in-
» diquent une volupté pâle... Pour toi, la brune dont le
» regard ruisselle et dont les cheveux frémissent au gré de
» la brise. Sinon, Gaston, pour toi la mort... »

— Fuyez, maudites ! s'écria Gaston dans un nouvel accès de colère. Qui pourrait me détacher d'Hélène, mon espérance, mon adoration ? Vous n'êtes point les génies de la chevalerie, mais bien les démons qui empruntent leur langage. — Marche donc, mon bon coursier ! — Un autre amour ! Non, non ; quand je rencontrerais la plus suave fille de la terre et qu'elle se roulerait à mes pieds pour implorer ma tendresse, je lui dirais : — Vous n'êtes pas Hélène !...

Le jeune homme parlait avec feu et jetait de toutes parts des regards irrités, mais bientôt il ne vit plus que les arbres de la forêt qu'illuminaient les premières clartés de l'aurore. Les visions avaient disparu sous le souffle matinal. — Est-ce un rêve ? se dit Gaston. Puis il ne songea plus aux voix des génies, et continua son voyage avec sa constante pensée d'avenir et d'amour.

Le temps s'écoulait ; le sire de Marcy continuait sa vie aventureuse, vivant avec sobriété, donnant ce qui lui restait d'or aux pauvres du chemin, et se faisant, l'épée au poing, le défenseur des malheureux et l'ennemi des seigneurs tyranniques. C'était l'existence habituelle de Gaston, existence généreuse dont notre siècle se rit, parce qu'il n'est plus capable de l'imiter ; il était redevenu le Chevalier-Noir, le bon génie des campagnes. Mais souvent il se disait : — Je ne suis rien encore ; je n'ai rien fait pour notre mère, notre patrie : la France ! Je ne puis encore me présenter devant le baron d'Héricourt pour lui rappeler sa parole et lui demander Hélène. Je ne suis encore que le pauvre chevalier, l'orphelin de la Bretagne. Venez à mon aide, génies de la vaillance et de la fidélité.

Ainsi parlait Gaston tous les jours, jusqu'à ce qu'il parvint au sol d'Italie où tendaient ses pas. C'est qu'alors l'Italie était hérissée de lances françaises, et que le roi Charles VIII conduisait dans ce pays de fortes armées pour s'emparer des villes et se faire un grand renom. En abordant sur cette terre de poésie, Gaston respira l'air des lacs et des roses, et l'aspect de cette belle contrée lui donna des rêves de délices et de gloire... En sentant renouveler la vie dans ses veines, il se prit à songer avec une volupté infinie à la blonde enfant restée loin de lui sous le ciel breton... et tout ce bien-être, il le reportait vers elle! Le nom d'Hélène s'échappa de ses lèvres attendries... Puis, s'il voyait, à la tombée du soir, une italienne pensive et charmante errer sur les bords de l'eau, il croyait voir la damoiselle d'Héricourt rêver en murmurant son nom, dans la prière intime de la mélancolie.

Gaston arriva jusqu'à Florence, où résonnait le bruit des armes. Il y avait quatre jours que les troupes françaises faisaient le siége de la noble cité, et le roi Charles VIII maudissait ses généraux et ses officiers qui reculaient toujours et commençaient à se lasser de tant d'efforts... Les soldats devaient entrer par une porte de fer que gardait une cohorte des plus braves chevaliers florentins, et plusieurs bataillons avaient déjà trouvé la mort devant cette issue. Cependant les Français, furieux en face des cadavres de leurs frères, se ranimèrent et serrèrent leurs rangs. Les épées brillaient au soleil, un nouvel assaut recommença.

Le sang coulait, et la victoire, indécise encore, ne planait point sur les étendards de la France, lorsqu'on vit arriver du haut de la montagne un cavalier au galop. Rapide, muet, couvert d'acier, il semblait quelque demi-dieu venu pour décider la fin du combat. C'était un singulier spectacle que de voir ce morne personnage traverser solennellement le champ de bataille, en perçant les bataillons qui s'ouvraient sur son passage, en sautant au-dessus des morts, et venant se poser enfin devant la funeste porte de fer. Les coups de sa masse d'armes retentirent sur cette porte ébranlée; et les chevaliers de Florence, indignés de cet audacieux défi, s'élancèrent pour punir le téméraire inconnu. Mais Gaston de Marcy se tient ferme sur ses étriers; déjà plusieurs de ses assaillants tombent par terre. Il paraît semblable au géant qui domine par sa stature immobile les impuissants efforts de ses ennemis. Sublime effet de l'amour et de la chevalerie! la cohorte invincible jusqu'alors se met en désordre, et les troupes françaises, profitant de cette admirable victoire, s'élancent sur les traces de Gaston et pénètrent par la porte de fer dans la cité vaincue.

Nous ne faisons pas ici l'histoire de la prise de Florence et des guerres d'Italie, mais seulement celle de Gaston de Marcy, l'amant d'Hélène... douce chronique d'amour. Aussi nous avons abrégé les détails du récit pour rapporter simplement l'exploit du chevalier.

N'est-ce pas en effet l'amour qui toujours nous inspire? Et s'il n'y avait pour les grands hommes l'espérance d'être aimés, chercheraient-ils la vanité de la gloire?

Cependant le Chevalier-Noir, écartant les guerriers qui l'entourent et le comblent d'applaudissements fraternels, s'avance vers Charles VIII et lui dit, en relevant la visière de son casque :

— O roi, notre sire, que mon bonheur ne soit pas à vos yeux un motif pour vous exagérer mon mérite. Je suis un chevalier breton, chevalier de fortune, qui veut conserver avant tout l'indépendance de son épée. Il serait aussi bien lâche à moi de vous dire que l'amour de la patrie m'a seul guidé. Non, sire ; une pensée plus égoïste vient d'inspirer mon bras. J'aime une femme, et, pour l'obtenir, l'on m'a dit : — Va-t'en par le monde, tente quelque action d'éclat ; reviens ici chevalier royal avec le titre de capitaine, cette femme pourra t'appartenir alors. Voilà ce que l'on m'a dit, sire, et vous avez vu ce que j'ai fait. Jugez si je suis digne du titre de capitaine et de chevalier royal... sinon, je reste encore pour chercher dans les combats une occasion nouvelle de vaincre ou de mourir.

— Noble guerrier, répondit le roi Charles VIII encore tout exalté de son triomphe, je ne crains pas de le dire en face de mon armée, c'est peut-être à toi que je dois Florence. Je ne suis pas de ces souverains ingrats qui prennent pour eux la gloire et laissent à leurs chevaliers les périls et les soucis de leurs travaux. Non ; tu es digne d'occuper un rang illustre dans mon royaume. Mais je l'ai compris, chevalier ; les honneurs ne sont rien pour toi... l'ambition n'a pas flétri ton âme généreuse. Le titre que tu me demandes n'est qu'un moyen pour parvenir à celle que tu aimes et pour laquelle tu combats. Va, tu peux relever la tête. L'amour de la femme est aussi noble que l'amour de la patrie. Je l'avoue, je serais heureux de pouvoir t'attacher à mon armée; car, après ce que je t'ai vu faire, tu es un soldat précieux; mais il serait infâme à moi d'abuser de ta franchise et de te refuser le titre que tu me demandes, pour que ce refus t'engage à faire de nouveaux exploits dans mes rangs. Sois donc capitaine et chevalier du roi. Je te donne solennellement ce grade devant tous mes bataillons, et de ma main je veux t'armer mon chevalier féal.

Les trompettes sonnèrent, et les troupes applaudirent avec un frémissement joyeux... Gaston s'approcha du prince, lui baisa courtoisement la main, puis fléchit le genou devant lui. Lorsqu'il fut armé chevalier royal et qu'on l'eut reconnu capitaine, il remonta sur son fier coursier. Faisant alors un geste d'adieu à cette foule triomphante, le sire de Marcy s'éloigna rapidement, tandis que Charles VIII faisait entrer dans les murs de Florence son armée victorieuse.

V.

SOLENNELLE ENTREVUE. — L'INCENDIE DU CHATEAU.

Une année environ s'était écoulée depuis le jour où le Chevalier-Noir avait quitté le château d'Héricourt, emportant la promesse solennelle du vieux baron. Cette fois, il revenait fier de lui-même, revêtu d'un titre et d'un nom glorieux; il revenait prêt à demander compte au vieux gentilhomme de la parole donnée, prêt à réclamer hautement la main de celle qui avait juré de se donner à lui. Mais bien des choses étaient changées depuis l'époque du tournoi où le sire d'Arsac, le fiancé d'Hélène, avait succombé dans la lice; bien des choses étaient changées depuis lors dans le duché de Bretagne! Mais Gaston ne s'en doutait pas.

Il s'en revenait, bercé dans les pensées les plus riantes. Les plus douces images folâtraient devant lui. Le souvenir de sa victoire restait comme un baume en lui-même, parce que la palme était la main d'Hélène; ce moment si longtemps désiré, acheté par de si rudes et si brillants travaux, approchait enfin. Le sire de Marcy entrevoyait déjà de loin les blanches murailles du château d'Héricourt. A cette vue, Gaston pâlit et trembla. Lui, qui ne reculait devant aucun danger, frémit en pensant à la femme adorée. Un douloureux pressentiment le saisit. Le château étincelait de mille lumières, dont le voyageur apercevait le reflet lointain. C'était alors l'heure du crépuscule ; et ces lumières si nombreuses, qui rayonnaient dans l'ombre naissante, devaient avoir pour cause une fête, une assemblée magnifique. Gaston, inquiet, interrogea les pâtres qui passaient et retournaient en chantant à leur chaumière, après l'heure du travail :

— D'où vient, leur dit-il, que le château d'Héricourt s'illumine ainsi ce soir ?

— Vous venez donc de bien loin, mon bon seigneur, répondit le plus vieux des pâtres, puisque vous ignorez que demain la fille des sires d'Héricourt épouse le noble seigneur de Bourgogne, le comte d'Arsac? C'est aujourd'hui la fête des fiançailles, et c'est une joie immense dans tous les environs... Que Dieu vous garde, seigneur chevalier, ajoutèrent les pâtres en passant leur chemin.

Gaston, par un mouvement convulsif, avait arrêté les brides de son coursier. A cette nouvelle, le jeune homme restait immobile et sans voix ; la foudre eût moins rapidement pulvérisé la vie dans ses membres, et l'on eût dit un cavalier d'airain debout dans un coin de la forêt... Hélène! le sire d'Arsac!... Quel effroyable coup, plus terrible encore que les épées et les lances menaçantes, plus profond que l'arme la mieux trempée! Qu'étaient-ce, auprès de cette souffrance, que toutes les souffrances de la fatigue et du péril? Mille fois mieux eût valu la mort sous les murs de Florence, même la mort la plus lente et la plus cruelle!... L'âme du guerrier blessé, mourant, ne souffre pas! Et qu'est-ce, auprès de la torture de l'âme, la douleur passagère du corps?... Ici le Chevalier-Noir souffrait le supplice le plus atroce... Et sans doute son mauvais génie, ne trouvant pas de prise sur son armure d'acier et sur son corps de fer, avait imprimé ses griffes sur son âme sensible et tendre. Infortuné! il avait tout quitté, tout bravé pour elle ; tout quitté... même sa gloire! Lorsqu'il aurait pu acquérir d'immenses honneurs sous les drapeaux de sa patrie, lui, capitaine royal, chevalier glorieux entre tous les chevaliers, n'avait pas un moment songé à rester dans cette armée enthousiaste de son audace, avec ce souverain, noble appréciateur de ses exploits. Cette pensée n'avait pas un seul moment obscurci l'horizon de son amour... Tout pour elle!

Auprès du souvenir d'Hélène, qu'étaient la renommée, la vaillance, l'ivresse des combats?... Il espérait, le malheureux ! dans la bonne foi de sa tendresse pure, que la jeune fille absente le suivait de son inquiétude, le protégeait de sa prière, et qu'elle n'avait comme lui qu'une pensée fixe : le revoir, être à lui ! Ignominie !... N'est-ce pas une lâcheté de se faire aimer, adorer, puis de trahir l'absent qui combat pour vous? N'est-ce pas être aussi vil qu'un assassin qui, se riant de la foi jurée, vous frappe d'un coup mortel en vous appelant son ami? Ce brave guerrier, que rien ne pouvait abattre, est terrassé par la perfidie d'une femme. Ce front si fier s'incline, ce sang de flamme est glacé !

Peu à peu cependant la vie revint au Chevalier-Noir. Le souffle bienfaisant de la soirée ranima sa poitrine, et sa pensée se réveilla comme son corps. Cette idée déchirante se dressa encore devant lui,... mais les malheureux espèrent ; ils veulent douter. Sa planche de salut fut un débris d'incertitude ; il s'y accrocha de toutes les forces de son âme. Là encore il trouvait un nouveau supplice. Douter... non ! il faut s'assurer en quelques instants de tout son malheur. Il faut — car peut-être la jeune fille est tyrannisée, — l'arracher à ceux qui l'oppriment et veulent la contraindre à devenir parjure. C'est ainsi que le sire de Marcy trouvait tour à tour dans son imagination l'espoir consolateur ou la plus vive amertume. Il prit sa course vers le château d'Héricourt ; mais au milieu de la route il s'arrêta devant la porte d'une chaumière, simple demeure d'un vieux bûcheron que Gaston avait autrefois délivré d'une attaque de brigands, alors que dans les jours de sa jeunesse il faisait dans le bois sa tournée de chevalerie. Gaston savait que ce vieillard lui était tout dévoué, et que dans sa reconnaissance il était prêt à lui sacrifier même son salut éternel. En quelques secondes, le chevalier se fit connaitre au vieux Bertrand :

— Bertrand, lui dit-il, tu vas me dire s'il est vrai qu'Hélène d'Héricourt épouse le sire d'Arsac, et...

— Comment, c'est vous, brave seigneur! répondit l'autre ; vous ici, sire Gaston ! Entrez dans ma chaumière, devenez un instant mon hôte, que je vous remercie encore.

— Réponds-moi donc, Bertrand, interrompit le fougueux jeune homme. Est-il vrai qu'Hélène...

— Oui, c'est une honte! reprit encore le vieillard; la fille de la Bretagne épouser un sire de Bourgogne! infâmie!... Je comprends votre douleur à vous.

— C'est donc vrai: elle m'a trompé, trahi!

Le guerrier inclina de nouveau son front sombre; soudain il se releva avec une majestueuse colère:

— Mais vous, s'écria-t-il, mon père, baron d'Héricourt, n'êtes-vous plus chevalier? Etes-vous faible comme une femme? Faites-vous d'un amour le jouet d'une heure? Oh! vous n'êtes plus mon père, puisque vous m'avez éloigné pour mieux me trahir. J'aurai satisfaction de cet outrage, lâche baron!

— Que parlez-vous de notre baron, le vénérable seigneur? dit Bertrand. Ne savez-vous donc pas qu'il est trépassé depuis deux mois?

En disant cela, le bûcheron essuyait une larme.

— Mort, lui!... reprit Gaston avec un accent pénétré. Mon père! et j'allais insulter ta mémoire! Pardonne à la folie d'un amant. Toi si bon et si loyal, tu ne devais pas être parjure et lâche! Non; j'aurais dû savoir que cette nouvelle était l'annonce d'un double malheur. Hélène! Hélène! tu laisses au peuple le soin de le pleurer. Ce sont des larmes douces à sa tombe.

Il demeura quelques secondes muet et penché sur lui-même.

Tout-à-coup son pâle visage se colore; ses yeux humides étincellent.

— Bertrand, s'écrie-t-il, prends une torche éteinte, des broussailles sèches, et suis-moi.

— Je suis tout à vous, seigneur; mais...

— Suis-moi, suis-moi, tu connaîtras tout. Tu sais que ton âme est à moi, Bertrand?

Le vieux bûcheron obéit et suivit le Chevalier-Noir. Ils arrivèrent ainsi, dans l'ombre silencieuse, jusque sous les murs du château d'Héricourt qui étincelait dans les ténèbres comme un météore tombé sur la terre; et tous deux restèrent à une courte distance en face des fenêtres devant lesquelles passaient et repassaient les ombres des personnages de la fête. Gaston observa et refoula en lui-même la fougue de sa rage pour mieux accomplir son projet. Il aperçut Hélène qui vint respirer un moment l'air pur sur le balcon. Elle était toute blanche et toute parée, même plus souriante qu'à l'ordinaire, ruisselante de bijoux et de richesses. Un cavalier superbement vêtu se trouva près d'elle, et tous deux rentrèrent. C'était le sire d'Arsac.

— Damnation ! murmura le chevalier de Marcy.

Puis il se tut et devint immobile. La musique recommença dans le château. L'ombre d'Hélène repassait encore souvent, enlacée avec celle de l'autre. — Hélas ! il l'avait rêvée belle ainsi, riche ainsi... Et tout cela, tous ces sourires et cette parure, tout cela pour son odieux rival ! O ciel ! être vivant, voir cela sous ses yeux, lorsqu'on la croyait déjà son épouse, qu'on avait fait de cette idée une part de soi-même... n'est-ce pas un tourment qui brise, un adultère qu'on est forcé de voir du fond de l'enfer ? Tel était le supplice de Gaston, telle était sa rage ! Il n'avait plus d'autre volupté que la haine. Oh ! la haine est aussi brûlante, aussi exaltée que l'amour, lorsqu'elle est profonde et qu'elle prépare sa vengeance... Car il médite une vengeance terrible ; l'amant fidèle est trompé... C'est un effroyable silence que son silence ; ce n'est pas en vain qu'il assiste à cette fête de fiançailles et qu'il laisse fermenter en lui la lave d'un volcan.

Allez, galants seigneurs et belles dames de la fête, respirez l'atmosphère du bal, enivrez-vous de l'éclat des lumières, de ces flots de parfums et d'harmonies ! Dansez et riez... Vous ne voyez pas ce chevalier et ce vieillard qui se glissent à vos pieds dans la nuit, pareils aux serpents qui se cachent sous les fleurs du gazon, et qui vont mordre la jeune fille aux pieds nus, lorsqu'elle joue insoucieuse au milieu des roses et des rayons du soleil ! La fête dura trois heures ; pour Gaston, c'était à devenir fou. Enfin, le bruit s'éteignit insensiblement, la fête disparut, et le château retomba dans l'obscurité. Le Chevalier-Noir laissa échapper un cri de satisfaction, comme celui qui, après une longue attente, voit s'avancer l'heure de la joie.

— Allons, Bertrand, fit-il, tu te tiendras prêt à exécuter mes ordres.

— Je vous l'ai déjà dit, seigneur, mon âme est à vous.

— Tu me l'as juré, et je te crois, reprit encore Gaston d'un ton grave et résigné.

Puis il descendit de cheval.

Alors que faisait Hélène? En quittant son fiancé, après l'agitation de la fête, elle s'était retirée dans son boudoir; elle effeuilla sa couronne, ôta ses bracelets, ses parures, et se mit à rêver. C'était donc sa dernière nuit de vierge et de solitaire rêverie... Après cette nuit de fiançailles, c'était l'aurore de l'hyménée. Elle ne voulut pas encore se livrer au sommeil. Minuit sonna; minuit, l'heure des fantômes, des craintes et des souvenirs! La jeune fille perdit presque la pensée de son futur époux, et dans une vague terreur, elle écouta les paroles nocturnes du vent et des ténèbres... Au sein des vagissements du silence, elle crut distinguer la voix plaintive de son oncle et les hennissements du coursier de Gaston... Dieu! quelle idée rapide! Gaston!... Tout lui rappelle sa présence: minuit, le boudoir, sa parure... C'était là qu'il lui avait dit adieu, c'était là qu'il lui avait juré sa fidélité éternelle, c'était là, en sortant du festin, au moment même où elle ôtait ses diamants et ses fleurs, que le Chevalier-Noir était venu lui tendre sa main de frère et de fiancé. Ce remords et cette terreur la font pâlir... Tout-à-coup un craquement léger se fait entendre, la porte secrète s'ouvre, — Hélène ne songeait plus à cette issue, — et Gaston apparaît dans la chambre, debout, noir et menaçant comme le spectre de la vengeance.

— Grand Dieu! dit Hélène en poussant un cri de stupeur.

— Tais-toi, reprit le sire de Marcy avec violence.

Mais il s'arrêta; puis, recommençant avec un calme apparent, il continua:

— Hélène! Hélène! Hélène! me voici. L'année est presque écoulée; je viens vous rappeler votre promesse; je suis capitaine et chevalier royal. Pour vous obtenir, j'ai tout bravé, tout vaincu. Maintenant, je viens vous dire: jeune fille, qu'avez-vous fait du serment du vieillard? Qu'avez-vous fait de votre promesse et de notre amour?

Hélène, dévorée par l'inquiétude et le remords, se mit à pleurer.

— Pleure, enfant, reprit le Chevalier-Noir; pleure de toute ton âme. Tu as profané ce qu'il y avait au monde de plus grand et de plus sacré! La cendre de ton oncle est à peine refroidie, à peine se sont éteints les flambeaux de ses funérailles, et déjà tu allumes les flambeaux sacriléges de la fête et de l'hymen. Profanation au tombeau! profanation infâme! puisque cet hymen est une insulte à sa mémoire, un démenti à sa vieille loyauté! Moi, fort de la pensée d'être ton époux, je n'avais qu'une seule pensée: toi, mon amour! Et j'ai pris une ville ennemie, j'ai vaincu un bataillon de chevaliers florentins; j'ai reçu mon titre de capitaine devant toute l'armée de France, de la bouche du souverain. Voici ce que je faisais, enfant, tandis que toi, loin d'attendre mon arrivée, tu te livrais au plaisir et tu te donnais à mon rival, sans songer qu'il est un Dieu vengeur de la tombe profanée et du serment trahi.

— Ah! Gaston, dit Hélène qui commençait à se remettre, il est trop tard pour revenir sur le passé. Ce mariage doit s'accomplir. Après la mort de mon oncle, la duchesse Anne a exigé cette union... pour des vues politiques. On vous a cru mort ici. Pourquoi donc êtes-vous si longtemps resté dans l'absence?

— Dérision que ces paroles d'enfant!... Mais si c'est une tyrannie qu'on exerce sur toi, mon Hélène, voici ton défenseur, ton véritable époux; et si...

— Non, vous dis-je; c'est peut-être vous que j'aime encore, Gaston; mais cette union ne peut plus être retardée. Il faut que demain elle soit accomplie.

— Je le vois! s'écria le sire de Marcy avec une exaltation douloureuse; je n'aimais que l'ombre d'une femme, et non pas un de ces anges que sans doute on doit trouver au ciel. Tu n'aimes pas, Hélène; tu ne sais pas ce que c'est qu'aimer. Eh quoi! tu me dis: « C'est peut-être encore vous que j'aime... » et tu ajoutes: « Mon mariage avec un autre doit s'accomplir... pour des vues politiques... » Lâche! dis plutôt que tu n'as pas d'énergie pour lutter contre le plus petit obstacle! Dis même que le sire d'Arsac te séduit avec son opulence et son vieux titre de comte; dis que tu seras heureuse et fière de paraître dans la Bourgogne comtesse d'Arsac, pour recevoir des hommages des courtisans et des muguets de la cour. Tu m'aimes!... Aimer, c'est être à deux, quoiqu'ordonne le sort; c'est suivre celui qu'on aime à travers les ronces et les broussailles du chemin, partageant son pain noir et couchant sur la dure, avec le soleil pour foyer et la lune pour flambeau. Lâche! tu n'es pas faite pour aimer, fille de la noblesse et de l'indolence, dont l'âme se froisse comme le corps au moindre souffle d'une brise piquante. Eh quoi! tu m'aimes... et Dieu m'est témoin que cette parole a remué tout mon cœur, et que je serais prêt à te pardonner! Suis-moi donc. Fuyons ensemble ce séjour de l'oppression et de l'infâmie. Fuyons! un serviteur dévoué m'attend en bas avec mon bon coursier; fuyons! cette issue secrète nous protège; nous apaiserons ainsi les mânes de ton oncle notre père. Viens, viens!

A ces mots, Gaston prit convulsivement la main d'Hélène, et voulut entraîner la jeune fille par la porte secrète... Elle résista, parce qu'elle n'était pas une de ces femmes aux passions profondes, aux actions hardies. Au bruit de cette scène, aux cris de détresse d'Hélène, plusieurs chevaliers qui veillaient dans le vestibule accoururent dans le boudoir l'épée nue, le geste menaçant.

Gaston de Marcy, à leur aspect, sentit la rage battre dans sa poitrine :

— Par Satan! s'écria-t-il en tirant aussi son épée, la fille des sires d'Héricourt gardée par les chevaliers de Bourgogne! Vous allez me connaître, Messeigneurs. Cette femme est à moi; place, place, reconnaissez Gaston, le Chevalier-Noir.

Alors il se dirigea vers la porte, entraînant Hélène qui se débattait sous son poignet de fer. Mais les officiers bourguignons lui barrèrent le passage. Les épées se croisèrent et retentirent un instant. Deux chevaliers de Bourgogne tombèrent. Enfin Gaston, vaincu par le nombre, fut blessé au côté d'un coup d'épée mortel.

— Ah! fit-il avec un rugissement de douleur et de furie, vous vous croyez vainqueurs, mes maîtres. Attendez!

Ce disant, il tira de sa cuirasse la blanche écharpe d'Hélène, et se mit à l'agiter d'une main fiévreuse et crispée à la fenêtre de l'appartement.

Quelques minutes après, une fumée épaisse s'élevait dans la nuit. L'incendie était au château! Les chevaliers s'enfuirent avec précipitation... Hélène, épouvantée, voulut fuir sur leurs pas... Elle fut encore retenue par le poignet terrible de Gaston de Marcy.

— Tu ne fuiras pas, dit-il ; enfin, nous voilà seuls... Je meurs, mais Dieu m'accordera sans doute assez de force pour accomplir ton châtiment.

Gaston, qui, jusqu'à ce moment, avait lutté contre sa blessure, tomba, enlaçant Hélène et l'entraînant dans sa chûte... Il s'appuyait sur son épée, et se traînait à la fenêtre pour voir si la flamme gagnait le château d'Héricourt.

— Bien, bien, disait-il ; voilà l'incendie... Nous sommes seuls enfin, comtesse d'Arsac. C'est notre agonie, à deux ! Ta blanche écharpe à cette fenêtre... c'était le signal de l'incendie ! Mon vieux Bertrand m'a bien servi. Mourir à deux, ah ! quelle joie..... Souffre, ô femme maudite. Voilà la flamme ; j'ai encore assez de sang dans les veines pour t'enchaîner ici ; tu meurs, tu meurs, voici la fumée.

Hélène, dans la fièvre de la terreur, terrassée, broyée, n'articulait que des mots sans suite : — J'étouffe... oh ! Gaston... laisse... je t'aime... pardonne... — Et c'était un spectacle horrible ! le boudoir élégant devenu le théâtre des combats et de la vengeance, cette jeune fille terrassée par ce chevalier sanglant et farouche, ces deux cadavres de bourguignons ! au dehors la nuit ! et la flamme qui pétillait dans les torrents d'une fumée noire... Quelles vengeances et quelles agonies !

Le lendemain, le château d'Héricourt n'était plus qu'un monceau de ruines fumantes ; et maintenant, tous les soirs, au dire de l'habitant des campagnes, on voit errer des fantômes sur ces ruines, et l'on entend des gémissements frémir avec le cri des oiseaux nocturnes, le sifflement de la brise et les sourds vagissements des morts.

BENJ. KIEN.

SOUVENIR.

—

1858

—

A l'âge des beaux jours, âge de la jeunesse,
Où le ciel est d'azur et les songes dorés,
J'avais déjà connu d'une ingrate maîtresse
Tout ce que l'inconstance a de traits acérés !

Je l'aimais en secret avant de la connaître,
Etrange état d'un cœur qui soupire, qui bat,
Pour un être idéal, qui changera, peut-être,
Le calme d'une vie en un fiévreux combat !

Ce fut mon sort, hélas ! mais sort heureux encore;
J'aimais et quand on aime on souffre et c'est bonheur,
Car tout ce qui nous vient de l'être qu'on adore
Est un mélange amer de joie et de douleur....

Trop ardemment épris, ce fut cet excès même
D'un amour insensé qui fit pâlir le sien;
Le cœur qui ne craint rien d'un autre cœur qui l'aime
Devient bientôt ingrat et brise son lien. —

Et puis comment garder ce que chacun envie ?
Mon bonheur deviné me fit mille jaloux !
Une femme peut-elle, alors qu'elle est jolie,
Constamment nous aimer quand elle plaît à tous ?

Pierre Simon.

ÉPIGRAMME.

Incognito docteur en médecine,
Et prêtre en même temps, Damis peut s'illustrer ;
Mais c'est bien là, je m'imagine,
Vouloir deux fois nous enterrer.

G. Fleury.

HOMMAGE A UNE GRANDE DOULEUR :

1858.

Vois cette jeune femme, et respecte son deuil !
D'un bonheur sans mélange, elle goûtait les charmes ;
Muette... elle contemple un troisième cercueil.
Son sourire est navrant.... car il court sur des larmes !

D'abord, c'est son enfant, que le destin jaloux
Arrache aux doux baisers de sa mère chérie !
Deux cercueils sont béants... pour le père... et l'époux.
Elle paie au malheur la dîme de sa vie !

N'exigez plus de pleurs de vos yeux desséchés.
Prenez le voile noir de la douleur antique,
Allez cueillir des fleurs, jeune femme... et cachez
Le marbre sépulcral sous l'herbe aromatique !

Adorez l'Eternel... et ne murmurez plus.
La consolation à votre âme est offerte.
Les anges habitant le séjour des élus,
Touchent les cœurs souffrants avec leur palme verte.

D'un bonheur passager gardez le souvenir.
La douleur doit s'éteindre au sein de la prière !
Si vous tournez les yeux vers un autre avenir,
Vous y verrez briller la tendresse d'un frère ! !

P. DUMAS.

MATHILDA.

1843.

I

Pauvre femme perdue!... oh ! vous êtes encore
    Charmante dans vos vils atours ;
Sur votre pâle front, que la grâce décore,
    On croit voir briller les amours.
Quand, le soir, dans Paris, vous errez, pauvre folle,
    Avec vos longs cheveux épars,
On dirait que du miel est dans votre parole,
    Qu'une larme est dans vos regards !
On dirait que la fleur, mise sur ce corsage,
    Est l'emblème de pureté
Que met dans ses cheveux, tout près de son visage,
    L'enfant belle de chasteté !...

Non... cette femme-là n'a plus rien : plus de mère
    Qui lui dise de prier Dieu ;
Plus d'espérance au cœur, plus d'heureuse chimère :
    Au bonheur elle a dit adieu.
Ses cheveux sont épars, sa bouche a du sourire...
    Pourtant l'amour n'est plus son roi ;

Cette larme naissante est celle d'un martyre :
    Les soirs d'hiver, il fait si froid !...
Bien froid pour étaler son cou nu, sa parure,
    Et jeter des mots caressants ;
Bien froid pour s'en aller sans un peu de fourrure
    Mendier l'amour des passants !
Cette femme, voyez ! pareille à l'oiseau sombre,
    Elle n'a jamais de sommeil ;
Sans crainte et sans pudeur, elle sort quand vient l'ombre ;
    Elle fuit l'éclat du soleil.
Dieu l'avait cependant faite comme une reine,
    Avec un air pudique et doux,
Une âme virginale, une beauté sereine
    A rendre un séraphin jaloux.
Mais Satan l'a fanée !... Et lorsqu'elle abandonne
    Sa blanche épaule à tous les yeux,
Son bon ange éperdu se voile... et la Madone
    Pleure pour elle dans les cieux.

Pauvre femme perdue !... oh ! Mathilda ! Pauvre âme
    Ternie aux vapeurs de l'enfer,
Toi que l'homme dédaigne, et que Satan réclame,
    Ce vautour aux griffes de fer ;
Mathilda, comme tous jadis je t'ai flétrie !
    Je t'ai maudite en te voyant
Prodiguer les baisers d'une bouche tarie
    Et te faire un air souriant.
Comme eux je t'ai maudite, en voyant ta jeunesse
    Morte à l'espoir, morte au plaisir,
Lorsque tu cours, la nuit, obscure pécheresse,
    Pour t'apprendre à ne plus rougir !...
J'ai crié : c'est infâme !... — Et ce soir, frêle fille,

Quand l'hiver a bleui ta peau,
Quand je te vois ainsi grelotter sans mantille,
Moi qui suis dans un bon manteau ;
Je n'aperçois plus rien qu'une femme souffrante
Sur qui plane l'aile du mal ;
Et j'ai pitié de toi, svelte gondole errante
Sans un astre, sans un fanal...
Si j'osais dans mes mains prendre ta main glacée,
Je réchaufferais tes doigts morts,
Ainsi que je voudrais réchauffer ta pensée
Eteinte au souffle du remords !

:.

Dis-moi par quel destin, quelle rigueur fatale
Tu vas boire ce lent poison
Qui te rend, Mathilda, le visage si pâle,
Et qui dévore ta raison ?
Dis-moi par quel malheur tu te vis entraînée,
Puisque te voilà maintenant
Comme aux rives des mers sur le roc enchaînée,
En proie au monstre dévorant ?
Qui t'a fait, dis-le moi, l'infortune si noire
Et la vie avec tant de fiel ?...
— Ah ! dit-elle en pleurant, c'est une longue histoire !....
Puis elle regarda le ciel,
Et de ses yeux jaillit une source profonde
Que la douleur faisait venir.
Il semblait qu'un moment cette âme morte au monde
S'éveillait par le souvenir !...
— Oui, reprit-elle encor, l'éternelle souffrance
Doit me suivre jusqu'au tombeau ;

Je n'ai même pas eu cette joyeuse enfance
    Qui s'assied à chaque berceau...
J'avais seize ans : ma mère était une ouvrière
    Gagnant à peine notre pain ;
Et tous les soirs à Dieu nous disions la prière
    Pour avoir meilleur lendemain...
Jules, un ouvrier, — et sa voix fut émue....—
    Souvent chez nous venait me voir ;
Il était jeune et bon... il m'aimait... et sa vue
    Me donnait toujours de l'espoir.
Alors, il m'en souvient, je m'appelais Marie :
    Jules m'appelait son amour...
Il devait m'épouser pour la Pâques fleurie ;
    Combien j'ai désiré ce jour !
Un soir, ma pauvre mère, après la promenade,
    Se sentit froide jusqu'au cœur ;
La fièvre la saisit... elle fut bien malade,
    Elle frissonnait de douleur...
Moi, pâle, à son chevet, durant les nuits entières
    Sans nourriture et sans repos,
Je redoublais au ciel mes ferventes prières
    Et je redoublais mes travaux.
Mais j'eus beau travailler !... Jules eut beau lui-même
    De tout son sang nous soulager :
La misère chez nous bien vite fut extrême ;
    Je n'avais plus de quoi manger !
Si vous saviez, monsieur, comme la faim vous ronge....
    Surtout quand, faute d'un peu d'or,
On voit mourir sa mère... O Dieu ! lorsque j'y songe
    Toute mon âme est froide encor !...
Je sortis dans la rue, égarée, incertaine,
    Lorsqu'un homme vint à passer :

Un grand, favoris longs, près de la cinquantaine.
　　　Il m'appelle, et veut m'embrasser!
Je lui conte ma peine... il avait la voix tendre,
　　　Je pense même qu'il pleura;
Cet homme est un banquier ; et je puis vous apprendre
　　　Qu'il a sa loge à l'Opéra.
Ma mère eut de l'argent... Le rouge au front me monte!
　　　Ma mère fut sans fièvre au corps,
Mais cet argent maudit la fit mourir de honte!
　　　Moi... je vis avec un remords!
Quand ma mère mourut, sans me laisser une heure
　　　Pour lui faire un dernier adieu,
Hélas! on me chassa de la triste demeure,
　　　En me recommandant à Dieu.
Alors tout fut perdu, tout... jusqu'à l'espérance ;
　　　Tout... jusqu'à ma pieuse foi :
Je ne valais plus rien ! car sourd à ma souffrance,
　　　Jules ne voulut plus de moi.
Puis en vain, tous les jours, chez le banquier infâme
　　　Je traînai mes pas éperdus;
Chaque fois l'opulent chassa la pauvre femme;
　　　Il ne me reconnaissait plus.
Sans asile, sans pain, je pris le monde en haine;
　　　Nul ne voulait me secourir.
Trois fois j'ai contemplé les gouffres de la Seine!...
　　　Je suis trop lâche pour mourir.
Un soir, que j'étais là, plaintive, agonisante,
　　　Une vieille femme aux pas lourds,
Me considère... et puis, d'une voix caressante,
　　　M'offre des robes de velours.
J'avais si faim, monsieur! — Depuis, je suis esclave;
　　　Je ne veux plus avoir de pleurs;

On m'habille... Que sais-je? on me bat! on me lave
      Avec d'enivrantes odeurs !
Et je les laisse faire... Ainsi que ma compagne,
      Je déroule mes cheveux noirs...
Mais je ne dîne pas, monsieur, si je ne gagne
      Trente francs au moins tous les soirs.

III.

Mathilda ! m'écriai-je, hélas ! je plains ta vie,
Je plains ta pureté si lâchement ravie ;
Le malheur t'a volé ce précieux trésor :
Un banquier l'acheta pour un peu de son or,
Et fit son lit honteux du cercueil de ta mère !
Va ! pleure maintenant la honte et ta misère ;
Toi seule on te condamne ; et le monde en passant,
Ne voit point tes douleurs, ni tes larmes de sang !
— Sais-tu qu'en te voyant impure... mais si belle,
Il aura bien souffert ce jeune homme fidèle
Qui t'aida si longtemps du travail de ses bras ;
Il ne veut plus t'aimer ; il t'aime encor tout bas.
Jules ne peut sans doute abhorrer son amante;
Et quand tu dis son nom, ta parole est tremblante.
Oh ! sais-tu qu'il y a dans ta jeune beauté
Tant d'amour épandu, tant de sérénité,
Que ton premier baiser valait plus, ce me semble,
Que tout l'or qu'un banquier dans ses coffres rassemble.
Et pour quelques louis tu livras tes amours;
L'innocent avenir fut perdu pour toujours !
Devant l'or corrupteur, oubliant ta promesse
Et l'homme, noble appui de ta frêle jeunesse,
Tu vendis tes baisers à l'infâme... — Il est vrai
Qu'alors sur un grabat ta mère se mourait ! ! !

Mais Dieu n'a pas voulu te condamner encore,
De beaux soleils peut-être attendent ton aurore,
Puisque tant de beauté te reste sur le front...
Fuis ce hideux séjour de douleur et d'affront,
Ce séjour où déjà la débauche te mine,
Comme si le venin dévorait ta poitrine !
Cette grâce angélique est faite pour les cieux,
Mathilda !... Non : Marie est plus harmonieux.
Reprends comme autrefois ton joli nom d'enfance,
Avec lui renaîtront les roses, l'espérance.
Ecoute un seul moment les concerts des oiseaux,
Va prier pour ta mère au milieu des tombeaux ;
Jules, qui t'adora, ne t'a point oubliée...
Dis-lui : J'ai prié Dieu ! je suis purifiée !...

IV.

Pendant que je parlais, elle n'écoutait plus ;
Comme insensible au bruit de mes mots superflus,
Elle baissa la tête et reprit l'air stupide
Que donnent le malheur et la luxure avide ;
Et de tous les côtés jetant ses yeux hagards,
Sans douceur dans la voix, sans pleurs dans les regards,
Elle dit : — Vous voulez, monsieur, que je m'en aille
   Auprès de Jules, mon amant ?
Mais je n'ai plus d'amant ! je ne suis rien qui vaille :
   Je cherche à vivre seulement...
Vous me faites ici dépenser ma soirée ;
   Vous parleriez jusqu'à demain :
Si vous n'avez pour moi qu'une langue dorée,
   Allez ! passez votre chemin !

Benj. Kien.

DUNKERQUE.

1858.

Elégante cité qu'on voit comme un géant
De ton site élevé dominer l'Océan !
Toi, que vont caresser les plus paisibles ondes
Se soulevant parfois en vagues furibondes,
Ton aspect pittoresque offre mille tableaux
A l'artiste qui sait manier ses pinceaux...

Souveraine des flots ! l'âme demeure empreinte
De la sévérité régnant dans ton enceinte.
Le touriste étranger, arrivant pour te voir,
S'arrête satisfait et se sent émouvoir.
Ton site, ton beau port, ton hâvre, tout l'enchante.
Ton commerce étendu dans sa marche ascendante,
Suivant le cours heureux de ses prospérités,
Marque ta place au rang des plus riches cités.
Qu'on aime à contempler ta rade magnifique,
Ton phare qui, la nuit, par un effet d'optique
Lance au loin ses rayons indiquant le danger
Au navire que guide un pilote étranger !...
Qu'on aime à contempler sur la liquide plaine

Tes superbes vaisseaux surmontés du misaine,
Vaisseaux venus du sud ainsi que du levant,
Balançant sur les flots au caprice du vent !...
De ces nombreux vaisseaux traversant les deux mondes,
Quelques-uns sont armés par les géants des ondes.
Ils partent pleins d'espoir, et parmi les glaçons,
Asiles dangereux des monstrueux poissons,
Certains déjà des fruits d'une campagne heureuse,
Dirigent prudemment leur course périlleuse.

Majestueuse mer ! ton grandiose aspect
A tout être qui pense inspire le respect.
En plongeant le regard sur ta vaste étendue,
Ta surface d'azur semble atteindre la nue,
Et par un jour serein, le liquide élément
Semble se marier avec le firmament.
Mais lorsque la tempête entr'ouvrant ton abîme,
De ta vague en fureur fait moutonner la cime ;
Quand tes flots irrités, par un suprême effort,
D'un gigantesque bond vont menacer ton bord,
L'âme se sent émue et connaît la puissance
Qui resserre tes eaux dans ton bassin immense.

A l'époque où la Vierge amenant la chaleur,
De l'été qui la suit fait sentir la douceur,
Le malade agité que la douleur ravage,
Dès l'aurore à la nuit vient peupler ton rivage.
Par ton eau solitaire au bain sollicité,
A tes sels bienfaisants demandant la santé,
Abandonne tes bords, le cœur plein d'allégresse
Et le teint coloré des fleurs de la jeunesse.
Mais ceux à qui le mal ne darde pas ses traits,

Qu'attirent seulement les merveilleux attraits,
Pendant une heure ou deux s'éloignent de ta rade,
Et jusqu'au point marqué poussent leur promenade.
Les esquifs emportant les hardis bataillons,
Dans l'onde alors tranquille imprimant des sillons,
Unissent sur les flots la joyeuse famille.
Dès qu'elle a bien vogué, la légère flottille
Enfle sa voile, part, et d'un commun accord
Hâte sa course, chante et regagne le port.

Remarquable cité qu'un monarque immortel
Céda pendant quatre ans au célèbre Cromwel ! (1)
Ta gloire antique encore emprunte un nouveau lustre
Des hauts-faits accomplis par un marin illustre
Qui, par son énergie et sa grande valeur,
De ce prince-héros sut gagner la faveur.
Une fermeté rare, un courage d'Alcide,
Le dédain de la mort, une ardeur intrépide,
Une âme noble et fière, un langage sans fard,
Au lecteur ont déjà fait connaître Jean Bart. (2).
Cité dont les hôtels offrent tant d'élégance !
Non loin de tes remparts est un chantier immense,
Où l'on voit rassemblés tous les matériaux
Se changeant lentement en superbes vaisseaux.
C'est là que se dessine, au centre de sa cale,
Sur des billots dressés leur quille colossale,
Dont le point reposant sur un plan incliné,
Glissant vers le talus dans un moment donné,

(1) Protecteur d'Angleterre, né en 1599.
(2) Né à Dunkerque, en 1651.

S'échappe avec fracas, plonge, et l'énorme masse
Oscillant lourdement remonte à la surface.

Un enfant du Midi dans le Nord transplanté,
A vu depuis deux ans l'élégante cité.
Le berceau de Jean Bart retrace à sa mémoire
De ses fastes pompeux l'intéressante histoire.
Conservant de ce lieu le plus doux souvenir,
Il attend le moment d'y pouvoir revenir
Pour admirer le port, pour contempler encore
L'azur de l'océan au lever de l'aurore.

EMILE SARLAT.

ERRATUM. — A la page 380, ligne dernière, au lieu de zèle *exclusif*, lisez *excessif*.

Typographie Benjamin KIEN, rue Nationale, 22.

TABLE

ANGEBERT (Caroline).
    A M. de Lamartine, 90
    Sœur Louise, 113

BERTRAND (Raymond de).
    Excursion dans le vieux Dunkerque, 33
    M. Dewulf et la rue des Vieux-Quartiers, 162
    Notice biographique sur l'avocat Poirier, 306

BOULLENOT (Félix).
    Les Diners, 134

CLAEYS (Alphonse).
    A Mme ***, 26
    Le chant de travail des pêcheurs à Islande, 63
    Souvenirs du bonheur perdu, 146
    A Sa Majesté Napoléon III, 221
    Aux souscripteurs du bal de bienfaisance, 282
    Aux compagnons de Napoléon-le-Grand, 297
    Le jour des morts, 360
    Un dict de nostre sire François premier du nom, 402

CAUSANS (Le comte de).
    Epîtres à mon fils sur la religion, 337

COPPENS (Le baron).
    La vieille Aline, 107
    Une fille, 331

COURMACEUL (Victor).
    Saint-Omer vu des Bruyères, 384

DE BAECKER (Louis).
    La Noblesse flamande de France, etc., 225
    Archéologie du Nord. — Minariacum, etc., 362

DERODE (Victor).
    Le Tabac, 96
    Vers lus au banquet des anciens élèves du collége de Lille, 182

A Gabrielle, le jour de sa fête,	214
A ma femme,	280. 418

DUMAS (Pierre).

Le bracelet de corail,	133
Une légende de Bretagne,	194
La jeune aveugle,	290
L'ivrogne et sa moitié,	380
Jessie l'Ecossaise,	412
Hommage à une grande douleur,	456

FLEURY (Gustave).

Ma mère,	280
La nuit,	415
Epigramme,	457

HEDOUIN (P.)

Ode à un petit jardin d'une maison des champs,	86

KIEN (Benjamin).

Le pasteur du village,	5
Amour et patrie,	69
Le mois de Marie,	100
Contre un ancien viveur,	106
L'attente du gondolier,	140
Gallus et Lycoris,	178
La jeune romaine au temple de Vénus,	212
Sur un album,	217
Le vieillard et l'hiver,	224
Idumœa la Géorgienne,	281
Le remords,	291
Le jeune homme et le vieillard,	357
Chant d'hymen,	376
Pensée inédite,	380
Sur la tombe de mon dernier né,	383
Le rêve d'un artiste,	405
Le chevalier noir,	424
Mathilda,	459

LACHÈVRE (Z.)

Un quasi-lutrin,	384

LEDUC (Hippolyte).

Ode à mon père,	54
Le plaint-chant et la musique,	149

LESGUILLON (J.)
　La mort héroïque de Jean Jacobsen, 14
MAILLARD (H.)
　Une nuit en mer à Dunkerque, 80
　Le Mousse, 192
MARTIN (N.)
　Le pays de Ruysdael et de Teniers, 24
　A mon ami A. M., 161
　Les ballades, 218
　Le blé qu'on broie et qui pourtant nourrit, 364
MAYER (E.)
　Jean Bart, 30
SAINT-AMOUR (Edouard).
　A Mademoiselle Julian, 138
SARLAT (Emile).
　Ode à M. Benjamin Kien, 335
　Dunkerque, 466
SIMON (Pierre).
　Impromptu, 32
　L'or, 249
　Les fous, 295
　L'égoïste, 381
　Je veux, je ne veux pas, 416
　Souvenir, 456
VANSTEENBERGHE (Isidore).
　A la mémoire de mon frère, 190
　Aux mânes de mon frère, 284
VERMERSCH (Pauline).
　A Mme Damoreau-Cinti, 187
　A Mme Amélie B., 189
　Hommage à l'Orphéon Dunkerquois, 218
　A M. Vanherkel, 383
VERMONT (I.)
　Entre Herzeele et Wormhout, 419
WOESTYN (Eugène).
　Marc le pêcheur, 111
　Le Suicide d'un poète, 301

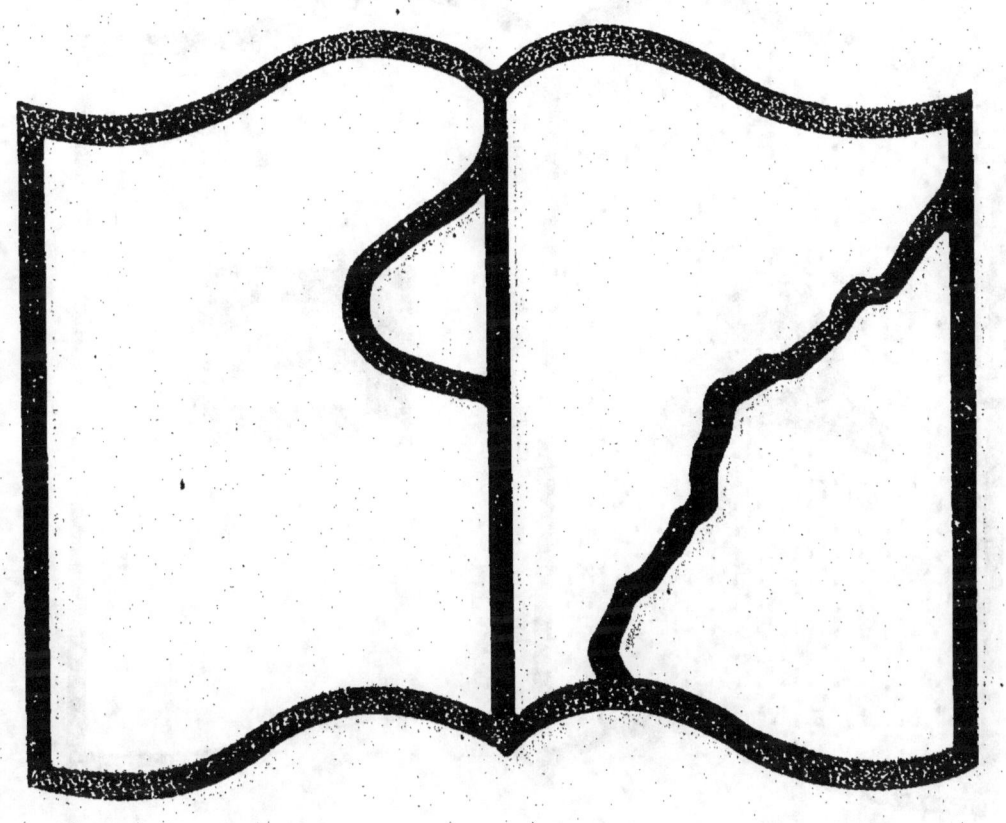

Contraste Insuffisant

NF Z 43-120-14

www.ingramcontent.com/pod-product-compliance
Lightning Source LLC
Chambersburg PA
CBHW072110220426
43664CB00013B/2061